高等职业教育汽车类新形态一体化教材

汽车电工电子技术

主　编　朱先明　肖亚红
主　审　尹万建
副主编　易帅琦　张　华　魏能彪　罗春来　凌　业
参　编　段智鑫　张正午　周永保　潘健和　姚一成　余　佳

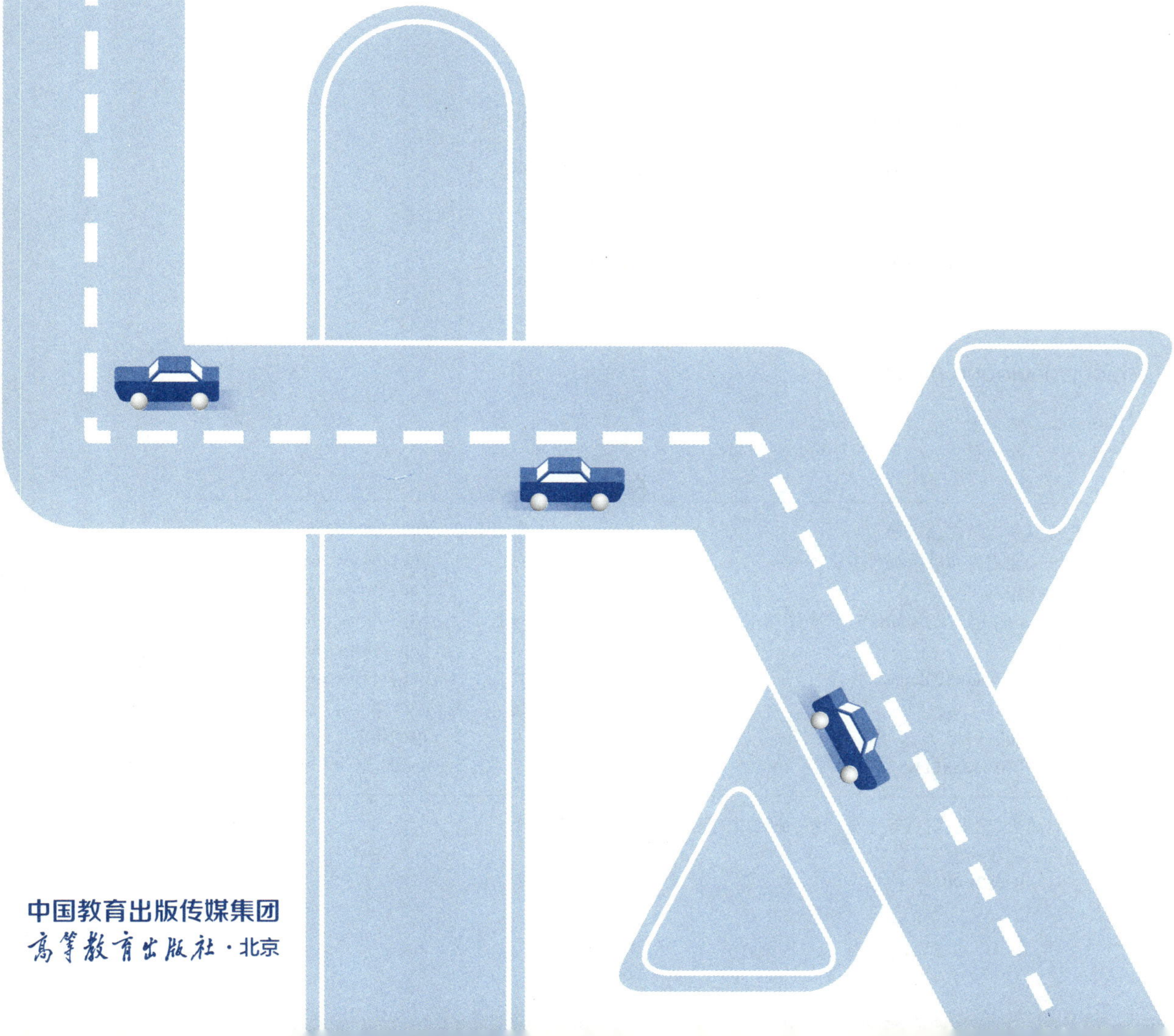

中国教育出版传媒集团
高等教育出版社·北京

内容提要

本书在分析汽车零部件及配件制造、智能车载设备制造、汽车修理等企业的整车电器装配调试、汽车机电维修、汽车智能产品装调等岗位职业能力要求的基础上，按照企业实际工作中的典型工作任务进行内容设计，从如何选用恰当的方法建立汽车电路分析逻辑，到汽车电路元器件的结构原理，再到汽车电路的实际运用与检测，重点介绍相关工作岗位所需的专业知识和职业技能。

本书分为3篇包含6章、19节及19个实验任务。其中，电工篇包括直流电路、交流电路、磁路与变压器、汽车电机；电子篇包括模拟电路基础、数字电路基础；实验篇包括与汽车电工电子技术相关的实验。

本书内容全面，资料翔实，图文并茂，通俗易懂，配套大量数字化教学资源，视频类资源可通过扫描书上的二维码在线学习，全部资源可通过“智慧职教”平台（www.icve.com.cn）上的“汽车电工电子技术”在线课程进行学习，详见“智慧职教”服务指南。教师如需获取本书授课用教学课件等配套资源，请登录“高等教育出版社产品信息检索系统”（https://xuanshu.hep.com.cn）免费下载。

本书可作为职业院校汽车类专业相关课程的教材，也可作为汽车相关企业的培训资料，亦可作为汽车维修技术人员的参考资料。

图书在版编目（CIP）数据

汽车电工电子技术 / 朱先明，肖亚红主编. -- 北京 ：高等教育出版社，2025. 1. -- ISBN 978-7-04-063082-4

Ⅰ. U463.6

中国国家版本馆 CIP 数据核字第 2024ZC0141 号

QICHE DIANGONG DIANZI JISHU

策划编辑 姚　远　　责任编辑 姚　远　　封面设计 姜　磊　　版式设计 李彩丽
责任绘图 邓　超　　责任校对 刘娟娟　　责任印制 耿　轩

出版发行	高等教育出版社	咨询电话	400-810-0598
社　　址	北京市西城区德外大街4号	网　　址	http://www.hep.edu.cn
邮政编码	100120		http://www.hep.com.cn
印　　刷	山东临沂新华印刷物流集团有限责任公司	网上订购	http://www.hepmall.com.cn
			http://www.hepmall.com
开　　本	787mm×1092mm　1/16		http://www.hepmall.cn
印　　张	17.5	版　　次	2025年1月第1版
字　　数	360千字	印　　次	2025年1月第1次印刷
购书热线	010-58581118	定　　价	45.00元

物 料 号　63082-00

“智慧职教”服务指南

“智慧职教”(www. icve. com. cn)是由高等教育出版社建设和运营的职业教育数字教学资源共建共享平台和在线课程教学服务平台,与教材配套课程相关的部分包括资源库平台、职教云平台和 App 等。用户通过平台注册,登录即可使用该平台。

● 资源库平台:为学习者提供本教材配套课程及资源的浏览服务。

登录“智慧职教”平台,在首页搜索框中搜索“汽车电工电子技术”,找到对应作者主持的课程,加入课程参加学习,即可浏览课程资源。

● 职教云平台:帮助任课教师对本教材配套课程进行引用、修改,再发布为个性化课程(SPOC)。

1. 登录职教云平台,在首页单击“新增课程”按钮,根据提示设置要构建的个性化课程的基本信息。

2. 进入课程编辑页面设置教学班级后,在“教学管理”的“教学设计”中“导入”教材配套课程,可根据教学需要进行修改,再发布为个性化课程。

● App:帮助任课教师和学生基于新构建的个性化课程开展线上线下混合式、智能化教与学。

1. 在应用市场搜索“智慧职教 icve”App,下载安装。

2. 登录 App,任课教师指导学生加入个性化课程,并利用 App 提供的各类功能,开展课前、课中、课后的教学互动,构建智慧课堂。

“智慧职教”使用帮助及常见问题解答请访问 help. icve. com. cn。

前言

党的二十大报告指出，我们要坚持教育优先发展、科技自立自强、人才引领驱动，加快建设教育强国、科技强国、人才强国，坚持为党育人、为国育才，全面提高人才自主培养质量，着力造就拔尖创新人才，聚天下英才而用之。本书将辩证求是、精益求精、科技自信等理念融入教学内容中，力争培养有理想、有担当的高技能人才。

汽车电工电子技术相关知识是汽车零部件及配件制造、智能车载设备制造、汽车修理等企业的整车电器装配调试、汽车机电维修、汽车智能产品装调等岗位从业人员的必备基础知识，是职业院校汽车检测与维修技术、新能源汽车技术、汽车造型与改装技术、汽车制造与试验技术等汽车类专业的学生进行后续专业核心课程学习的基础。

在学习汽车电工电子技术相关知识的过程中，最大的挑战是电流、电压等物理量无法直观呈现，缺乏对电路进行分析的思路。本书是一本新形态教材，配套提供大量数字化教学资源，通过对电路中信号的逐步动态推演，使相关原理一目了然。

通过大量的企业调研、走访，兼顾升学需求，书中归纳总结了汽车电工电子技术相关的典型工作任务，将岗位业务要求归纳为“知识点”、岗位任务提炼成“技能点”，配以相关的数字化教学资源，深入浅出、系统地阐述了汽车电工电子基本物理量和定律，相关元器件的结构、功能、工作原理、检测方法及在汽车上的应用，并详尽地描述实验步骤、讲解检测技能。

本书共设计 19 个实验任务和 6 个章节测评，实验任务包括万用表的使用，导线的连接方法与绝缘处理，连接简单的串联电路和并联电路，电容充放电显示器的搭建与验证，元件的识别与测量，直流电位的测量，基尔霍夫定律的验证，汽车寄生电流的测试，叠加定理的验证，电源外特性的测量，正弦稳态交流电路相量的测量，三相交流电路电压、电流的测量，汽车起动电压及电缆电压降测量，桥式整流和滤波电路的搭建与测量，LED 闪光器的组装与调试，TTL 集成逻辑门功能与参数测试，计数器、译码器和显示器，汽车伴我回家电路组装与调试，使用总线解锁车门。

本书由湖南汽车工程职业大学朱先明、肖亚红任主编并统稿，由湖南汽车工程职业大学尹万建教授主审。郴州技师学院易帅琦、株洲第一职业技术学校张华、益阳高级技工学校魏能彪、湖南旅游技师学院罗春来、株洲海联汽车销售服务有限公司凌业任副主编。湖南农业大学段智鑫、湖南省汽车技师学院张正午、新田县职业中等专业学校周永保、益阳职业技术学院潘健和，以及长沙汽车工业学校姚一成、余佳参与部分内容编写和数字资源建设。全书编写分工如下：

罗春来与潘健和编写第 1 章，易帅琦与段智鑫编写第 2 章，魏能彪与张正午编写第 3 章，张华与周永保编写第 4 章，肖亚红与姚一成编写第 5 章，朱先明与余佳编写第 6 章。朱先明与肖亚红负责实验篇内容编写，张华、凌业、段智鑫负责实验验证。

在本书的编写过程中，来自企业的汽车维修技术专家给予了大力支持和帮助，其中，株洲海联汽车销售服务有限公司（凌业技能大师工作室）技术总监凌业、株洲市宏骏汽车贸易有限公司（李丛伟技能大师工作室）技术总监李丛伟为本书提供案例并对教材架构进行审核，在此表示衷心的感谢。本书在编写过程中参考了大量的书籍和维修资料，在此对参考文献资料的作者表示真诚的感谢。

由于编者水平有限，书中难免有疏漏和不妥之处，敬请广大读者批评指正。作者邮箱：271154112@ qq. com。

编者

2024 年 7 月

目录

电工篇

实验篇

电工篇

第1章

直流电路

汽车上普遍采用低压(12 V)直流电源为整车供电,本章将对汽车直流电路进行分析,并介绍直流电路的基本工作原理、电路检测及分析方法。通过本章的学习,应掌握电路的基本定律及串、并联电路的特点,能熟练使用万用表等测量仪表,为汽车电路故障的检测夯实学习基础。

1.1 汽车电路认知

学习目标

了解电路中基本物理量、欧姆定律、电路的三种状态、电路的组成与作用、电路的串联与并联,了解汽车电路组成、特点及电气元件的概念,掌握其工作原理,具备电路分析的能力和解题思路,掌握万用表的使用及串并联电路的搭建与测量方法,培养独立思考和团结协作能力。

知识学习

1.1.1 电路中基本物理量的概念

一、电流

(一) 定义

电路中,带电粒子在电源的作用下进行有规则的定向移动而形成电流。金属导体中的自由电子,电解液中的正、负离子都是带电粒子,因此,电流既可以是负电荷定向移动的结果,也可以是正电荷定向移动的结果,或者两者兼有。习惯上规定正电荷移动的方向为电流的实际方向,自由电子和负离子移动的方向与电流方向相反。

(二) 公式

不同的用电器通过的电流大小是不一样的,电流是单位时间内通过导体横截面的电量,用字母 I 表示。如果在 t 秒内流经导体横截面的电量为 Q,则电流的定义为

$$I=\frac{Q}{t} \tag{1-1}$$

式中：I——电流，单位为 A；

Q——在 t 秒内通过导体横截面的电量，单位为 C；

t——时间，单位为 s。

（三）单位

如果在 1 s 内通过导体横截面的电荷为 1 C，则导体中的电流是 1 A。电流的常用单位还有 kA（千安）、mA（毫安）和 μA（微安）等。它们之间的换算关系：1 kA = 10^3 A，1 A = 10^3 mA，1 mA = 10^3 μA。

（四）电流方向

电流不仅有大小而且有方向，习惯上规定正电荷移动的方向为电流方向。

在分析电路时，常常要知道电流方向，但某段电路中的电流实际方向往往难以判断，此时可先任意假定电流参考方向（也称为正方向），然后列方程求解。当求出的数值为正值时，就认为电流实际方向与参考方向一致；反之，求出的数值为负值时，就认为电流实际方向与参考方向相反。电流参考方向如图 1-1 所示。

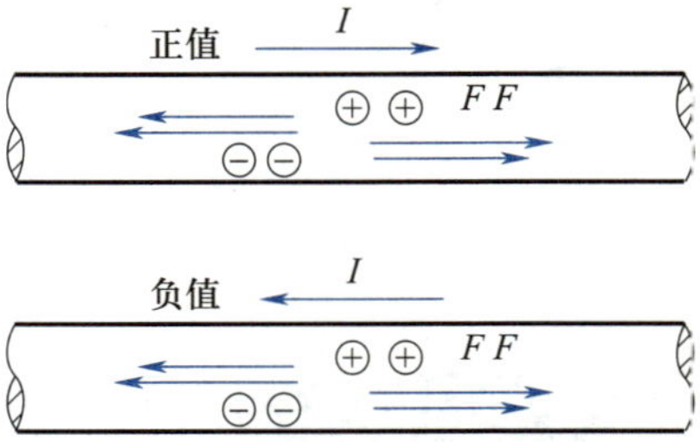

图 1-1 电流参考方向

二、电流密度

（一）定义

在实际工作中，有时要选择导线的粗细（横截面面积），这就涉及电流密度这一概念。所谓电流密度是指当电流在导体横截面上均匀分布时，该电流的大小与导体横截面面积的比值。电流密度可用字母 J 表示，其数学表达式为

$$J=\frac{I}{S} \tag{1-2}$$

式中：J——电流密度，单位为 A/mm²；

I——电流，单位为 A；

S——导体横截面面积，单位为 mm²。

（二）注意事项

选择合适的导体横截面面积可使导体的电流密度保持在允许范围内，保证用电量和用电安全。导体允许的电流密度随导体的横截面面积不同而不同。当导体中通过的电流超过允许值时，导体将严重过热，甚至会发生着火事故。

三、电压

（一）定义

电压又称为电位差，是衡量电场力做功本领大小的物理量。在电场中，若电场力将单位正电荷 Q 从点 A 移动到点 B 所做的功为 W_{AB}，则 W_{AB} 与电荷 Q 的比值称为 A、B 两点之间的电压，用带双下标的符号 U_{AB} 表示，其数学表达式为

$$U_{AB}=\frac{W_{AB}}{Q} \tag{1-3}$$

式中：W_{AB}——电场力所做的功，单位为 J；

Q——被移动电荷的电荷量，单位为 C；

U_{AB}——点 A 与点 B 间的电压（电位差），单位为 V。

（二）单位

电压的常用单位还有 kV（千伏）、mV（毫伏）和 μV（微伏）。它们之间的换算关系：$1\ \mathrm{kV}=10^3\ \mathrm{V}=10^6\ \mathrm{mV}=10^9\ \mu\mathrm{V}$。

（三）电压方向

电压和电流一样，不仅有大小，而且有方向，即有正、负。对于负载来说，规定电流流进端为电压的正端，电流流出端为电压的负端，电压的方向为由正指向负。

在分析电路难以确定电压实际方向时，可先任意假设电压参考方向，再根据求出数值的正、负来确定电压实际方向。

电压方向在电路图中有两种表示方法，如图 1-2 所示，一种是用箭头表示，另一种是用极性符号表示。

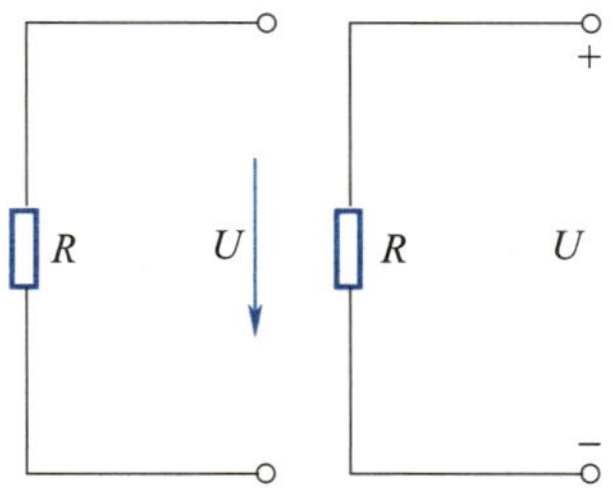

图 1-2　电压方向的表示

（四）电压降

电流通过导体或用电器时，会受到一定的阻力，但在电压的作用下，电流能够克服这种阻力顺利通过导体或用电器，流过导体或用电器后，电位（电势）就会下降。电阻越大，两端电势的变化就越大。所以，将电流流过导体或用电器时，在导体或用电器两端产生的电势降低值称为电压降。

四、电位

（一）定义

实际工作中，为了便于分析和维修电路，通常需要选定某一点作为参考点。这样，电路中某点与参考点之间的电压就称为该点的电位。参考点的电位通常规定为零，所以参考点又称作零电位点。电位的物理量符号用带单下标的字母 V（或 Φ）表示，如 V_A 表示点 A 的电位。电位的单位也是 V。

零电位点可以任意选定，但为了统一，汽车一般选车身为参考点（搭铁点），即视车身的电位为零电位。

电位有正电位和负电位之分，当某点的电位大于零时，表示该点电位高于参考点电位，称为正电位；当某点的电位小于零时，表示该点电位低于参考点电位，称为负电位。

（二）公式

规定了零电位点后，电路中任意一点与零电位点之间的电压，便称为该点的电位。这样，电路中各点的电位就有确定的数值。当各点电位已知后，就能求出任意两点间的电压。例如，$V_A=$

30 V, $V_B=20$ V,那么 A、B 两点之间的电压:$U_{AB}=V_A-V_B=(30-20)$ V $=10$ V。

五、电动势

(一) 定义

电动势是衡量电源将非电能转换成电能本领大小的物理量。在电源内部,利用外力将单位正电荷从电源的负极移到电源的正极所做的功称为电动势,如图 1-3 所示。

(二) 公式

电动势用符号 E 表示,其数学表达式为

$$E=\frac{W}{Q} \tag{1-4}$$

式中:W——外力对电荷所做的功,单位为 J;

Q——被移动电荷的电荷量,单位为 C;

E——电源的电动势,单位为 V。

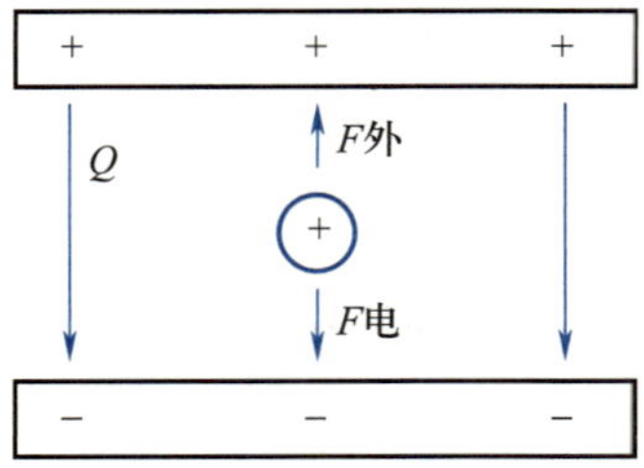

图 1-3 电动势

电动势的大小只取决于电源本身的性质,对于给定的电源,$\frac{W}{Q}$为一定值,与外电路无关。

(三) 电动势方向

规定在电源内部,电动势的方向由负极指向正极。图 1-4 所示为直流电动势的两种图形符号及方向的表示方法。

对于一个电源来说,它既有电动势,又有端电压。电动势只存在于电源内部;而端电压是电源加在外电路两端的电压,其方向由正极指向负极。一般情况下,电源的端电压总是低于电源内部的电动势,只有当电源开路时,电源的端电压才与电源的电动势相等。

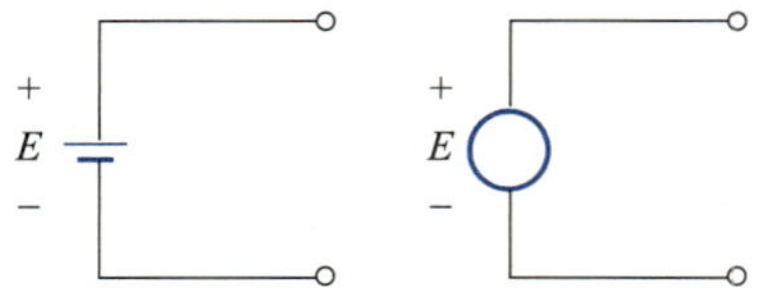

图 1-4 直流电动势的两种图形符号及方向的表示方法

六、电功率

(一) 定义

不同的用电器,在相同的时间里,用电量是不同的,即电流做功快慢是不一样的。通常用电功率描述电流做功的快慢,定义:电流在单位时间内所做的功称为电功率,简称为功率,用符号 P 表示,其数学表达式为

$$P=UI=I^2R=\frac{U^2}{R} \tag{1-5}$$

式中:P——电功率,单位为 W;

W——电能,单位为 J;

t——电流做功所用的时间,单位为 s。

(二) 单位

在国际单位制中,功率的单位是 W(瓦特),如果在 1 s 内,电流通过导体所做的功为 1 J,电

功率就是 1 W。电功率的常用单位还有 kW（千瓦）和 mW（毫瓦），它们之间的换算关系：1 kW = 10^3 W，1 W = 10^3 mW。

1.1.2　欧姆定律

一、部分电路欧姆定律

如图 1-5 所示，部分电路欧姆定律是指，在同一电路中，导体中的电流与导体两端的电压成正比，与导体电阻成反比。也就是说，电路内电流大小取决于该电路内电压和电阻的大小。由于多数汽车电路工作电压为 12 V，所以电流大小就可以通过电路内的电阻来计算。因此，可以用欧姆定律公式实现电压、电流和电阻三者之间的换算，即

$$I=\frac{U}{R} \tag{1-6}$$

式中：U——电阻两端的电压，单位为 V；

I——电阻中的电流，单位为 A；

R——电阻，单位为 Ω。

二、全电路欧姆定律

在图 1-6 所示的电路中，电源两极以外的部分称为外电路，电源两极之内的部分称为内电路。外电路和内电路组成的完整电路称为全电路，内电路对电流的阻碍作用可用内阻 R_0 表示。

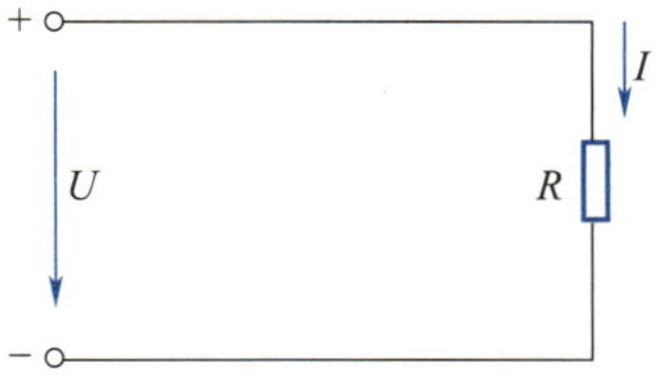

图 1-5　部分电路

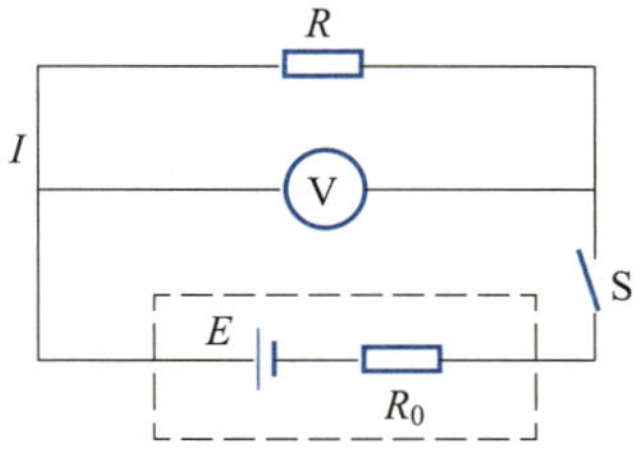

图 1-6　全电路

外电路的电压 U 称为端电压，内电路的电压 U' 称为内电压。实验表明：在电源接入外电路时，电源电动势的大小等于端电压和内电压之和，即

$$E=U+U'$$

在图 1-6 所示的电路中，闭合开关 S，电路的电流为 I，端电压为 U，内电压为 U'，电动势等于端电压与内电压之和，即 $E=U+U'=IR+IR_0$。闭合电路中的电流与电源的电动势成正比，与整个电路的电阻成反比，这个规律称作全电路欧姆定律。

• **例 1-1**　在图 1-7 所示的电路中，已知电源电压 $U=5$ V，内阻 $R_0=1\ \Omega$，外接负载 $R_L=4\ \Omega$，运用欧姆定律计算在开关 S 断开与闭合两种情况下电压 U_{ab} 和 U_{cd} 的数值。

解：当开关 S 断开时，电流为零，根据欧姆定律，两个电阻上的电压均为零，从而得出 $U_{ab}=5\ V$，$U_{cd}=0$。

当开关 S 闭合时，根据欧姆定律可得出 $I=\dfrac{U}{R_0+R_L}=\dfrac{5}{1+4}\ A=1\ A$，$U_{ab}=U_{cd}=4\ V$。

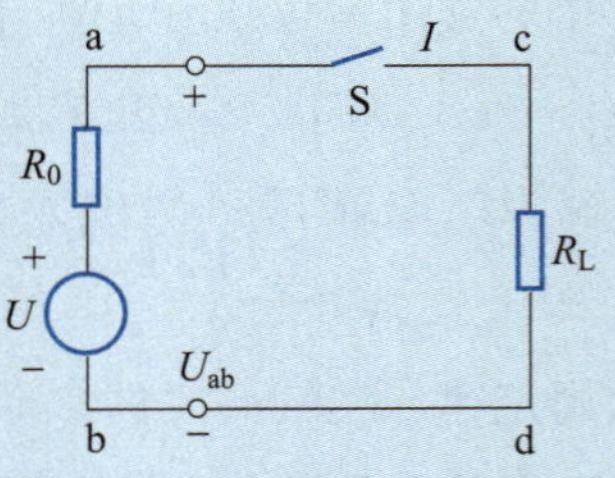

图 1-7 例 1-1

1.1.3 电路的三种状态

电路通常有通路、断路、短路三种状态。

微课 电路的三种状态

下面将根据全电路欧姆定律分析电路在三种不同的状态下，电源端电压与输出电流之间的关系。

一、通路

（一）定义

通路是指有载工作状态。如图 1-8 所示，开关 SA 接通“1”号位置，负载中有电流流过，通过 R、R_0 回到电源负极产生回路，这种路径就称为通路。

通常把通过大电流的负载称为大负载，把通过小电流的负载称为小负载。若电源的内阻一定，电路接大负载时，端电压下降较多；电路接小负载时，端电压下降较少。忽略线路上的压降，则负载的端电压等于电源的端电压，即 $U=U_L$。

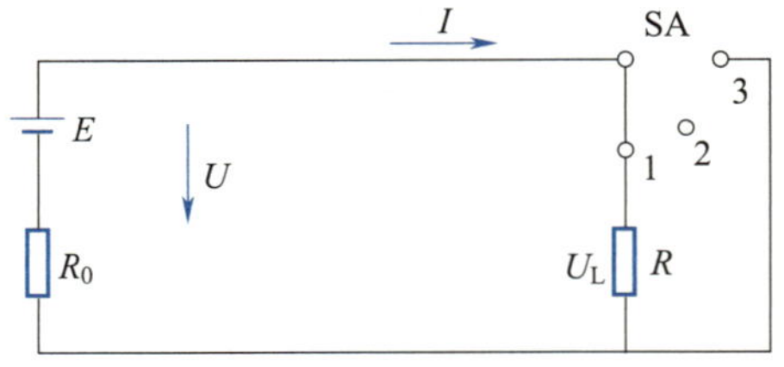

图 1-8 通路状态

（二）额定状态

（1）电气设备的最佳状态是工作在额定值附近时的状态。使负载工作于额定状态，是电路有载工作的一种状态，也是使电路技术性和经济性最好的一种状态。

（2）任何电气设备都有一定的电压、电流和功率的限额。额定值是指电气设备制造厂对产品规定的限额，电气设备（负载）工作在额定值的情况称为额定状态。

（3）电源设备工作时不一定总是输出规定的最大允许电流和功率，具体输出取决于其所连接的负载。

（4）要合理使用电气设备，应尽可能使电气设备工作在额定状态下。电气设备超过额定值时，称其工作于过载状态，过载时间较长时，会大大缩短电气设备的使用寿命，严重时甚至会使电气设备损坏。电气设备工作时的电压、电流值比额定值小得多，称其工作于欠载状态，此时电气设备未能发挥其应有的能力。

二、断路

断路是指电源或电路某处断开，电路中没有电流流过。如图 1-8 所示，开关 SA 接通“2”号位置，电路中没有电流流过，电源不向负载输送电能。对于电源来说，这种状态称作空载状态。断路的主要特点：电路中的电流为零（$I=0$），电源端电压和电动势相等（$U=E-IR_0=E$）。

断路可分为控制性断路和故障性断路。控制性断路是指人们根据需要利用开关将处于通路状态的电路断开。故障性断路是一种突发的、意想不到的断路状态。例如，在供电线路中，电源与负载之间的连接导线松脱、负载与导体的金属部分接触不良，都会引起故障性断路。所以，接线要牢固可靠，尽量避免故障性断路的发生。

三、短路

短路是指电源未经负载而直接由导体构成闭合回路。如图 1-8 所示，开关 SA 接通“3”号位置，电源被短接，电路中短路电流 $I=E/R_0$。由于电源内阻一般都很小，所以此时电流极大，电源对外输出电压：$U=E-IR_0\approx 0$。

注意，短路时电源和负载的端电压均为零，电源电动势全部落在电源内阻上，因而无输出电压，电源的输出功率为零。这时电源电动势发出的功率全部消耗在内阻上，因而会使电源发热，以致损坏。

短路电流极大，不仅会损坏导线、电源和其他电气设备，甚至还会引起火灾。因此，短路时电路处于严重的故障状态，必须避免。在电路中常串接保护装置，如熔断器、保护开关等。一旦电路发生短路故障，保护装置能自动切断电路，起到安全保护的作用。

1.1.4　汽车电路的组成与特点

一、汽车电路的组成

电流经过的路径称为电路，通常由电源、负载及中间环节按一定结构形式连接组成。电源是产生电能的装置，它将其他形式的能量转换为电能，并在电路中向负载供给电能，保证负载正常工作。负载是将电能转换为其他形式能量的器件或设备，负载形式多种多样，如汽车前照灯灯泡、电动机等。中间环节包括导线和开关等，其中，导线将电源和负载连接成电路，使电源的电能传输或分配到负载；开关起着控制电路接通或断开的作用。电路的组成如图 1-9 所示。

（一）电源

电源是将其他形式的能量转换为电能的设备，如汽车发电机、纽扣电池、蓄电池、新能源汽车动力蓄电池等都属于电源，如图 1-10 所示。

（二）负载

负载是电路中用电器的总称，它把电能转换成其他形式的能量，如图 1-11 所示。灯泡把电能转换成光能，汽车上装配的继电器把电能转换成机械能，起动机把电能转换为机械能，汽车节温器、加热器把电能转换成热能，这些都称为负载。

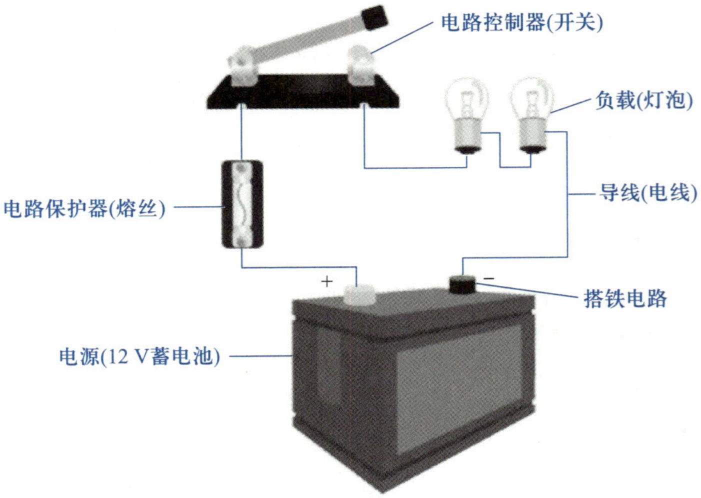

图 1-9　汽车电路的组成

(a) 汽车发电机　(b) 纽扣电池　(c) 蓄电池　(d) 新能源汽车动力蓄电池

图 1-10　电源

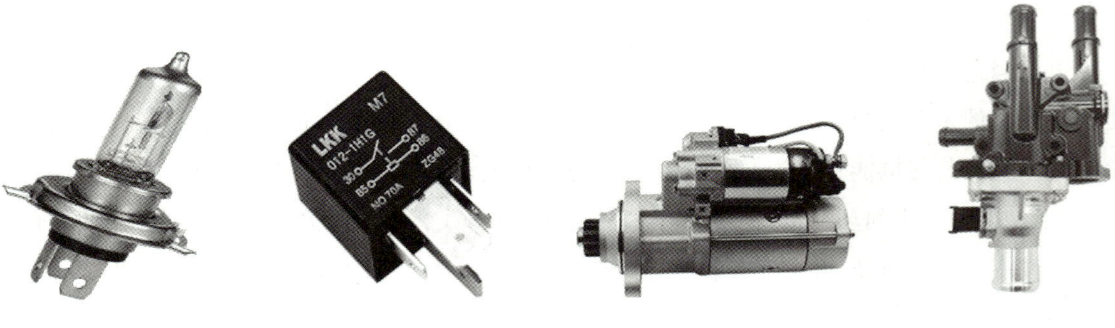

(a) 灯泡　(b) 继电器　(c) 起动机　(d) 加热器

图 1-11　负载

（三）电路保护器

汽车上常见的电路保护器有熔断器、易熔线和断路器三种。

1. 熔断器

熔断器称为熔丝，是汽车电路中最普遍的保护装置，其外形如图 1-12 所示。当电路中流经的电流超过规定值时，熔断器因电流过大引起自身发热而熔断，电路切断，起到保护电路中连接导线和用电设备的作用。通常情况下，很多熔断器组合在一起安装在熔断器盒内，并在熔断器盒盖上注明各熔断器的名称、额定值和位置。汽车电路分为发动机电路和车身电路，对应保护发动机电路的熔断器盒位于发动机舱内，通常布置在蓄电池旁，对应保护车身电路的熔断器盒通常位于仪表台下方。

图 1-12　熔断器的外形

2. 易熔线

易熔线是一种大容量的熔断器，用于保护电源电路和大电流电路，一般设置在蓄电池正极与线束连接处。

3. 断路器

断路器用于正常工作时容易过载的电路中，它利用双金属片受热变形的原理制成。当无电流时，双金属片因冷却使触点闭合，断路器维持导通状态；如果流经双金属片的电流超过额定值，双金属片弯曲，触点开路，阻止电流通过，当断路器冷却时，触点闭合，电路导通。

（四）开关

1. 开关的作用

开关是指可以控制电路通断，使电流中断或使其流到其他电路的电子元件。常见的开关有一个或数个电子触点，触点闭合表示电路导通，允许电流流过；触点断开表示电路开路，不允许电流流过。

2. 开关的分类

生活中常见的开关有很多，如家用的电灯开关、插板开关和风扇开关等。车辆上也设置有各种功能不同的开关，如前照灯开关、空调开关、车窗开关和新能源汽车维修开关，如图 1-13 所示。

(a) 前照灯开关　(b) 空调开关　(c) 车窗开关　(d) 新能源汽车维修开关

图 1-13　车辆开关的分类

（五）导线

1. 导线的作用

导线可将电源和负载连接起来，担负着电能的传输和分配的作用。图 1-14 所示为由电池、灯泡、开关和导线构成的一个简单直流电路。当开关闭合时，电路接通，电池向外输出电流，电路中有电流流过，灯泡点亮；当开关断开时，电路开路，电路中没有电流流过，灯泡不亮。电路分为内电路和外电路，电源内部的电路称为内电路，电源以外的电路称为外电路。

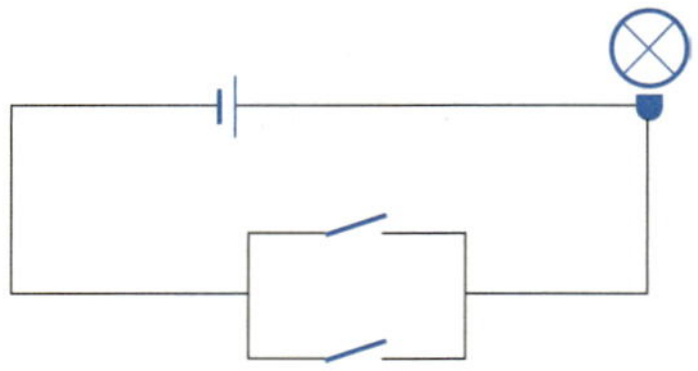

图 1-14　简单直流电路

2. 汽车线束分布图

在汽车上有成千上万根导线，单根或多根导线的作用各有差异，在颜色上也有所区分。例如，红色导线通常为正极，黑色导线通常为负极或搭铁，绿色导线通常为信号线，传输重要电信号，如图 1-15 所示。根据车辆设计，为便于线路的更换和检修，可把线束分为发动机线束、底盘线束和车身线束等。想要了解各线束的位置及每根线束的作用，还需学习更多汽车电气相关知识。

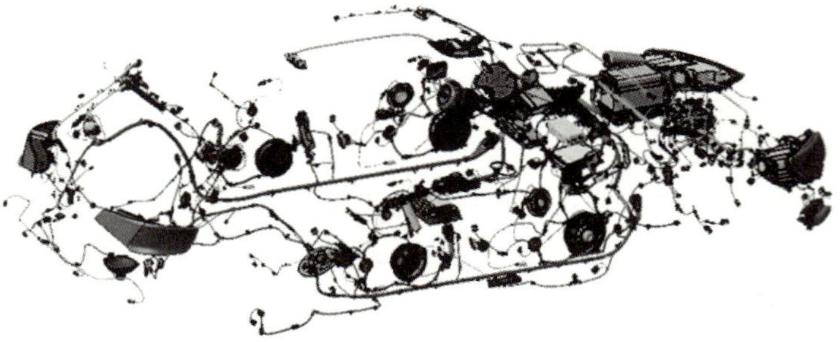

图 1-15　线束分布图

二、汽车电路的特点

（一）双电源低压直流供电

汽车电气系统的额定电压一般有 12 V 和 24 V 两种，汽油机车辆普遍采用 12 V 电源，柴油机车辆多采用 24 V 电源。汽车中的电源有两类:一类是蓄电池,另一类是交流发电机及其整流电路,它们都是低压直流电源。蓄电池是辅助电源,发动机未起动时向部分用电设备供电;发电机是主电源,当发动机起动后,发电机向全车用电设备供电,同时对蓄电池充电。

(二) 单线制

单线制是指利用汽车发动机和底盘、车身等金属机件作为各种用电设备的共用连线(俗称搭铁),用电设备到电源只需另设一根导线。任何一个电路中的电流都是从电源的正极出发,经导线流入用电设备后,通过金属车架流回电源负极形成回路。采用单线制不仅可以节省材料(铜导线),使电路简化,而且便于安装和检修,降低故障率。但在一些不能形成可靠的电气回路或需要精确电子信号的回路中,则采用双线制。

(三) 负极搭铁

搭铁是指在采用单线制时,将蓄电池的一个电极用导线连接到发动机或底盘等金属车体上。若蓄电池的负极连接到金属车体上,称为负极搭铁;若蓄电池的正极连接到金属车体上,称为正极搭铁。我国国家标准中规定,汽车电器必须采用负极搭铁。目前世界各国生产的汽车也大多采用负极搭铁方式。

(四) 用电设备并联

用电设备并联是指汽车上的各种用电设备都采用并联方式与电源连接,每个用电设备都由串联在其支路中的专用开关控制,互不干扰。

(五) 装有保险装置

为了防止电路或元件因搭铁或短路而烧坏线束和用电设备,汽车上均安装有保险装置。这些保险装置有的串接在元器件(或零部件)回路中,也有的串接在支路中。

(六) 用中间继电器控制大电流

汽车中大电流的用电设备(如起动机、电喇叭等)工作电流很大(起动机的工作电流一般为 100~200 A),如果直接用开关控制它们的工作状态,控制开关容易损坏。因此,控制大电流用电设备常采用加中间继电器的方法,即通过控制继电器触点的通断,实现小电流控制大电流的目的。

(七) 网络控制

由于现代汽车智能化的要求,多数用电设备的工作电流已不再由单一的开关信号控制,而是由具有一定逻辑关系的多个信号来控制,这些控制构成一个网络,称为网络控制。网络控制主要引入了电控单元(ECU),它连接特定部位的传感器,每个传感器提供一路信号。在各种用电设备的工作电流控制中,有些信号是共用的,所以汽车上的各个电控单元也要靠网络技术来连接。随着汽车电气技术的发展,拟人思维的功能控制需要的信号越来越多,满足的关系越来越复杂,网络结构不断发展,目前汽车车载网络结构逐步向车载人工智能网联发展。

（八）导线有颜色和编号特征

为了区分线路连接，汽车上的所有低压导线应选用不同颜色的单色线或双色线，并在每根导线上编号。编号由生产厂家统一编制，一般相同汽车品牌的线路及电路图识别方法相似。

1.1.5 电路的串、并联

一、串联电路

（一）定义

如图 1-16 所示，两个或多个电阻一个接一个连接，组成一个无分支电路，各电阻通过同一电流，采用这种连接方式的电路称为串联电路。

微课
电阻的串、并联

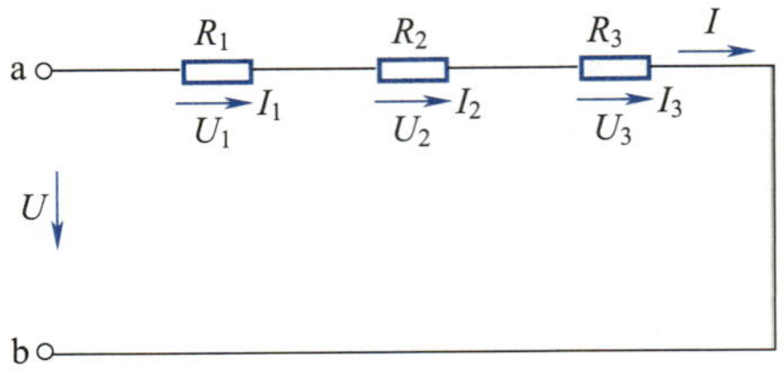

图 1-16 串联电路

（二）特点

（1）电流处处相等。设电阻 R_1 中的电流为 I_1，电阻 R_2 中的电流为 I_2，电阻 R_3 中的电流为 I_3，对于串联电路总有

$$I=I_1=I_2=I_3$$

（2）电阻 R_1 两端电压为 U_1，电阻 R_2 两端电压为 U_2，电阻 R_3 两端电压为 U_3，则总电压为

$$U=U_1+U_2+U_3$$

（3）总电阻，也就是串联电路两个引出端之间的等效电阻 R_{ab} 等于串联电路中各个电阻之和，即

$$R_{ab}=R_1+R_2+R_3$$

（4）串联电路中任一电阻两端的电压与总电压的关系均符合下述分压公式

$$U_1=\frac{R_1}{R_1+R_2+R_3}U \tag{1-7}$$

（5）串联电路中各个电阻吸收的功率与该电阻阻值成正比。

（三）实际应用

（1）降压：当某一用电器的额定电压低于电源电压时，根据串联电路具有分压作用的特点，可在电路中串联一个适当的电阻（降压电阻），使用电器分得的电压为额定电压。应当注意，与负载串联的电阻，其实际功率不应超过它的额定功率。

（2）用电器改变额定输出电压：在汽车电路系统中，许多传感器是利用电位器的分压原理制成的，如加速踏板位置传感器、节气门位置传感器等。

（3）控制负载电流：负载的工作状态与电流大小有直接关系，如直流电动机的转速与电流大小有关，标致 308、桑塔纳等品牌车辆空调系统电路中的鼓风机、风扇电动机电路中就串联了 3 个电阻，通过风扇电动机开关可以改变串联电阻的个数，使流经负载的电流发生改变，从而调节风速大小,如有任何一个负载断路,则整个电路便不再有电流流过,所有负载的电流都等于零。

二、并联电路

(一) 定义

如图 1-17 所示,由两个或多个电阻连接在两个公共点之间,组成一个分支电路,各电阻两端承受同一电压,采用这种连接方式的电路称为并联电路。

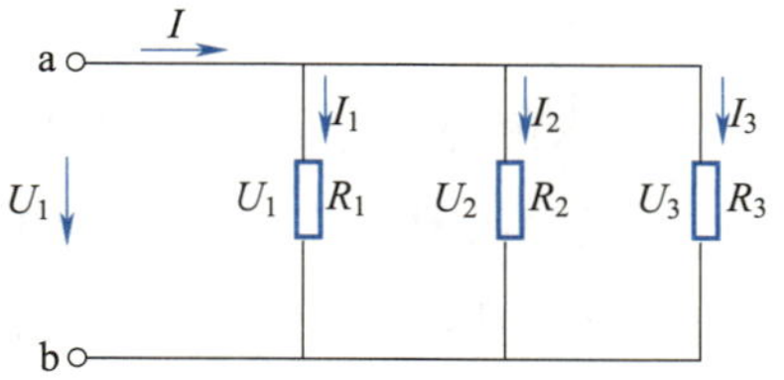

图 1-17　并联电路

(二) 特点

(1) 各并联电阻两端的电压均相等。设电阻 R_1 两端电压为 U_1,电阻 R_2 两端电压为 U_2,电阻 R_3 两端电压为 U_3,则有

$$U=U_1=U_2=U_3$$

(2) 总电流等于流经各电阻电流之和。设电源处总电流为 I,流经 R_1 的电流为 I_1,流经 R_2 的电流为 I_2,流经 I_3 的电流为 I_3,则有

$$I=I_1+I_2+I_3$$

(3) 总电阻,也就是并联电路两个引出端之间等效电阻的倒数等于并联电路中各个电阻倒数之和

$$\frac{1}{R_{ab}}=\frac{1}{R_1}+\frac{1}{R_2}+\frac{1}{R_3} \tag{1-8}$$

经验总结:电阻越并越小;阻值相同的两个电阻并联,总电阻等于原阻值的一半;阻值不相同的两个电阻并联,总电阻比两者中阻值最小的电阻值更小。

(三) 实际应用

(1) 并联电路的分流应用:在电路中并联一个电阻,电流就多了一条通路,可以分去干路的一部分电流,并联电路的这种作用称为分流作用,起分流作用的电阻称为分流电阻。

(2) 并联电路在汽车上的应用:汽车上的用电器,如喇叭、照明灯等都是并联在直流电源上的。并联电路的优点就在于各用电器能单独工作,互不影响。因此,对于几个额定电压相同的负载,只要电源能满足全部负载的电流要求,就可以把它们并联在同一电源上。

(3) 并联大电阻可获得较小的阻值:在电工测量中,用并联电阻的方法可以扩大电流表的量程。

注意,在并联电路中,任一支路负载断路,不会影响其他负载上流过的电流。

三、混联电路

既有电阻串联,又有电阻并联的电路称作混联电路,如图 1-18 所示。这种电路在实际工作中应用很广,形式多种多样,它的串联部分具有串联电路的特点,并联部分具有并联电路的特点。能准确判断电路某一部分各电阻的串、并联关系,混联电路的分析将迎刃而解,分析过程中需要明确以下几个问题:

(1) 有的混联电路由很多支路组成，连接关系很复杂，但混联电路仍属于简单电路。“简单电路”是个术语，它是指可以用串、并联的方法求出等效电阻，简化为单一回路的一类电路。凡不能用串、并联的方法简化为单一回路的电路称为复杂电路。

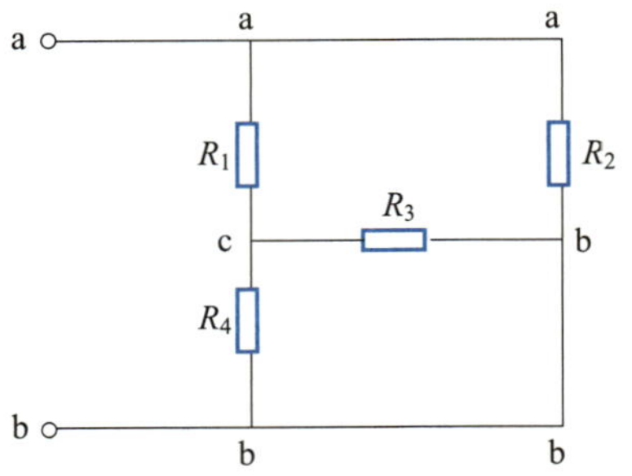

图 1-18　混联电路

(2) 求解混联电路时，应采用逐步解决的办法，凡能看清串、并联关系的部分，用其等效电阻代替，使电路进一步简化。求等效电阻的关键在于正确识别各个电阻的串、并联关系。串、并联是针对电源或电路的某两端而言的。

(3) 求等效电阻时，在明确两个端点的基础上，需要认定通过同一电流的各电阻是串联关系，连接在两个公共点间的各电阻是并联关系。分析问题时，尽量缩短电路图中无电阻的导线，同时注意在不改变电路连接关系的前提下，原电路图中各电阻的位置可以改动，便于看出连接关系。

• **例 1-2**　如图 1-19 所示等效电路中，已知 $R_1=2\ \Omega$，$R_2=R_3=R_4=4\ \Omega$，求 a、b 间的等效电阻。

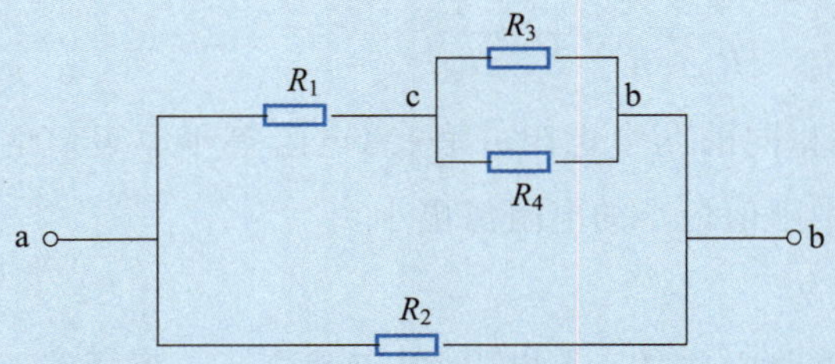

图 1-19　例 1-2 等效电路

解： 根据电路中电阻的串、并联关系，计算出电路中的等效电阻，有

$$R_{34}=R_3//R_4=2\ \Omega$$

$$R_{134}=R_1+R_{34}=4\ \Omega$$

$$R_{AB}=R_{1234}=R_{134}//R_2=2\ \Omega$$

1.2　汽车电路检测

学习目标

了解电阻、电容和电感的作用，掌握其组成和工作原理，具备电路分析的能力和解题思路，掌握电阻、电容、电感的识别与测量，培养探究问题和解决问题的能力。

知识学习

1.2.1　电阻的识别与测量

一、认识汽车上的电阻

（一）电阻的概念

对电流产生阻碍作用的电子元件称为电阻。

微课
色环电阻的识别

电阻是电子线路中最常见的元件之一，主要用于控制和调节电路中的电流和电压，或作为消耗电能的负载。

在国际单位制（SI）中，电阻的单位是 Ω（欧姆），常用单位还有 kΩ（千欧）和 MΩ（兆欧）。它们之间的换算关系：$1\ \Omega=10^{-3}\ \text{k}\Omega=10^{-6}\ \text{M}\Omega$。

电阻的定义式为

$$R=\frac{U}{I} \tag{1-9}$$

式中：R——电阻值，单位为 Ω；

U——电压值，单位为 V；

I——电流值，单位为 A。

电阻的决定式为

$$R=\rho\frac{l}{s} \tag{1-10}$$

式中：R——电阻值，单位为 Ω；

ρ——制成电阻材料的电阻率，单位为 Ω · m；

l——绕制成电阻的导线长度，单位为 m；

s——绕制成电阻的导线横截面面积，单位为 m^2。

（二）电阻的特性

不能导电的物体是绝缘体，绝缘体的电阻通常很大，甚至为无穷大。导体是指电阻很小且易于导电的物体。半导体是指在特殊条件下可以导电的物体，其导电性能介于导体与绝缘体之间。

大多数金属导体的电阻随温度的升高而变大，而在极低温度下，某些金属或合金的电阻将会消失而转化为"超导体"。电流流过导体时，由于电阻的存在，一部分电能会转换为热能，导致导体发热。导体消耗的电功率与导体两端的电压及通过导体的电流成正比。

（三）电阻的分类

（1）熔断电阻。熔断电阻又称为熔丝电阻，是一种具有电阻和熔丝双重功能的元件。图 1-20

所示为熔断电阻，大多呈灰色，用色环或数字表示电阻值，额定功率由电阻尺寸大小所决定。在正常情况下，它具有普通电阻器的电气特性；一旦电路发生故障，流过的电流过大时，熔断电阻就会在规定的时间内熔断，从而起到保护其他重要元器件的作用。

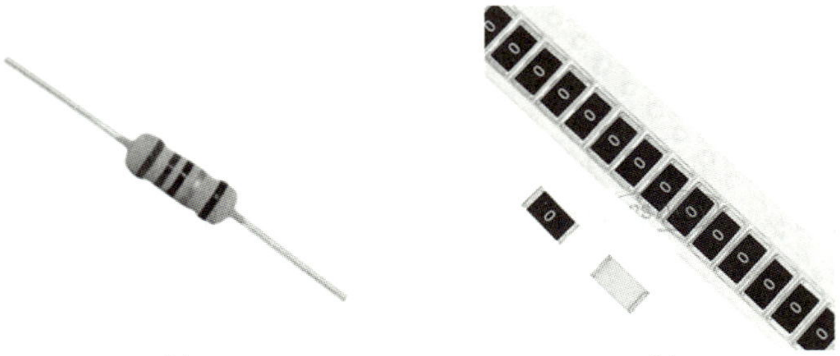

(a) (b)

图 1-20 熔断电阻

（2）有机实心电阻。有机实心电阻是一种把颗粒状导电物、填充料和黏合剂等材料混合均匀后热压在一起，然后装在塑料壳内的电阻，其引线直接压塑在电阻体内。由于这种电阻导体横截面较大，因此具有很强的过负荷能力，且可靠性高、价格低，但其主要缺点是精度低。这种电阻一般用在负载不能断开且工作负荷较大的地方。

（3）水泥电阻。图 1-21 所示为一种陶瓷绝缘功率型线绕电阻，习惯上称为水泥电阻。水泥电阻按功率可分为 2 W、3 W、5 W、7 W、8 W、10 W、15 W、20 W、30 W 和 40 W 等规格。水泥电阻具有功率大、散热好、阻值稳定和绝缘性能强的特点，在电路过电流的情况下会迅速熔断，以保护电路，但其价格相对较高。

（4）敏感电阻。图 1-22 所示为发动机冷却液温度传感器，其内部由敏感电阻组成。敏感电阻是指受温度、电压、湿度、光通量、气体通量、磁通量和机械力等外界因素表现敏感的电阻。这类电阻既可以把非电量变为电信号，也可以完成电路的某种功能，在工业自动化、智能化和日

图 1-21 水泥电阻

图 1-22 发动机冷却液温度传感器

常生活中被广泛应用。

热敏电阻是敏感电阻的一种，按照温度系数不同分为正温度系数热敏电阻(PTC)和负温度系数热敏电阻(NTC)。热敏电阻的典型特点是对温度敏感，在不同的温度下表现出不同的电阻值。正温度系数热敏电阻温度越高时电阻值越大，负温度系数热敏电阻温度越高时电阻值越小。

发动机冷却液温度传感器、环境空气温度传感器都属于负温度系数传感器，环境空气温度传感器在不同环境温度下具有不同的电阻值，见表 1-1。

表 1-1　环境空气温度传感器电阻值变化表

环境温度		电阻值		
摄氏度/℃	华氏度/℉	公称值/kΩ	最小值/kΩ	最大值/kΩ
-40	-40	333. 6	313. 75	353. 38
-30	-22	167. 08	167. 22	184. 94
-20	-4	96. 81	92. 82	100. 8
-10	14	55. 25	53. 38	57. 13
0	32	32. 64	31. 74	33. 54
10	50	19. 9	19. 6	20. 2
20	68	12. 49	12. 35	12. 64
30	86	8. 06	7. 96	10. 1
40	104	5. 32	5. 25	8. 15
50	122	3. 6	3. 54	5. 4
60	140	2. 49	2. 44	2. 54

(5) 滑动变阻器。又称为电位器，它可以通过改变接入电路部分电阻丝的长度来改变自身的电阻，从而起到控制电路的作用。滑动变阻器电阻丝的材料一般为铜丝或镍铬合金丝，将铜丝或镍铬合金丝绕制在绝缘筒上，两端用引线引出，滑动变阻器的滑片接触电阻丝并可调节到两端的距离，从而改变金属杆到电阻丝两端的电阻。滑动变阻器在电路中可以用作限流器，也可以用作分压器。汽车上的电子节气门位置传感器、加速踏板位置传感器、制动踏板位置传感器都是采用滑动变阻器的原理制成的，图 1-23(a)所示为滑动变阻器电路原理图，图 1-23(b)所示为滑动变阻器实物图。

(6) 压敏电阻。图 1-24 所示为进气压力传感器，内部有压敏电阻。压敏电阻是一种压电转换元件，是利用半导体的压阻效应制成的硅膜片，其形变与压力成正比，利用电桥将硅膜片的形变转换成电信号，从而给发动机模块提供可靠数据。压敏电阻式进气压力传感器具有体积小、精度高、成本低，以及响应性、再现性、抗振性较好等优点，因此得到广泛应用。

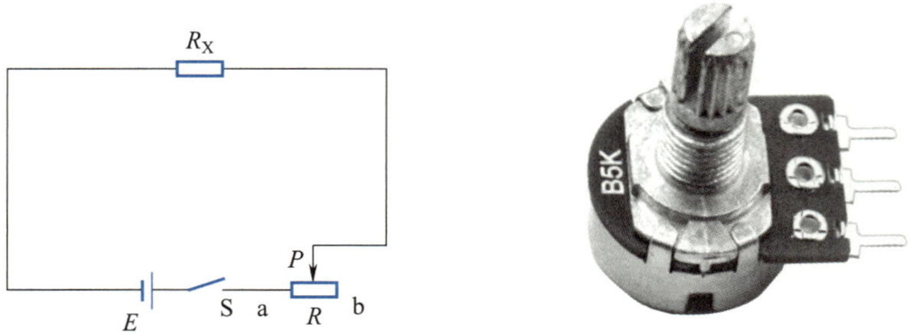

(a) 电路原理图　　(b) 实物图

图 1-23　滑动变阻器

（7）光敏电阻。光敏电阻是利用半导体的光电效应制成的一种电阻值随入射光的强弱而改变的电阻。受光照时，半导体产生载流子，由一个电极到达另一个电极，有效地参与导电，从而使光电导体的电阻率发生变化。

图 1-24　进气压力传感器

在光敏电阻中，硫化镉光敏电阻的应用最为广泛。它的特性是光照越强，电阻值越小；光照越弱，电阻值越大。光电式光量传感器内部就装有硫化镉光敏电阻，当有光照射到传感器上时，半导体元件的电阻值发生变化。这种传感器可以把周围亮度的变化转换成元件电阻值的变化，车辆自动前照灯就是利用这种特性研发而成的。

二、色环电阻

（一）定义

色标法是用不同颜色的色带或点在电阻表面标出标称电阻值和偏差值的方法。电阻的色带表示的含义如图 1-25 所示，几个色带相近的为电阻的左侧，第一道色带就是第一环，以此类推。

（二）四环电阻

四环电阻的色标法是指在普通电阻上用四条色带表示标称电阻值和允许偏差。其中，三条色带表示电阻值，一条色带表示允许偏差，如图 1-25 中的四环电阻色标含义所示。例如，某电阻上的色带依次为棕、黑、红和银色，则表示其电阻值为 $10\times10^{2}\ \Omega=1\ \mathrm{k\Omega}$，允许偏差是±10%。

（三）五环电阻

五环电阻的色标法是指在一般精密仪器上用五条色带表示标称电阻值和允许偏差。例如，某电阻上的色带依次为棕、黑、红、黄、银色，根据图 1-25 中的五环电阻色标含义可知其电阻值为 $102\times10^{4}\ \Omega=1.02\times10^{6}\ \mathrm{M\Omega}$，允许偏差为±10%。

四环电阻

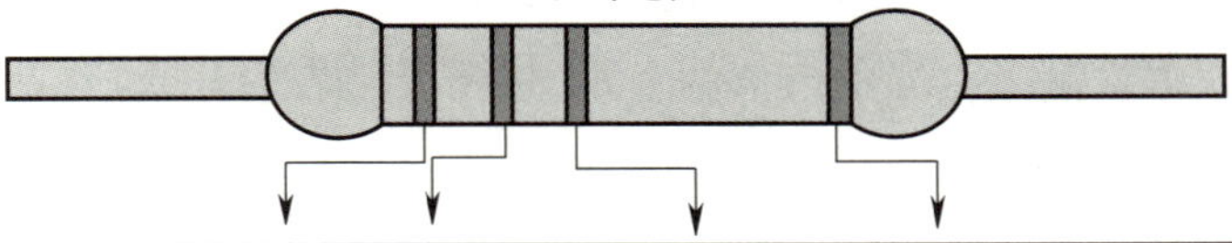

色标	代表数	第一环	第二环		第三环	第四环，允许偏差（字母）		温度系数（ppm/℃）
棕	1	1	1	1	10^1	±1%	F	100
红	2	2	2	2	10^2	±2%	G	50
橙	3	3	3	3	10^3			15
黄	4	4	4	4	10^4			25
绿	5	5	5	5	10^5	±0.5%	D	
兰	6	6	6	6	10^6	±0.25%	C	10
紫	7	7	7	7	10^7	±0.1%	B	5
灰	8	8	8	8		±0.05%	A	
白	9	9	9	9				1
黑	0	0	0	0	10^0			
金	0.1				10^{-1}	±5%	J	
银	0.01				10^{-2}	±10%	K	
无						±20%	M	
色标	代表数	第一环	第二环	第三环	第四环	第五环，允许偏差（字母）		温度系数（ppm/℃）

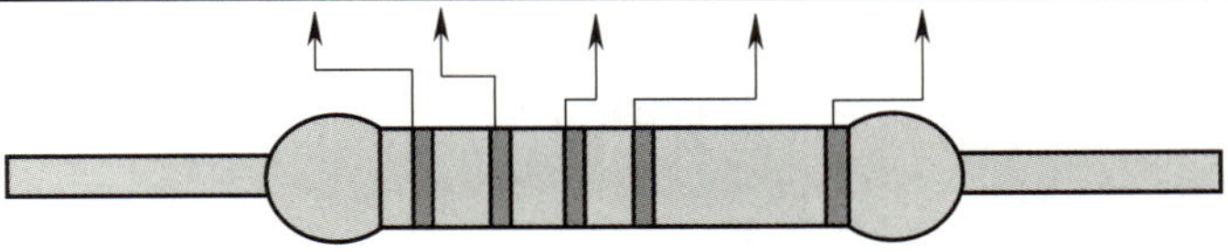

五环电阻

图 1-25　电阻的色带表示的含义

三、电阻的检测方法

（一）固定电阻的检测

使用万用表电阻挡将万用表两表笔（不分正负）分别与电阻的两端端子相接，即可测出实际电阻值。为了提高测量精度，应根据被测电阻标称值的大小来选择量程。

注意：检测前万用表应校零，被测电阻值为千欧级时，手不要触及表笔和电阻的导电部分；被检测的电阻应从电路中焊下来，至少要焊开一个头，以免电路中的其他元器件对检测产生影响，造成测量误差；色环电阻在使用前最好用万用表测量一下其实际电阻值，避免读数错误；任何有标志的电阻在使用前都要进行检测。

（二）电位器的检测

检测电位器时，首先要转动旋柄，检验旋柄转动是否平滑，开关是否灵活，开关通断时“咔嗒”声是否清脆,并听一听电位器内部接触点和电阻体摩擦的声音,如有“沙沙”声,说明质量不好。用万用表检测时,根据被测电位器电阻值的大小,选择万用表的合适挡位,然后按照检测固定电阻的方法进行检测。如万用表的读数在电位器旋柄转动过程中有跳动现象,说明活动触点存在接触不良的故障。

1.2.2 电容的识别与测量

一、电容的概念

具有储存电场能特性的电路元件称为电容,电容量是指在给定电压差下的电荷储存量。两个相互靠近的导体,中间夹一层不导电的绝缘介质,就构成了电容。如图 1-26 所示,电容通常由壳体、电极板及引线等部件组成。在两个电极板之间放置的绝缘体介质可以是塑料、玻璃、纸、陶瓷或者空气。

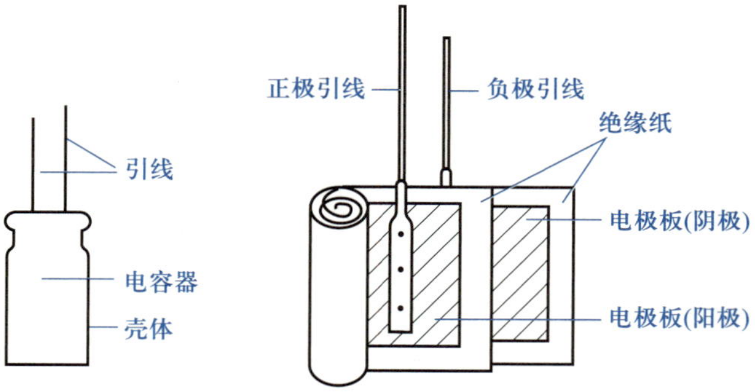

图 1-26 电容的结构

二、电容的特性

电荷储存量,即电容量记为 C,国际单位是 F[法(法拉)]。“法拉”的单位级别太大很少使用,电容量的常用单位还有 mF(毫法)、μF(微法)、nF(纳法)、pF(皮法)。它们之间的换算关系:$1\ \text{F}=10^{3}\ \text{mF}=10^{6}\ \mu\text{F}=10^{9}\ \text{nF}=10^{12}\ \text{pF}$。

一般来说,电荷在电场中会受力而移动,两个电极板之间有了绝缘体介质,阻碍了电荷移动而使电荷累积在电极板上,造成电荷的累积储存。电容储存电荷量的多少,取决于电容的电容量,电容量在数值上等于一块电极板上的电荷量与两块电极板之间的电位差之比,即

$$C=\frac{Q}{U} \tag{1-11}$$

式中:Q——一块电极板上的电荷量,单位为 C;

U——两块电极板之间的电位差,单位为 V。

电容的电压、电流关系为

$$i = C\frac{\mathrm{d}u}{\mathrm{d}t} \tag{1-12}$$

电容上的电流与其电压的变化率成正比，当电压恒定时，电容上的电流为零。因此，电容对直流可视为断路，即具有隔直流的作用。当电容通过交流电时，电容上会有电流通过，电压变化越快，产生的电流越大，即电容具有通交流的作用。电容具有通交流、隔直流的特性，广泛应用于车辆控制模块等电气部件中。

三、电容的作用

电容是电路中的基本元件之一，在电路中有以下作用：

(1) 滤波的作用。在滤波电路中使用的电容，称为滤波电容，它可以将某些频段中的信号从总信号中去除。

(2) 耦合的作用。在传送和放大低频信号时，可以使用耦合电容，它可以避免前后两级电路在静态工作时相互干扰。此外，还可以避免信号中的低频损失过大。

(3) 降压的作用。电容可以使电流压力降低，因此被广泛使用于充电器中，生活中人们使用的充电器都有它的身影。

(4) 隔离直流的作用。简单来说电容可以起到高通滤波器的作用，允许高频率信号通过，低频率信号难以通过，直流无法通过。

(5) 储能作用。在储能时需要使用大电容或者是几个小电容并联构成的电容组。

(6) 旁路作用。旁路可以延伸出一个电流分路，让高频率的信号顺利通过电容，而低频信号会因阻力问题，被输送到下一级放大。

如图 1-27 所示，在电力系统中，电容还可用来提高系统的功率因数。

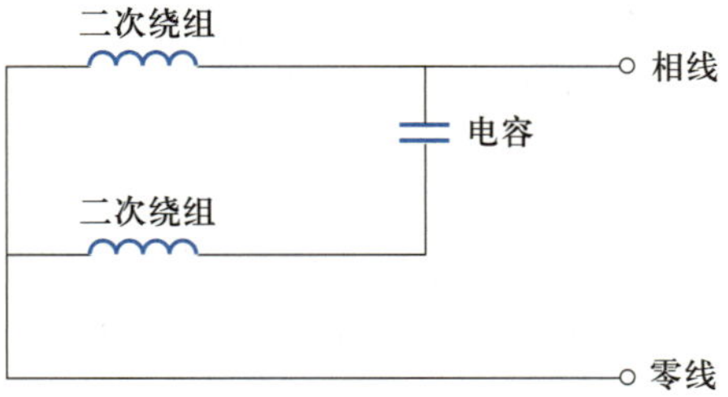

图 1-27　电容在电力系统中的应用

如图 1-28 所示，闭合 S_1 时，电子聚集在与电源负极相连的电极板表面，离开与电源正极相连的电极板，直到两电极板间的电位差等于电源电压，此时电容的充电过程结束。

如图 1-29 所示，闭合 S_2 时，由于两电极板间存在电位差，电子会通过导线回到正极电极板上，直至正、负两电极板间的电位差为零，此时电容的放电过程结束，电容又恢复到了不带电的中性状态。

四、电容的应用

(1) 抑制峰值电压。将电容并联在感应电路中的触点或电感线圈的两端，可以起到缓冲器的作用，用以消除有害电压的冲击。

(2) 过滤噪声。将电容并联接入直流电路中，可以消除有害交流干扰，在汽车音响系统电路中就利用电容来发挥过滤噪声的作用。

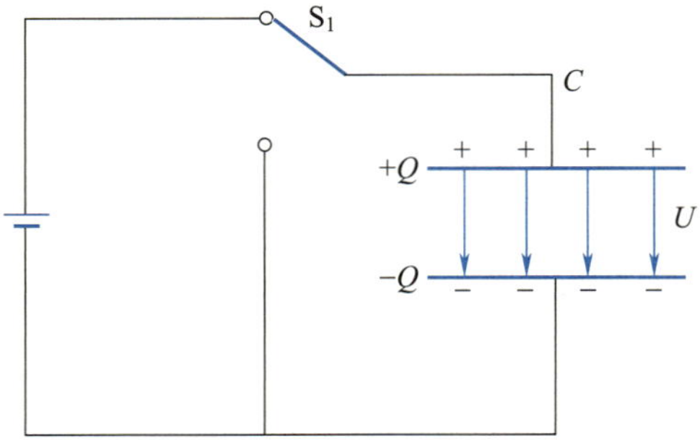

图 1-28 电容充电

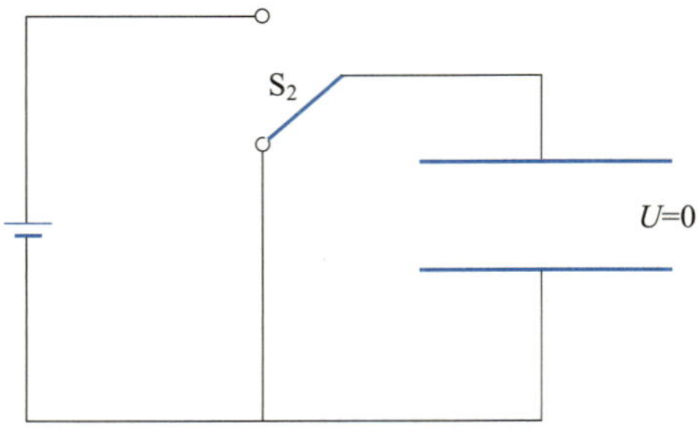

图 1-29 电容放电

（3）辅助电源。在汽车音响系统中，大型电容可为高电压立体声放大器供电，提供电流的短脉冲群来驱动低频扬声器。在汽车安全气囊系统中，如果车辆碰撞过程中失去了点火正极电压，传感和诊断模块将利用电容的储备电源来维持系统的正常工作。在发动机缸内直喷燃油系统中，高压喷油器的开启通过发动机控制模块（ECM）中的增压电容来控制，在 65 V 增压阶段，电容对喷油器放电，喷油器快速开启，之后喷油器在 12 V 电源的作用下保持开启。

（4）定时电路。将充满电的电容安装于配有电阻的电路中，由于电容充电和放电所需的时间是可以精确控制的，根据电容的这一特性可组成定时电路，应用于车窗除霜器控制、汽车灯光控制、刮水器控制等。

五、电容在汽车转向灯电路中的应用

微课
电容式闪光器

电容式闪光器主要由继电器和电容组成，继电器铁心上绕有串联线圈和并联线圈，电容为大容量电解电容（约 1 500 μF）。电容式闪光器根据电容充、放电特性使继电器串联线圈和并联线圈的电磁力时而相加，时而相减，控制触点周期性断开和闭合，实现汽车转向信号灯和转向指示灯的闪烁。

（一）工作过程

如图 1-30 所示，转向灯开关接通右转向灯位置，回路为蓄电池的正极—串联线圈 L_1—动断触点—转向灯开关—右转向灯搭铁—蓄电池负极，转向灯短暂点亮。串联线圈 L_1 中有电流通过，铁心磁化产生电磁吸力，当电磁力矩大于弹簧力矩时，触点断开，转向灯熄灭。

（二）电容的充电

触点打开后，蓄电池对电容充电，回路为蓄电池正极—串联线圈 L_1—并联线圈 L_2—电容—转向灯开关—搭铁—蓄电池负极。随着电容充电时间的延长，其两端的电压逐渐增大，充电电流逐渐减小，两个线圈吸力减小，触点重新闭合。

（三）电容的放电

触点闭合后，电容通过并联线圈 L_2、触点放电，并联线圈 L_2 产生的磁场削弱已产生的磁场，使触点闭合时间延长，转向信号灯和转向指示灯中有较大电流流过，此时转向灯点亮。随着放电时间的延长，并联线圈 L_2 中的电流减小，产生的磁场减弱，当对串联线圈 L_1 的削弱作用小到

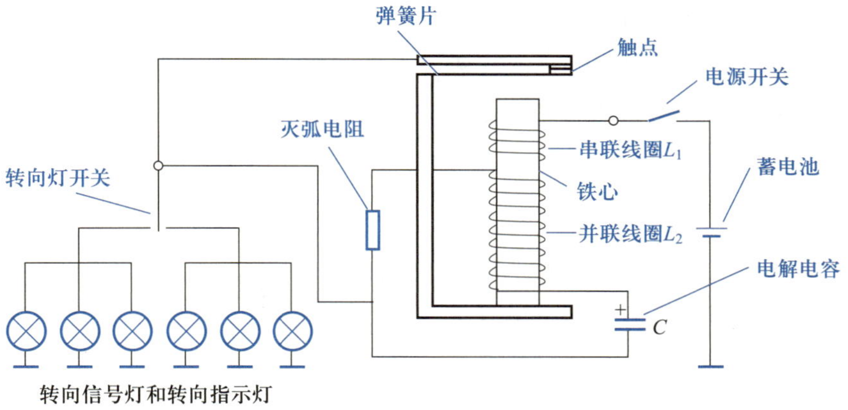

图 1-30　转向灯电路图

一定程度时，触点重新打开，转向灯熄灭。如此反复，使转向灯闪烁。

六、电容的分类

电容按结构可分为固定电容、可变电容和微调电容。

电容按极性可分为有极性电容和无极性电容。常见的有极性电容是电解电容。

电容按材料可分为聚酯电容、陶瓷电容、瓷片电容、独石电容和钽电容等。

如图 1-31 所示，无极性电容的额定值及最大电压额定值固定不变，无正、负极性之分；有极性电容具有正、负两个电极，常见的类型有铝电解电容和固体钽电解电容；可变电容分为半可变电容和可变电容两种。

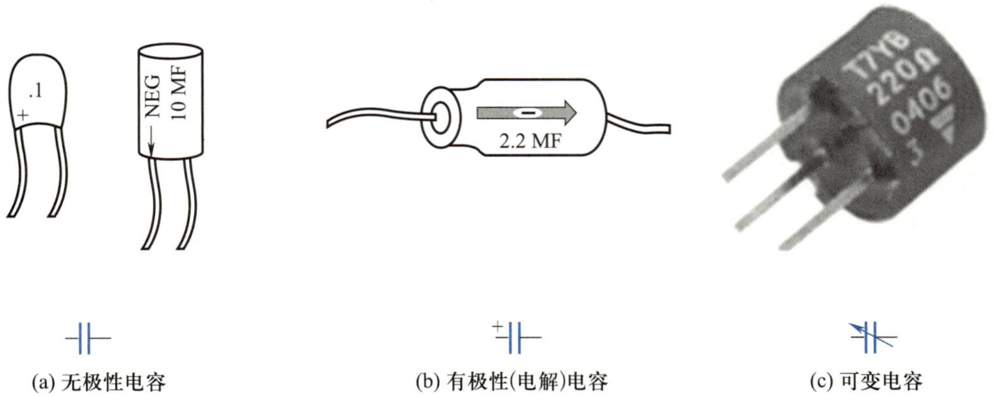

图 1-31　电容的分类

七、电容的标识方法

1. 直接标识法

电容表面印有厂家标识、型号、标称电容量、允许误差范围、额定工作电压等。图 1-32 所示为直接标注的电容。有些电容没有标注单位，其识读方法：电容量>1 的无极性电容，其电容量单位为 pF,如 5100 表示电容量为 5100 pF;电容量<1 的电容,其电容量单位为 μF,如 0.01 表示电容量为 0.01 μF。有极性电容,电容量单位均为 μF,如 100 表示电容量为 100 μF。

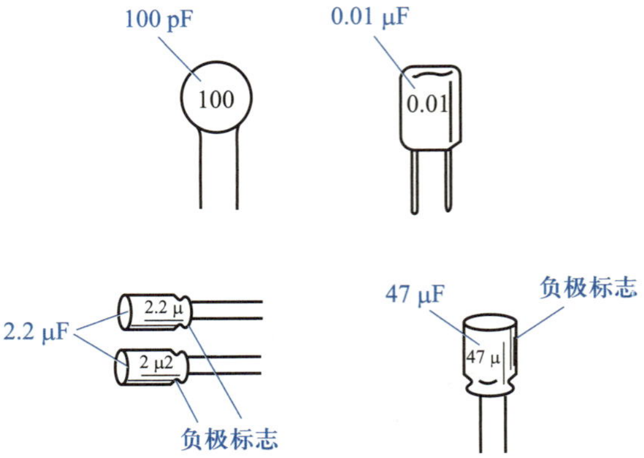

图 1-32 直接标注的电容

2. 文字符号标识法

电容量的整数部分标注在电容量单位标志符号前面,电容量的小数部分标注在电容量单位标志符号后面,电容量单位标志符号所占位置就是小数点的位置,如 4N7 表示电容量为 4.7 nF 或是 4700 pF。如果在数字前面标注有"R"字样,则电容量为零点几微法,如 R33 表示电容量为 0.33 μF。

3. 电容色环标识法

电容色环标识法的原则和电阻相同,颜色的意义也与电阻基本相同,电容量单位是 pF。

4. 电容数字标识法

用三位数字表示电容的电容量大小。第一位、第二位是有效数字,第三位表示有效数字后面 0 的个数,单位为 pF,如 223 表示电容量为 22×10^3 pF,如 472 表示电容量为 47×10^2 pF = 4.7 μF。例外是当第三位是 9 时,其表示 10^{-9}。

八、电容量的计算

1. 并联

把两个或两个以上的电容并列地连在两点之间,使每一电容两端承受相同电压的连接方式称为电容的并联,如图 1-33 所示。电容并联时的总电容量 C 与各电容的电容量之间的关系为

$$C=C_1+C_2+C_3$$

2. 串联

把两个或两个以上的电容连接成一串,使电荷分布到每个电容的电极板上,这种连接方式称为电容的串联,如图 1-34 所示。电容串联时的总电容量 C 与各电容的电容量之间的关系为

$$\frac{1}{C}=\frac{1}{C_1}+\frac{1}{C_2}+\frac{1}{C_3}$$

九、电容的额定电压

电容的额定电压是指在规定温度条件下,能保证电容长期连续工作而不被击穿的电压。

每一个电容都有它的额定电压,这是电容的重要参数之一。在使用中应保证连续施加在电容上的直流电压与交流峰值电压之和不超过电容的额定电压。普通无极性电容的额定电压要高于有极性电容的额定电压。电容的常见故障是开路失效、短路击穿、漏电或电容量变化,可以用万用表检查电容的电容量,来判断电容是否损坏。

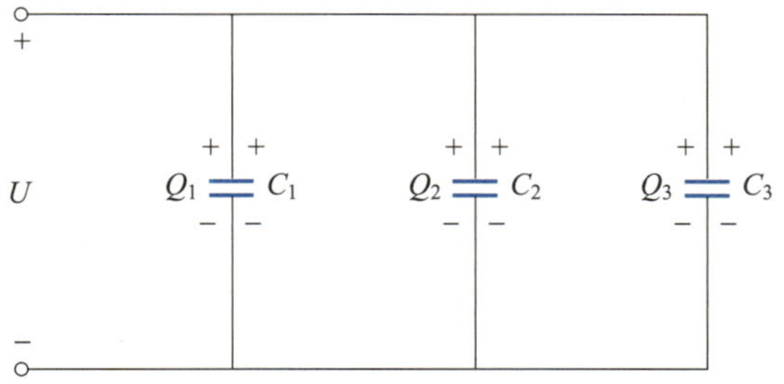

图 1-33　电容的并联

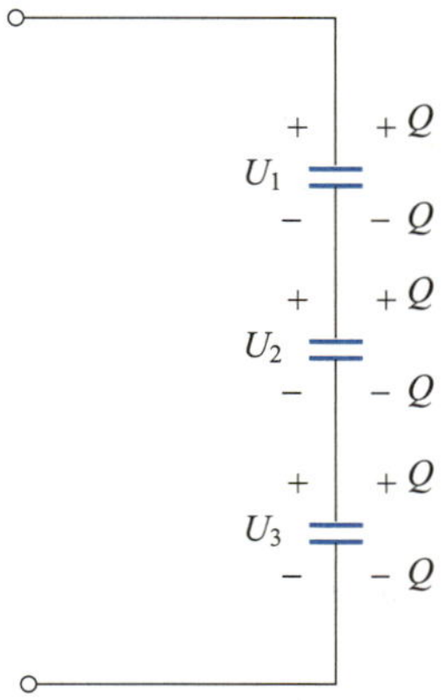

图 1-34　电容的串联

1.2.3　电感的识别与测量

一、电感的概念

图 1-35 所示为电感(inductor),电感能够把电能转换为磁能而储存起来。电感的结构类似于变压器,但只有一个绕组。没有电流通过的状态下,当电路接通时,电感会试图阻碍电流流过它;有电流通过的状态下,当电路断开时,电感会试图维持电流不变。用导线绕制而成的线圈,继电器、喷油器、起动机和发电机中的绕组等都是电感。

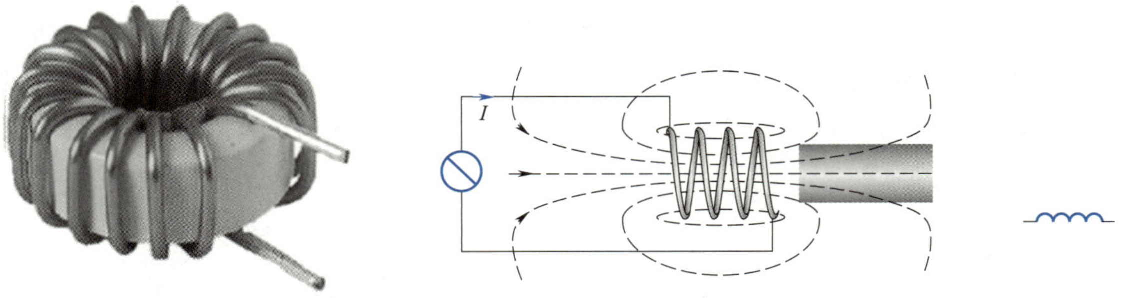

(a) 实物图　(b) 原理图　(c) 符号

图 1-35　电感

二、电感的单位及计算公式等

在国际单位制(SI)中,电感 L 的单位为 H(亨利),常用单位还有 mH(毫亨)和 μH(微亨)。它们之间的换算关系:1 H = 10^3 mH = 10^6 μH。

电感的计算公式为

$$L=\frac{\psi}{i}$$

式中,ψ 为磁链,$\psi=N\phi$,ϕ 为绕组产生的磁通量,N 为绕组匝数,i 为通过电感元件的电流,它们呈线性关系。

电感的图形符号如图 1-35(c)所示。

三、电感的特性

电感的电压、电流关系为

$$u=\frac{\mathrm{d}\psi}{\mathrm{d}t}=L\frac{\mathrm{d}i}{\mathrm{d}t}$$

电流变化越快,电感两端的电压越大。当电流变化率为零时,即通入直流电时,电感两端的电压为零。可见,电感对直流电流没有阻力,视同为短路,电感具有通直流、阻交流的特性。

四、电感的分类

电感的种类很多,常见的有色环电感(色码电感)、电感线圈、磁环电感及微调电感等。图 1-36 所示为色环电感,其读数方法与电阻类似。

图 1-36 色环电感

五、电感的标识方法

电感量的标识包括直标式、色环标式和无标式。数字字母符号标识法是将贴片电感的标称值和公差值用数字和字母按一定的规律组合标识在电感体上,如图 1-37 所示。其单位通常为 nH 或 μH,单位为 μH 时,“R”表示小数点的位置;单位为 nH 时,“N”表示小数点的位置。例如,6N8 表示电感量为 6.8 nH,68 N 表示电感量为 68 nH,6R8 则表示电感量为 6.8 μH。

允许公差标识法通常会加一个英文字母作为后缀,各字母表示的允许公差与直标法相同。如图 1-38 所示,330K 表示电感量为 33×10^{0} μH = 33 μH,K 表示电感器允许公差为±10%。M 表示电感器允许公差为±20%。想了解更多字母含义,还需查找字母允许公差值对照表。

图 1-37 电感量的标识

图 1-38 允许公差标识法

六、电感的串、并联

把两个或两个以上的电感连接成一串,这种连接方式称为电感的串联,如图 1-39 所示。若有两个电感串联,则其等效电感为

$$L=L_1+L_2$$

把两个或两个以上的电感并列地连接在两点之间，使每一电感两端承受相同电压的连接方式称为电感的并联，如图 1-40 所示。若有两个电感并联，则其等效电感为

$$\frac{1}{L}=\frac{1}{L_1}+\frac{1}{L_2},L=\frac{L_1L_2}{L_1+L_2}$$

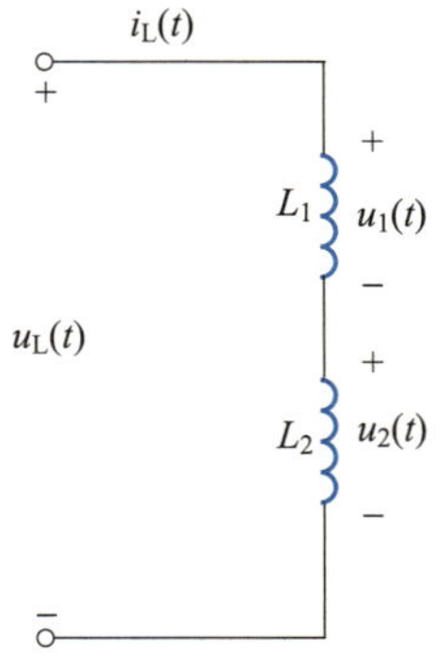

图 1-39　电感的串联

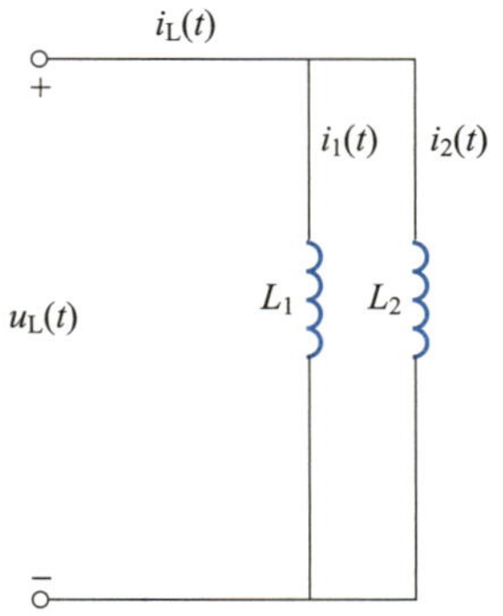

图 1-40　电感的并联

七、电感的检查与测试

(一) 外观检查

检查电感的线圈引线是否断裂、脱焊，绝缘材料是否烧焦，表面是否破损等。

(二) 电阻值测量

使用万用表测量电感线圈的电阻值，来判断电感的好坏，即检测电感是否有短路、断路或绝缘不良等情况。一般电感线圈的直流电阻值很小(为零点几欧至几欧)。由于低频扼流圈的电感量大，其线圈圈数相对较多，因此直流电阻值相对较大。当测得电感线圈的电阻值为无穷大时，表明电感线圈内部或引出端线路已断开。如果万用表指示电阻值为零，则说明电感内部短路。

(三) 绝缘检查

对于低频扼流圈，应检查线圈和铁心之间的绝缘电阻，即测量线圈引线与铁心或金属屏蔽罩之间的电阻，阻值应为无穷大；否则说明该电感绝缘不良。

(四) 可变电感磁心检查

可变磁心应未松动、断裂，应能用无感螺钉旋具进行伸缩调整。

1.3　汽车电路分析

学习目标

了解基尔霍夫定律、支路电流法、叠加定理、电压源与电流源及其等效变换、戴维南定理、电

位的计算，掌握解题思路，具备对电路进行分析的能力，培养严谨的学习精神。

知识学习

1.3.1 基尔霍夫定律

一、概述

一个电路若不能用电阻的串、并联方法简化为单回路电路，这个电路就叫作复杂电路。如图 1-41 所示的电路中，电阻元件只有三个，但两个电源在不同的支路上，三个电阻没有串、并联关系，所以归类为复杂电路。由此可见，判断一个电路是简单电路还是复杂电路，应依据具体定义，而不能看电路中元件的多少。

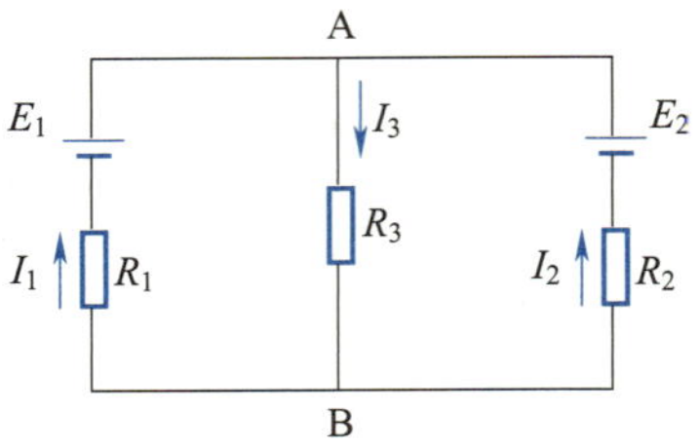

图 1-41 有关电路结构的术语

二、术语

分析复杂直流电路主要依据电路的两条基本定律——欧姆定律和基尔霍夫定律。基尔霍夫定律既适用于直流电路，也适用于交流电路。在介绍基尔霍夫定律前，先学习几个电路结构方面的术语。

1. 支路

电路中的每一个分支就是一条支路，它由一个或几个相互串联的电路元件所构成。图 1-41 中有三条支路，即 E_1-R_1 支路、E_2-R_2 支路和 R_3 支路。含有电源的支路称作有源支路，如 E_1-R_1 支路、E_2-R_2 支路。不含电源的支路称作无源支路，如 R_3 支路。

2. 节点

三条或三条以上支路汇成的交点称作节点，图 1-41 中有两个节点，即 A、B。

3. 回路

电路中任一闭合路径都称作回路，一个回路可能只含一条支路，也可能包含几条支路。图 1-41 中有三个回路，即 $A-R_3-B-R_1-E_1-A$、$A-R_3-B-R_2-E_2-A$、$A-E_2-R_2-B-R_1-E_1-A$。

4. 网孔

内部不含支路的回路称作网孔，图 1-41 中有两个网孔，即 $A-R_3-B-R_1-E_1-A$、$A-R_3-B-R_2-E_2-A$。

三、定义

（一）基尔霍夫第一定律

基尔霍夫第一定律（KCL）又称为节点电流定律。该定律表述为：在任一瞬间，流进某节点的电流之和恒等于流出该节点的电流之和，用公式表示为

$$\sum I_i=\sum I_o \text{ 或 } \sum I_{入}=\sum I_{出} \tag{1-13}$$

微课
基尔霍夫第一定律

如图 1-41 所示，对于节点 A 有 $I_1+I_2=I_3$，可改写为 $I_1+I_2-I_3=0$，因此得到

$$\sum I=0 \tag{1-14}$$

分析未知电流时，可先任意假设支路电流的参考方向，列出节点电流方程。通常，规定流进节点的电流取正值，流出节点的电流取负值，再根据计算值的正、负来确定未知电流的实际方向。某些电流计算值可能为负值，表明假设电流方向与实际电流方向相反。

补充说明

(1) KCL 是电荷守恒和电流连续性原理在电路中任意节点处的反映。

(2) KCL 是对节点处支路电流加的约束，与支路上接的元件无关，与电路是线性还是非线性无关。

(3) KCL 方程按电流参考方向列出，与电流实际方向无关。

• **例 1-3** 在图 1-42 所示的电路中，已知 $I_1=1\text{ A}$，$I_2=2\text{ A}$，$I_5=3\text{ A}$，求该电路中的未知电流。

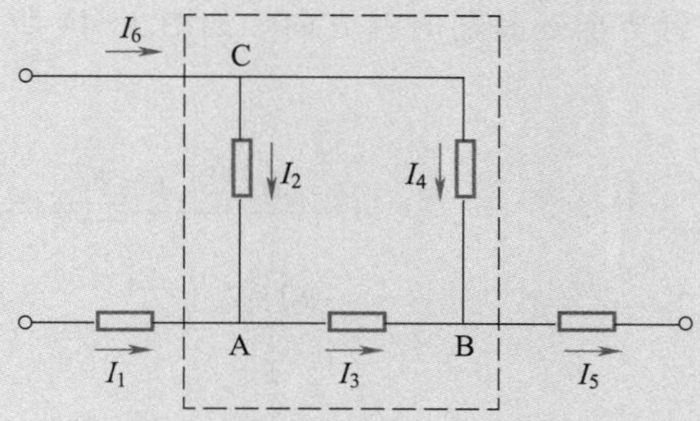

图 1-42 例 1-3 图

解：第 1 步：标出未知电流参考方向。

第 2 步：列出 KCL 方程，有

$$I_3=I_1+I_2=(1+2)\text{ A}=3\text{ A}$$

$$I_4=I_5-I_3=(3-3)\text{ A}=0\text{ A}$$

$$I_6=I_4+I_2=(0+2)\text{ A}=2\text{ A}$$

第 3 步：确定电流真实方向。计算结果无负值，表明假设电流方向与实际电流方向相同。

知识拓展

(1) KCL 不仅适用电路中的任一节点，还适用电路中包围多个节点的任意假定闭合曲面。

(2) 任意时刻，流入任意闭合曲面的电流之和等于流出该闭合曲面的电流之和，如图 1-42 所示，已知 I_1 和 I_5，则可通过 $I_1+I_6=I_5$ 求解 I_6。

微课 基尔霍夫第二定律

（二）基尔霍夫第二定律

基尔霍夫第二定律（KVL）又称为回路电压定律。该定律表述为：在任一闭合回路中，各段电路电压降的代数和恒为零，用公式表示为

$$\sum U=0 \tag{1-15}$$

在图 1-43 所示电路中，按虚线方向循环一周，根据电压与电流的参考方向可列出 $U_{CA}+U_{AD}+U_{DB}+U_{BC}=0$，即 $I_1R_1-I_2R_2+E_2-E_1=0$，可改写为 $I_1R_1-I_2R_2=E_1-E_2$，由此可得基尔霍夫第二定律的另一种表达形式为

$$\sum E=\sum IR \tag{1-16}$$

式（1-16）表明，对于电路中任一闭合回路，各电阻上电压降的代数和等于电动势的代数和，这也是基尔霍夫第二定律的常用表达形式。

式（1-16）中各电压和电动势的正、负符号的确定方法如下：

（1）先选定各支路电流的方向。

（2）确定回路的绕行方向是顺时针方向还是逆时针方向。如图 1-44 所示，绕行方向假定为顺时针方向。

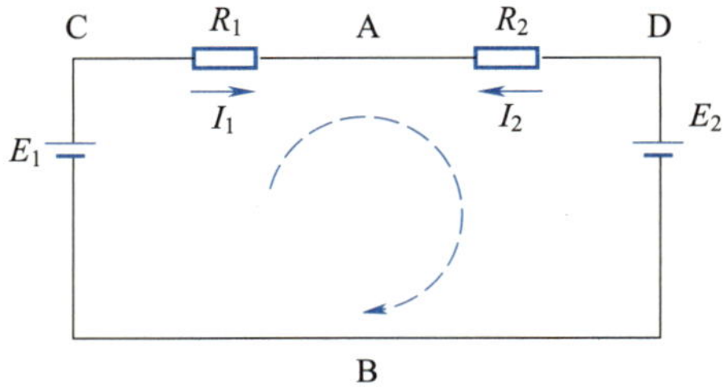

图 1-43　基尔霍夫第二定律

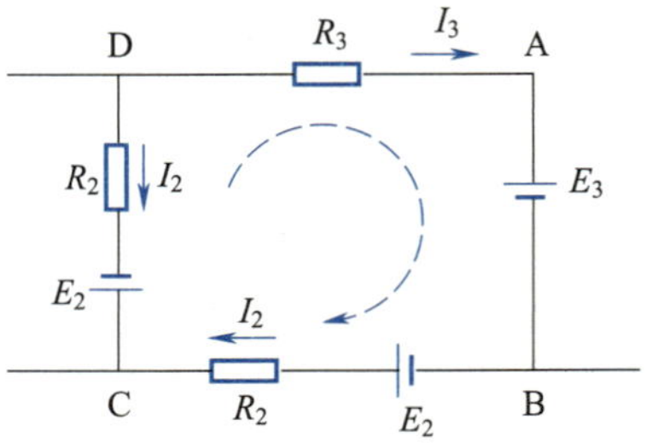

图 1-44　基尔霍夫第二定律

（3）确定电阻上电压的符号：通过电阻的电流方向与绕行方向一致时，该电阻上的电压取正号；否则取负号。如图 1-44 所示，R_1 上的电流方向与绕行方向一致，所以取“+”号；R_2 上的电流方向与绕行方向相反，所以取“-”号；R_3 上的电流方向与绕行方向一致，所以取“+”号。

（4）确定电动势的符号：电动势的实际方向与绕行方向一致取正号；否则取负号。如图 1-44 所示，电动势 E_1 的实际方向与绕行方向相反，所以取“-”号；电动势 E_2 的实际方向与绕行方向一致，所以取“+”号；电动势 E_3 的实际方向与绕行方向一致，所以取“+”号。

（5）列出方程式：$E_3-E_1+I_1R_1+E_2-I_2R_2+I_3R_3=0$。

补充说明

（1）KVL 反映电路遵从能量守恒定律。

（2）KVL 只约束回路中各支路电压，与各支路连接的元件无关，也与电路是线性还是非线性无关。

（3）绕行方向可以选择，但选定绕行方向后不能中途改变。

（4）按电压参考方向列出 KVL 方程，与电压实际方向无关。

● **例 1-4**　计算图 1-45 中 4 Ω 电阻两端的电压 U。

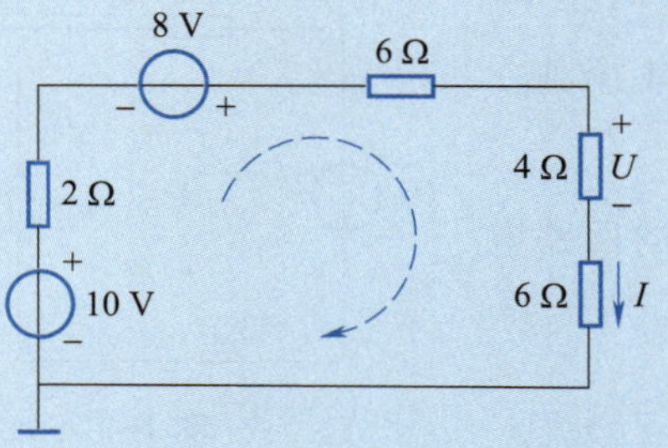

图 1-45　例 1-4 图

解：第 1 步：选定绕行方向，如图 1-45 所示。

第 2 步：列出 KVL 方程，有 $4I+6I-10+2I-8+6I=0$，计算可得 $I=1$ A，所以 $U=4$ V。

知识拓展

KVL 不仅适用于闭合回路，也适用于电路中任一假想的回路。列回路电压方程时，需将断开处的端电压列入方程中。电路中任两点间电压等于这两点间沿任意路径各段电压的代数和。如图 1-46 所示，可列出 KVL 方程为

$$U_{AB}+U_{S2}-U_{R2}-U_{S1}-U_{R1}=0$$

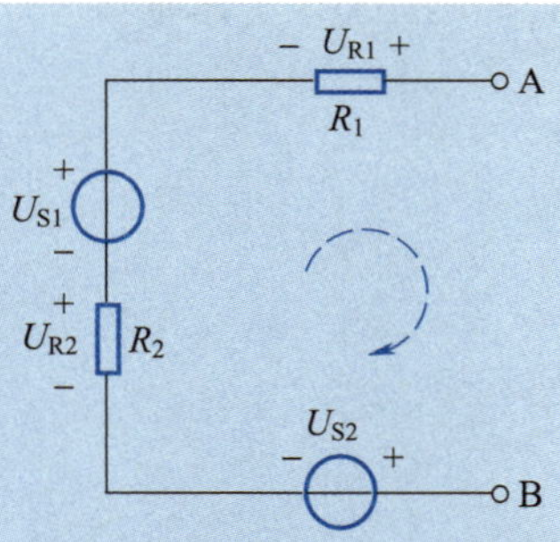

图 1-46　KVL 电路图

1.3.2　支路电流法

一、概述

微课 支路电流法

直接应用基尔霍夫节点电流定律和回路电压定律，对复杂电路中相应的节点和回路列出所需要的方程组，而后解出各未知的支路电流，是求解复杂电路的最基本方法。由于列出方程组中的未知数为各支路电流，所以也称为支路电流法，这是基尔霍夫定律最重要、最直接的应用。

二、解题步骤

第 1 步：假设各支路电流参考方向，对 n 个节点可列出$(n-1)$个独立的节点电流方程。

第 2 步：按网孔选择回路绕行方向，对 m 个网孔可列出 m 个独立的回路电压方程。

第 3 步：代入数据，求解联立方程组，得出各支路电流的大小，并确定各支路电流的实际方向。计算结果为正值时，实际方向与参考方向相同；计算结果为负值时，实际方向与参考方向相反。

图 1-47 所示电路的解题步骤如下：

第 1 步：支路数 $b=3$，支路电流有 I_1、I_2、I_3 三个。

第 2 步：节点数 $n=2$，可列出 $2-1=1$ 个独立的 KCL 方程，节点 A：$I_1+I_2=I_3$。

第 3 步：两个网孔可列出两个独立的回路电压方程。

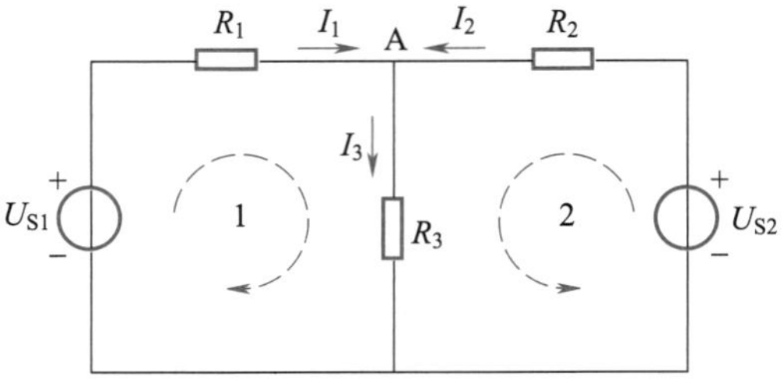

图 1-47 支路电流法

回路 1 为

$$I_1R_1+I_3R_3-U_{S1}=0$$

回路 2 为

$$I_2R_2+I_3R_3-U_{S2}=0$$

第 4 步：求解联立方程组。

• **例 1-5** 电路如图 1-48 所示，已知 $E_1=18\ \text{V}$，$E_2=9\ \text{V}$，$R_1=R_2=1\ \Omega$，$R_3=4\ \Omega$，求各支路电流。

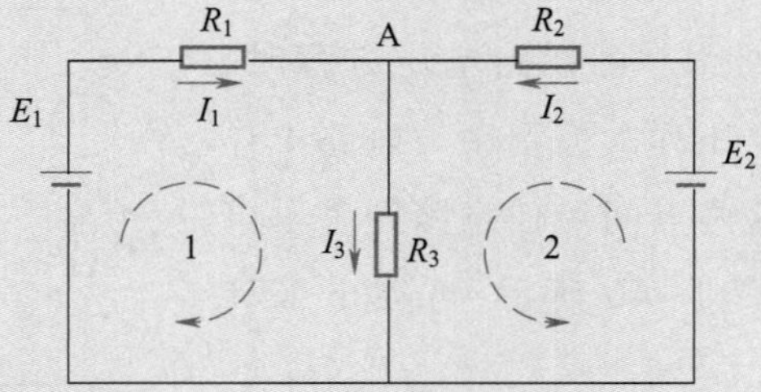

图 1-48 例 1-5 图

解：第 1 步：节点数 $n=2$，可列出 $2-1=1$ 个独立的 KCL 方程，对于节点 A 有

$$I_1+I_2=I_3$$

第 2 步：网孔数 $m=2$，可列出两个独立 KVL 方程，回路 1 为

$$I_1R_1+I_3R_3-E_1=0$$

回路 2 为

$$I_2R_2+I_3R_3-E_2=0$$

第 3 步：求解联立方程组

$$\begin{cases} I_1+I_2=I_3 \\ I_1R_1+I_3R_3-E_1=0 \\ I_2R_2+I_3R_3-E_2=0 \end{cases}$$

代入所知，可得 $I_1=6\ \text{A}$，$I_2=-3\ \text{A}$，$I_3=3\ \text{A}$，$I_2<0$ 说明其实际方向与图示方向相反。

三、小结

支路电流法总结见表 1-2。

表 1-2　支路电流法总结

序号	解题步骤	结论与引申
1	对每一支路假设一未知电流	1. 假设未知数时,方向可任意选择 2. 原则上,有 b 个支路就设 b 个未知数
2	列电流方程: 对每个节点有 $\sum I=0$	若有 n 个节点,则可以列出 $(n-1)$ 个独立方程
3	列电压方程: 对每个回路有 $\sum E=\sum U$	1. m 个网孔可列出 m 个独立的回路电压方程,根据未知数确定方程数量。如有 b 个支路电流未知,则只需列 b 个独立方程,才能解出各支路电流。根据 KCL 已经列出了 $n-1$ 个独立的电流方程,所以根据 KVL 应当再列出 $b-(n-1)$ 个回路电压方程。 2. 独立回路的选择,一般按网孔选择
4	求解联立方程组	根据未知数的正、负决定电流的实际方向

优点:支路电流法是电路分析中最基本的方法之一,只要根据基尔霍夫定律、欧姆定律列出方程,就能得到结果。

缺点:电路中支路数较多时,所需方程的数量较多,求解不方便。

1.3.3　叠加定理

在线性电路中,当有多个电源共同作用时,任意一个支路中的电流或电压,可看成是由各个电源单独作用时,在该支路中所产生的电流或电压的代数和,这称为叠加定理。

微课 叠加定理

应用叠加定理分析某个电源的单独作用时,应保持电路结构不变,将电路中的其他理想电源视为零值,即理想电压源短路,电动势为零;理想电流源开路,电流为零。

例 1-6　已知 U_S 为 18 V,用叠加定理求图 1-49(a)所示电路中的电流 I。

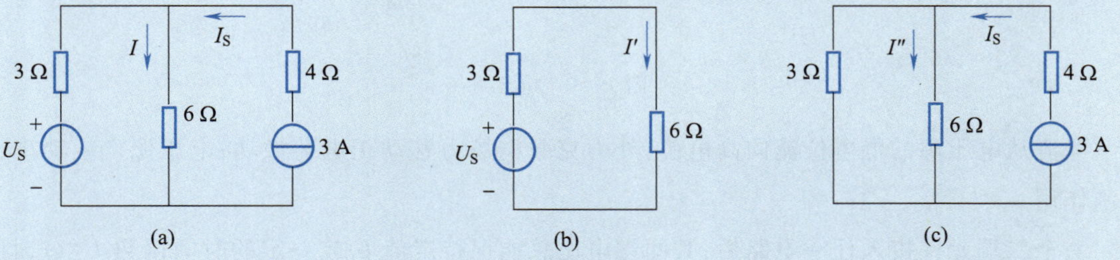

图 1-49　例 1-6 图

解:第 1 步:当电压源 U_S 单独作用时,I_S 视为断路,电路图简化成图 1-49(b)所示,电压源 U_S 单独作用下的电流为 I',有

$$I'=\frac{U_S}{R}=\frac{18}{3+6}\ \mathrm{A}=2\ \mathrm{A}$$

第 2 步：当电流源 I_S 单独作用时，U_S 视为短路，电路图简化成图 1-49(c)所示，电流源 I_S 单独作用下的电流为 I''，有

$$I''=I_S\frac{3\times6}{3+6}\times\frac{1}{6}=1\ \mathrm{A}$$

第 3 步：在电压源和电流源共同作用下，有

$$I=I'+I''=3\ \mathrm{A}$$

1.3.4 电压源与电流源及其等效变换

一、概述

电源是为电路提供能量的元件，只有电阻而没有电源的电路中不会有电流存在，也没有能量的转换发生。实际生活中的电源有电池、发电机、直流稳压电源等，本节从实际电源抽象得到电源的两类电路模型，即电压源和电流源，它们都是二端有源元件。

微课 电压源与电流源及其等效变换

二、电压源

电压源是由电动势为 E 的电源和内阻 R_0 串联的电路模型，由图 1-50(a)可得

$$U=E-IR_0$$

电压源的外特性曲线如图 1-50(b)所示，若 $R_0=0$，则认为该电压源为理想电压源，有 $U=E$。若 R_0 远小于 R_L，则可近似认为其是理想电压源。

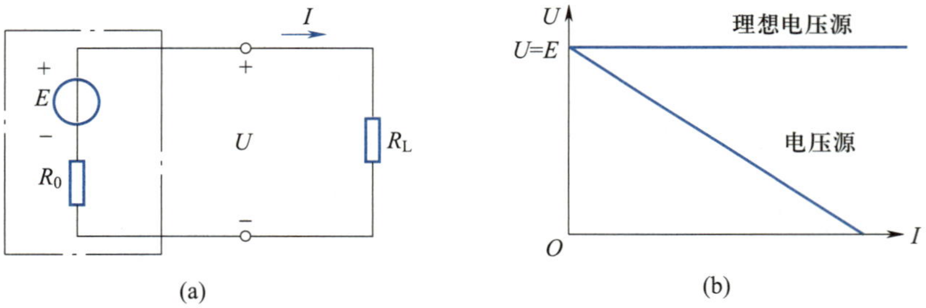

图 1-50 电压源

电流从电压源的低电位流向高电位，外力克服电场力移动正电荷做功；电压源产生功率，起电源作用。

一个二端元件接入任一电路后，其两端电压总能保持定值 U 或一定的时间函数 $U(t)$，且此值与流过它的电流 I 无关，则该元件称为理想电压源，又称为恒压源，其电路模型如图 1-51(a)所示，外特性曲线如图 1-51(b)所示。

在理想电压源模型中：

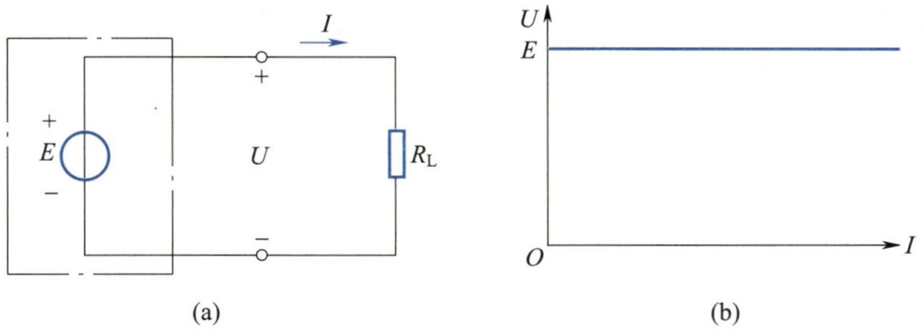

图 1-51　理想电压源

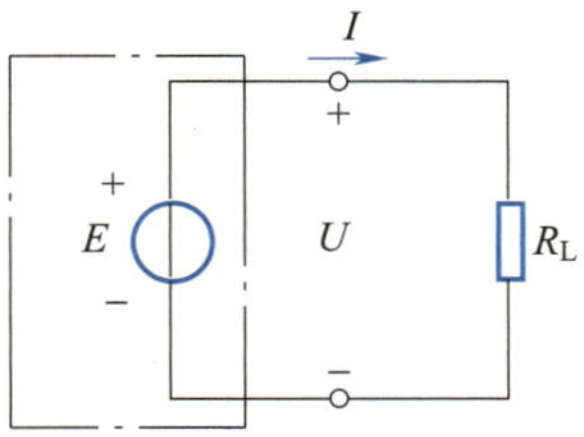

图 1-52　电压源图

(1) 内阻 $R_0=0$。

(2) 输出电压为一定值,恒等于电动势;对直流电压,有 $U=E$。

(3) 电流由外电路决定。

如图 1-52 所示,$E=10$ V,接上 R_L 后,求理想电压源对外输出电压 U。当 $R_L=1\ \Omega$ 时,$U=10$ V,$I=10$ A;当 $R_L=10\ \Omega$ 时,$U=10$ V,$I=1$ A。

由此总结得到理想电压源特点如下:

(1) 端电压固定不变或是时间 t 的函数 $U_S(t)$,与外电路无关。

(2) 电流取决于它所连接的外电路。

(3) 内阻趋近于 0。

实际工作的电压源因为存在内阻,所以其端电压会随电流的变化而变化。

三、电流源

电流源是由电流为 I_S 的电源和内阻 R_0 并联的电路模型,由图 1-53(a)可得

$$I=I_S-\frac{U}{R_0}$$

电流源的外特性曲线如图 1-53(b)所示,若 $R_0=\infty$,则认为该电流源为理想电流源,有 $I=I_S$。若 R_0 远大于 R_L,则可近似认为其是理想电流源。

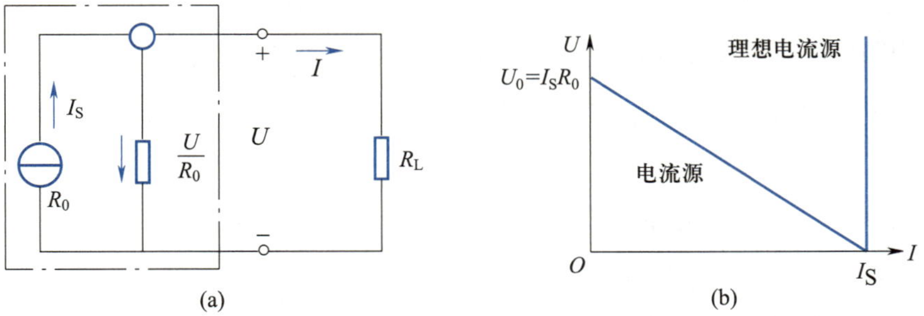

图 1-53　电流源

一个二端元件接入任一电路后,其输出电流总能保持定值或一定的时间函数,且此值与其

两端电压 U 无关，则该元件称为理想电流源，又称为恒流源，其电路模型如图 1-54(a)所示，外特性曲线如图 1-54(b)所示。

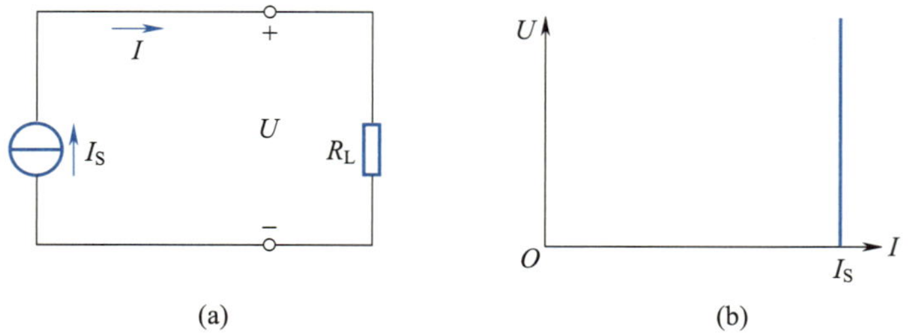

图 1-54　理想电流源

在理想电流源模型中：

(1) 内阻 $R_0=\infty$。

(2) 输出电流为一定值，恒等于电流 I_S。

(3) 理想电流源两端的电压由外电路决定。

如图 1-55 所示，$I_S=10$ A，接上 R_L 后，求理想电流源对外输出电流 I。当 $R_L=1\ \Omega$ 时，$I=10$ A，$U=10$ V；当 $R_L=10\ \Omega$ 时，$I=10$ A，$U=100$ V。

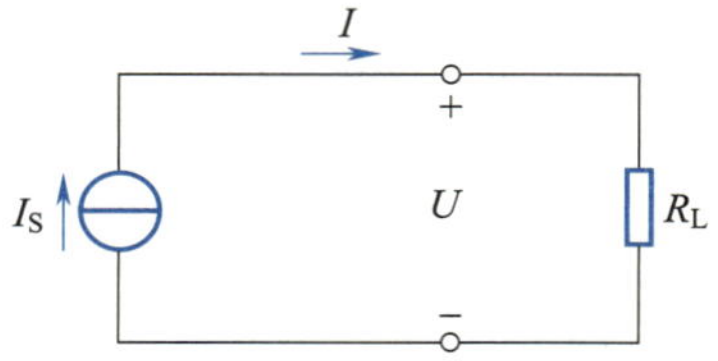

图 1-55　电流源

由此总结得到理想电流源特点如下：

(1) 输出电流恒定不变。

(2) 内阻 $R_0=\infty$。

(3) 两端的电压 U 由外电路决定。

若一个电流源在电压变化时，电流波动不明显，就可假设它是一个理想电流源。

使用电源的注意事项：

(1) 在实际电工技术中，电压源常指具有较小内阻的电压源，电流源常指具有较大内阻的电流源。

(2) 电压源不允许短路，因为其内阻 R_0 很小，短路时电流将会很大，会烧毁电压源。电压源不使用时应开路放置，因为开路时电流为零，不消耗电压源的电能。

(3) 电流源不允许处于开路空载状态，空载时电流源内阻会把电流源的能量消耗掉。电流源不使用时应短路放置，电流源的内阻 R_0 一般都很大，电流源被短路后，通过内阻的电流很小，损耗就很小；外电路上短路后电压为零，不消耗电能。

四、等效变换

电压源与电流源作为两种不同形式的电路模型，是可以相互转换的，如图 1-56(a)和图 1-56(b)所示。

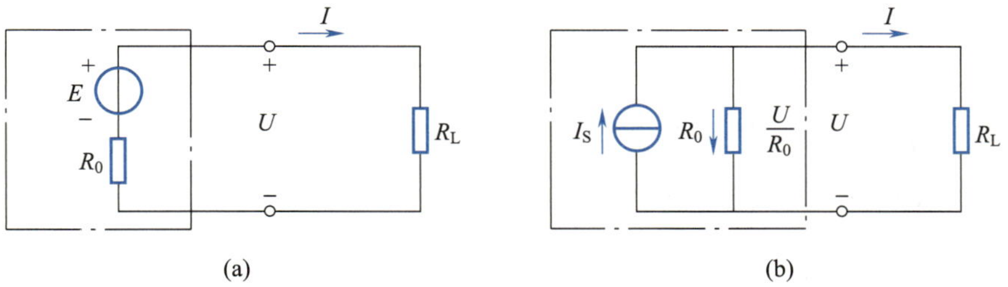

图 1-56　电压源与电流源的等效变换

图 1-56(a)和图 1-56(b)所示电路中的电源极性一致，电源内阻相同。由图 1-56(a)可得

$$U=E-IR_0$$

由图 1-56(b)可得

$$I=I_S-\frac{U}{R_0}$$

$$U=I_SR_0-IR_0$$

通过 $E-IR_0=I_SR_0-IR_0$，可得等效变换条件为

$$E=I_SR_0, I_S=\frac{E}{R_0}$$

电压源与电流源进行等效变换时的注意事项：

(1) 电压源和电流源的等效关系只针对外电路，对电源内部是不等效的。

(2) 等效变换时，两电源的参考方向要一致。

(3) 理想电压源与理想电流源之间无等效关系。

(4) 任何一个电动势 E 和某个电阻 R_0 串联的电路，都可以转化为一个电流为 I_S 和电阻 R_0 并联的电路。

• **例 1-7**　用电源等效变换的方法求图 1-57(a)所示电路中流经 4 Ω 电阻的电流 I。

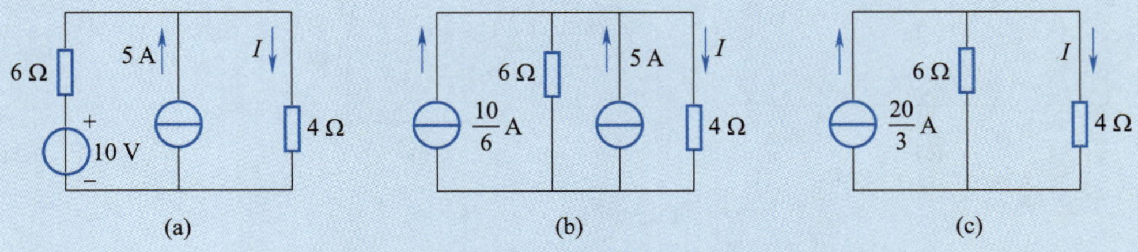

图 1-57　例 1-7 图

解：用电源等效变换将图 1-57(a) 变为图 1-57(b) 和图 1-57(c)，有

$$I=\frac{6\times4}{6+4}\times\frac{20}{3}\times\frac{1}{4}\ \text{A}=4\ \text{A}。$$

1.3.5 戴维南定理

微课
戴维南定理

凡是有两个端子的电路，不管其复杂程度如何，均称为二端网络。线性二端网络内部含有电源，就称其为线性有源二端网络。对于外电路而言，任何一个线性有源二端网络，都可以用一个电压源，即理想电压源和电阻串联的支路来代替，其中理想电压源的电压等于线性有源二端网络的开路电压 U_{oc}，电阻等于线性有源二端网络除源后两端间的等效电阻 R_0，如图 1-58(a) 和图 1-58(b) 所示，称为戴维南定理。

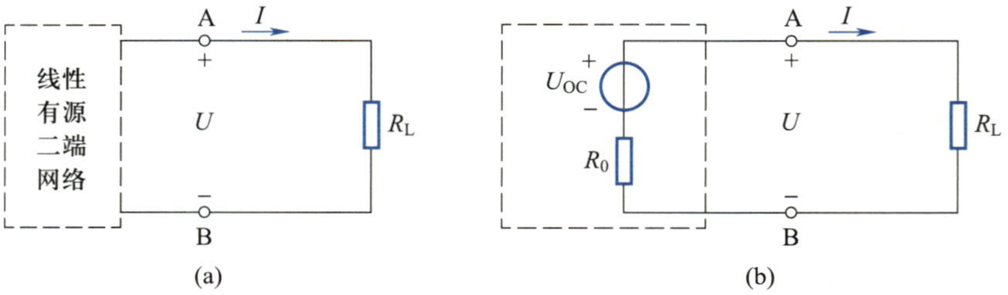

图 1-58 戴维南定理

• **例 1-8** 用戴维南定理求图 1-59(a) 中的电流 I。

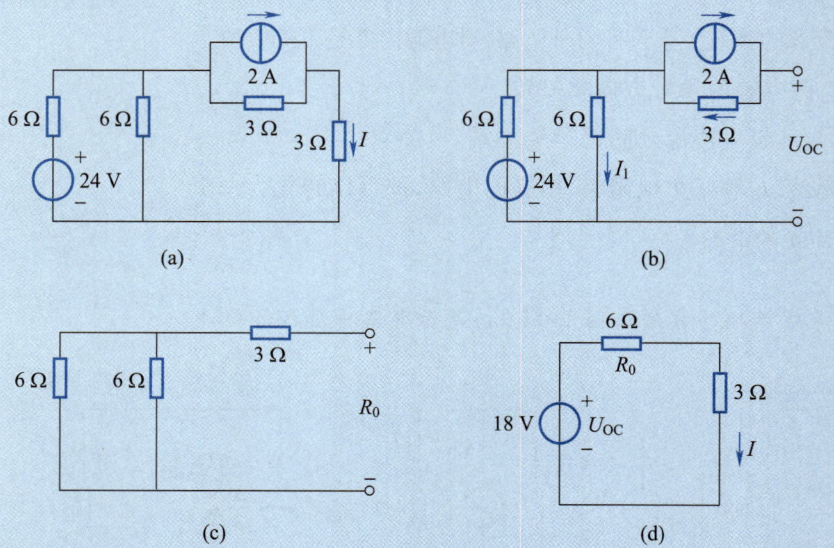

图 1-59 例 1-8 图

解：(1) 断开待求支路，得线性有源二端网络如图 1-59(b) 所示。由图

可求得开路电压 U_{OC} 为

$$I_1=\frac{24}{6+6}\ \mathrm{A}=2\ \mathrm{A}\qquad U_{OC}-2\times6-2\times3=0\qquad U_{OC}=18\ \mathrm{V}$$

(2) 将图 1-59(b) 中的电压源短路，电流源开路，除源后的无源二端网络如图 1-59(c) 所示。由图可求得等效电阻 R_0 为

$$R_0=\left(3+\frac{6\times6}{6+6}\right)\ \Omega=6\ \Omega$$

(3) 根据 U_{OC} 和 R_0 画出戴维南等效电路并接上待求电路，得等效电路如图 1-59(d) 所示。由图可求得 I 为

$$I=\frac{18}{6+3}\ \mathrm{A}=2\ \mathrm{A}$$

拓展练习

分别用支路电流法和戴维南定理求图 1-60 所示电路中 8 Ω 电阻上流过的电流 $\boldsymbol{I}$。

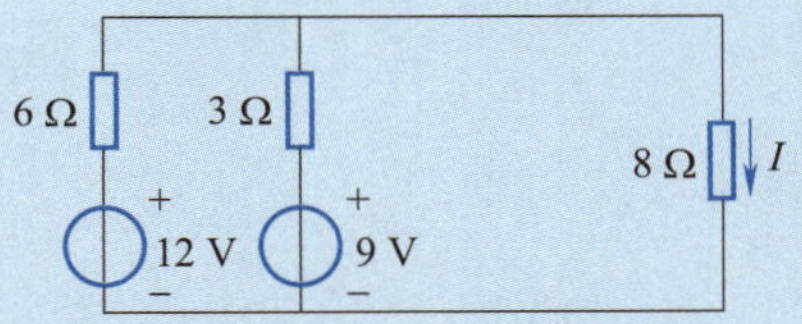

图 1-60　拓展练习图

1.3.6　电位的计算

一、概念

在电路中任选一点为参考点，则某点到参考点的电压就叫作这一点（相对于参考点）的电位。参考点在电路图中用符号“⊥”表示。

在汽车电路中，车身搭铁（可节约一半电线）点是汽车电位参考点，如图 1-61 所示。

图 1-61　汽车搭铁点

微课
电路中电位的计算

注意事项：

（1）电路中各点的电位值与参考点的选择有关，当所选的参考点变动时，各点的电位值将随之变化。

（2）习惯上规定参考点的电位为零。

（3）在电子线路中一般选择元件的汇集处，而且常常是电源的一个极柱作为参考点；在工程技术中常选大地作为参考点。

二、解题步骤

（1）任选电路中某一点为参考点，设其电位为零。

（2）标出各电流参考方向并计算。

（3）计算各点至参考点间的电压，即得到各点的电位。

例 1-9 在图 1-62 所示电路中，以 O 为参考点，$V_A=10\ V$，$V_B=5\ V$，$V_C=-5\ V$，试求 U_{AB}、U_{BC}、U_{AC}、U_{CA}。

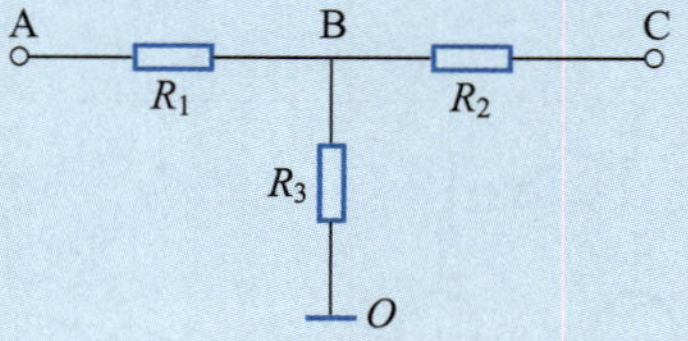

图 1-62 例 1-9 图

解：$U_{AB}=V_A-V_B=5\ V$，$U_{BC}=V_B-V_C=10\ V$，$U_{AC}=V_A-V_C=15\ V$，$U_{CA}=V_C-V_A=-15\ V$

测评

1. 电压和电位的相同之处是（　　）。

A. 定义相同　　B. 方向相同

C. 单位相同　　D. 都与参考点相关

2. 有一蓄电池，当移动 1 C 电荷时，非静电力做功 2 J，则该蓄电池的电动势是（　　）。

A. 2 V　　B. 0.5 V　　C. 5 V　　D. 12 V

3. 白炽灯泡的灯丝断开后，可把断头搭接起来继续使用，这时灯丝的（　　）。

A. 电阻变大，电流减小　　B. 电阻变小，电流增大

C. 电阻和电流都增大　　D. 电阻和电流都减小

4. 关于欧姆定律中电压、电流、电阻的说法不正确的是（　　）。

A. 电阻一定时，电压和电流成正比　　B. 电流一定时，电压和电阻成正比

C. 电压一定时,电阻和电流成反比　　D. 以上说法均不正确

5. 某电路中,已知电压为 12 V,电阻为 4 Ω,则电流是(　　)。

A. 48 A　　B. 3 A　　C. 16 A　　D. 8 A

6. 以下不属于线路故障的是(　　)。

A. 导线对电压短路　　B. 导线对搭铁短路

C. 传感器电阻过大　　D. 导线开路

7. 电路发生短路时,往往因(　　)过大引起电器和电气线路损坏或火灾。

A. 电压　　B. 电阻　　C. 功率　　D. 电流

8. 教室里的一个开关控制一盏灯,开关与灯是(　　)的。

A. 串联　　B. 并联　　C. 混联

9. 关于串联电路的特点描述错误的是(　　)。

A. $I_{总}=I_1=I_2$　　B. $U_{总}=U_1+U_2$

C. $R_{总}=R_1+R_2$　　D. $U_{总}=U_1=U_2$

10. 关于混联电路,说法正确的是(　　)。

A. 混联电路中的电流处处相等

B. 混联电路中既有串联电路,又有并联电路

C. 混联电路中任何一处断开,所有用电器都不工作

D. 以上说法均不正确

11. 五环电阻色带颜色为“紫绿黑红金”,则该电阻的阻值是(　　)。

A. 75 Ω　　B. 750 Ω　　C. 7 500 Ω　　D. 75 000 Ω

12. 以下不影响电阻大小的因素有(　　)。

A. 导体材料　　B. 导体长度

C. 电路中的电压　　D. 导体横截面面积

13. 识读电阻色带编码时,正确的读数方法是(　　)。

A. 有色带一段位于左侧,从右向左读数　　B. 有色带一段位于左侧,从左向右读数

C. 任意方法均可　　D. 以上均不正确

14. 由相同材料的金属制成具有均匀横截面的导线,一条长 2 m 的电阻为 R,则另一条长 8 m 的电阻为(　　)R。

A. 1　　B. 2　　C. 3　　D. 4

15. 技师甲说,电容可起到辅助电源的作用。技师乙说,电容可起到过滤噪声的作用。以上说法中(　　)。

A. 仅技师甲正确　　B. 仅技师乙正确

C. 技师甲和技师乙都正确　　D. 技师甲和技师乙都不正确

16. 关于固定电容，技师甲说，容量 C 是一个常数；技师乙说，容量 C 是可变的。以上说法中（　　）。

A. 仅技师甲正确　　B. 仅技师乙正确

C. 技师甲和技师乙都正确　　D. 技师甲和技师乙都不正确

17. 为了增加电容的电容量，以下描述中正确的是（　　）。

A. 以串联方式连接另外一个电容　　B. 以并联方式连接另外一个电容

C. 在两个电容之间增加一个电阻　　D. A 和 B 均正确

18. 电容可以阻止（　　）电流通过，但允许（　　）电流通过。

A. 强的、弱的　　B. 交流、直流　　C. 直流、交流　　D. 弱的、强的

19. 电感量的标识为 6R8，则代表电感量为（　　）。

A. 0.6 μH　　B. 6.8 μH　　C. 68 μH　　D. 680 μH

20. 把两个或两个以上的电感连接成一串，这种连接方式称为电感的串联，串联后的等效电感（　　）。

A. 增大　　B. 减小　　C. 保持不变

21. 写出图 1-63 所示电路中的支路数、节点数、回路数和网孔数。

22. 电路如图 1-64 所示，已知 $I_1=1$ A、$I_3=3$ A、$I_5=5$ A，由 KCL 求 I_2、I_4、I_6。

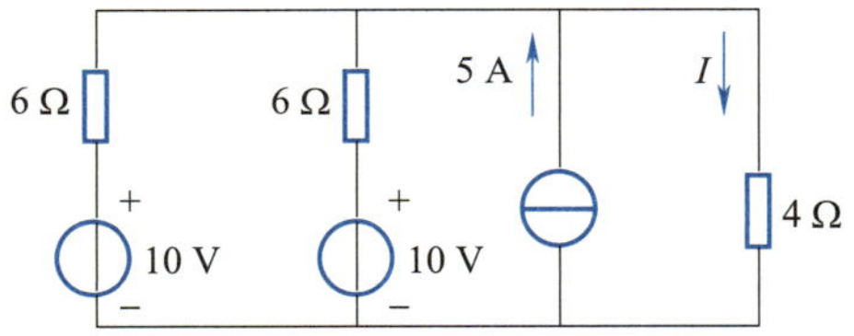

图 1-63　题 21 图

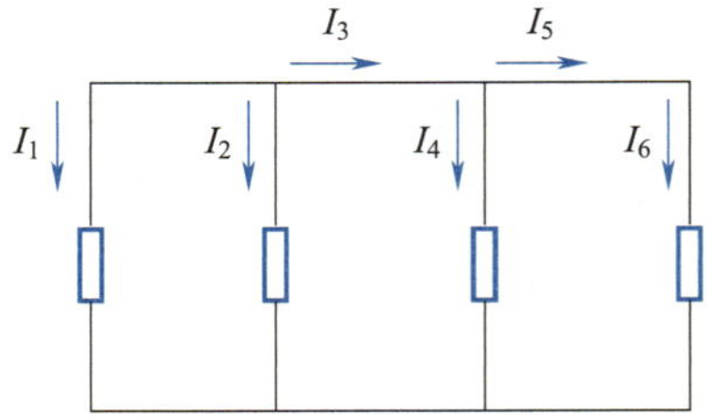

图 1-64　题 22 图

23. 电路如图 1-65 所示，回路中已标明各支路电流的参考方向，试用 KVL 写出回路电压方程。

24. 电路如图 1-66 所示，求 E。

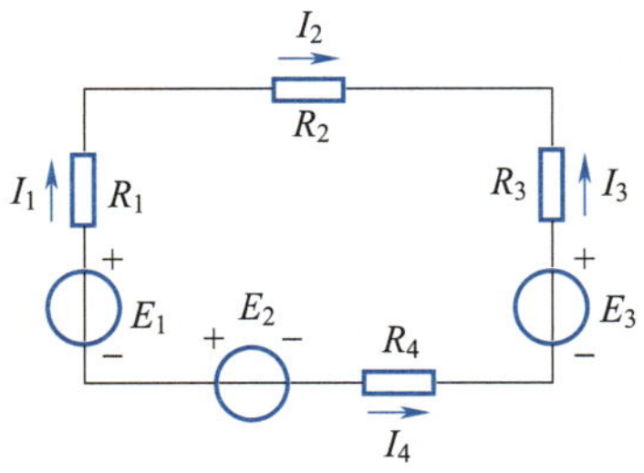

图 1-65　题 23 图

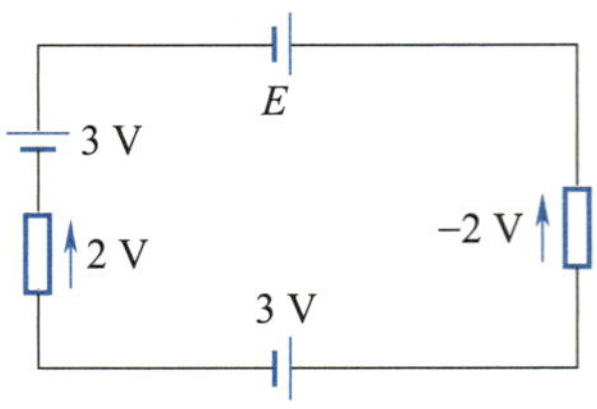

图 1-66　题 24 图

25. 电路如图 1-67 所示，已知 $E_1=18\ \text{V}$，$E_2=9\ \text{V}$，$R_1=R_2=1\ \Omega$，$R_3=4\ \Omega$，求各支路电流。

26. 电路如图 1-68 所示，用支路电流法求各支路电流。

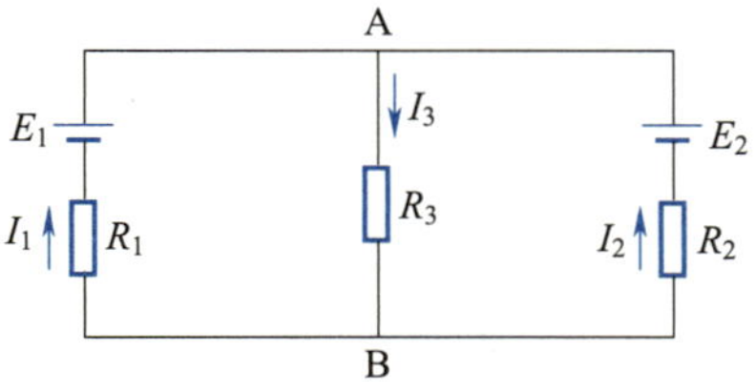

图 1-67　题 25 图

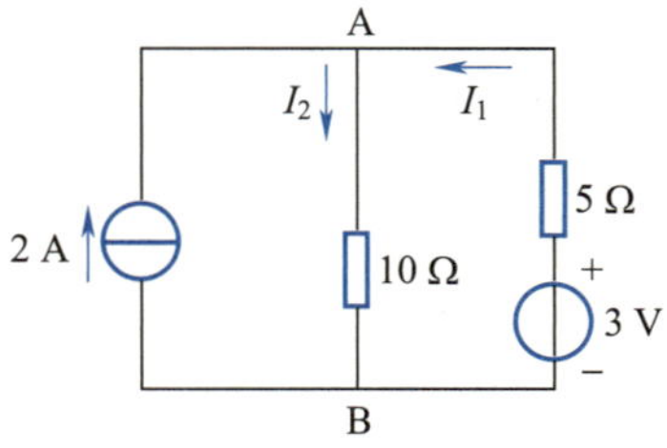

图 1-68　题 26 图

27. 如图 1-69 所示电路中，$R_1=5\ \Omega$，$R_2=10\ \Omega$，$R_3=15\ \Omega$，$U_{S1}=10\ \text{V}$，$U_{S2}=20\ \text{V}$，试用叠加定理求各支路电流 I_1、I_2、I_3。

28. 用电源等效变换的方法求图 1-70 所示电路中的电流 I_1 和 I_2。

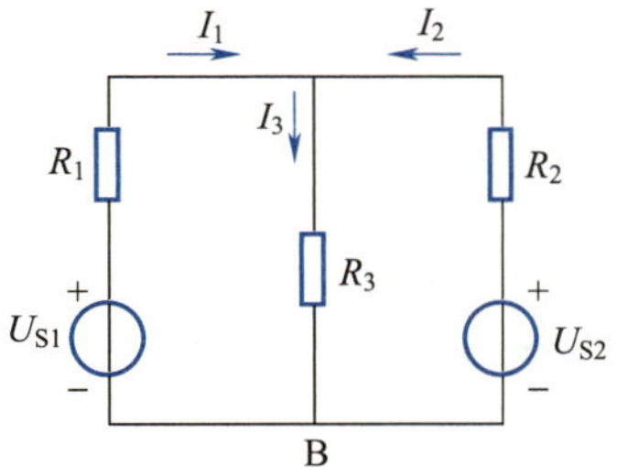

图 1-69　题 27 图

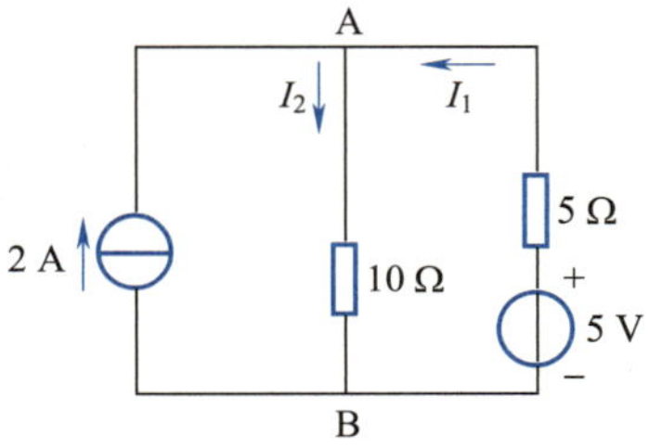

图 1-70　题 28 图

29. 用电源等效变换的方法计算图 1-71 所示电路中 1 Ω 电阻上流过的电流 I。

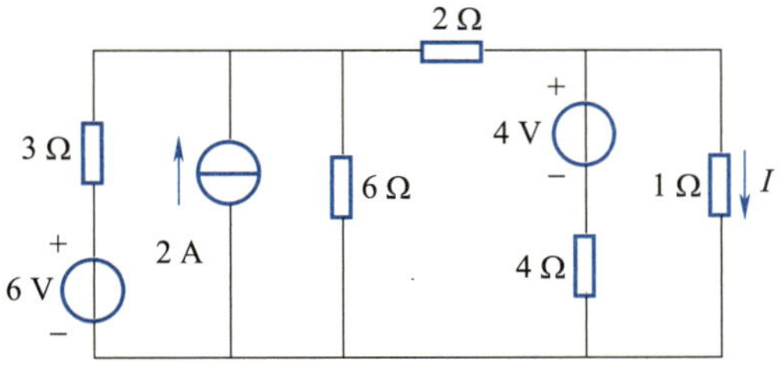

图 1-71　题 29 图

30. 求出图 1-72 所示二端网络的开路电压和等效电阻。

31. 电路如图 1-73 所示，求 A、B、C 三点电位。

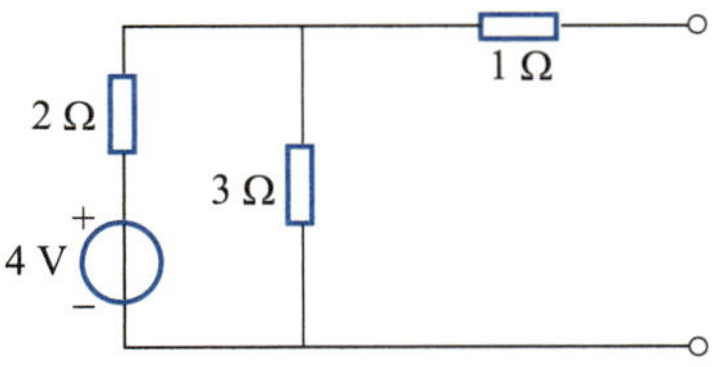

图 1-72　题 30 图

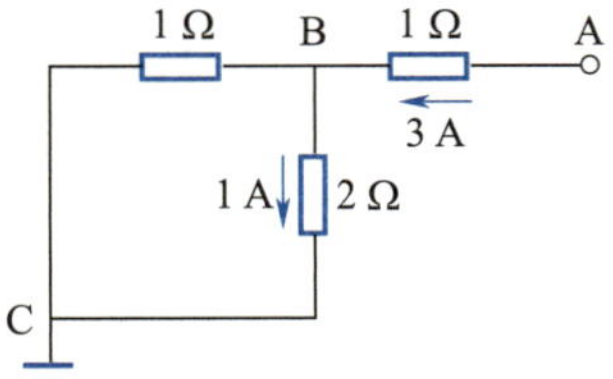

图 1-73　题 31 图

总结

如图 1-74 所示，参照本章知识脉络，对所学的知识进行总结。

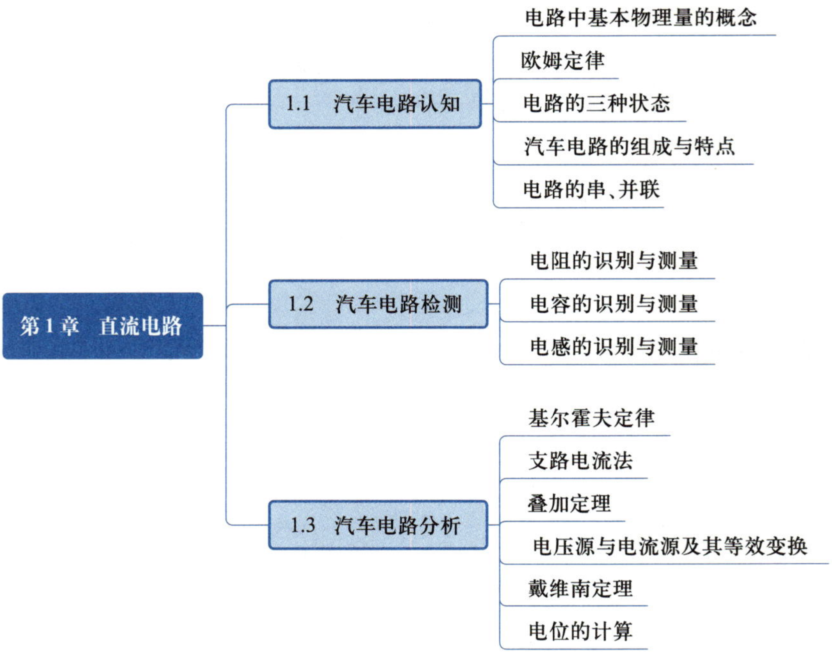

图 1-74 第 1 章知识脉络

第2章

交流电路

发电机是汽车电气系统的主要电源，由汽车发动机驱动。发电机正常工作时，对起动机以外的所有用电设备供电，并对蓄电池充电，以补充蓄电池在使用中所消耗的电能。本章主要介绍交流电路基础知识及安全用电常识，为后续学习打下坚实的基础。

2.1 交流电路认知

学习目标

了解正弦交流电三要素的物理含义，掌握正弦交流电的相量表示法，掌握电阻、电感、电容等元件在交流电路中的应用与物理特性，掌握三相交流电源的特点与连接方法，具备电路分析能力，培养自主思考和查阅资料的能力。

知识学习

2.1.1 正弦交流电

一、概念

若电压和电流按正弦规律周期性变化，则此电压、电流称为正弦交流电压或正弦交流电流，其波形图如图 2-1 所示。

二、正弦交流电的三要素

以正弦交流电压为例，瞬时电压 u 随着时间 t 的变化而变化。可以将正弦量用公式表示为

$$u=U_m\sin(\omega t+\psi)$$

微课 正弦交流电的三要素

对应的正弦交流电流可用公式表示为

$$i=I_m\sin(\omega t+\psi)$$

式中，振幅 $U_m(I_m)$、角频率 ω 和初相位 ψ 称为正弦量的三要素，如图 2-2 所示。

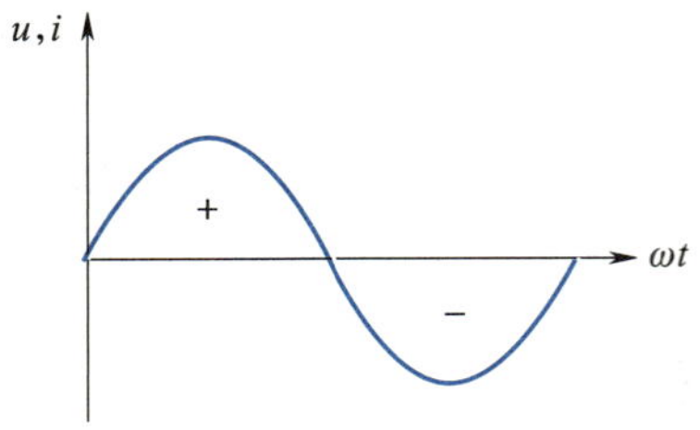

图 2-1 正弦交流电压和电流的波形图

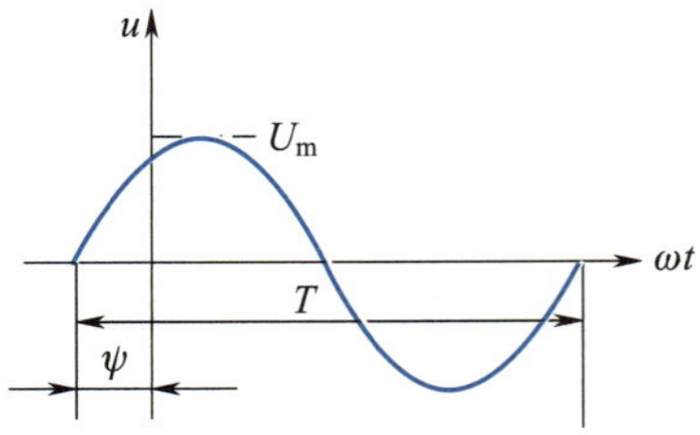

图 2-2 正弦量的三要素

（一）振幅 U_m（或 I_m）

振幅 U_m（或 I_m）是指正弦量瞬时值中的最大值，它是正弦交流电在一个周期内所能达到的最大数值，是用来表示正弦交流电变化大小的参数，又称为最大值或峰值，用带下标 m 的大写字母来表示。

交流电的有效值是根据电流的热效应规定的。让正弦交流电流 i 和直流电流 I 分别通过阻值相等的电阻 R，如果在相同的时间 T 内，两个电阻消耗的能量相等，即称该直流电流 I 的值为正弦交流电流 i 的有效值。

经过理论计算和实践验证可知，正弦交流电的最大值是有效值的 $\sqrt{2}$ 倍，即

$$U_m=\sqrt{2}U_{有效} \quad 或 \quad U_{有效}=\frac{U_m}{\sqrt{2}} \tag{2-1}$$

最大值和有效值是从不同的角度来反映交流电信号的强和弱。通常所说的交流电压、电流和电动势的值，如果没有特殊说明都是指有效值；各种电器上所标示的额定电压和额定电流也都是指有效值，交流电压、电流表测量数据也为有效值。

（二）角频率 ω

角频率 ω 是指正弦量单位时间内变化的弧度数，是用来反映正弦交流电变化快慢的参数。它和周期 T 以及频率 f 相对应，单位是 rad/s（弧度/秒）。

周期 T：是指正弦量完整变化一周所需要的时间，单位是 s（秒）。

频率 f：是指正弦量在单位时间（1 s）内变化的周数，单位是 Hz（赫兹）。由于频率是个小单位，通常用 kHz（千赫）、MHz（兆赫）等单位来表达正弦量的变化。它们之间的换算关系：1 MHz = 1 000 kHz = 1 000 000 Hz。

ω、T、f 这三个参数都可以反映正弦交流电变化的快慢，只是应用场合不同。它们之间紧密联系，只要知道其中的一个，就可以求出另外的两个。周期 T 和频率 f 互为倒数，即

$$T=\frac{1}{f} \quad 或 \quad f=\frac{1}{T} \tag{2-2}$$

角频率的表达式为

$$\omega=2\pi f=\frac{2\pi}{T} \tag{2-3}$$

（三）初相位 ψ

相位是指正弦量表达式中的角度，初相位是 $t=0$ 时刻对应的相位，是正弦交流电的初始状态参数。

相位差 φ：在同一交流电路中，电压与电流频率相同，但初相位可能不同，同频率正弦量的相位角之差或初相位之差称为相位差，用 φ 表示。

如 u 和 i 的表达式分别为 $u=U_m\sin(\omega t+\psi_1)$，$i=I_m\sin(\omega t+\psi_2)$，则 u 和 i 的相位差为

$$\varphi=(\omega t+\psi_1)-(\omega t+\psi_2)=\psi_1-\psi_2$$

若 $\varphi=\psi_1-\psi_2>0$，称电压超前电流，也称电流滞后电压，如图 2-3(a)所示。

若 $\varphi=\psi_1-\psi_2<0$，称电压滞后电流，也称电流超前电压，如图 2-3(b)所示。

若 $\varphi=\psi_1-\psi_2=0$，称电压与电流同相，如图 2-3(c)所示。

若 $\varphi=\psi_1-\psi_2=180°$，称电压与电流反相，如图 2-3(d)所示。

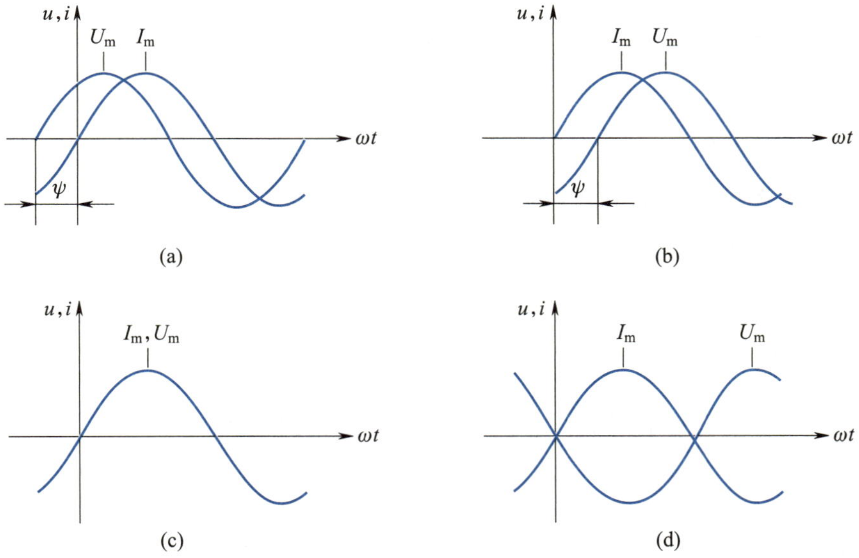

图 2-3　正弦交流电相位差图

注意事项：

（1）同频率正弦量之间的相位差为常数，与计时起点的选择无关。

（2）不同频率正弦量的比较无意义。

● **例 2-1**　某电源电动势 $e=141\sin(314t+45°)$ V，该电动势的角频率、频率、周期、幅值、有效值、初相位各为多少？

解：角频率 $\omega=314$ rad/s，频率 $f=\dfrac{\omega}{2\pi}=50$ Hz，周期 $T=\dfrac{1}{f}=0.02$ s，幅值

$U_m=141\ \text{V}$，有效值$=\dfrac{U_m}{\sqrt{2}}=100\ \text{V}$，初相位 $\psi=45°$。

微课
正弦量的相量表示法

三、正弦交流电的相量表示法

一个正弦量可以用三角函数式、正弦波形图、相量图和相量表示式四种方式来表达。通过三角函数式和正弦波形图能较直观地看出正弦量的三要素，相量图或相量表示式则是分析计算正弦交流电的主要工具。

（一）相量

表示正弦量的复数称为相量，并通过在大写字母上方加"·"表示。设正弦交流电的电压和电流分别为 $u=3\sqrt{2}\sin(\omega t+60°)\ \text{V}$，$i=\sqrt{2}\sin(\omega t-45°)\ \text{A}$，则其相量分别可以表示为

$$\dot{U}=3\angle 60°\ \text{V}\ ,\ \dot{I}=-\angle 45°\ \text{A}。$$

（二）相量图

用一段有大小和方向的线段表示正弦量的有效值（或最大值）和初相位，这个有向线段称为正弦量的相量图。

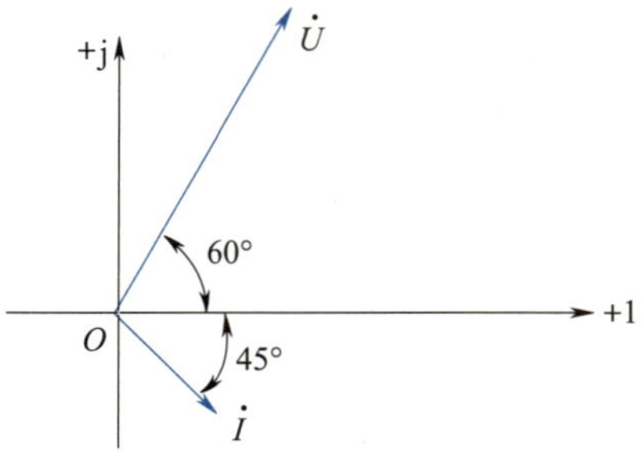

图 2-4　相量图

设正弦交流电的电压和电流分别为 $u=3\sqrt{2}\sin(\omega t+60°)\ \text{V}$，$i=\sqrt{2}\sin(\omega t-45°)\ \text{A}$，则其相量图如图 2-4 所示。

其中，电压有向线段的长度为 3（有效值），初相位 ψ 为 60°；电流有向线段的长度为 1（有效值），初相位 ψ 为 −45°。

2.1.2　单一参数正弦交流电路

一、含电阻元件的交流电路

（一）理论分析

日常生活中电烙铁、电阻炉等元件都是电阻性负载，它们和交流电源一起组成了交流电路，如图 2-5 所示。

设电路中正弦电流的表达式为 $i=I_m\sin\omega t$ 在图 2-5 所示的电流参考方向下，根据欧姆定律可得 $u=Ri=RI_m\sin\omega t=U_m\sin\omega t$，其中，$RI_m=U_m$。将上式等号两边同时除以 $\sqrt{2}$，则得到

$$U=IR \tag{2-4}$$

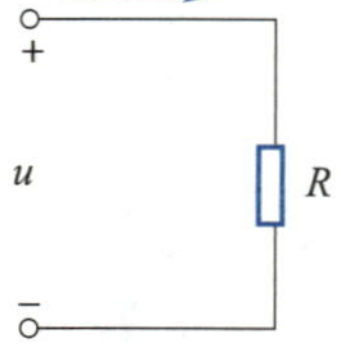

图 2-5　电阻元件交流电路图

（二）总结

在交流电路中，电阻元件上的电压和电流的对应关系如下：

（1）电阻电压和电流的瞬时值、最大值、有效值都满足欧姆定律。

（2）电阻电压和电流同频率。

（3）电阻电压和电流的相位差为 0，即同相，波形图如图 2-6 所示。

（4）电阻电压和电流的相量图如图 2-7 所示，相量表达式为

$$\dot{U}_{\mathrm{m}}=R\dot{I}_{\mathrm{m}} \quad 或 \quad \dot{U}=R\dot{I}$$

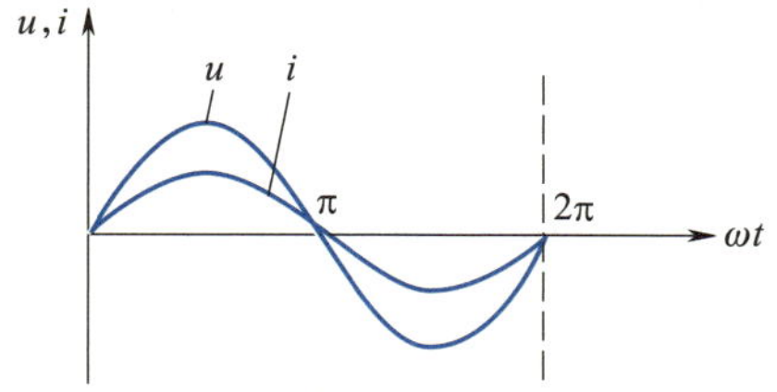

图 2-6 电阻电压、电流波形图

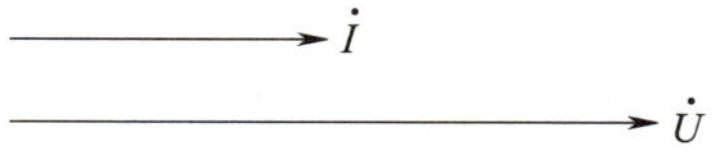

图 2-7 电阻电压、电流相量图

● **例 2-2** 已知交流电压 $u=220\sqrt{2}\sin(314t+60°)$ V，加在 $R=110\ \Omega$ 的电阻两端，试写出电流的瞬时表达式。

解：（1）电流的有效值为

$$I=\frac{U}{R}=\frac{220}{110}\ \mathrm{A}=2\ \mathrm{A}$$

（2）由于电阻电压与电流同相，所以有

$$\varphi_{\mathrm{i}}=\varphi_{\mathrm{u}}=60°$$

（3）电流的瞬时表达式为

$$i=2\sqrt{2}\sin(314t+60°)\ \mathrm{A}$$

二、含电感元件的交流电路

（一）理论分析

利用电流建立磁场、储存磁场能的理想电路元件称为电感。通电的导线会产生磁场，为了增强磁场，将导线绕成线圈，称为电感线圈，也称为电感，如日光灯电路中的镇流器。

在纯电感元件两端加一个正弦电压，电路中就产生正弦电流，如图 2-8 所示。

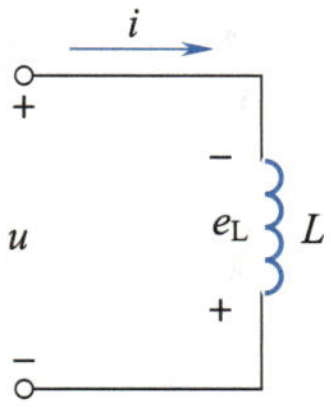

图 2-8 电感元件交流电路图

由于电流的变化，在电感元件上产生了感应电动势，得到了与外加电压方向相反的感应电压，外加电压与电流之间的关系为

$$u=-e_{\mathrm{L}}=L\frac{\mathrm{d}i}{\mathrm{d}t}$$

设通过电感元件的正弦电流 $i=I_{\mathrm{m}}\sin\omega t$，则端电压 $u=L\frac{\mathrm{d}}{\mathrm{d}t}I_{\mathrm{m}}\sin\omega t=\omega LI_{\mathrm{m}}\cos\omega t=U_{\mathrm{m}}\sin(\omega t+$

90°)，其中，$U_m=\omega LI_m=X_LI_m$。式中，ωt 是一个具有电阻单位的物理量，称为感抗，用 X_L 表示，单位为 Ω，有

$$X_L=\omega L=2\pi fL\begin{cases}\text{直流}:f=0,X_L=0,\text{电感 }L\text{ 视为短路}\\ \text{交流}:f\uparrow,\text{则 }X_L\uparrow\end{cases}$$

因此，电感具有“通直流，阻交流；通低频，阻高频”的作用。

将 $U_m=\omega LI_m=X_LI_m$ 等号两边同时除以 $\sqrt{2}$，则得到

$$U=X_LI \tag{2-5}$$

（二）总结

在交流电路中，电感元件上的电压和电流的对应关系如下：

（1）电感电压和电流的最大值、有效值都满足欧姆定律。

（2）电感电压和电流同频率。

（3）电感电压和电流的相位差为 90°，即电压超前电流 90°，波形图如图 2-9 所示。

（4）电感电压和电流的相量图如图 2-10 所示，相量表达式为

$$\dot{U}_m=jX_L\dot{I}_m \text{ 或 } \dot{U}=jX_L\dot{I}$$

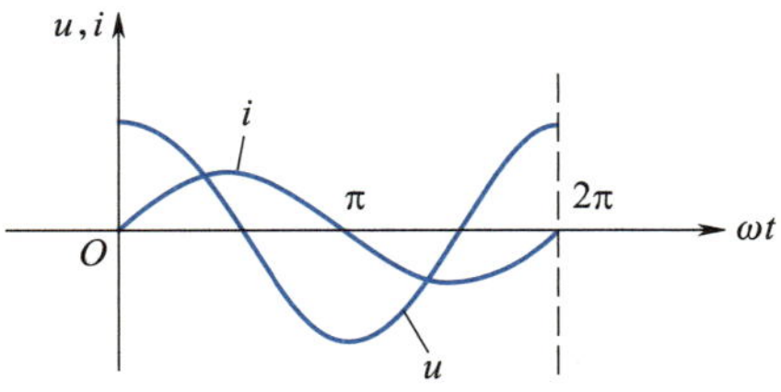

图 2-9 电感电压、电流波形图

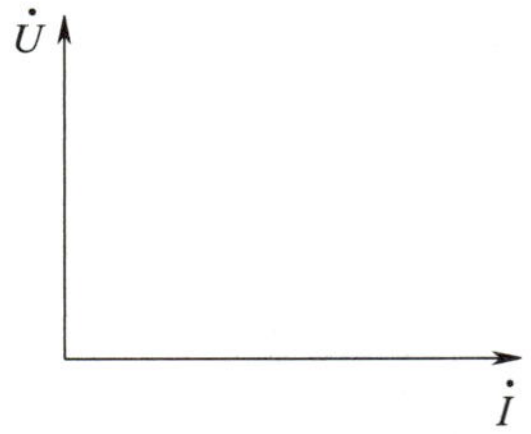

图 2-10 电感电压、电流相量图

• **例 2-3** 电感元件的电感 $L=19.1$ mH，接在 $u=220\sqrt{2}\sin(314t+30°)$ V 的交流电源上。求：(1) 电感的感抗；(2) 电路中电流的有效值和瞬时值。

解：(1) 电感的感抗为

$$X_L=\omega L=314\times19.1\times10^{-3}\ \Omega=6\ \Omega$$

(2) 电路中电流的有效值和瞬时值分别为

$$I=\frac{U}{X_L}=\frac{220}{6}\ \text{A}=36.7\ \text{A}$$

$\varphi_i=\varphi_u-90°=30°-90°=-60°$，$i=36.7\sqrt{2}\sin(314t-60°)$ A

三、含电容元件的交流电路

（一）理论分析

电容元件在电子线路中主要用来承担调谐、滤波、耦合和选频等作用。

如图 2-11 所示，在电容元件两端加一个正弦交流电压，由于电源极性不断变化，电容元件将周期性地充电和放电，因而电路中不断有电流通过，电压与电流之间的关系为导数关系，即

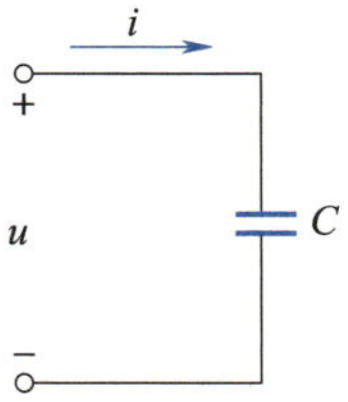

图 2-11　电容元件交流电路图

$$i=C\frac{\mathrm{d}u}{\mathrm{d}t}$$

设通过电容元件的正弦电压 $u=U_{\mathrm{m}}\sin\omega t$，则电流为 $i=C\frac{\mathrm{d}}{\mathrm{d}t}U_{\mathrm{m}}\sin\omega t=\omega CU_{\mathrm{m}}\cos\omega t=I_{\mathrm{m}}\sin(\omega t+90°)$，其中 $U_{\mathrm{m}}=\frac{1}{\omega C}I_{\mathrm{m}}=X_{\mathrm{C}}I_{\mathrm{m}}$。式中，$\frac{1}{\omega C}$是一个具有电阻单位，具有阻碍电流作用的物理量，称为容抗，用 X_{C} 表示，单位为 Ω，有

$$X_{\mathrm{C}}=\frac{1}{\omega C}=\frac{1}{2\pi fC}\begin{cases}\text{直流}:f=0,\text{则 } X_{\mathrm{C}}\uparrow,\text{电容 } C \text{ 视为开路}\\ \text{交流}:f\uparrow,\text{则 } X_{\mathrm{C}}\downarrow,\text{电容 } C \text{ 视为短路}\end{cases}$$

因此，电容的容抗与频率 f 成反比，电容具有“通交流，隔直流；通高频，阻低频”的作用。

将 $U_{\mathrm{m}}=\frac{1}{\omega C}I_{\mathrm{m}}=X_{\mathrm{C}}I_{\mathrm{m}}$ 等号两边同时除以 $\sqrt{2}$，则得到

$$U=X_{\mathrm{C}}I \tag{2-6}$$

（二）总结

在交流电路中，电容元件上的电压和电流的对应关系如下：

（1）电容电压和电流的最大值、有效值都满足欧姆定律。

（2）电容电压和电流同频率。

（3）电容电压和电流的相位差为 90°，即电流超前电压 90°，波形图如图 2-12 所示。

（4）电容电压和电流的相量图如图 2-13 所示。相量表达式为

$$\dot{U}_{\mathrm{m}}=-\mathrm{j}X_{\mathrm{C}}\dot{I}_{\mathrm{m}}\text{ 或 }\dot{U}=-\mathrm{j}X_{\mathrm{C}}\dot{I}$$

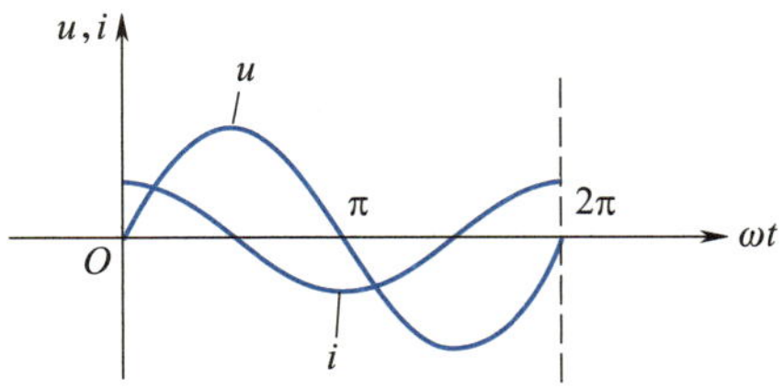

图 2-12　电容电压、电流波形图

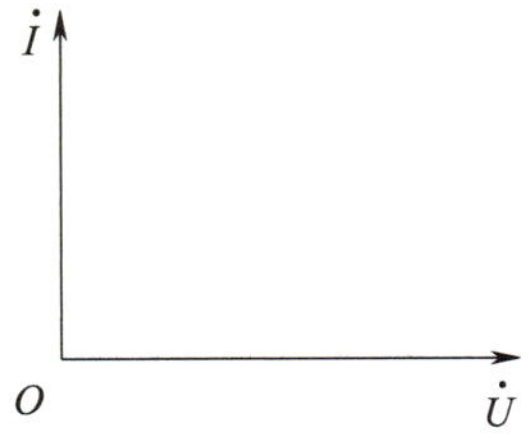

图 2-13　电容电压、电流相量图

● **例 2-4**　电容 $C=31.8\ \mu\mathrm{F}$，接在 $u=220\sqrt{2}\sin(314t+30°)$ V 的交流电源上。

求：(1) 电容的容抗；(2) 电路中电流的有效值和瞬时值。

解：(1) 电容的容抗为

$$X_C=\frac{1}{\omega C}=\frac{1}{314\times 31.8\times 10^{-6}}\ \Omega\approx 100\ \Omega$$

（2）电路中电流的有效值和瞬时值分别为

$$I=\frac{U}{X_C}=\frac{220}{100}\ \text{A}=2.2\ \text{A}$$

$$\varphi_i=\varphi_u+90^\circ=30^\circ+90^\circ=120^\circ,\ i=2.2\sqrt{2}\sin(314t+120^\circ)\ \text{A}$$

四、小结

单一参数正弦交流电路小结见表 2-1。

表 2-1 单一参数正弦交流电路小结

元件	电路图	欧姆定律	满足欧姆定律	频率	相位	相量图
电阻	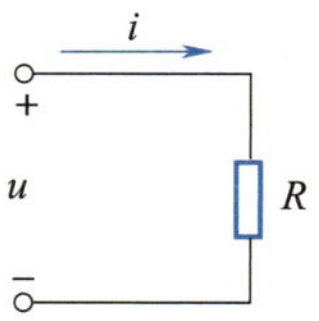	$U=RI$	瞬时值 最大值 有效值	相同	同相	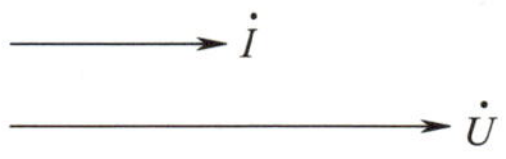
电感	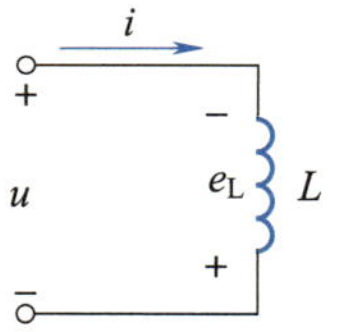	$U=X_L I$	最大值 有效值	相同	电压超前 电流 90°	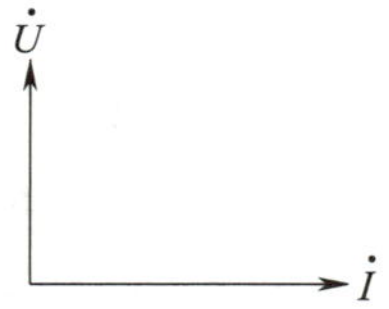
电容	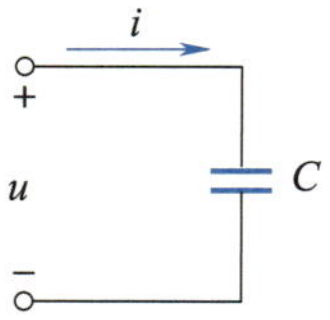	$U=X_C I$	最大值 有效值	相同	电流超前 电压 90°	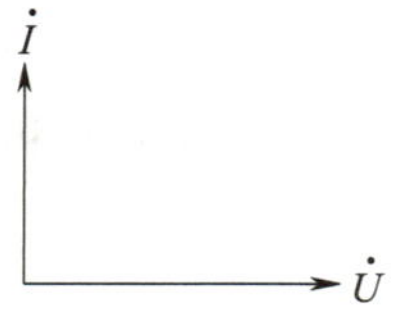

2.1.3 三相交流电

一、三相交流电源的特点

（一）三相交流电源的产生

三相交流电源是由三相交流发电机产生的，由于发电机结构的原因，产生的三相电动势具有幅值相等、频率相同、相位互差 120°的特点，将这样的三相电称为对称的三相电动势。汽车上的发电机由动力传动带驱动，能产生三相交流电源。

（二）三相交流电源的三角函数式

对称三相电动势的瞬时三角函数式可以表示为

$$u_A=U_m\sin\omega t,\ u_B=U_m\sin(\omega t-120^\circ),\ u_C=U_m\sin(\omega t+120^\circ)$$

（三）三相交流电源的波形图

以 u_A 为参考正弦量，三相交流电源的波形图如图 2-14 所示。

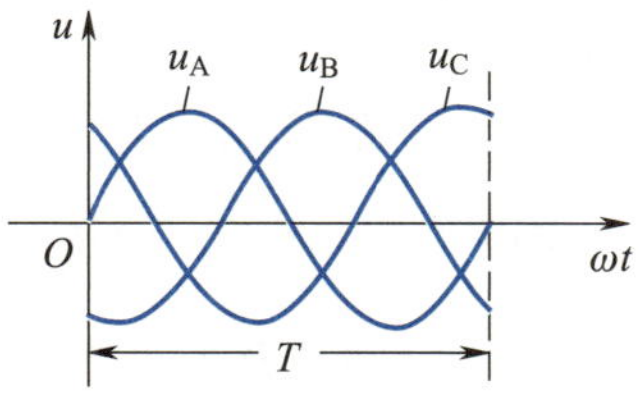

图 2-14　三相交流电源波形图

（四）三相交流电源的相量图

三相交流电源的相量图如图 2-15 所示，其特点如下：

(1) 对称三相交流电的最大值相等，频率相同，相位互差 120°。

(2) 对称三相电压的瞬时值之和、相量之和均为 0：$u_A+u_B+u_C=0$，$\dot{U}_A+\dot{U}_B+\dot{U}_C=0$。

（五）三相交流电源的相序

把三个电动势到达正半周最大值的先后顺序，即过零变正的顺序称为相序，图 2-15 所示为正序（A—B—C—A），图 2-16 所示为逆序（A—C—B—A）。

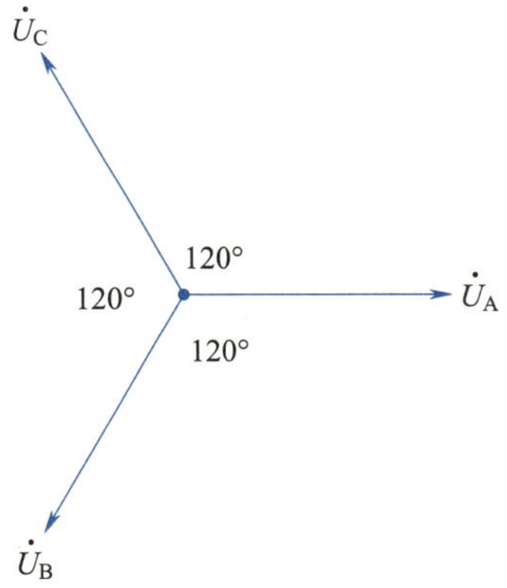

图 2-15　三相交流电源相量图（正序）

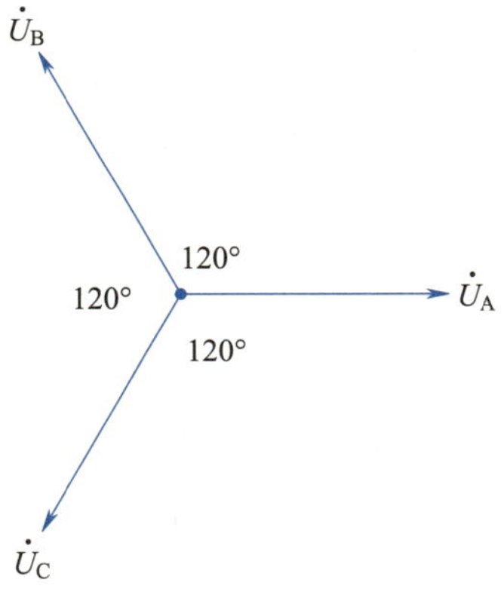

图 2-16　三相交流电源相量图（逆序）

注意，相序问题之所以引起重视，是因为交流三相电动机在接线时，如果接错相序，电动机的转动方向便与正常的转动方向相反，这在许多情况下是不允许的。但逆序在实际中也有应用，如起重机、木工用的电刨床、台钻、绰丝机、甩干机和车床等。

如图 2-16 所示，当三相电动机要从反转调为正转时，应该如何调整？

逆序：A—C—B—A
- A 与 C 互换：C—A—B—C
- C 与 B 互换：A—B—C—A
- A 与 B 互换：B—C—A—B

工业上通常在交流发电机引出线及配电装置的三相母线上涂以黄、绿、红三种颜色，分别表示 A、B、C 三相。

同时，在架设三相电线时，A、B、C 三相在上下、左右、前后的位置都有严格的规定。

二、三相交流电源的连接

（一）三相交流电源的星形联结

如图 2-17 所示，三相交流电源首端分别向外引出端线，俗称相线。三相交流电源尾端连在一起，尾端公共点向外引出的导线称为中线，中线俗称零线。三相交流电源绕组进行星形(Y)联结时，可以向负载提供两种电压。此种供电系统称为三相四线制。

相电压 U_P：相线与零线之间的电压。线电压 U_L：相线与相线之间的电压。

微课
相电压和线电压之间的关系

线电压与相电压间的关系如图 2-18 所示。可知，$\dot{U}_{AB}=\dot{U}_A-\dot{U}_B$，$\dot{U}_{BC}=\dot{U}_B-\dot{U}_C$，$\dot{U}_{CA}=\dot{U}_C-\dot{U}_A$，$\frac{1}{2}U_{AB}=U_A\cos 30°$，则 $U_{AB}=\sqrt{3}U_A$。数量上，线电压 U_{AB} 是相电压 U_A 的 $\sqrt{3}$ 倍；相位上，线电压超前对应的相电压 30°。电源星形联结时的三个线电压也是对称的。

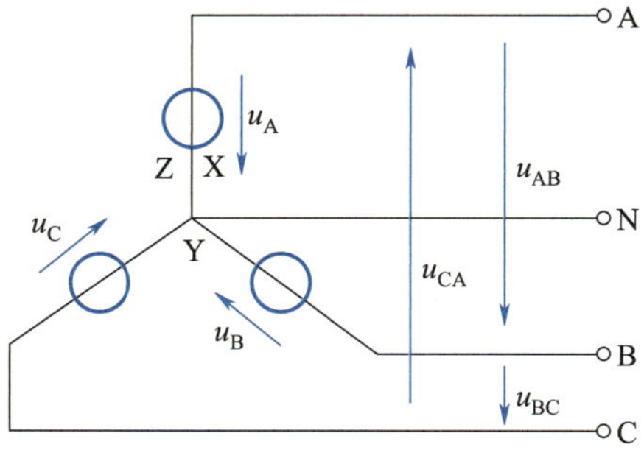

图 2-17 三相交流电源的星形联结

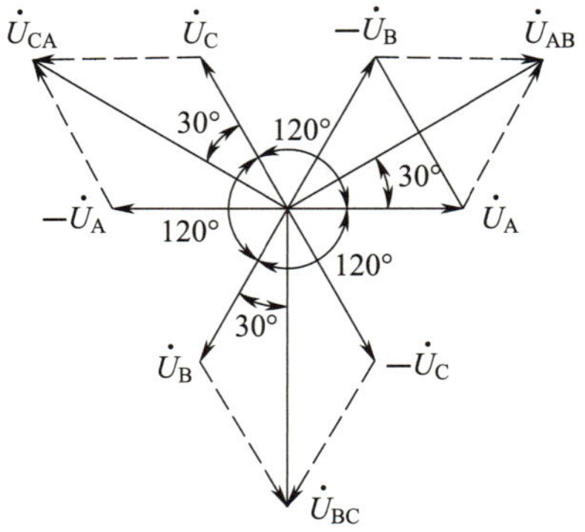

图 2-18 线电压与相电压间的关系

三相交流电源绕组进行星形联结时的最大优越性就是可向负载提供两种不同的电压，且其中线电压是发电机一相绕组感应电压的 $\sqrt{3}$ 倍，如图 2-19 所示。$U_l=\sqrt{3}U_P$，$U_l=380$ V，$U_P=220$ V。

微课
零线断了，用电器会烧坏

（二）三相交流电源的三角形联结

如图 2-20 所示，三相交流电源首尾相接构成闭环，在电源的三个连接点处分别外引三根相线。电源绕组进行三角形(△)联结时，线电压等于发电机绕组的三相感应电压，此种供电系统称为三相三线制。

注意，发电机三相绕组进行三角形联结时只能向负载提供一种电压。发电机三相绕组进行三角形联结时，不允许首尾端接反；否则将在三角形环路中引起大电流致使电源过热烧损。

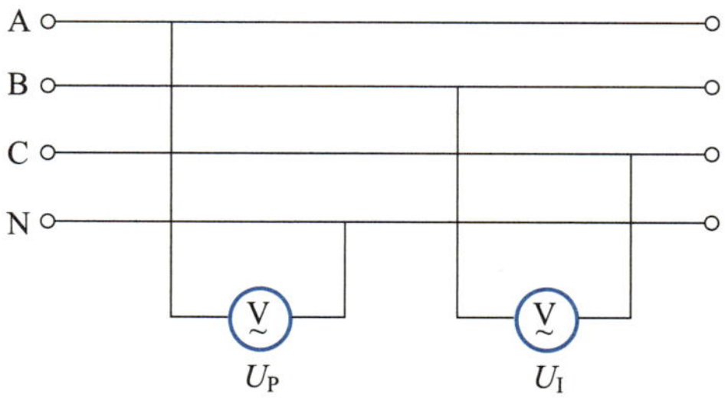

图 2-19 线电压与相电压

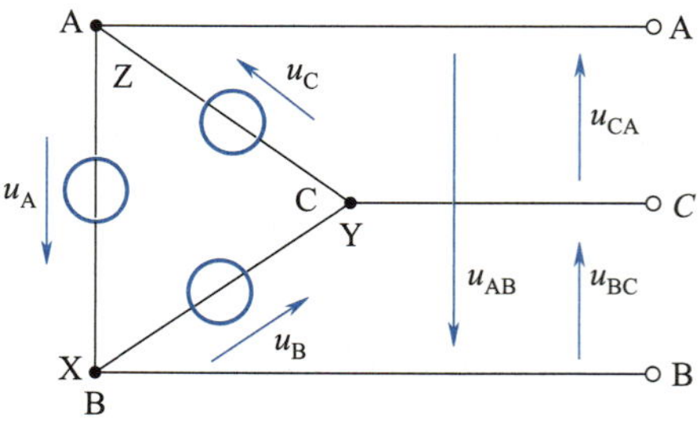

图 2-20 三相交流电源的三角形联结

2.2 安全用电常识

学习目标

了解“电”的伤害形式，了解用“电”注意事项和用“电”过程中的安全措施，具备安全用“电”能力，培养安全意识。

知识学习

2.2.1 电流对人体的伤害

一、概述

“电”是一种环保可再生的能源，给人们的生活带来诸多便利，广泛应用于工业生产、家庭生活等，不断提高和改善人们的生活质量。但是，在看到“电”能带来好处的同时，也不得不承认“电”还有危险的一面。基于对电源和电能转化装置的不合理利用，以及不合理的电路设计，还有长时间缺乏维修和工作人员的不当操作等原因，“电”每年造成的财产损失和人身伤亡事故屡屡发生。这就要求人们应当具备安全用电的基础知识，掌握更全面的“电”与人体的客观规律，对“电”进行合理的相关操作，避免危险事故的发生。

二、伤害形式的分类

当电流流过人体时，产生生理和病理伤害的现象称为触电，其伤害的形式主要有电击和电伤两种。

三、定义

（一）电击

人体直接接触带电体时，电流通过人体内部，对内部组织造成的伤害称为电击。电击是最危险的触电伤害，多数触电死亡事故都是由电击造成的。电击主要伤害人体心脏、呼吸和神经系统，导致人的正常生理功能被破坏，严重时甚至危及生命。

当人体将要触及 1 kV 以上的高压电气设备带电体时，高电压能将空气击穿，使其成为导体，这时电流通过人体而造成电击，如图 2-21 所示。

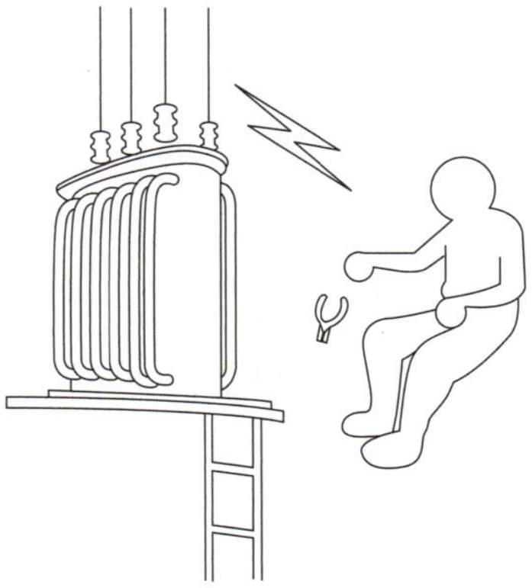

图 2-21 高压电气设备触电示意图

人体接触一根电线，电流通过人体，经皮肤与地面接触，由大地返回，形成电流环形通路，这种触电方式是最常见的一种，即单相触电，如图 2-22(a)所示。人体不同的两个部位同时接触同一电路上的两根电线，电流由高电位电线经人体传导流向低电位电线，形成环形通路，即双相触电，如图 2-22(b)所示。

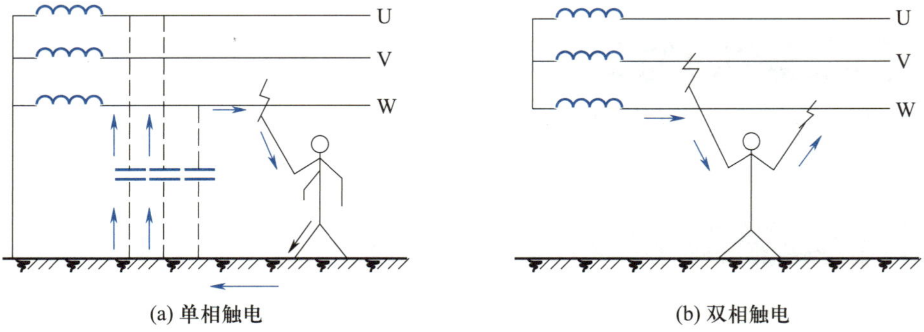

图 2-22 人体触电

接触电压和跨步电压触电会造成电击。如图 2-23 所示，当架空线路的一根带电导线断开落在地上时，落地点与带电导线的电势相同，电流就会从带电导线的落地点向大地流散，于是地面上以带电导线落地点为中心，形成了一个电势分布区域，离落地点越远，电流越分散，地面电势也越低。如果人或牲畜站在距离带电导线落地点 10 m 以内，就可能发生触电事故，这种触电叫作跨步电压触电。

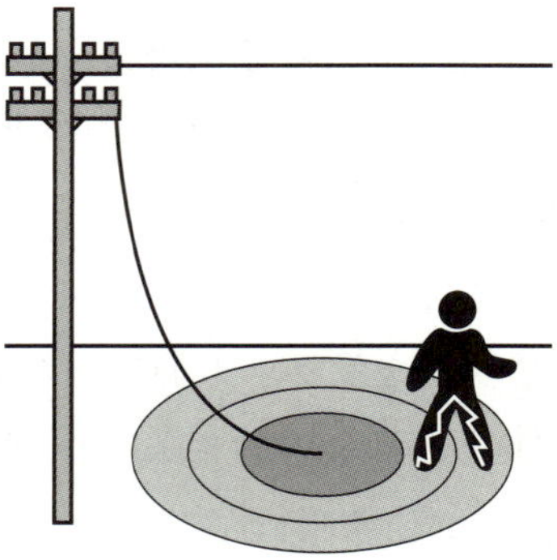

图 2-23 跨步电压触电

（二）电伤

电伤是指由电流的热效应、化学效应或机械效应对人体外部造成的局部伤害。电伤多见于机体外部，而且往往在机体上留下伤痕。与电击相比较，电伤的危险程度低一些。电伤往往会在肌肤上留下伤痕，严重时也会导致死亡。

1. 烧伤

电弧烧伤是最常见也是最严重的电伤。在低压系统中，带负荷（特别是感性负荷）拉开裸露的闸刀开关时，电弧可能烧伤人的手部和面部；线路短路，开启式熔断器熔断时，炽热的金属微粒（粒子温度高于 5 000 ℃）飞溅出来也可能造成烧伤；错误操作引起短路也可能导致电弧烧伤等。在高压系统中，错误操作会产生强烈的电弧（连接和断开活动高压电缆时形成电弧，光辐射可导致电光眼，会造成严重眼部伤害），导致严重的烧伤；人体过于接近带电体，间距小于放电距离时，直接产生强烈的电弧，若当时被打中，虽不会直接致死，却可能因电弧烧伤而死亡（电流进口点和出口点的灼伤和烧焦以及内部灼伤，结果是肾脏超负荷，可导致致命伤害）。

2. 电烙印

电烙印也是电伤的一种。当载流导体长期接触人体时，由于电流的化学效应（血液和细胞液为电解质，通过电解方式分解，将导致重度中毒，直到数日之后才会发现，所以具有潜在危害性）和机械效应的作用，接触部位皮肤变硬，形成肿块，如同烙印一般，这就叫作电烙印。

3. 皮肤金属化

金属微粒因某种物理化学原因渗入皮肤，可使皮肤变得粗糙而坚硬，导致“皮肤金属化”。

四、伤害因素

电流对人体造成伤害的主要因素包括电流的大小、电压的高低、电流频率的高低、通电时间的长短、电流通过人体的部位、人体状况、人体电阻的大小这几个方面。

（一）电流的大小

对人体造成伤害的严重程度取决于通过人体的电流大小。通过人体的电流越大，人体的生理反应越强烈，对人体的伤害越严重。当 20～30 mA 的电流通过人体时，人体的血压会骤然上升，伴随着呼吸困难，此时人体神经系统被麻痹，不能迅速摆脱带电体。当 50 mA 的电流通过人体时，人体会出现心脏颤动和呼吸麻痹的情况，只需要几秒便会丧失生命，表 2-2 所示为不同触电电流下人体的反应。

表 2-2　不同触电电流下人体的反应

触电电流/mA	人体的反应	
	50～60 Hz 交流电	直流电
0.6～1.5	开始有麻刺感	没有感觉
2～3	有强烈的麻刺感	没有感觉
5～7	有肌肉痉挛现象	刺痛感、灼热感
8～10	难以摆脱电源（但最终可摆脱电源），触电部位感到剧痛	灼热增加
20～25	迅速麻痹，不能摆脱电源，触电部位感到剧痛，呼吸困难	痉挛
50～80	呼吸器官麻痹，心脏开始颤动	肌痛感觉强烈、触电部位肌肉痉挛、呼吸困难
90～100	呼吸器官麻痹，持续 3 s 左右心脏会停止跳动	呼吸器官麻痹

（二）电压的高低

电压也称作电势差或电位差。电压的流动方向是从高压流向低压，有电压就会形成电流。通常情况下，人体接触的电压越高，对人体的伤害也就越大，严重时会被危及生命。这是因为越高的电压会导致流过人体的电流越大。我国对电压进行了等级分类，见表 2-3，一般认为 36 V 以下为安全电压，即不会对人体造成严重危害的电压。

（三）电流频率的高低

因为电场、磁场会相互变换，在高频时形成电磁场，所谓的电流频率就是指交流电 1 s 内的变换次数。通常情况下，40～60 Hz 的交流电对人体最危险，但是随着频率的升高，危险性反而会降低。

表 2-3　电压等级与应用场所

电压等级	应用场所
42 V	有触电危险的手持电动工具
36 V	比较干燥的一般场所
24 V	潮湿、有导电金属粉尘等场所
12 V	特别潮湿、金属容器等人体大面积接触带电体的场所
6 V	水下作业

（四）通电时间的长短

通电时间较长，必然会增加人体的触电风险，这是因为通电时间越长，人体内的电阻值越低，则电流越大，极易造成触电现象的发生。通常会使用触电电流与触电持续时间的乘积来衡量电流对人体的伤害程度，而触电电流与触电持续时间的乘积通常被称为电击能量，当电击能量大于 150 mA · s 时，触电者的生命安全将受到威胁。

（五）电流通过人体的部位

电流对人体造成伤害的形式和程度，也与电流通过人体的不同部位有关，见表 2-4。电流通过人体最危险的路径为从左手到胸部心脏，该路径虽然较短，却极易导致人体死亡。但认为从脚到脚的电流路径危险性最小的想法并不正确，电流的经过易引起痉挛，导致人摔倒引发二次触电事故。

表 2-4　电流通过人体部位与造成的伤害

电流通过部位	伤害的形式和程度
头部	可能造成昏迷
脊髓	可能造成人体瘫痪
心脏	可能引起心室颤动而易导致心跳停止、供血中断致死
中枢神经	可能引起中枢神经失调

（六）人体状况

儿童在触电后往往会受到更严重的伤害，这是因为触电的伤害程度与人的性别、健康状态、精神状态等有着密切的关系，儿童尚且处于身体发育阶段，各方面机能并不成熟，容易受到更严重的伤害。女性较男性对触电伤害更加敏感。患有心脏病、精神病或醉酒的人，触电后果更为严重。

（七）人体电阻的大小

人体的电阻越大，通过的电流越小，遭受的伤害就越轻。人体电阻不是个固定数值，会受到干湿程度等因素的影响。一般情况下，较干燥的皮肤在低电压之下具有较高电阻，随着电压升高，人体电阻会持续下降。人体电阻最高的地方主要集中在皮肤部位，这是因为表皮没有毛细血管，角质层厚的皮肤部位拥有更高的人体电阻值。当皮肤受损暴露血肉时，人体电阻较低，极易发生触电现象，见表 2-5。电流对人体的伤害极易造成死亡等严重后果，这就要求人们在供电和用电的过程中，需要格外注意用电安全，不可麻痹疏忽。本着从人身安全的角度考虑，将人体电阻值界定为 1~2 kΩ。

表 2-5 人体电阻

人体状况	人体电阻/kΩ
皮肤干燥、清洁、无损	4~10
皮肤潮湿、受到损伤或粘有金属等其他导电粉尘	1

2.2.2 安全用电注意事项

一、概述

在车辆的拆装过程中，常常会用一些电气设备来代替繁重的体力劳动，减轻劳动强度，提高工作效率。若使用不当或缺乏安全防护措施，可能会发生触电、电击事故，伤害维修操作人员。

二、用电安全注意事项

（1）如发现电气设备有任何异常应立即断开电源，并联系安全管理等有关人员。断开电源如图 2-24 所示。

（2）线路中发生短路或意外火灾，在进行灭火前首先应立即关闭开关，如图 2-25 所示。

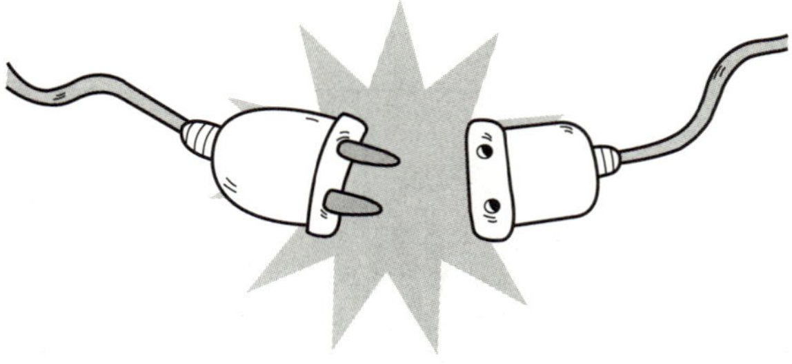

图 2-24 断开电源

图 2-25 关闭开关

（3）不要靠近断裂或摇晃的电线，如图 2-26 所示。不要触摸标有“发生故障”的开关，不要用湿手接触任何电气设备。

（4）拔下插头时，不要拉电线，而应当拉插头本身，如图 2-27 所示。

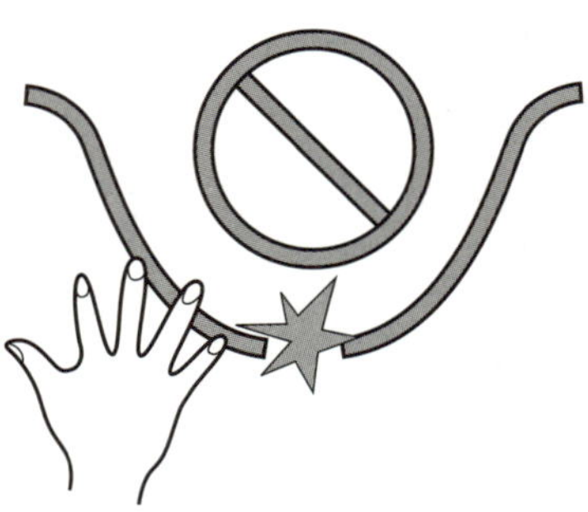

图 2-26 禁止靠近断裂电线

图 2-27 拔下插头

(5) 不要让电线通过潮湿或有油的地方,也不要通过灼热的表面或者尖角部位。

(6) 在开关、配电盘或电动机等附近不要使用易燃物,容易产生火花。

(7) 维修竣工后,切断设备电源,关闭总电源。

(8) 移动电气设备时,避免电源软线拖得过长,沾染地面油污或水。

(9) 电源线插头应完整无损地插入电源插座,搭铁线应完好无损,以免设备外壳带电而引起触电。

(10) 警示标志。“电压危险”标志表示接触可能造成电击或烧伤,操作前应关闭高压电系统,如图 2-28 所示。“注意”标志表示零件带有高压电,操作前应断开高压电系统,并阅读维修资料,如图 2-29 所示。表 2-6 所示为各种警示标志。

图 2-28 “电压危险”标志

图 2-29 “注意”标志

表 2-6 各种警示标志

标志				
名称	电池危险	高压危险	切勿靠近	请勿插入

续表

标志			
名称	请勿接通	禁止火焰或明火	携带生命辅助设备人员禁止在高压车辆上作业

（11）对高压系统进行操作时，需遵循以下事项：

① 所有橙色电缆都带有威胁生命的高压电。

② 不要将浇淋水管或高压清洁水管正对着高压电组件。

③ 不要让润滑油、油脂、触点喷剂等接触到高压电插头。

④ 在靠近高压电组件附近进行操作时，要切断系统电源。

⑤ 在需要使用拆卸工具或使用锋利工具进行焊接操作之前必须将系统断电。

⑥ 必须防止灰尘和湿气沾染到所有断开的高压电连接装置，务必更换受损电缆。

⑦ 身体内佩戴生命辅助设备（如起搏器）的人员不得操作高压电系统（包括点火系统）。

⑧ 所有使用的测量仪器应适当且是经过批准的。

⑨ 小心操作潮湿的高压系统（湿润组件，尤其沾有道路用盐的组件，会成为威胁生命安全的隐患）。

（12）不能选额定电流很大的熔丝来保护小电流电路，不允许以普通导线代替熔丝。

（13）消除静电的最基本方法是搭铁，应将可能带静电的物体用导线连接并搭铁。

三、用电安全措施

（1）检修电气设备或更换熔丝时，首先应切断电源并在电源开关处挂上“严禁合闸”标识，如图 2-30 所示。在没有采取足够安全措施的情况下，严禁带电工作。

（2）电热设备如图 2-31 所示，远离易燃物，用毕即断开电源。

（3）使用各种电气设备时，应采取相应的安全措施。如使用手提式电钻时，必须戴上橡胶手套或站在绝缘垫上操作，见表 2-7。

（4）判断电线或用电设备是否带电，必须用验电器（在 250 V 以下一般使用测电笔，如图 2-32 所示）等检查判断，不允许用手摸试。

（5）电灯开关应接在相线上，使用螺旋灯头时不可把相线接在跟螺旋套相连的接线柱上，如图 2-33 所示，以免调换灯泡时触电。

（6）电线或电气设备失火时，应迅速切断电源。在带电状态下，可用黄沙等进行灭火，如图 2-34 所示。不能用水和泡沫灭火器灭火，否则会使人触电。

图 2-30 “严禁合闸”标识

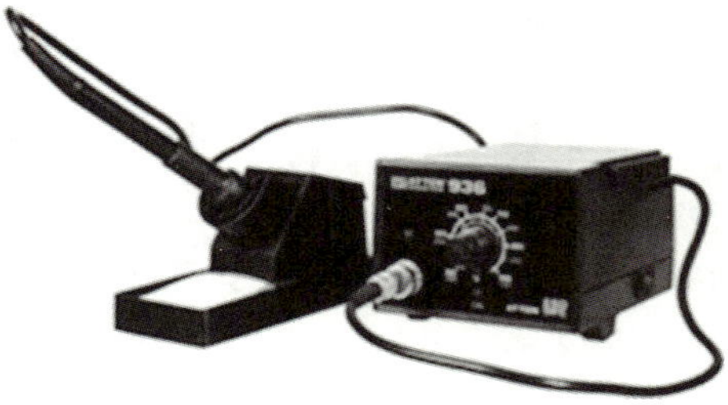

图 2-31 电热设备

表 2-7 各种安全装备

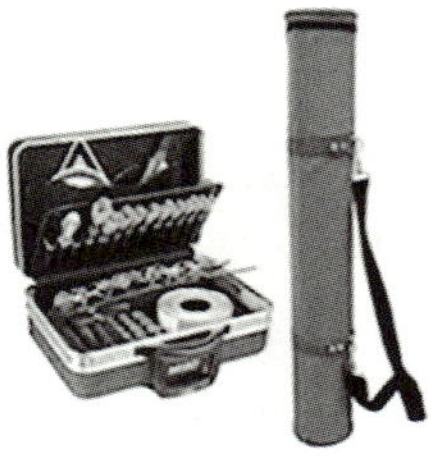	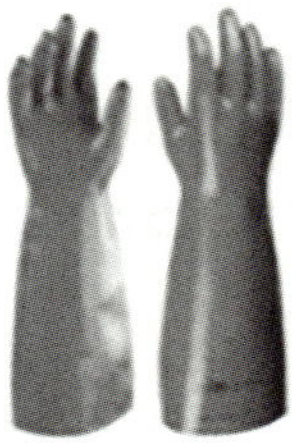			
戴绝缘垫的高压电工具套装	耐 1 000 V 电压绝缘手套	护目镜	电工安全鞋	绝缘垫

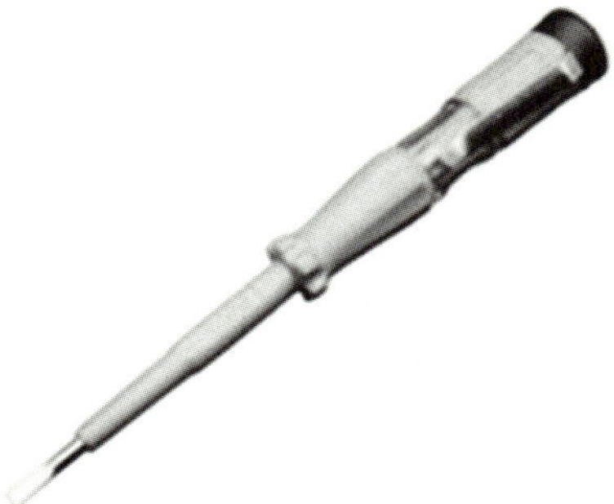

图 2-32 测电笔

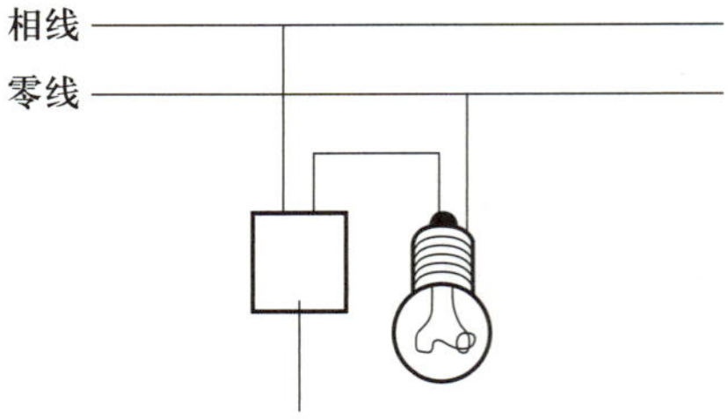

图 2-33 螺旋灯头的接线

(7) 发现有人触电时,应先使触电者脱离电源,再进行现场抢救,如图 2-35 所示,注意事项如下:

① 您自己的安全是最重要的。

② 切勿直接接触触电人员。

③ 在可能的情况下,立即将电气系统断电(立即关闭点火开关,拔出维修插头等)。

图 2-34 黄沙箱

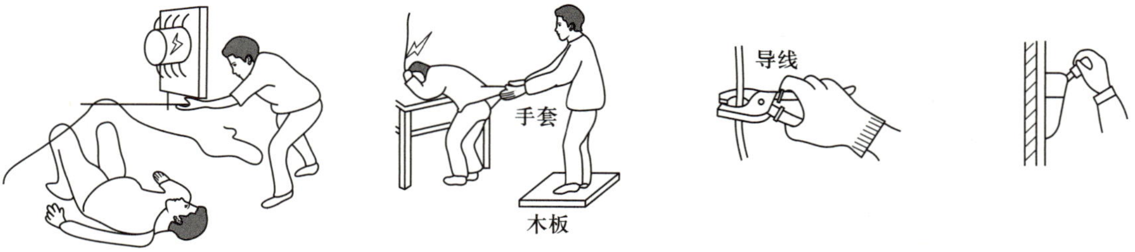

图 2-35　抢救注意事项

④ 用不导电的物体（一块木板、扫帚把等）将受害者或导电体与电源分离开。

(8) 发生电气事故之后实施急救措施时，应遵循以下事项：

① 首先确定生命机能，如脉搏和呼吸。

② 立即呼叫（或请他人呼叫）120。

③ 进行心肺复苏和人工呼吸，直至医生到达。

④ 如果伤者停止呼吸，使用体外除颤器（如有）。

(9) 如果事故伤者有生命机能，如脉搏和呼吸，应实施以下急救措施：

① 冷却烧伤处，并用无菌的无绒布盖住。

② 事故伤者必须就医，即使他拒绝，仍应如此。

(10) 在发生事故时（有蓄电池/蓄电池内容物）的急救措施如下：

① 若有蓄电池内容物接触到皮肤，应用大量清水冲洗。

② 若吸入有害气体，需要补充大量新鲜空气稀释有害气体。

③ 若有蓄电池内容物接触到眼睛，应用大量清水冲洗（至少 10 分钟）。

④ 若吞下蓄电池内容物，需大量饮水，但应避免呕吐。

⑤ 立即就医。

测评

1. 正弦交流电的三要素是指（　　）。

A. 振幅、周期、频率　　B. 周期、频率、角度

C. 振幅、频率、初相位　　D. 振幅、频率、相位差

2. 频率可反映交流电变化的（　　）。

A. 位置　　B. 快慢　　C. 大小

3. 相位可反映交流电变化的（　　）。

A. 位置　　B. 快慢　　C. 大小

4. 幅值可反映交流电变化的（　　）。

A. 位置　　B. 快慢　　C. 大小

5. 正弦量可以采用的表示方法包括(　　)。

A. 三角函数式　　B. 正弦波形图

C. 相量图　　D. 相量表示式

6. 电阻电压和电流的相位差为 0,即同相。(　　)

A. 对　　B. 错

7. 电感电压和电流的相位差为 90°,即电压超前电流 90°。(　　)

A. 对　　B. 错

8. 电感具有(　　)的作用。

A. 通直流,阻交流;通低频,阻高频　　B. 通交流,阻直流;通高频,阻低频

C. 通交流,阻直流;通低频,阻高频　　D. 通直流,阻交流;通高频,阻低频

9. 电容具有(　　)的作用。

A. 通直流,隔交流;通高频,阻低频　　B. 通交流,隔直流;通低频,阻高频

C. 通交流,隔直流;通高频,阻低频　　D. 通直流,隔交流;通低频,阻高频

10. 如图 2-36 所示,A、B、C 为三个相同的灯泡,a、b、c 为与之串联的三个元件,E_1 为直流电源,E_2 为交流电源。当开关 S 接“1”时,A、B 两灯均正常发光,C 灯不亮;当开关 S 接“2”时,A 灯仍正常发光,B 灯变暗,C 灯发光。由此可以判断 a、b、c 元件可能分别为(　　)。

A. 电容　电感　电阻　　B. 电感　电阻　电容

C. 电阻　电感　电容　　D. 电阻　电容　电感

11. 如图 2-37 所示,把电感线圈 L、电容 C、电阻 R 分别与灯泡 L_1、L_2、L_3 串联后接在交流电源两极间,三盏灯亮度相同。若保持交流电源两极间的电压不变,仅使交流电的频率减小,则以下判断正确的是(　　)。

A. 与线圈 L 连接的灯泡 L_1 将变亮　　B. 与电容 C 连接的灯泡 L_2 将变亮

C. 与电阻 R 连接的灯泡 L_3 将变暗　　D. 与电阻 R 连接的灯泡 L_3 亮度不变

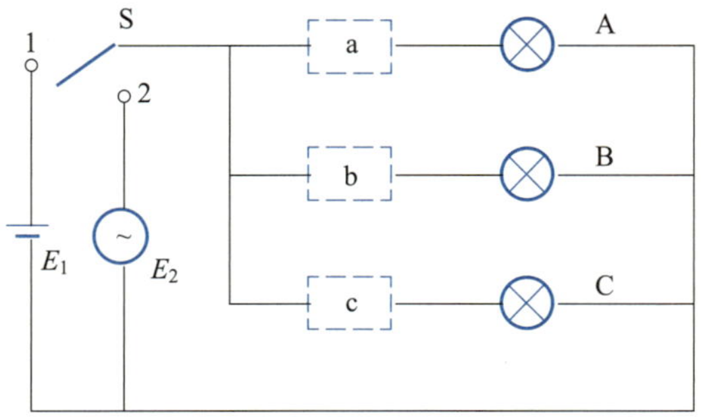

图 2-36　题 10 图

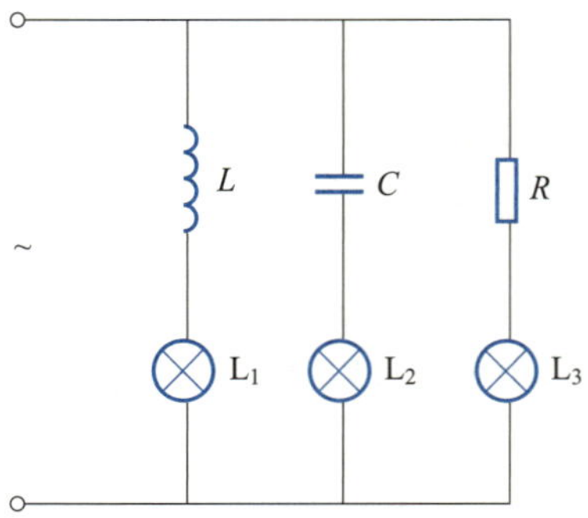

图 2-37　题 11 图

12. 所谓三相制就是由三个大小相等、频率相同、相位彼此相差 120°的电动势组成的供电系统。(　　)

A. 对　　B. 错

13. 三相电源三角形联结的特点是(　　)。

A. 线电压大于相电压　　B. 线电压等于相电压

C. 线电压小于相电压

14. 有几位同学讨论关于安全用电的问题时,发表了以下几种见解,其中不正确的是(　　)。

A. 经验证明,不高于 36 V 的电压才是安全电压

B. 下雨天,不能用手触摸电线杆的拉线

C. 日常生活中,不要靠近高压输电线路

D. 空气潮湿时,换灯泡时不用切断电源

15. 被电击的人能否获救,关键在于(　　)。

A. 触电的方式　　B. 人体电阻的大小

C. 能否尽快脱离电源和施行紧急救护

16. 凡在潮湿工作场所或在金属容器内使用手提式电动用具或照明灯时,应采用(　　)安全电压。

A. 12 V　　B. 24 V　　C. 42 V

17. 电流对人体造成伤害的主要因素包括(　　)。

A. 电流的大小　　B. 电压的高低

C. 电流频率的高低　　D. 通电时间的长短

E. 电流通过人体的部位　　F. 人体状况

G. 人体电阻的大小

18. 触电事故是由(　　)造成的。

A. 电压　　B. 电流的能量　　C. 电子

19. 电气事故导致人身伤亡的基本原因是(　　)。

A. 电流通过人体　B. 电压通过人体　　C. 电磁能量

20. 触电事故中,(　　)是导致人身伤亡的主要原因。

A. 人体流过电流遭到电击　　B. 烧伤　　C. 电休克

21. 一般情况下,当电流持续时间超过心脏搏动周期时,室颤电流,即最小致命电流为(　　)。

A. 20 mA　　B. 50 mA　　C. 100 mA

22. 当通过人体的电流达到(　　)时,就能使人致命。

A. 50 mA　　B. 80 mA　　C. 100 mA

23. 大部分触电死亡事故是(　　)造成的。

A. 电击　　B. 电伤

24. 检修电气设备或更换熔丝时,首先应切断电源并在电源开关处挂上(　　)的警示标志。

A. 在此工作　　B. 止步,高压危险　　C. 严禁合闸

25. 在遇到高压电线断落地面时,带电导线落地点(　　)m 内,禁止人员进入。

A. 10　　B. 20　　C. 30

26. 工频电流与高频电流在电击危险性上相比,(　　)。

A. 高频电流危险性大　　B. 工频电流危险性大　　C. 危险性相同

总结

如图 2-38 所示,参照本章知识脉络,对所学的知识进行总结。

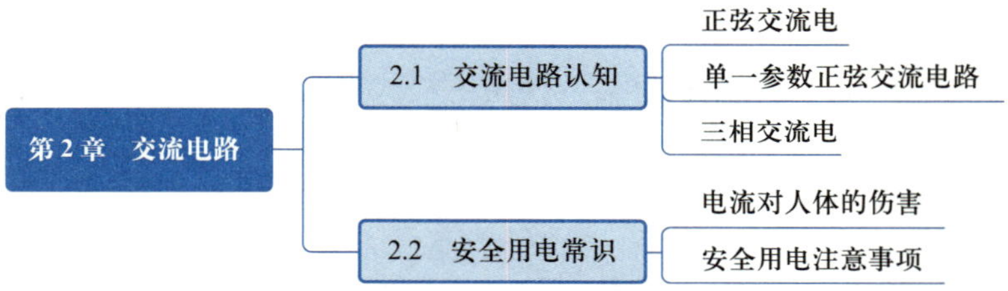

图 2-38　第 2 章知识脉络

第3章

磁路与变压器

磁性材料广泛应用在日常生活及汽车电路的各个方面，如汽车上的发电机、电动机、传感器、点火线圈等都使用了磁性材料和磁性器件。通过本章的学习，应掌握磁路与变压器的相关知识，以及其在汽车上的典型应用。

3.1 磁路认知

学习目标

了解磁路的概念，掌握磁场、电磁感应现象、磁路、电磁干扰应用知识和磁路的工作原理，掌握变压器的结构和工作原理，培养自主学习和团结协作的精神。

知识学习

一、磁场

如图 3-1 所示，磁场是自然界存在的一种物理现象。利用磁场，汽车发电机可以将发动机产生的机械动力转换为电动势，也可以使起动机将来自蓄电池的电能转换为发动机曲轴转动的机械能。

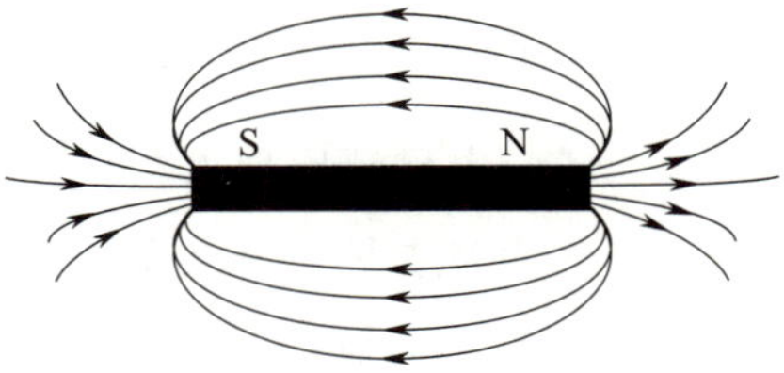

图 3-1 磁场

（一）常见的磁场

1. 电磁场

电磁场是有内在联系、相互依存的电场和磁场的统一体。随时间变化的电场产生磁场，随时间变化的磁场产生电场，两者互为因果，形成电磁场。电磁场可由变速运动的带电粒子产生，也可由强弱变化的电流产生，不论产生原因为何，电磁场总是以光速向四周传播，形成电磁波。电磁场是电磁作用的媒介，具有能量和动量，是物质存在的一种形式。

2. 地磁场

地磁场是从地心至磁层顶的空间范围内的磁场，是地磁学的主要研究对象。人类对于地磁场存在的早期认识,来源于天然磁石和磁针的指极性。地磁场的北磁极在地理的南极附近,地磁场的南磁极在地理的北极附近。磁针具有指极性是由于地磁场的北磁极(磁性对应 S 极)吸引着磁针的 N 极,地磁场的南磁极(磁性对应 N 极)吸引着磁针的 S 极。

(二) 磁铁

1. 磁铁的类型

(1) 天然磁铁。天然磁铁的自然形式为石块,也称为铁矿石。

(2) 人造磁铁。典型的人造磁铁是由超强磁场处理后的金属棒制成的。

(3) 电磁铁。电磁铁是利用电流来产生磁场的一种装置。

2. 磁铁的原理

磁铁不论大小和形状都有磁极,自由悬吊的磁铁会指向南北,指向北端的称为北极,用 N 表示;指向南端的称为南极,用 S 表示。同性磁极相互排斥,异性磁极相互吸引。

3. 电磁铁

从严格意义上来说,电磁铁本身是没有磁性的,只有在特定时期会有磁性。当电流流过导线时,就会在导线的周围产生环形磁场,如图 3-2 所示。如果导线被缠绕在诸如铁等材质的金属棒上,就会增加磁场的强度,使金属棒成为可用的电磁体,产生磁力,如图 3-3 所示。

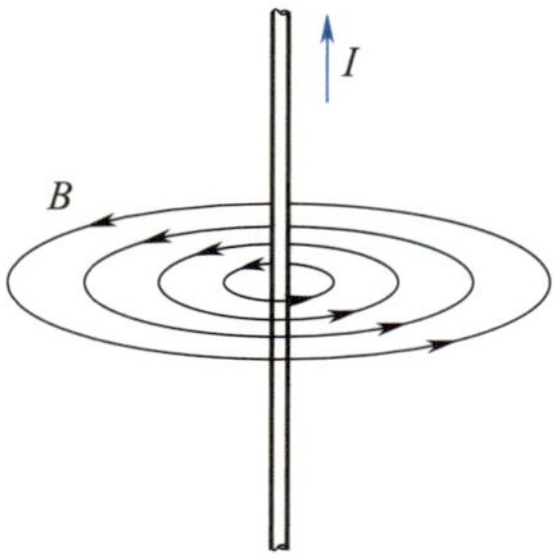

图 3-2 环形磁场

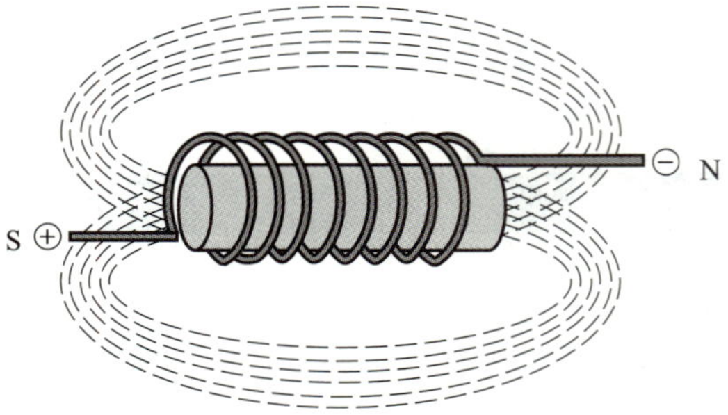

图 3-3 电磁体

二、电磁感应现象

微课 电磁感应

电和磁是密切相关的,当电流在导体中流动时,导体周围会产生一个微弱的磁场。导线垂直切割磁感线时,又会产生一个感应电压,并会引起电流往一个方向流动,该现象被称为电磁感应。

(一) 定则

1. 左手定则

左手定则反映了带电粒子(载流导线)在磁场中的受力情况。伸开左手,使大拇指与其余四个手指垂直,与手掌处在同一平面内,把左手放入磁场中,让磁感线垂直穿过手心,四指指向带电粒子运动(电流所指)方向,大拇指所指方向就是导体受力方向,如图 3-4 所示。

2. 右手定则

右手定则简单展示了载流导线如何产生一个磁场，伸开右手，使大拇指与其余四个手指垂直，与手掌处于同一平面内，把右手放入磁场中，让磁感线垂直穿过手心（即手心正对磁场 N 极方向），大拇指指向导体运动的方向，四指所指方向就是感应电流方向，如图 3-5 所示。

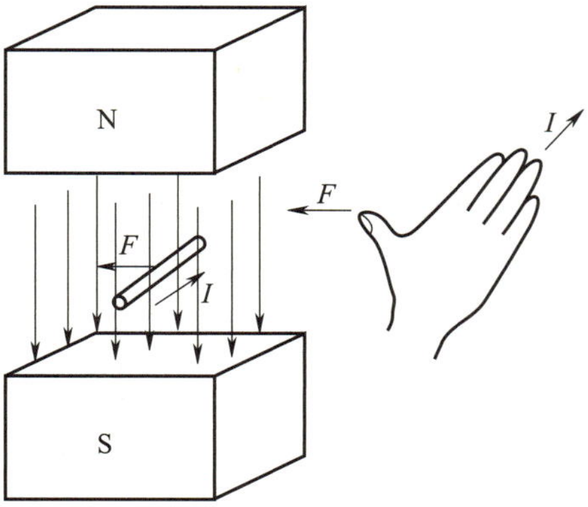

图 3-4　左手定则

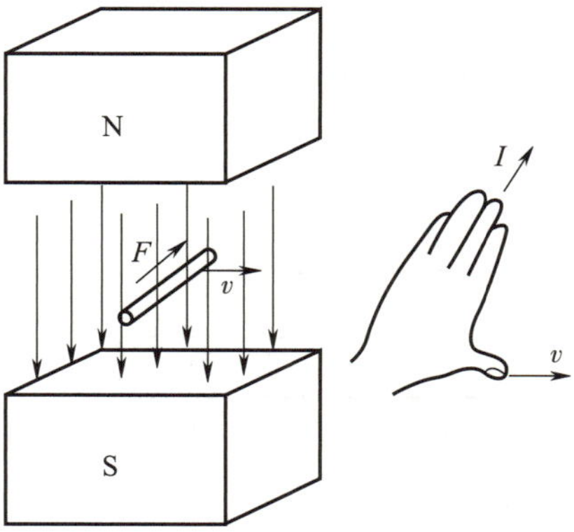

图 3-5　右手定则

（二）原理计算

1. 磁场中运动导体的电磁感应

磁场固定不变，外力使导体运动切割磁感线，设磁感应强度为 B，切割线速度为 v，导体运动方向与磁感线之间的夹角为 θ，当有效长度为 l 的直导体以线速度 v 切割磁感线时，通电直导体中产生的动生电动势为

$$e=Blv\sin\theta \tag{3-1}$$

2. 线圈中磁场变化时的电磁感应

感生电动势是因为穿过闭合线圈的磁场强度发生变化产生涡旋电场导致电流定向运动而产生的，其方向符合楞次定律。感生电动势的大小与穿过闭合电路的磁通量改变的快慢有关系，大小为

$$e=N\left|\frac{\mathrm{d}\Phi}{\mathrm{d}t}\right| \tag{3-2}$$

式中：e——感生电动势，单位为 V；

Φ——磁通量，单位为 Wb；

t——时间，单位为 s；

N——线圈的匝数。

在实际应用中，成束的导线被缠绕成螺旋状，这样能强化电磁感应的作用，因而可以在相对紧凑的装置中产生有用的电磁力，汽车中的交流发电机就是依据此原理而研制的。影响电磁感应的因素有磁场的强度、切割磁感线的速度以及线圈的匝数。增加磁场的强度、切割磁感线的速度或者导线的匝数都会感应出更高的电压。

三、磁路

铁磁性材料具有很高的磁导率，常用它制成变压器、电机等设备的铁心。将线圈缠绕在铁心上，当铁心线圈通入励磁电流时，产生的磁通绝大部分集中在铁心中，磁感线经铁心及空气隙而闭合，这部分磁通称为主磁通，将主磁通所通过的闭合路径称为磁路。

（一）磁路的应用种类

电磁铁的磁路如图 3-6 所示。变压器的磁路如图 3-7 所示。直流电机的磁路如图 3-8 所示。

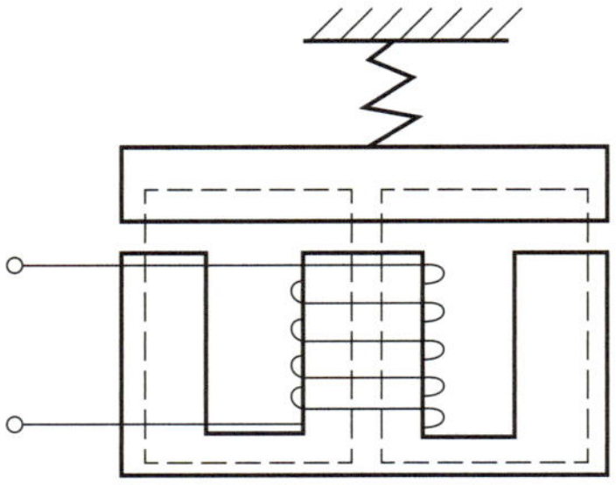

图 3-6　电磁铁的磁路

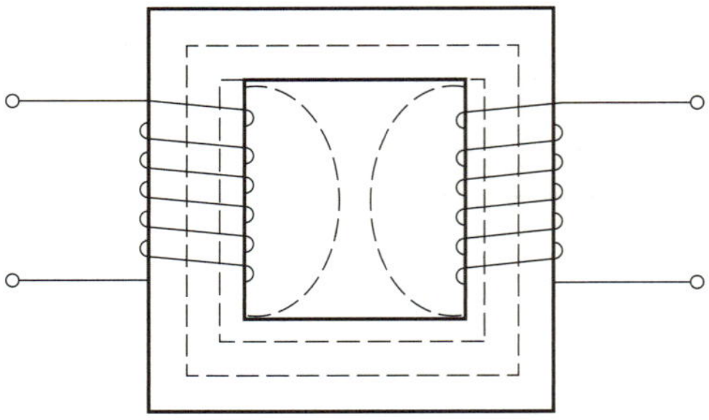

图 3-7　变压器的磁路

（二）磁路在汽车上的应用

微课
继电器的工作原理

1. 继电器

继电器是一种电子控制器件，如图 3-9 所示。在继电器中有线圈、衔铁（可动臂）和开关触点几个关键的部件，如图 3-10 所示。线圈是缠绕在铁心上的多圈导线环，当电流流经继电器的线圈之后，使其变成了一个电磁体。衔铁被电磁体的电磁力吸引后，其开关触点闭合，此时允许大电流流过继电器的开关触点，驱动大功率负载。继电器通常用于控制大电流的用电装置，如汽车上的起动机、空调压缩机离合器、鼓风机、燃油泵、灯光照明等。

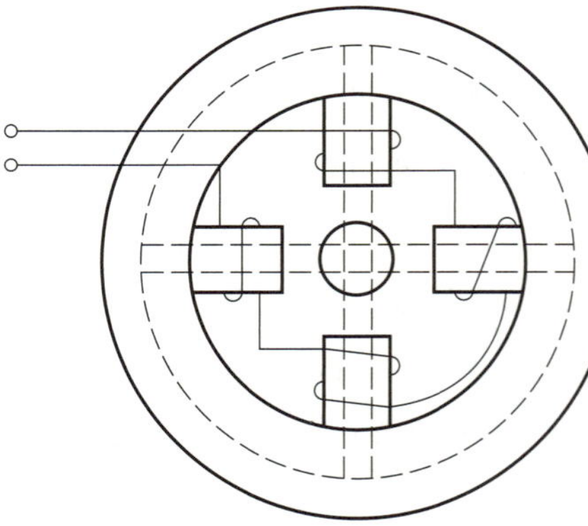

图 3-8　直流电机的磁路

2. 螺线管

螺线管是电磁原理应用的另一种装置，如同继电器一样，它也拥有电磁线圈和开关触点等部件。线圈内有一个可移动的铁心，铁心与一个操作装置相连接。当电流流过线圈时，活动铁心在电磁力的作用下产生线性移动，通过拔叉等部件使驱动小齿轮与飞轮啮合。此装置通常应用于起动机或自动变速器变速杆控制。

3. 变压器

变压器一般由一次绕组、二次绕组和一个共用铁心组成，当一次绕组中的磁场变化时，会使

图 3-9　继电器

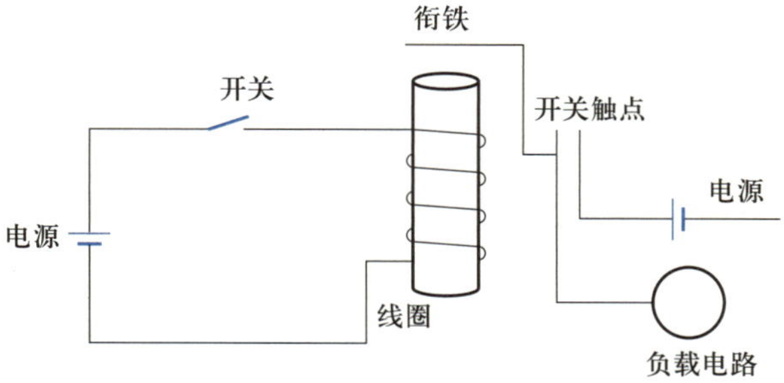

图 3-10　继电器的控制原理图

二次绕组产生一个感应电压，这个过程称为互感，如图 3-11 所示，一个绕组的电压变化会被感应到邻近的绕组中。

汽车上的点火线圈是利用变压器的原理研发的，它的作用是产生足够高的电压来生成穿透火花塞间隙的电弧。

点火线圈由一次绕组、二次绕组和一个共用铁心组成。一次绕组由粗直径的导线在一个铁心上缠绕数百圈制成，二次绕组在共用铁心上用细直径的导线缠绕数千圈制成。回路闭合时，蓄电池电压加载在一次绕组上，在绕组周围建立一个磁场；回路断开时，电流停止流动，磁场便会消失，依据楞次定律，线圈中会产生一个阻力阻碍电流的消退，在二次绕组中就会感应出一个高电压。其作用是将 12 V 的低电压转换成 2 万～3 万 V 的高电压，以生成可穿透火花塞间隙的电弧，从而产生电火花，点燃燃烧室中的可燃混合气，如图 3-12 所示。

微课
点火线圈的工作原理

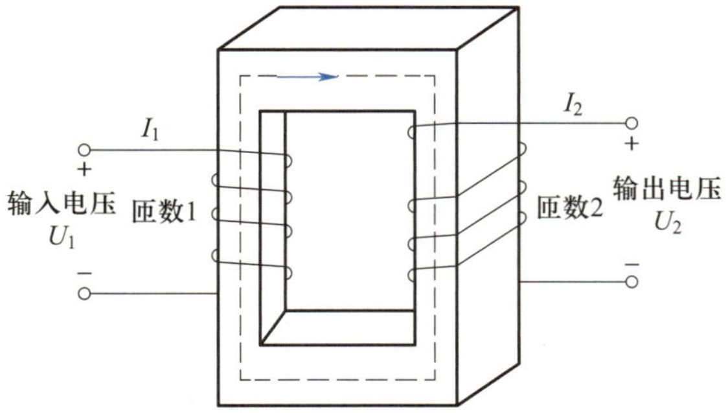

图 3-11　变压器的工作原理图

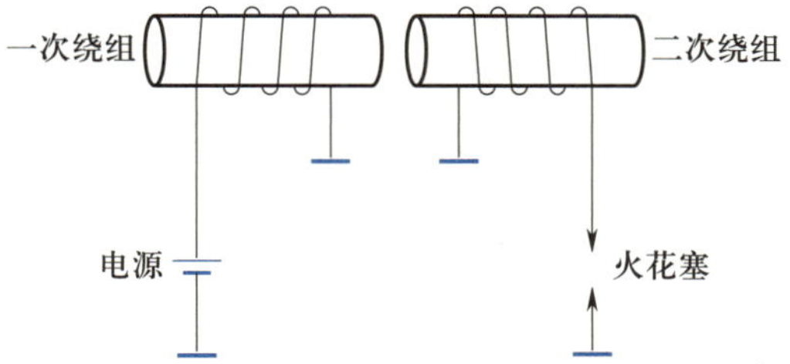

图 3-12　点火线圈的工作原理图

四、电磁干扰

电磁干扰是指任何在传导或电磁场中伴随着电压、电流作用而产生会降低某个装置、设备或系统的性能，还有可能对生物或物质产生不良影响的一种电磁现象。强电流（如点火系统和充电系统等）及其相关的导体均会产生磁场，如果这些磁场在低电压电子电路中引起感应电压，则会影响控制模块的正常工作，从而导致一些间歇性故障发生。

（一）类别

1. 传导干扰

传导干扰是指通过导电介质把一个电网络上的信号耦合（谐波干扰）到另一个电网络的现象。

2. 辐射干扰

辐射干扰是指通过空间把一个电网络上的信号耦合到另一个电网络,汽车上的各种电气设备之间也会产生电磁干扰。干扰源除了点火系统和充电系统外,导线、插接器和线圈等都具有不同的电容和电感,这些电容和电感一旦构成闭合回路,在电路断合的瞬间就会产生不同程度的电磁干扰。

(二) 抑制电磁干扰

(1) 利用屏蔽技术减少电磁干扰。为有效地抑制电磁波的辐射和传输及高次谐波引发的噪声电流,用变频器驱动的电动机电缆应采用屏蔽电缆。

(2) 利用搭铁技术消除电磁干扰。发动机模块外壳通常使用金属材料制作且通过导线搭铁。

(3) 利用布线技术改善电磁干扰。电动机电缆应独立于其他电缆走线,同时应避免电动机电缆与其他电缆长距离平行走线,以减少相互间产生的电磁干扰。

(4) 利用滤波技术降低电磁干扰。利用进线电抗器降低由变频器产生的谐波,同时也可用于增加电源阻抗,并帮助吸收附近设备工作时产生的浪涌电压和主电源的尖峰电压。

3.2 变压器认知

变压器作为身边常见的电气设备,具有变换电压、变换电流和变换阻抗的作用,在国民经济各个领域有着广泛的应用。在电力系统中,变压器将电压升高后通过输电线路输送到各处,再用变压器将电压降低后输送给各用电单位。

一、变压器的结构

尽管变压器种类繁多,外形和体积有很大的差别,但它们的基本结构都相同,主要由铁心和绕组两部分组成。根据铁心与绕组的结构,变压器可分为心式变压器和壳式变压器。

图 3-13 心式变压器

(一) 心式变压器

特点:绕组包围铁心,如图 3-13 所示。

(二) 壳式变压器

特点:部分绕组被铁心所包围,可以不要专门的变压器外壳,适用于容量较小的变压器,如图 3-14 所示。

二、变压器的工作原理

(一) 变压器的电压变换作用

下面通过对变压器空载运行情况的分析来说明变压器的电压变换作用。变压器的一次绕组施加额定电压,二次绕组开路,这种情况称为空载运行,如图 3-15 所示。

在图 3-15 中,当一次绕组施加上正弦交流电压 u_1 时就有电流 i_0 通过,并由此而产生磁通。

图 3-14　壳式变压器

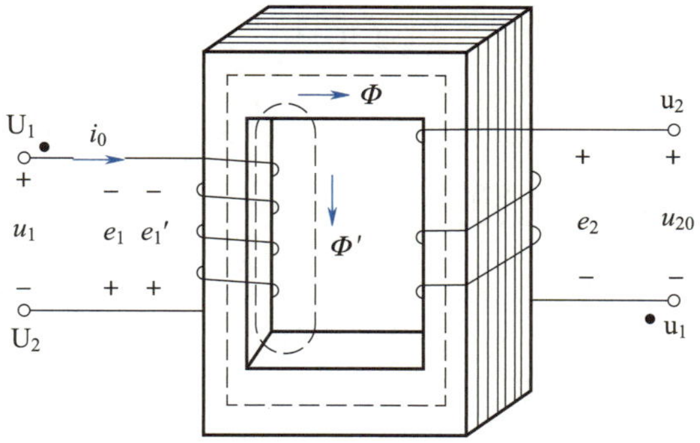

图 3-15　变压器空载运行示意图

i_0 称为励磁电流，也称为空载电流。主磁通 Φ 与一次绕组、二次绕组相交链并分别产生感应电动势 e_1、e_2。漏磁通 Φ'在一次绕组中产生感应电动势 e_1'。Φ 和 Φ'的参考方向以及 i_0 的参考方向符合右手螺旋定则，e_1、e_2 的参考方向也符合右手螺旋定则。设一次绕组的电阻为 R_1，二次绕组空载时的端电压为 u_{20}，根据基尔霍夫定律，列出这两个绕组电路的电压方程式分别为

$$u_1=-e_1-e_1'+R_1i_0 \tag{3-3}$$

$$u_{20}=e_2 \tag{3-4}$$

为了方便分析，不考虑由于磁饱和性与磁滞性而产生的电流、电动势波形畸变影响，式(3-3)和式(3-4)中的电压、电动势均为正弦量，用相量表示为

$$\dot{U}_1=-\dot{E}_1-\dot{E}_1'+R_1\dot{I}_0 \tag{3-5}$$

$$\dot{E}_{20}=\dot{E}_2 \tag{3-6}$$

由于 $\dot{E}_1'$和 $R_1\dot{I}_0$ 通常比较小，因此式(3-5)可近似表示为

$$\dot{U}_1\approx-\dot{E}_1 \tag{3-7}$$

变压器空载运行时，一次电流 i_0 产生的一次绕组中的交变主磁通 Φ 按照正弦规律变化，即

$$\Phi=\Phi_{\mathrm{m}}\sin\omega t \tag{3-8}$$

式中：Φ_{m}——主磁通的最大值，单位为 Wb；

ω——磁通变化角频率，单位为 rad/s；

t——时间，单位为 s。

设一次绕组、二次绕组的匝数分别为 N_1、N_2，根据图 3-15 所示的参考方向，可得到一次绕组感应电动势瞬时值为

$$\begin{aligned}e_1&=-N_1\frac{\mathrm{d}\Phi}{\mathrm{d}t}=-N_1\omega\phi_{\mathrm{m}}\cos\omega t=2\pi fN_1\phi_{\mathrm{m}}\sin(\omega t-90^\circ)\\&=E_{1\mathrm{m}}\sin(\omega t-90^\circ)\end{aligned} \tag{3-9}$$

同理，也可得到二次绕组感应电动势瞬时值为

$$e_2=-N_2\frac{\mathrm{d}\Phi}{\mathrm{d}t}=-N_2\omega\phi_{\mathrm{m}}\cos\omega t=2\pi fN_2\phi_{\mathrm{m}}\sin(\omega t-90°)$$
$$=E_{2\mathrm{m}}\sin(\omega t-90°) \tag{3-10}$$

由式(3-9)和式(3-10)可知一次绕组、二次绕组的电压有效值分别为

$$U_1\approx E_1=\frac{2\pi fN_1}{\sqrt{2}}\Phi_{\mathrm{m}}=4.44fN_1\Phi_{\mathrm{m}} \tag{3-11}$$

$$U_{20}\approx E_2=\frac{2\pi fN_2}{\sqrt{2}}\Phi_{\mathrm{m}}=4.44fN_2\Phi_{\mathrm{m}} \tag{3-12}$$

$$\frac{U_1}{U_{20}}\approx\frac{E_1}{E_2}=\frac{N_1}{N_2}=k \tag{3-13}$$

式(3-13)中,k 称为变压比,简称变比。一次绕组、二次绕组的变压比等于它们的匝数比,当 N_1、N_2 不同时,变压器可以把某一数值的交流电压变换成同频率的另一个数值的交流电压,这就是变压器的电压变换作用。如 $N_1>N_2$,则 $U_1>U_2$,$k>1$,变压器起降压作用,称为降压变压器,其一次绕组为高压绕组;反之,若 $N_1<N_2$,则 $U_1<U_2$,$k<1$,称为升压变压器,其二次绕组为高压绕组。

变压器的两个绕组之间在电路上没有连接。一次绕组外加交流电压后,依靠两个绕组之间的磁耦合和电磁感应作用,使二次绕组产生交流电压,也就是说,一次绕组、二次绕组在电路上是相互隔离的。按照图 3-15 中绕组在铁心柱上的绕向,若在某一瞬时一次绕组中的感应电动势 e_1 为正值,则二次绕组中的感应电动势 e_2 也为正值,在此瞬时,绕组端点 U_2 与 u_2 的电位分别高于 U_1 与 u_1,或者说端点 U_2 与 u_2、U_1 与 u_1 的电位瞬时极性相同。把具有相同瞬时极性的端点称为同极性端,也称为同名端,通常用“ • ”作为标记,如图 3-15 所示。

(二)变压器的电流变换作用

在变压器的一次绕组上施加额定电压,二次绕组接上负载后,电路中就会产生电流,下面讨论一次绕组电流和二次绕组电流之间的关系。图 3-16 所示为变压器负载运行原理图。i_1 为二次电流,它是在二次绕组感应电动势 e_2 的作用下流过负载 Z_{L} 的电流。二次绕组接上负载后,铁心中的主磁通将由磁通势 $N_1\dot{I}_1$ 和 $N_2\dot{I}_2$ 共同产生。根据图 3-16 所示的参考方向,由于 I_1 和 I_2 在铁心中产生的磁通方向相同,所以合成后的总磁通势为 $N_1\dot{I}_1+N_2\dot{I}_2$。在负载运行时,一次绕组的电阻电压降 R_1I_1 和漏磁通产生的感应电动势 E_1' 比 E_1 仍然小很多,因此可近似认为

$$U_1=E_1=4.44fN_1\Phi_{\mathrm{m}} \tag{3-14}$$

上述关系说明从空载到负载,若外加电压 U_1 及其频率 f 保持不变,主磁通的最大值 Φ_{m} 也基本不变,所以空载时的磁通势 $N_1\dot{I}_0$ 和负载时的合成磁通势 $N_1\dot{I}_1+N_2\dot{I}_2$ 应相等,即

$$N_1\dot{I}_1+N_2\dot{I}_2=N_1\dot{I}_0 \tag{3-15}$$

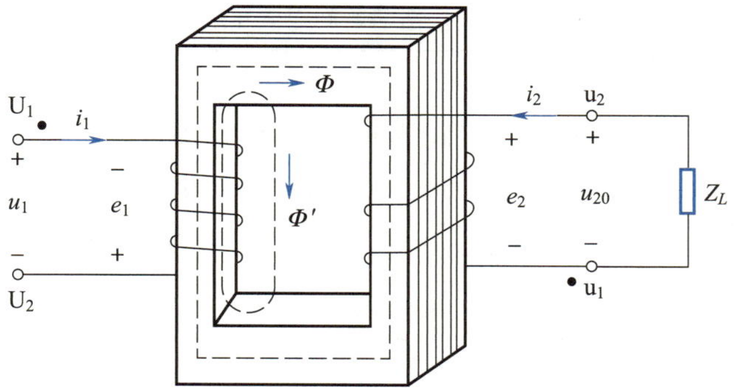

图 3-16　变压器负载运行原理图

由于变压器铁心材料的磁导率高，空载励磁电流 I_0 很小可忽略，即得出

$$N_1\dot{I}_1+N_2\dot{I}_2\approx 0 \tag{3-16}$$

$$N_1\dot{I}_1\approx -N_2\dot{I}_2 \tag{3-17}$$

$$\frac{I_1}{I_2}=-\frac{N_2}{N_1}=-\frac{1}{k} \tag{3-18}$$

说明：在额定情况下，一次绕组、二次绕组的电流有效值近似地与它们的匝数成反比，也就是说变压器具有电流变换作用。

（三）变压器的阻抗变换作用

变压器的阻抗变换如图 3-17 所示。变压器的二次侧负载 $Z_L=\dfrac{U_2}{I_2}$在一次侧等效为

$$Z_L'=k^2Z_L$$

说明：变压器一次侧的等效负载，为二次侧负载乘以变压比的平方。

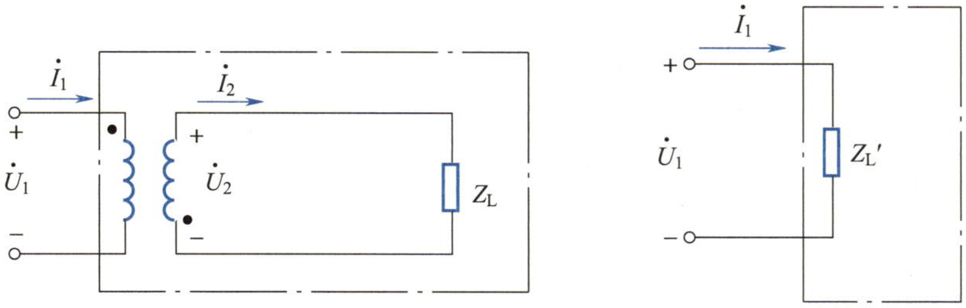

图 3-17　变压器的阻抗变换

三、变压器的常用术语

（一）变压器的额定值

一般变压器的额定值在铭牌上能查询到。变压器的额定值及定义见表 3-1。

表 3-1 变压器的额定值及定义

额定值	定义
一次额定电压 U_{1N}	正常工作时,一次绕组所施加电压的有效值
二次额定电压 U_{2N}	一次电压为 U_{1N} 时,变压器空载时对应二次侧的空载电压有效值,即 $U_{20}=U_{2N}$
一次额定电流 I_{1N}	一次绕组施加额定电压正常工作时,一次绕组允许长期通过的最大电流有效值
二次额定电流 I_{2N}	一次绕组施加额定电压正常工作时,二次绕组允许长期通过的最大电流有效值
额定容量	二次侧的输出额定视在功率,即 $S_N=U_{2N}I_{2N}S$,额定容量 $S_N\neq$输出功率 $PP2$
额定频率	50 Hz

(二)变压器的损耗

1. 铜损(ΔP_{Cu})

绕组导线电阻的损耗。

2. 铁损(ΔP_{Fu})

变压器的铁损包括磁滞损耗和涡流损耗。

(1)磁滞损耗。磁滞损耗是指磁滞现象引起铁心发热造成的损耗。

(2)涡流损耗。涡流损耗是指交变磁通在铁心中产生感应电流(涡流)造成的损耗。

测评

1. 磁铁分为(　　)。

A. 天然磁铁　　B. 人造磁铁　　C. 电磁铁

2. 影响电磁感应的因素有(　　)。

A. 磁场的强度　　B. 切割磁感线的速度　　C. 线圈的匝数

3. 如图 3-18 所示,在水平长直导线的正下方,有一个可以自由转动的小磁针。现给导线通以由 a 向 b 的恒定电流 I,若地磁场的影响可忽略,则小磁针的 N 极将(　　)。

A. 保持不动　　B. 向下转动

C. 垂直纸面向里转动　　D. 垂直纸面向外转动

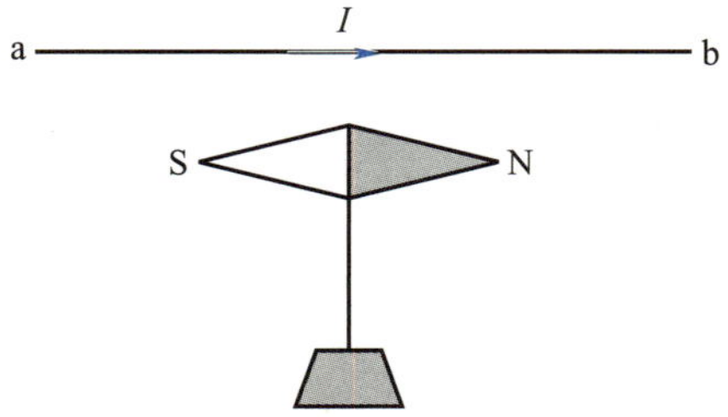

图 3-18 题 3 图

4. 在法拉第笼内，用手机打电话打不通的原因是(　　)。

A. 静电屏蔽　　B. 笼内空气不流通

C. 笼的外壳电压高　　D. 金属网太密

5. 变压器铁心的结构一般分为(　　)和壳式两类。

A. 圈式　　B. 角式　　C. 心式　　D. 球式

6. 尽管变压器种类繁多，外形和体积有很大的差别，但它们的基本结构都相同，主要由(　　)和(　　)两部分组成。

A. 铁心　　B. 绕组　　C. 电阻

7. 变压器匝数多的一侧电流比匝数少的一侧电流(　　)。

A. 大　　B. 小

C. 大小相同　　D. 以上答案皆不对

8. 某单相变压器 $U_1=220$ V，变压比 $k=20$，$U_2=$(　　)V。

A. 4 400 V　　B. 11 V　　C. 24 V

9. 某变压器一次绕组电压 $U_1=220$ V，二次绕组有两个线圈，其电压分别为 $U_{21}=110$ V，$U_{22}=36$ V。若一次绕组匝数 $N_1=440$，求二次绕组两个线圈的匝数各为多少？

总结

如图 3-19 所示，参照本章知识脉络，对所学的知识进行总结。

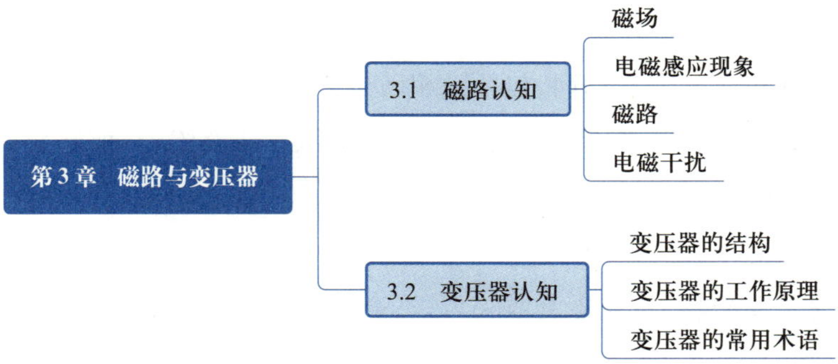

图 3-19　第 3 章知识脉络

第4章

汽车电机

电机在汽车上的应用越来越多,本章主要介绍汽车发电机、起动机和新能源汽车驱动电机的基本结构和工作原理,以及它们在现代汽车上的应用。通过本章的学习,应能够认识这些电机的用途和基本结构,能分析这些电机的工作原理,进而能对这些电机的部件与电路进行检测。

4.1 汽车发电机认知

学习目标

了解汽车发电机的结构,掌握汽车发电机的工作原理,培养对发电机输出特性的认知和自主学习的能力。

知识学习

一、汽车交流发电机的结构

汽车交流发电机的结构基本相同,包括三相同步交流发电机和由六只二极管组成的三相桥式全波整流器两大部分。汽车交流发电机主要有转子、定子、整流器、前端盖、后端盖和传动带轮等部件,如图 4-1 所示。

(一)转子

转子的作用是产生磁场,其主要由两块爪极、磁场绕组、转子轴和集电环等组成,如图 4-2 所示。

转子轴上压装着两块爪极,两块爪极各有六个由低碳钢制成的鸟嘴形磁极,空腔内装有磁轭(也称铁心),用于导磁。磁轭上绕有磁场绕组(又称励磁绕组或转子线圈),阻值为 4~6 Ω,磁场绕组的两根引线分别焊在与转子轴绝缘的两个集电环上。集电环由两个彼此绝缘的铜环组成,它与装在后端盖上的两个电刷相接触,电刷通过引线分别接在两个接线柱上。

当集电环通入直流电时(通过电刷),磁场绕组中就有电流通过,并产生轴向磁通,使爪极一块被磁化为 N 极,相邻的另一块被磁化为 S 极,从而形成六对相互交错的磁极。转子转动时,就形成旋转的磁场。

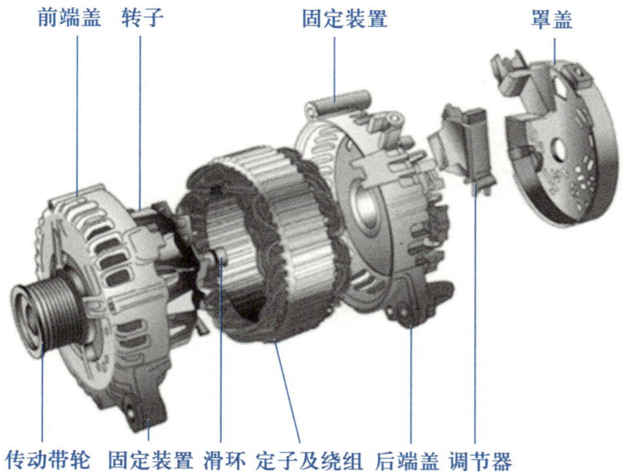

图 4-1　汽车交流发电机的结构

（二）定子

定子的作用是产生感应电动势，主要由定子铁心和定子绕组组成，如图 4-3 所示。

图 4-2　转子

图 4-3　定子

定子铁心由内圈带槽的硅钢片叠成，定子绕组的导线就嵌在定子铁心槽内。

定子绕组为三相绕组，采用星形联结或三角形联结，产生三相交流电，如图 4-4 和图 4-5 所示。三相绕组的联结应按一定的要求绕制，才能获得频率相同、幅值相等、相位互差 120°的三相电动势。

1. 星形连接

大部分汽车采用星形连接，即每相绕组的首端与整流器的硅二极管相连接，每相绕组的尾端接在一起，形成中性点 N。任意两相间的输出电压为相电压的矢量和，输出电流与相电流相等。根据图 4-6 所示，三相绕组电压和电流可用下列公式计算：

$$U_L = \sqrt{3}\,U_P \qquad (4-1)$$

$$I_L = I_P \qquad (4-2)$$

式中：U_L——输出线电压；

U_P——相电压；

I_L——输出线电流；

I_P——相电流。

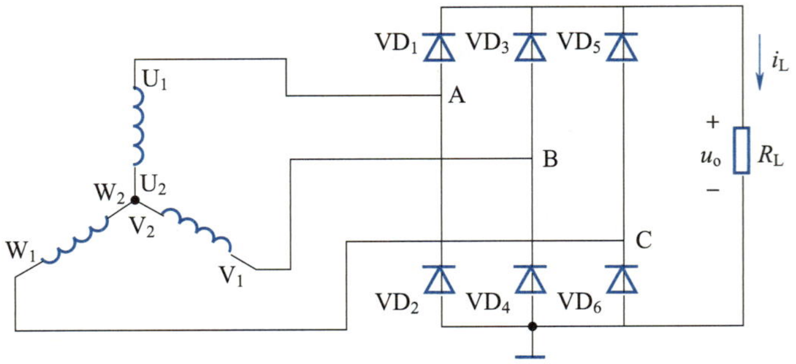

图 4-4　三相绕组的星形联结

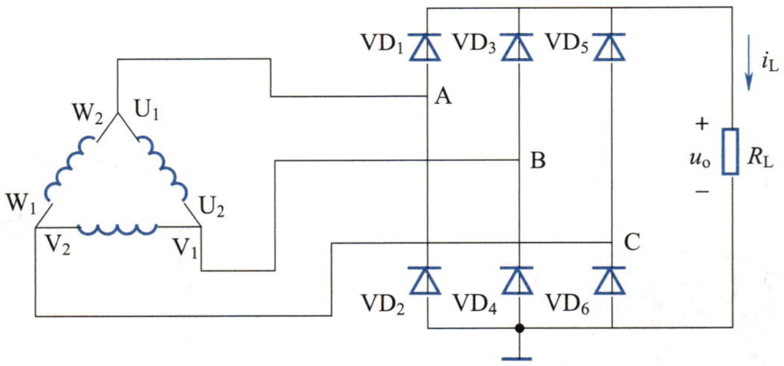

图 4-5　三相绕组的三角形联结

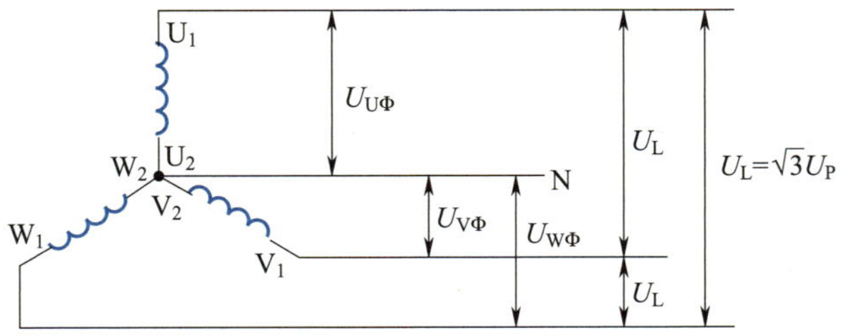

图 4-6　星形联结

2. 三角形连接

三相绕组首尾相连，任意两相间的输出电压为相电压，输出电流为相电流的矢量和。根据图 4-7 所示，三相绕组电压和电流可用下列公式计算：

$$U_L = U_P \quad (4-3)$$

$$I_L = \sqrt{3} I_P \quad (4-4)$$

星形连接的定子能够产生更高的输出电压，三角形连接的定子则能够产生更大的电流。重载机车为获得高输出电流，定子绕组采用三角形连接。

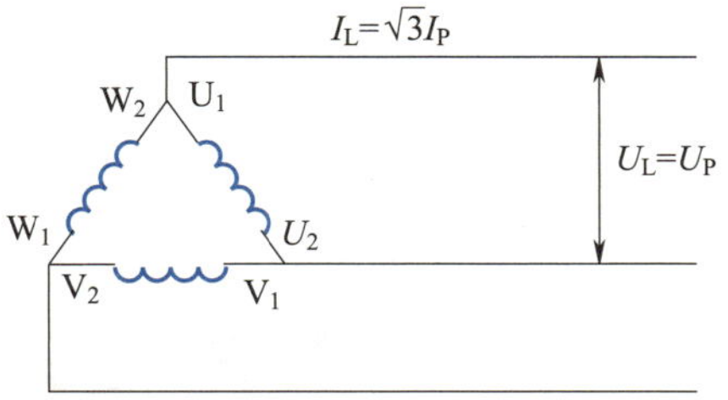

图 4-7　三角形联结

（三）整流器

交流发电机整流器的作用是将定子绕组产生的三相交流电整流成为直流电。整流器由六只硅整流二极管组成三相全波桥式整流电路，六只整流二极管分别压装（或焊装）在两块整流板上，如图 4-8 所示。

（四）前、后端盖和电刷总成

端盖分为前端盖和后端盖两部分，起到固定转子、定子、整流器和电刷总成的作用。端盖一般为铝合金铸件，一是可有效地防止漏磁，二是铝合金散热性能好，而且能够减轻发电机的质量。前端盖铸有支脚、调整臂和出风口，后端盖上铸有支脚和进风口以及电刷总成。

电刷总成由电刷、电刷架和电刷弹簧组成，如图 4-9 所示。电刷的作用是将电源通过集电环引入磁场绕组，由石墨制成。电刷架内装有电刷和电刷弹簧，利用电刷弹簧的弹力与集电环紧密接触，多采用酚醛玻璃纤维塑料模压而成或用玻璃纤维增强尼龙制成。

图 4-8　整流器

图 4-9　电刷与电刷架

（五）传动带轮

传动带轮通常由铸铁或铝合金制成，也有用薄钢板卷压而成的，分为单槽、双槽和多楔形槽三种，利用半圆键装在风扇外侧的转轴上，再用弹簧垫片和螺母紧固，如图 4-10 所示。

二、汽车交流发电机的工作原理

交流发电机定子的三相绕组按一定规律分布在发电机定子槽中，内部有一个转子，转子上安装着爪极和磁场绕组。

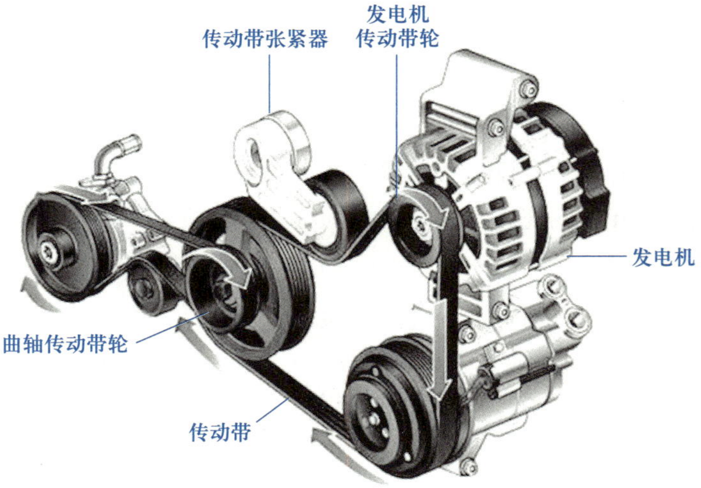

图 4-10 传动带轮

（一）工作原理

当磁场绕组通电时，产生的磁场使爪极被磁化为 N 极和 S 极。当转子旋转时，磁通交替地在定子绕组中变化。根据电磁感应原理可知，定子的三相绕组中便产生交变的感应电动势，而后经整流器整流为直流电输出，这就是交流发电机的工作原理，如图 4-11 所示。

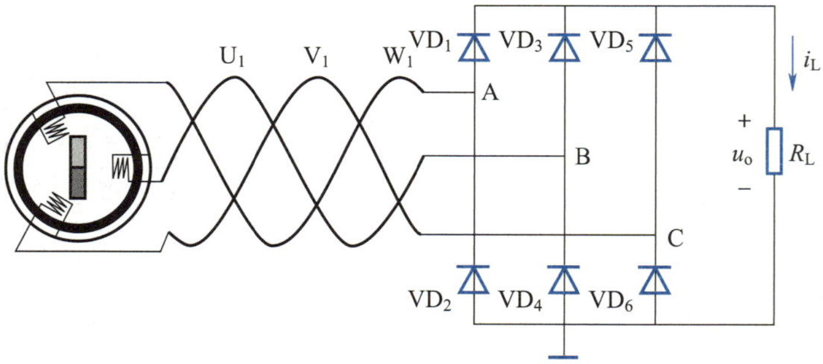

图 4-11 交流发电机的工作原理图

由于三相绕组在定子槽中是对称绕制，因此三相交流电动势大小相等、相位差互为 120°，其瞬时值为

$$e_U=E_m\sin\omega t=\sqrt{2}E_\Phi\sin\omega t \tag{4-5}$$

$$e_V=E_m\sin\left(\omega t-\frac{2\pi}{3}\right)=\sqrt{2}E_\Phi\sin\left(\omega t-\frac{2\pi}{3}\right) \tag{4-6}$$

$$e_W=E_m\sin\left(\omega t+\frac{2\pi}{3}\right)=\sqrt{2}E_\Phi\sin\left(\omega t+\frac{2\pi}{3}\right) \tag{4-7}$$

式中：E_m——每相电动势的最大值，单位为 V；

ω——电角速度；

E_{Φ}——每相电动势的有效值。

定子每相电动势的有效值为

$$E_{\Phi}=\frac{E_{m}}{\sqrt{2}}=4.44KfN\Phi=4.44K\frac{pn\Phi}{60}=C_{e}\Phi n \tag{4-8}$$

式中：K——绕组系数（和发电机定子绕组的绕线方法有关，若采用整距集中绕制时，$K=1$）；

N——每相绕组的匝数，单位为匝；

Φ——每极磁通，单位为 Wb；

C_{e}——电机结构常数；$\omega=2\pi f=\pi pn/30$，f——交流电动势的频率（为转速的函数），单位为 Hz；p——磁极对数；n——发电机转速，单位为 r/min。

由此可见，交流电动势的幅值是发电机转速的函数。因此，当转速 n 变化时，三相电动势的波形为变频率、变幅值的交流波形。

（二）励磁方式

交流发电机刚开始发电时，需由蓄电池供给励磁电流，此时为他励。发电机电压高于蓄电池电压时，由发电机自己供给励磁电流，也就是由他励转变为自励。

由于交流发电机转子的爪极剩磁较弱，发电机在低速运转时，加在硅二极管上的正向电阻较大，较弱的剩磁只能产生很小的电动势，很难克服二极管的正向电阻，致使发电机正向电压不能迅速建立起来，发电机低速充电的要求就不能满足。

（三）输出特性

交流发电机的输出特性又称为负载特性或输出电流特性，是指发电机向负载供电时，保持发电机输出电压一定的情况下（对于 12 V 系统，规定为 14 V；对于 24 V 系统，规定为 28 V），发电机输出电流与转速之间的关系，即输出电压 U 为常数时的 $I-n$ 曲线，如图 4-12 所示。

对交流发电机输出特性曲线 $I=f(n)$ 分析表明：

（1）发电机转速很低时，发电机端电压低于额定电压，发电机不能向外供电。当转速达到空载转速 n_1 时，电压达到额定值；当转速高于空载转速 n_1 时，发电机才有能力在额定电压下向外供电。

（2）发电机转速超过 n_1 时，其输出电流 I 随着转速升高而增大；发电机转速等于 n_2 时，其输出额定功率为额定电压与额定电流之积。

（3）发电机转速达到一定值时，其输出电流不再随转速升高而增大，也不再随负载电阻减小而增大，这时的电流值称为发电机最大输出电流或限流值。交流发电机具有自身控制电流能力，不需要加限流器，交流发电机最大输出电流约为额定电流的 1.5 倍。

（4）交流发电机自动限制电流的机理：

① 定子绕组具有一定阻抗 Z，对通过绕组的电流起阻碍作用。阻抗 Z 由绕组电阻 R 和感抗 X_L 组成，即

$$Z=\sqrt{R^2+X_L^2} \tag{4-9}$$

X_L 与转速 n 成正比。高速时，绕组电阻 R 与 X_L 相比可以忽略不计，因此可以认为定子绕组的阻抗 Z 与转速 n 成正比。转速 n 越高，感抗 X_L 越大，其阻抗 Z 越大，阻碍交流电流的能力越强，产生越大的内部电压降。

② 发电机内部有磁极磁场和电枢磁场两个磁场。电枢磁场对磁极磁场的影响称为电枢反应。在交流发电机中，爪极转子产生旋转的磁极磁场，定子中的电流产生电枢磁场。当发电机转速升高到使负载电流增加到一定数值后，如再提速，虽然定子绕组中的感应电动势在增加，但定子绕组的阻抗也在增加，所以内部的电压降也会增大。定子电流增大时，电枢反应也会增强，感应电动势就会下降。由于两者共同作用，使发电机的输出电流几乎不变。

(5) 转速一定时，发电机端电压与输出电流的关系称为外特性，即转速 n 为常数时，存在 $U=f(I)$ 的函数关系。经不同的恒定转速试验后，得到一组相似的外特性曲线，如图 4-13 所示。

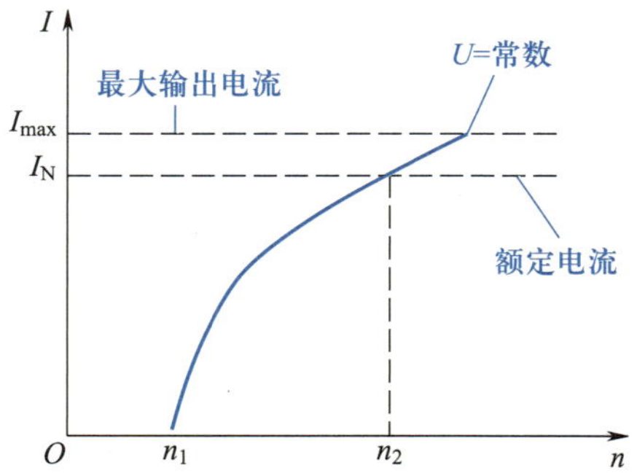

图 4-12　交流发电机输出特性曲线

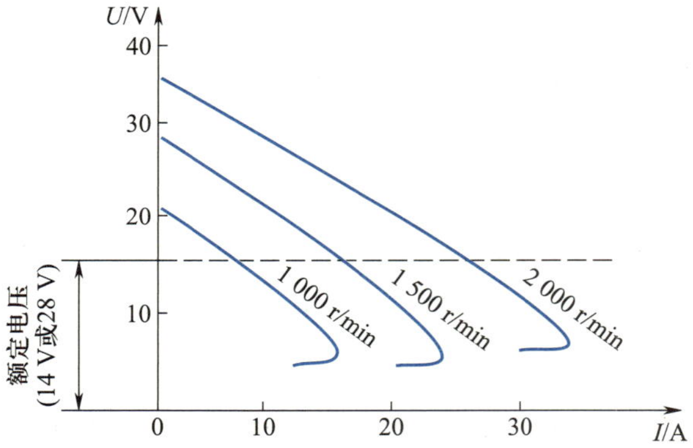

图 4-13　交流发电机外特性曲线

从图 4-13 中可以看出，发电机转速越高，端电压也越高，输出电流的最大值也越大。当保持任一转速时，端电压均随输出电流的增大而下降。由于端电压受转速和负载变化的影响，所以交流发电机应配备电压调节器才能保持输出电压的恒定。

4.2 汽车起动机认知

学习目标

了解汽车起动机的种类和结构，掌握励磁直流电动机的工作原理，培养自主思考的习惯。

知识学习

汽车起动机的动力核心是一台直流电动机，电力由蓄电池供应，向汽车发动机传递动力，起动机上的起动齿轮带动发动机的飞轮，飞轮带动曲轴，曲轴带动发动机的活塞运动，实现发动机的起动。

汽车用起动机由直流电动机、传动机构和控制装置三部分组成，如图 4-14 所示。直流电动机产生发动机起动时所需要的电磁转矩，将电能转换为机械能。

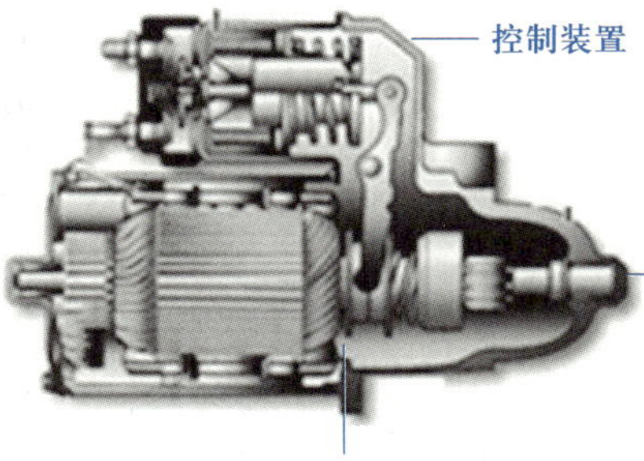

图 4-14　汽车起动机的组成

一、起动机的类别

按照磁场产生方式，起动机可分为励磁式起动机和永磁式起动机。

（一）励磁式起动机

励磁式起动机通过向励磁绕组通电产生磁场，其结构如图 4-15 所示。汽车上的起动机普遍采用串励式直流电动机。

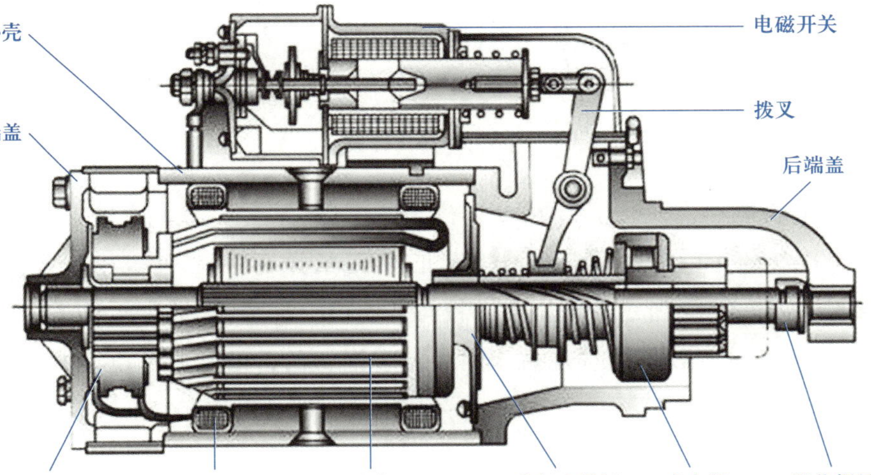

图 4-15　励磁式起动机的结构

（二）永磁式起动机

永磁式起动机以永久磁铁作为磁极产生磁场，由于磁极采用永磁材料制成，不需要磁场绕组，因此，永磁式起动机结构简单、体积小、质量轻。

二、起动机的组成

起动机主要由定子、转子、端盖、机壳/传动机构和控制装置等部件组成。

（一）定子

定子包括磁极、外壳和电刷装置。

1. 磁极

磁极的作用是产生气隙磁场，由铁心和励磁绕组组成。铁心用螺钉固定在外壳内壁上，其上套有励磁绕组。磁极的数目一般为4个(两对)。4个励磁绕组的连接方式有两种,一种是4个相互串联,另一种是2串2并,即先将两个串联后再并联,如图4-16所示。

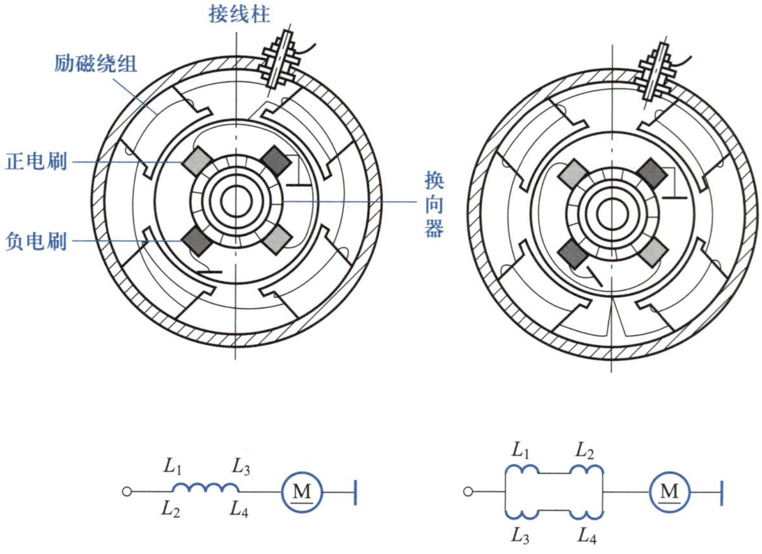

图4-16 磁极

2. 电刷与电刷架

电刷与电刷架的作用是将电流引入电动机,由压紧弹簧压紧,使电枢与换向器之间有良好的滑动接触,如图4-17所示。电刷由铜粉与石墨粉压制而成,起动机电刷铜的质量分数为80%左右,石墨的质量分数为20%左右。加入较多铜粉的目的是减小电阻,提高导电性能和耐磨性能。

(二) 转子

转子包括电枢铁心(压合片)、电枢绕组、转轴(钢轴)和换向器,其结构如图4-18所示。

图4-17 电刷与电刷架

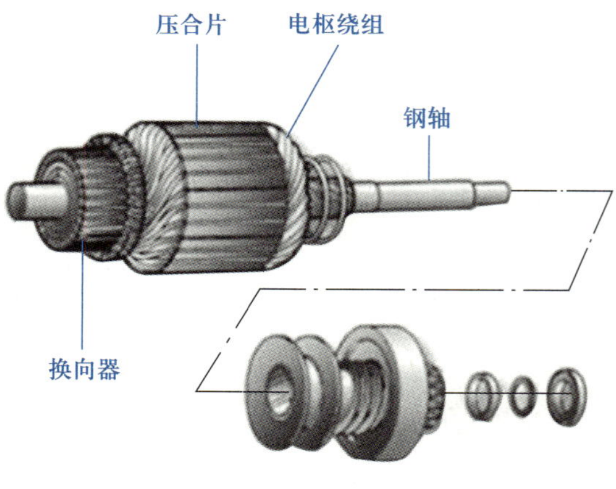

图4-18 转子的结构

(1) 电枢是直流电动机的旋转部分，由电枢轴、电枢铁心、电枢绕组和换向器等组成，它的作用是产生电磁转矩。

(2) 电枢绕组的作用是产生电磁转矩和感应电动势，是直流电动机进行能量转换的关键部件。

(3) 换向器为换向片的组合体，其作用是将电源提供的直流电转换成电枢绕组所需的交流电。

(三) 端盖

端盖分为前、后两个，其外形如图 4-15 所示。

前端盖一般由钢板压制而成，其上装有四个电刷架；后端盖为铸铁制件。前、后端盖分别安装在机壳的两端，靠两个长螺栓与起动机壳紧固在一起。

(四) 机壳/传动机构

机壳由钢管制成，一端开有窗口，用于观察电刷和换向器，平时用防尘箍盖住。机壳上只有一个电流输入接线柱(与外壳绝缘)，并在内部与磁场绕组的一端相接，其结构如图 4-19 所示。

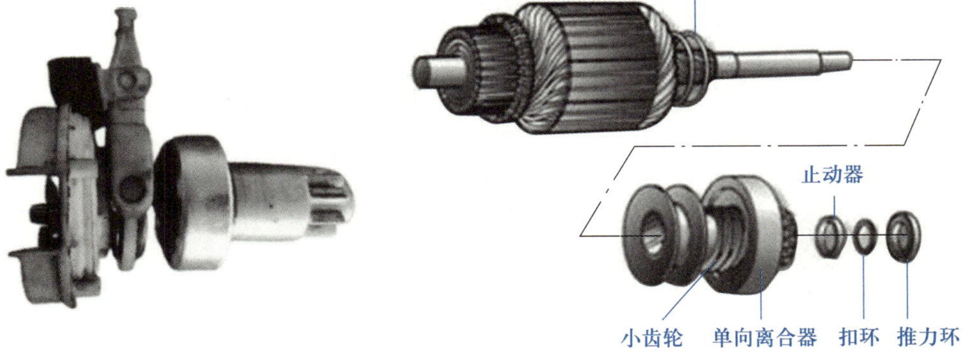

图 4-19　机壳/传动机构的结构

传动机构由单向离合器与驱动齿轮、拨叉等组成，其作用是在起动发动机时使驱动齿轮与飞轮齿圈相啮合，将起动机的转矩传递给发动机曲轴；在发动机起动后又能使驱动齿轮与飞轮脱离，避免飞轮带动起动机轴旋转。

(五) 控制装置

控制装置主要是指起动机的电磁开关，用来接通或断开电动机与蓄电池之间的电路，如图 4-20 所示。

微课
起动机控制机构的工作过程

起动机的控制原理图如图 4-21 所示，结合起动机几种工作状态描述如下：

(1) 未起动时：30 端连接蓄电池正极电缆，保持常电，但由于回位弹簧的作用，所以

30端与C柱之间的触点没有闭合形成通路;保持线圈与吸引线圈上没有工作电流,直流电动机不工作。

(2)齿轮啮合:点火开关调至起动挡,保持线圈和吸引线圈上有工作电流,线圈通电产生磁力吸引活动铁心左移,30端与C柱之间的触点闭合,与活动铁心连接在一起的推杆上端左移、下端右移,将驱动齿轮推向发动机飞轮。直流电动机和吸引线圈属于串联连接,所以直流电动机会以较慢的速度开始旋转。注意,此时驱动齿轮是一边旋转一边向发动机飞轮靠拢。

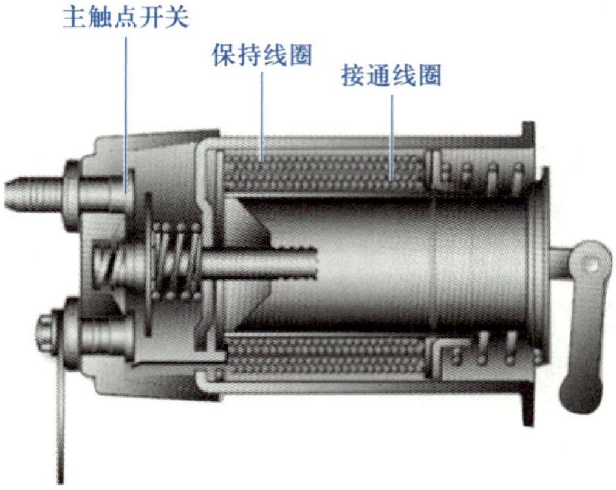

图4-20 控制装置

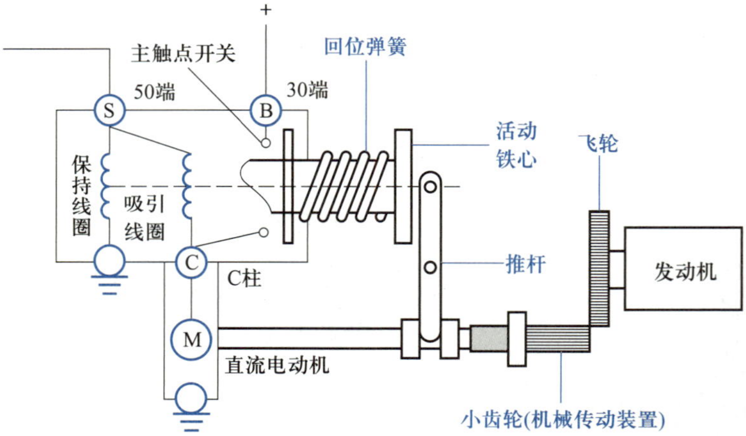

图4-21 起动机的控制原理图

三、励磁式直流电动机

(一)工作原理

简单的直流电动机物理模型如图4-22所示,定子励磁绕组通入直流电产生固定磁场。磁极之间有一个电枢铁心,铁心表面固定一个电枢绕组abcd,绕组两端分别接到相互绝缘的换向片上。蓄电池通过与换向片滑动接触的电刷A和B为线圈abcd提供电枢电流。

微课 励磁式直流电动机

(二)工作过程

直流电动机运行时,将直流电源加载给电刷A和B。如图4-22所示,电刷A连接正极,电刷B连接负极,线圈abcd中流过电流,在导体ab段,电流由a流向b;在导体cd段,电流由c流向d;载流导体ab和cd均处于N、S极之间的磁场中,根据电磁力(安培力)定律,电枢绕组通入直流电后,每根有效导体受到电磁力的作用。电磁力的方向由左手定则确定,

ab 段导体所受电磁力方向向左，cd 段导体所受电磁力方向向右；这一对电磁力形成电磁转矩，电磁转矩的方向为逆时针方向，使整个电枢向逆时针方向旋转。

当有刷直流电动机转子转到 90°时，ab 段导体和 cd 段导体均处于磁场物理中性面，且电刷不与换向器接触，绕组中没有电流流过，$F=0$，转矩消失。

当电枢旋转 180°时，导体 cd 转到 N 极下，ab 转到 S 极上，如图 4-23 所示，电流仍从电刷 A 流入，在换向器的作用下，使 cd 中的电流方向变为由 d 流向 c，而 ab 中的电流方向为由 b 流向 a，从电刷 B 流出，用左手定则可判别，电磁转矩的方向仍是逆时针方向。

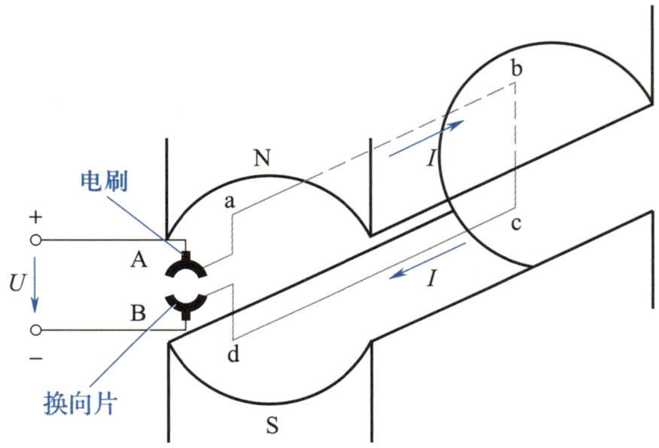

图 4-22　直流电动机物理模型

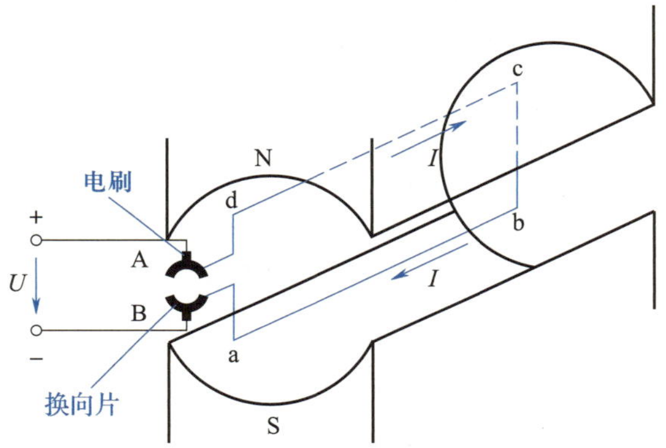

图 4-23　180°时直流电动机状态

借助换向器和电刷的作用，加给电枢绕组的直流电，在电枢绕组内变为交变的电流，从而使每一个磁极下导体中电流方向不变，电枢产生的电磁转矩的方向恒定不变，确保了电枢朝确定的方向连续旋转。实际的直流电动机，电枢四周均匀地嵌放许多线圈，换向器由许多换向片组成，使电枢线圈所产生的总电磁转矩足够大且较均匀，电动机的转速也就比较均匀。

电枢产生的电磁转矩为

$$T=C_e\Phi I_a \tag{4-10}$$

式中：C_e——电机结构常数（与电动机构造有关，对于某台电动机，C_e 为定值）；

Φ——每极磁通量，单位为 Wb；

I_a——电枢电流，单位为 A。

直流电动机旋转后，线圈的导线 ab 和 cd 不断切割磁感线产生感应电动势 E_a，E_a 的方向可用右手定则判别，其方向与电枢电流的流向相反，因此被称为反电动势。电枢感应电动势大小由下式表示

$$E_a=C_e\Phi n \tag{4-11}$$

式中：C_e——电机结构常数（与电动机构造有关，对于某台电动机，C_e 为定值）；

Φ——每极磁通量，单位为 Wb；

n——电枢转速单位为 r/min。

因此，直流电动机电枢回路的电压平衡方程式为

$$U=E_a+I_aR_a \tag{4-12}$$

式中：R_a——电枢电阻。

（三）励磁式直流电动机的分类

直流电动机按照其定子磁场建立方式可分为励磁式和永磁式两种。励磁式直流电动机的磁场是由励磁绕组通入直流电后产生的，永磁式直流电动机的磁场是永久磁铁产生的。依据磁场绕组和电枢绕组连接方式的不同，起动用励磁式直流电动机可分为并励、串励和复励三种形式，汽车起动机一般采用串励式直流电动机。

（四）串励式直流电动机的运行情况

串励式直流电动机接线如图 4-24 所示，其特点是励磁绕组与电枢绕组串联，励磁电流 I_f 与电枢电流 I_a 相等。

$$U=E_a+I_aR_a \tag{4-13}$$

$$R=R_a+R_f+R_s \tag{4-14}$$

式中：R_a——电枢电阻；

R_f——励磁绕组电阻；

R_s——起动可调电阻。

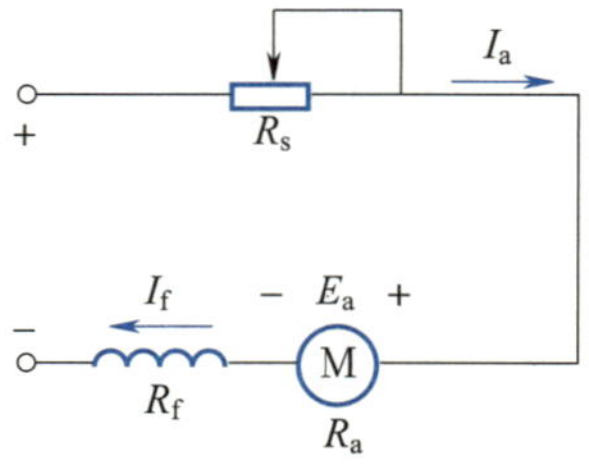

图 4-24 串励式直流电动机接线

主磁通 Φ 是电枢电流 I_a 的函数，当 I_a 较小，磁路未饱和时，Φ 与 I_a 成正比，即

$$\Phi=KI_a \tag{4-15}$$

式中：K——比例常数。

此时，电磁转矩 T 与 I_a 的平方成正比，即

$$T=C_TKI_a^2\begin{cases}\Phi=KI_a\\T=C_T\Phi I_a\end{cases} \tag{4-16}$$

则

$$I_a=\sqrt{\frac{T}{C_TK}} \tag{4-17}$$

直流电动机机械特性一般表达式为

$$n=\frac{U}{C_e\Phi}-\frac{R}{C_eC_T\Phi^2}T \tag{4-18}$$

磁路不饱和时，串励电动机的转速 n 与电磁转矩 T 成反比，其机械特性为非线性软特性，如图 4-25 中曲线 AB 段所示。

当 I_a 较大，磁路饱和时，Φ 基本保持不变，这时串励电动机的机械特性与他励电动机的机械特性相似，变为较硬的直线特性，如图 4-25 中曲线 BC 段。

注意,串励直流电动机不能在空载或轻载的情况下工作,否则电动机的转速较高,会使电枢受到极大的离心力而损坏,因此,串励直流电动机至少应带有20%~25%的负载起动。

此外,串励直流电动机应与机械负载直接耦合,切不可采用传动带传动,因为万一传动带打滑将使电动机处于空载状态而出现“飞车”事故。

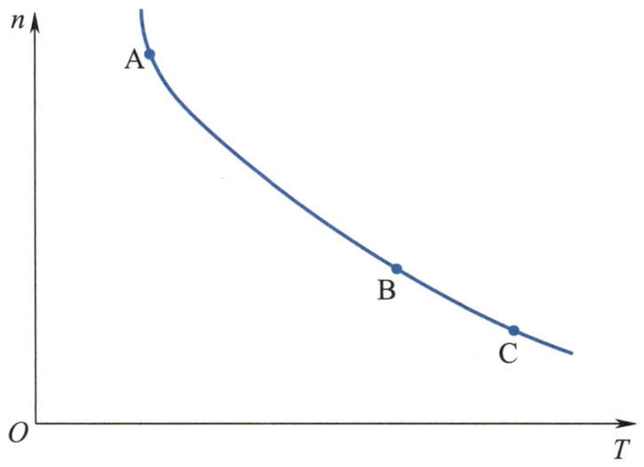

图 4-25　机械特性曲线

四、增强型起动机简介

(一) 结构

增强型起动机的最大特点是将传统起动机中的电磁绕组一分为二,分别由两个继电器控制。其中,一个绕组 MDR 控制起动电动机的电磁开关,另一个绕组 PDS 用来驱动单向离合器,控制驱动齿轮与飞轮的啮合或分离,如图 4-26 所示。

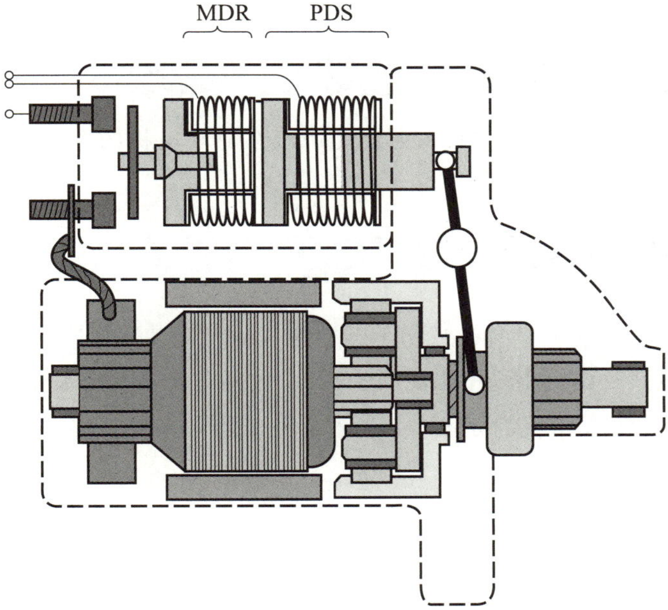

图 4-26　增强型起动机的结构

(二) 工作过程

(1) 正常起动发动机:ECM(发动机控制模块)同时接通 PDS 和 MDR 继电器,起动机开始工作。

(2) 发动机在起停系统工作阶段时重新起动:发动机由自动熄火状态转变为起动状态时,ECM 根据发动机的转速,先接通 MDR 继电器,使起动机具备一定转速后,再接通 PDS 继电器,以实现驱动齿轮和飞轮的啮合,如图 4-27 所示。

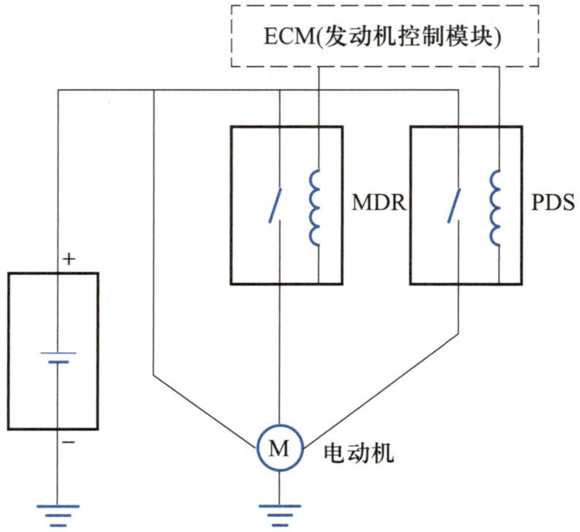

图 4-27 增强型起动机的工作过程

4.3 新能源汽车驱动电机认知

学习目标

了解新能源汽车驱动电机的结构，掌握新能源汽车驱动电机的工作原理和起动方式，培养团结协作精神和创新精神。

知识学习

新能源汽车常用的驱动电机有永磁同步电机和交流异步电机两种，这两种类型的电机均属于交流电机。大多数新能源汽车采用永磁同步电机，只有少部分车辆采用交流异步电机。

一、新能源汽车对驱动电机的要求

（一）质量轻、体积小

新能源汽车轻量化和有效空间的需求使驱动电机在达到要求的同时还应质量轻、体积小，减轻整车整备质量，为汽车动力性和续驶里程作贡献。

（二）寿命长、可靠性高

驱动电机作为汽车的核心部件，其防尘、防水、防振等性能应符合设计要求，使用寿命及可靠性应和整车一样，在整个汽车的生命周期内不出现任何问题。

（三）耐压性高

在允许的范围内应尽可能采用高电压，这样在设计时可以减小驱动电机和导线等装备的尺寸，最主要的是可以降低逆变器成本。

（四）效率高

为保证续驶里程，驱动电机在整个转速范围内应尽可能高效运行；在复杂路况、行驶方式频繁改变、低负荷运行时都应该具有较高的效率。

（五）满足功率及转矩特性

驱动电机应满足汽车起动、加速、行驶、减速、制动等所需的功率及转矩特性。

（六）安全性高

市面上新能源汽车的工作电压大多都在 300 V 以上，对电气系统包括驱动电机的安全性要求较高，它们都必须符合车辆电气控制相关安全性能标准和规定。

二、永磁同步电机的工作原理

（一）工作原理

如果转子绕组中的电流不是由定子旋转磁场感应的，而是自己产生的，则转子磁场与定子旋转磁场无关，而且其磁极方向是固定的，那么根据同性相斥、异性相吸的原理，定子旋转磁场就会推拉转子旋转，使转子磁场和转子本身一起与定子旋转磁场“同步”旋转。图 4-28 所示为永磁同步电机的工作原理图，其结构如图 4-29 所示。

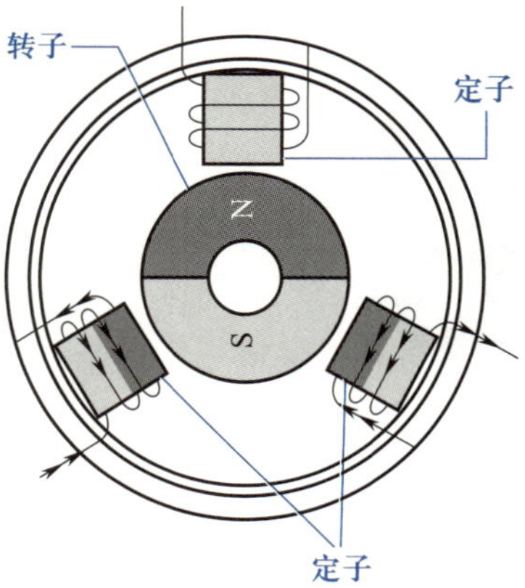

图 4-28　永磁同步电机的工作原理图

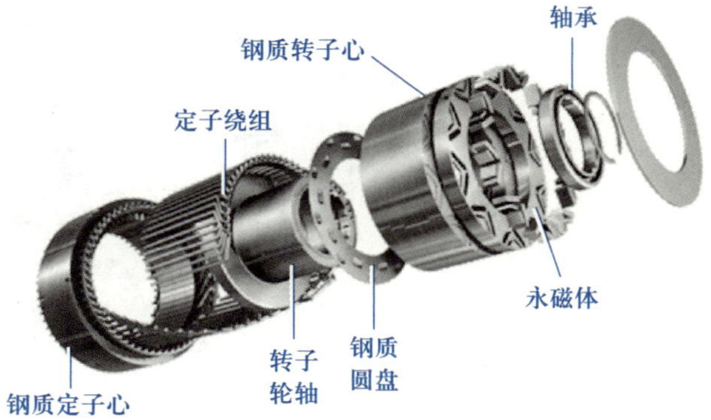

图 4-29　永磁同步电机的结构

（二）特点

永磁同步电机具有较高的功率质量比，体积更小，质量更轻，输出转矩更大，电机的极限转速和制动性能也比较优异，因此，永磁同步电机已成为现今新能源汽车应用最多的电机。但永磁材料在受到振动、高温和过载电流作用时，其导磁性能可能会下降，或发生退磁现象，有可能降低永磁同步电机的性能。另外，稀土式永磁同步电机制造时要用到稀土材料，制造成本较高。

三、三相异步电机的工作原理

三相异步电机的工作原理基于电磁感应定律和能量守恒定律。当三相交流电通入三相定子绕组时会产生一个旋转磁场，该旋转磁场的转速与电源频率成正比，与定子绕组的极对数成反比。旋转磁场的磁感线通过定子和转子之间的空气隙，与转子绕组产生相对运动，在转子绕组中产生感应电动势和电流，从而产生电磁转矩，推动转子旋转。

微课
三相异步电机的工作原理

三相异步电机的转速与旋转磁场的转速不相同，转子的转速低于旋转磁场的转速，两者之间存在转速差。转速差的大小与转子的转速有关，转速越高，转速差越大。三相异步电机的转子电流是感应产生的，其大小与转子的转速有关，转速越高，转子电流越大。

总之，三相异步电机通过三相交流电产生旋转磁场，从而在转子绕组中产生感应电动势和电流，进而产生电磁转矩，推动转子旋转。其转速与旋转磁场的转速不相同，存在转速差，转子电流的大小与转子的转速有关。

（一）结构

三相异步电机主要由两个基本部分组成，其固定不动部分称为定子，转动部分称为转子。三相异步电机的结构如图 4-30 所示，定子主要由机座、定子铁心和定子绕组构成。机座由铸钢或铸铁制成，定子铁心用涂有绝缘漆的硅钢片堆叠而成，并固定在机座中。

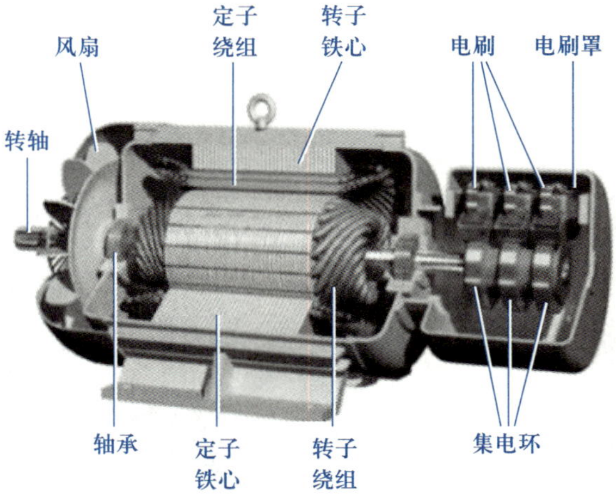

图 4-30 三相异步电机的结构

在定子铁心的内圆周上均匀分布很多槽，如图 4-31 所示。定子绕组由绝缘导线绕制，嵌放在定子铁心槽内，按一定规律连接成三相对称结构。因此，三相异步电机具有三相对称的定子绕组，称为三相绕组。

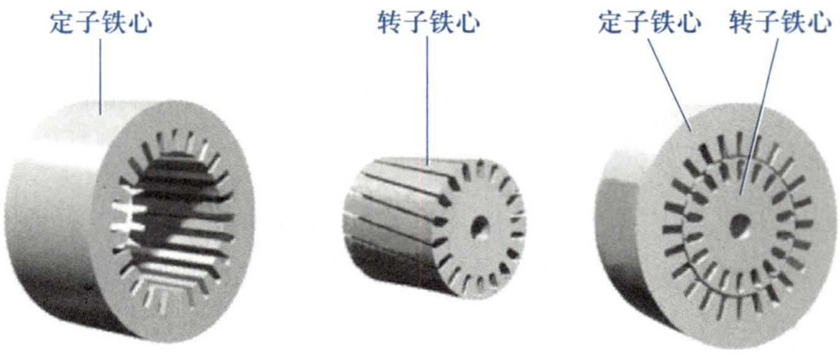

图 4-31 定子铁心

三相定子绕组引出六个出线端：U_1、U_2、V_1、V_2、W_1、W_2，如图 4-32(a) 所示。其中，U_1、V_1、W_1 为首端，U_2、V_2、W_2 为末端。使用时三相绕组可以采用星形联结或三角形联结两种方式。

如果三相电源的线电压等于电机每相绕组的额定电压，那么，三相定子绕组应采用三角形联结，如图 4-32(b) 所示。

如果三相电源的线电压等于电机每相绕组额定电压的 3 倍，那么，三相定子绕组应采用星形联结，如图 4-32(c) 所示。

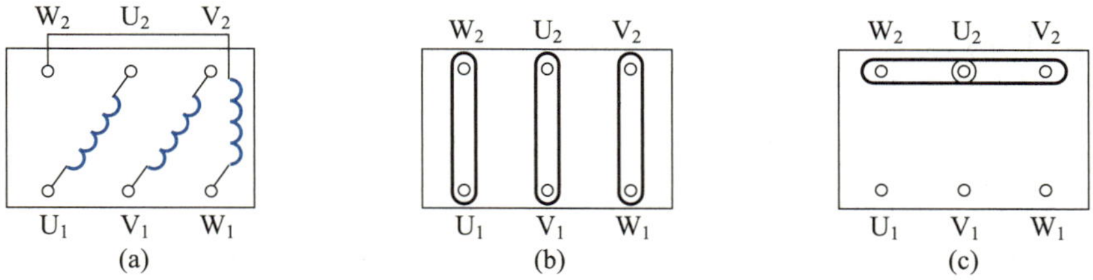

图 4-32　三相定子绕组联结方式

三相异步电机的转子主要由转轴、转子铁心和转子绕组构成。转子铁心用硅钢片堆叠成圆柱形，并固定在转轴上。

（二）旋转磁场

三相绕组 U_1U_2、V_1V_2、W_1W_2 在空间互成 120°，每相绕组匝数均为 1，联结成星形。电流参考方向如图 4-33 所示，“+”表示导线中电流从里面流出，“-”表示电流向里流入。

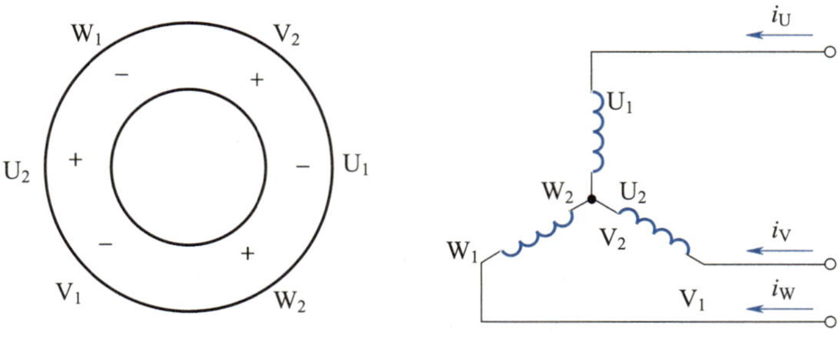

图 4-33　旋转磁场

当三相对称的定子绕组接至三相对称电源时，绕组中便有三相对称电流 i_U、i_V、i_W 通过。图 4-34 所示为三相对称电流的波形图，图中分析三相交流电源在定子内共同产生的磁场在一个周期内的变化情况。

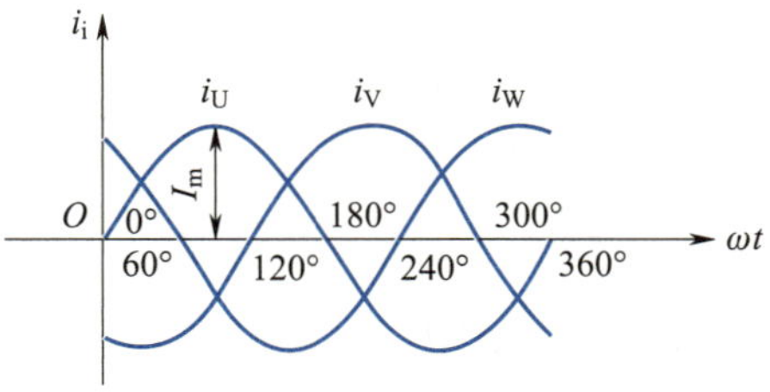

图 4-34　三相对称电流的波形图

当 $\omega t=0°$ 时，$i_U=0$，$i_V=-\dfrac{\sqrt{3}}{2}I_m$，$i_W=\dfrac{\sqrt{3}}{2}I_m$。此时 U

相绕组电流为零，V 相绕组电流为负值，i_V 的实际方向与参考方向相反，W 相绕组电流为正值，i_W 的实际方向与参考方向相同。

图 4-35(a)所示为一个具有两个磁极的磁场。电机磁场的磁极数常用磁极对数 p 来表示，例如，上述两个磁极称为一对磁极，用 $p=1$ 表示。

当 $\omega t=60°$时，此时的合成磁场如图 4-35(b)所示，也是一个两极磁场。但这个两极磁场的空间位置和 $\omega t=0°$时相比，已按顺时针方向转了 60°。

图 4-35(c)和图 4-35(d)给出了当 $\omega t=120°$和 $\omega t=180°$时合成磁场的空间位置。可以看出，它们的位置已分别按顺时针方向转了 120°和 180°。

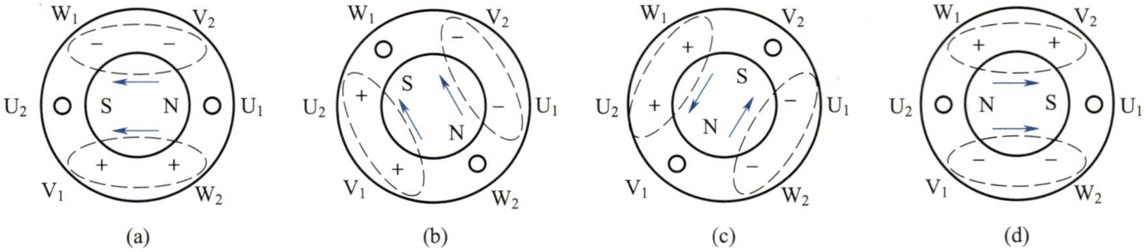

图 4-35　磁场方向变化

按两极旋转磁场分析，当三相电流不断随时间变化并通过电机的三相绕组时，在电机中所建立的合成磁场是一个旋转磁场。

从图 4-35 可以看出，旋转磁场的旋转方向是 $U_1 \to V_1 \to W_1$(顺时针方向)，即与通入三相绕组的三相电流相序 $i_U \to i_V \to i_W$ 一致。

如果把三相绕组接至电源的三根引线中的任意两根对调，例如，把 i_U 通入 V 相绕组，i_V 通入 U 相绕组，i_W 仍然通入 W 相绕组。利用上述方法分析可知，此时旋转磁场的旋转方向是 $V_1 \to U_1 \to W_1$，旋转磁场按逆时针方向旋转。

由此可以得出结论：旋转磁场的旋转方向与三相电流的相序一致。

对图 4-35 进一步分析，还可以证明在磁极对数 $p=1$ 的情况下，三相定子电流变化一个周期，所产生的合成磁场在空间也旋转一周。而当电源频率为 f 时，对应的磁场每分钟旋转 $60f$ 转，即转速 $n_1=60f$。进一步分析表明，当电机的合成磁场有 p 对磁极时，三相定子绕组电流变化一个周期所产生的合成磁场在空间转过一对磁极的角度，即 $1/p$ 周，因此，合成磁场的转速为

$$n_1=\frac{60f}{p} \tag{4-19}$$

式中：n_1——同步转速，单位为 r/min。

我国交流电网电源频率 $f=50$ Hz，所以当电机磁极对数 p 分别为 1、2、3、4 时，相应的同步转速 n_1 分别为 3 000 r/min、1 500 r/min、1 000 r/min，750 r/min。

(三) 工作原理

当三相定子绕组接至三相电源后,三相定子绕组内将流过三相电流并在电机内建立旋转磁场。图 4-36(a)中用一对旋转的磁铁来模拟该旋转磁场,当 $p=1$ 时,它以恒定转速 n_1 顺时针方向旋转。在该旋转磁场的作用下,转子导体逆时针方向切割磁通而产生感应电动势。根据右手定则可知,在 N 极下转子导体的感应电动势方向往右,而在 S 极下转子导体的感应电动势方向往左。因为转子绕组是短接的,所以在感应电动势的作用下,产生感应电流,即转子电流。

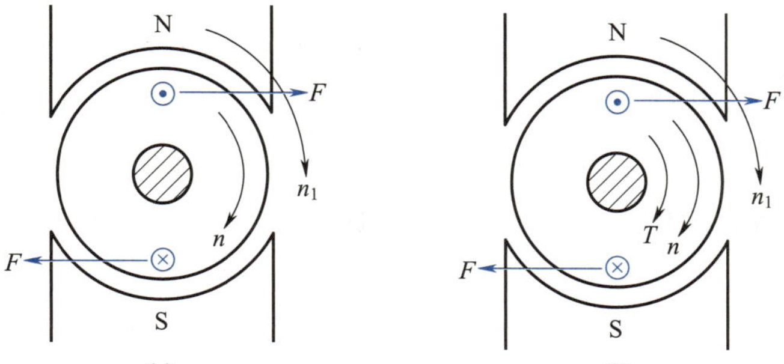

图 4-36 三相异步电动机的工作原理示意图

异步电机的转子电流是由电磁感应产生的,因此这种电机又称为感应电机。

根据安培定律,载流导体与磁场会相互作用而产生电磁力 F,其方向用左手定则判定。各个载流导体在旋转磁场作用下受到的电磁力对于转子转轴所形成的转矩称为电磁转矩 T,在它的作用下,电机转子实现转动。由图 4-36(b)可见,转子导体所受电磁力形成的电磁转矩与旋转磁场的旋转方向一致,所以转子旋转方向与旋转磁场相同。

然而,电机转子的转速 n 必定低于旋转磁场的同步转速 n_1。如果转子转速达到 n_1,转子与旋转磁场之间就没有相对运动,转子导体将不切割磁通,转子导体中不会产生感应电动势和转子电流,也不可能产生电磁转矩,所以电机转子不可能维持在转速 n_1 状态下运行。可见,异步电机只有在转子转速 n 低于同步转速 n_1 的情况下,才能产生电磁转矩并驱动负载,维持稳定运行,因此被称为异步电机。

异步电机的转子转速 n 与旋转磁场的同步转速 n_1 之差是保证异步电机工作的必要因素,称为转差,用 Δn 表示,即

$$\Delta n=n_1-n \tag{4-20}$$

转差与同步转速之比称为转差率,用 S 表示,即

$$S=\frac{\Delta n}{n_1}=\frac{n_1-n}{n_1} \tag{4-21}$$

由于异步电机的转速 $n<n_1$,且 $n\geqslant 0$,所以转差率不大于 1,即 $0<S\leqslant 1$。对于常用的异步电机,在额定负载时的额定转速 n_N 很接近同步转速,所以它的额定转差率 S_N 很小,为 0.01~0.07。

微课
三相异步电机的起动

四、三相异步电机的起动

三相异步电机与电源接通以后，如果电机的起动转矩大于负载反转矩，则转子从静止开始转动，转速逐渐升高至稳定运行，这个过程称为起动。三相异步电机常用的起动方法有下列几种：

（一）直接起动

直接起动是在起动时把电机的定子绕组直接接入电网。电机起动瞬间，由于旋转磁场与转子之间的相对速度很大，转子电路中的感应电动势及电流都很大。转子电流的增大，将会引起定子电流的增大，因此在起动时，定子电流往往比额定值要大 4~7 倍。这么大的起动电流会使供电线路上产生过大的电压降，不仅会使电机本身起动时转矩减小，还会使接在同一电网上的其他负载因电压下降而工作异常。直接起动的主要优点是简单、方便、经济、起动过程快，是一种适用于中小型笼型异步电机的常用方法。当电源容量相对于电机的功率足够大时，应尽量采用此方法。

（二）降压起动

降压起动的目的是减小电机起动时对电网的影响，其方法是在起动时降低电机的原电压，待电机转速接近稳定时，再把电压恢复到正常值。由于电机的转矩与其电压的二次方成正比，所以降压起动时转矩也会相应减小。降压起动的具体方法主要有下列几种：

1. 星形—三角形（Y—△）换接起动

星形—三角形换接起动适用于正常运行时定子绕组为三角形联结的笼型三相异步电机。起动步骤分为两部分。

（1）起动时，开关 S_2 向下闭合，使电机的定子绕组为星形联结，此时每相绕组上的起动电压只有额定电压的 1/3。

（2）当电机达到一定转速后，迅速把 S_2 向上接合，定子绕组转换成三角形联结，使电机在额定电压下运行。

采用这种起动方式，电机的起动电流是直接起动时的 1/3。由于转矩与电压的二次方成正比，所以起动转矩也降低到直接起动时的 1/3。使用时必须注意起动转矩能否满足要求。图 4-37 所示为星形—三角形换接起动的电路图。

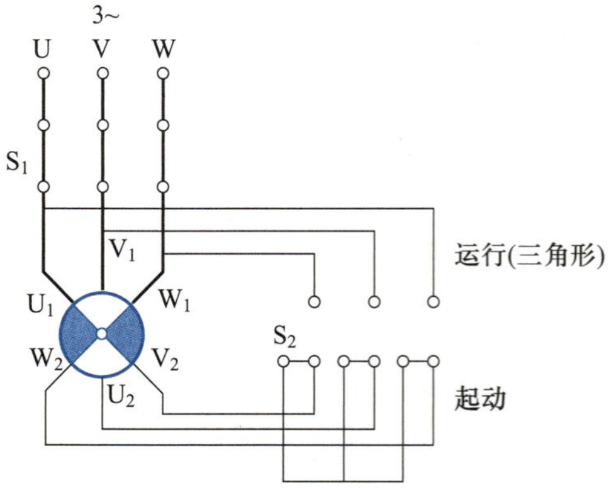

图 4-37 星形—三角形换接起动的电路图

2. 自耦减压起动

自耦减压起动适用于正常运行时定子绕组为星形联结或正常运行时为三角形联结，但起动时降压不为 1/3 的笼型三相异步电机，起动步骤分为两部分。

（1）起动时，开关 S_2 向下闭合，电机连接在自耦变压器的低压侧,若自耦变压器的降压比为 $k_A(k_A<1)$,电机的起动电压 $U'=k_AU$。

(2) 当电机达到一定转速时,将开关 S_2 由"起动"侧切换至"运行"侧,使电机获得额定电压而运转,同时将自耦变压器与电源断开。

采用这种起动方式,电机的起动电流和起动转矩都是直接起动时的 k_A 倍。通常自耦变压器的 k_A 有几挡,选择恰当的 k_A 可获得合适的起动转矩和起动电流。图 4-38 所示为自耦减压起动的电路图。

3. 转子串接电阻起动

转子串接电阻起动仅适用于绕线转子异步电机。转子电路串入电阻起动,既可以限制起动电流,又可以提高起动转矩。在电机起动过程中,应将串入的电阻逐渐短接。图 4-39 所示为转子串接电阻起动的电路图。

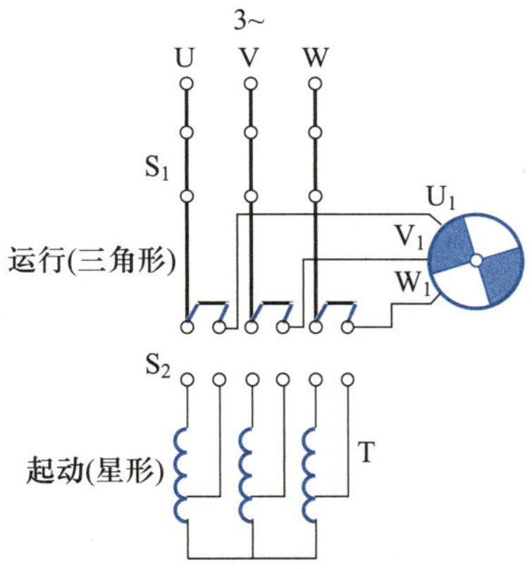

图 4-38 自耦减压起动的电路图

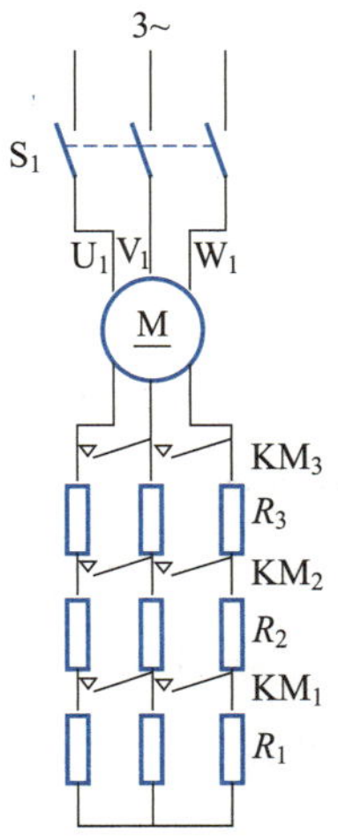

图 4-39 转子串接电阻起动的电路图

(三) 三相异步电机的反转

在三相异步电机的工作原理中已指出,三相异步电机的旋转方向与旋转磁场的旋转方向一致。由于旋转磁场的旋转方向取决于产生旋转磁场的三相电流的相序,因此要改变电机的旋转方向只需要改变三相电流的相序。实际上只要把电机与电源的三根连接线中的任意两根对调,电机的转向就会与原来相反。

五、三相异步电机的调速

电机的调速是指在负载不变的情况下,用人为的方法改变电机的转速。根据转差率的定义,异步电机的转速为

$$n=(1-S)\frac{60f_1}{p} \tag{4-22}$$

式(4-22)表明,改变电机的磁极对数 p、电源频率 f 和转差率 S 均可以对电机进行调速。

（一）改变磁极对数调速

根据异步电机的结构和工作原理，它的磁极对数 p 由定子绕组的布置和连接方法决定，因此可以采用改变每相绕组中各线圈的连接方法（串联或并联）来改变磁极对数。图 4-40 所示为三相异步电机定子绕组采用两种不同的连接方法而得到不同磁极对数的原理示意图。为表达清楚，只画出了三相绕组中的一相。

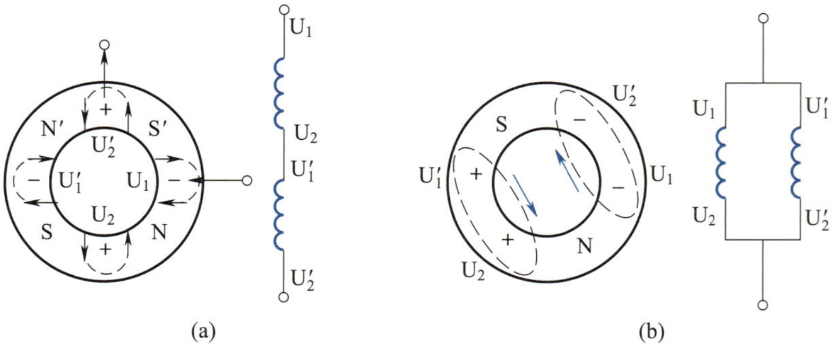

图 4-40　两种三相异步电机定子绕组连接方法

在图 4-41（a）中，该相绕组的两组线圈 U_1、U_2 和 U_1'、U_2'串联连接，通电后产生两对磁极的旋转磁场。当这两组线圈并联连接时，如图 4-41（b）所示，则产生的旋转磁场为一对磁极。

一般异步电机制造出来后，其磁极对数是不能随意改变的。可以改变磁极对数的是专门制造的笼型异步电机，有双速或多速电机的单独系列产品。这种产品调速方法简单，但只能进行速度挡数不多的有级调速。

（二）改变电源频率调速

通过调节电源频率 f_1，使同步转速 n_1 与 f_1 成正比变化，从而对电机进行平滑、宽范围和高精度的调速。分析表明，在进行变频调速时，为使电机的转矩特性能较好地满足机械负载的要求，希望在调节电源频率 f_1 的同时，能使加至电机的电压 U_1 随之改变。

如果调节转速时转矩保持不变（称为恒转矩调速），则要求在改变 f_1 时保持 U_1/f_1 = 常数，使 U_1 与 f_1 成正比变化。

如果转速 n 调低（或调高）时转矩 U_1 增大（或减小）（Tn = 常数，称为恒功率调速），则要求在改变 f_1 时保持 U_1/f_1 等于常数，使 U_1 与 f_1 的开方成正比变化。

这是一种性能最好的调速方法，但需要专门的变额装置。随着电子变频技术的迅速发展，这种调速方法已得到越来越广泛的应用。

（三）改变转差率调速

改变转子电路电阻，即可改变电机转矩特性，因此在同一负载转矩下有不同的转速。此时旋转磁场的同步转速 n_1 没有改变，所以属于改变转差率 S 的调速方法。这种调速方法线路简单，但只有绕线转子异步电机可以在转子电路中串接外部可调电阻来实现调速。这种调速方法的缺点是功率损耗较大。

六、三相异步电机的铭牌数据

(1) 额定功率 P_N:在额定运行情况下,电机轴上输出的机械功率,单位为 W(瓦)或 kW(千瓦)。

(2) 额定电压 U_N:电机在额定运行时的线电压,单位为 V(伏)或 kV(千伏)。我国生产的 Y 系列(Y 系列电机为笼型异步电机)中小型三相异步电机,额定功率在 3 kW 以上的,额定电压为 380 V,绕组为三角形联结;额定功率在 3 kW 及以下的,额定电压为 380 V/220 V,绕组为星形—三角形联结(即电源线电压为 380 V 时,电机绕组为星形联结;电源线电压为 220 V 时,电机绕组为三角形联结)。

(3) 额定电流 I_N:电机在额定运行时的线电流,单位为安(A)。如三相定子绕组有两种接法,就有两个相对应的额定电流值。

(4) 额定频率 f_N:电机在额定工况运行时交流电源的频率。

(5) 额定转速 n_N:电机在额定工况运行时的转速,以每分钟的转速计,单位为 r/min。

在忽略电机的机械损耗时,额定转速 n_N、额定功率 P_N 和额定转矩 T_N 之间的关系为

$$T_N=\frac{P_N}{\Omega}=\frac{P_N}{2\pi n_N/60} \tag{4-23}$$

式中:P_N 的单位为 W;n_N 的单位为 r/min;T_N 的单位为 N · m。

若式(4-23)中 P_N 的单位为 kW(千瓦),则可写成

$$T_N=9\ 550\frac{P_N}{n_N} \tag{4-24}$$

(6) 额定功率因数 $\cos\Phi_N$:电机在额定运行时定子电路的功率因数,通常为 0.70~0.90。

(7) 额定效率 η_N:电机在额定运行时的效率,通常为 75%~92%。

测评

1. 交流发电机的最大输出电流约为额定电流的(　　)倍。

A. 1　　B. 1.5　　C. 2

2. 交流发电机中产生磁场元件的是(　　)。

A. 定子　　B. 转子　　C. 整流器

3. 一般硅整流发电机都采用(　　)连接,即每相绕组的首端分别与整流器的硅二极管相接,每相绕组的尾端连在一起,形成中性点 N。

A. 星形联结　　B. 并联

C. 三角形联结　　D. 串联

4. 三相交流发电机至少需要(　　)个二极管进行整流。

A. 3　　B. 4　　C. 5　　D. 6

5. 发电机的输出特性是指(　　)一定时,(　　)和转速之间的关系。

A. 输出电压、输出电流　　B. 输出电流、输出电压

C. 负载、输出电流　　D. 负载、输出电压

6. 汽车充电指示灯在发电机未起动(点火开关调至 ON 挡)时(　　),在怠速或以上速度时(　　),以表示蓄电池处于(　　)状态。

A. 熄灭、点亮、充电　　B. 点亮、熄灭、放电

C. 点亮、熄灭、充电　　D. 熄灭、点亮、放电

7. 电磁开关将起动机主电路接通后,活动铁心依靠(　　)线圈产生的电磁力保持在吸合位置上。

A. 吸引　　B. 保持　　C. 吸引和保持

8. 常见的起动机驱动小齿轮与飞轮的啮合靠(　　)强制拨动完成。

A. 拨叉　　B. 离合器　　C. 轴承　　D. 齿轮

9. 直流串励式起动机中的“串励”是指(　　)。

A. 吸引线圈和保持线圈串联连接　　B. 励磁绕组和电枢绕组串联连接

C. 吸引线圈和电枢绕组串联连接

10. 汽车用起动机由(　　)、(　　)和(　　)三部分组成。

11. 起动机中单向离合器的作用是什么?

12. 国产额定转速为 1 450 r/min 的三相感应电机为(　　)极电机。

A. 2　　B. 4　　C. 6　　D. 8

13. 三相异步电机旋转磁场的转向与(　　)有关。

A. 电源频率　　B. 转子转速　　C. 电源相序

14. 某三相异步电机的额定转速为 735 r/min,相对应的转差率为(　　)。

A. 0.265　　B. 0.02　　C. 0.51　　D. 0.183

15. 一台磁极对数为 3 的三相异步电机,其转差率为 3%,则此时的转速为(　　)。

A. 2 910　　B. 1 455　　C. 970

16. 有一台四极三相异步电机,电源电压的频率为 50 Hz,满载时电机的转差率为 0.02,电机的转子转速是(　　)r/min。

17. 如果把三相绕组接至电源三根引线中的任意两根对调,电机是否会反转?为什么?

总结

如图 4-41 所示，参照本章知识脉络，对所学的知识进行总结。

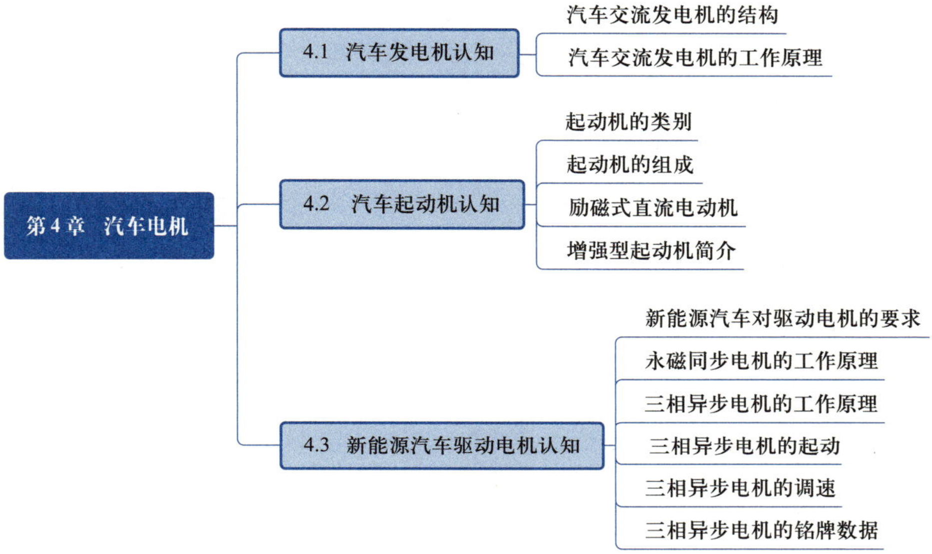

图 4-41　第 4 章知识脉络

电子篇

第5章

模拟电路基础

汽车上许多电子控制器件与二极管、晶体管等都有关联。通过本章的学习，分析二极管、晶体管的特性并掌握常用半导体的检测方法，以共发射极放大电路为例分析其工作原理，进而重点分析电源变换原理，为后续章节或课程的学习打下基础。

5.1 常用半导体认知

学习目标

了解半导体的概念，掌握二极管、晶体管以及晶闸管的特点和检测原理，对共发射极放大电路进行分析，并具备分析电路的能力，培养自主学习和团结协作的能力。

知识学习

5.1.1 二极管的识别与检测

半导体元件是电子线路的核心元件，只有掌握半导体元件的结构、性能、工作原理和特性，才能正确分析电路的工作原理，正确选择和合理使用半导体元件。

一、半导体的基础知识

（一）半导体的分类

根据导电性能的不同，自然界的物质可分为导体、绝缘体和半导体三种类型，见表 5-1。

表 5-1 物质的分类

类型	定义	举例	电阻率 ρ
导体	具有较好导电性能的物质称为导体	银、铜、铁等金属	$\rho<10^{-4}\ \Omega\cdot cm$
绝缘体	几乎不导电的物质称为绝缘体	陶瓷、橡胶、塑料等	$\rho>10^{10}\ \Omega\cdot cm$
半导体	导电性能介于导体和绝缘体之间的物质称为半导体	硅、锗等	导电能力介于导体与绝缘体之间

半导体在常态下的导电能力非常弱，但在掺杂、受热和光照等条件的作用下，其导电性能可能会大大加强。用来制造电子元件的半导体材料有硅、锗和砷化镓等。

（二）半导体的特点

1. 掺杂性

往纯净的半导体中掺入某些杂质，半导体导电能力明显改变。利用此特点可做成各种不同用途的半导体器件，如二极管、晶体管和晶闸管等。

2. 热敏性

当环境温度升高时，半导体导电能力显著增强。利用此特点可做成温度敏感元件，如热敏电阻。

3. 光敏性

当受到光照时，半导体导电能力明显变化。利用此特点可做成各种光敏元件，如光敏电阻、光敏二极管、光敏晶体管等。

（三）本征半导体

微课 本征半导体和杂质半导体

根据掺杂情况，半导体可以分为本征半导体和杂质半导体。

完全纯净、原子结构排列整齐的半导体称为本征半导体。常用的半导体材料是硅(Si)和锗(Ge)，它们都是四价元素，在原子结构中，最外层轨道上有4个价电子，其原子结构示意图如图5-1所示。

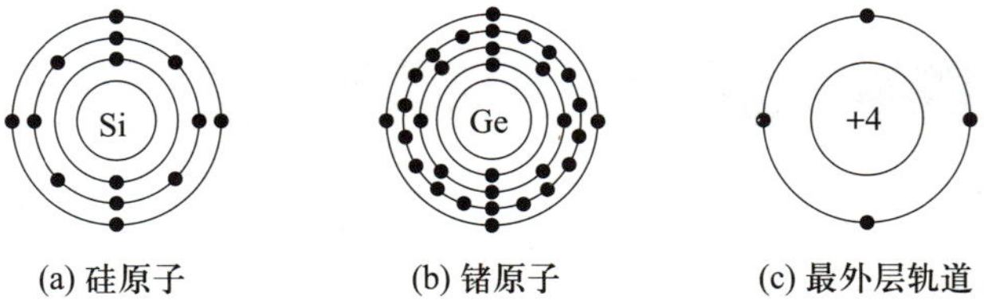

图5-1 原子结构示意图

价电子不仅受到自身原子核的作用，同时还受到相邻原子核的吸引。两个相邻的原子共有一对价电子，组成共价键结构。所以在其晶体中，每个原子都和周围的4个原子用共价键的形式互相紧密地联系起来，如图5-2所示。

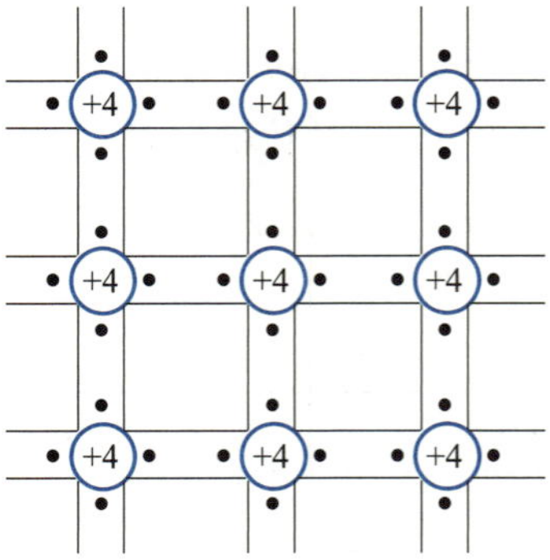

图5-2 共价键结构示意图

在低温下，这种结构相对稳定，但如果温度升高，束缚电子获得足够能量后会脱离共价键形成自由电子。同时，在原来共价键的位置会留下一个空穴，如图5-3所示。

从宏观上来说，自由电子虽然脱离了共价键，但还是在晶体范围内的，所以宏观上晶体依旧呈现电中性。但是从微观上看，自由电子带负电荷，空穴带正电荷。正是由于晶体还是呈现电中性，所以空穴和自由电子一定是成对出现的,于是将之称为电子-空穴对。

在出现电子-空穴对后,其他位置上的电子有可能填补空穴,从而又形成新的空穴。以此往复就形成了空穴运动,其示意图如图 5-3 所示。

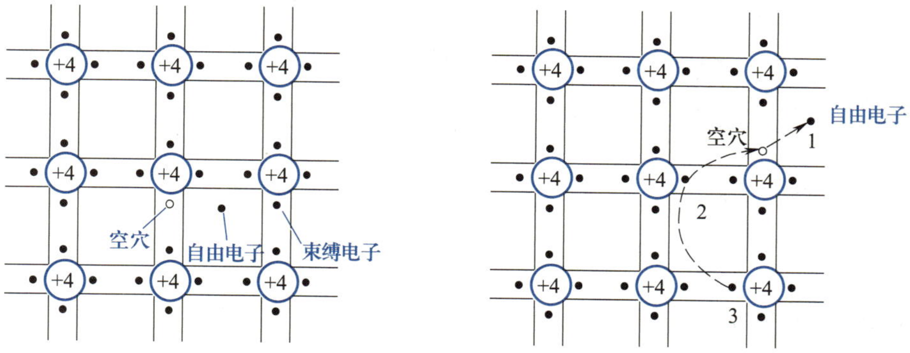

图 5-3　空穴运动示意图

自由电子和空穴都称为载流子。当半导体两端加上外电压时,在半导体中将出现电子电流和空穴电流两部分电流。自由电子和空穴成对产生的同时,又不断复合。在一定温度下,载流子的产生和复合达到动态平衡,半导体中的载流子便维持一定的数目。本征半导体中载流子数目极少,其导电性能很差。温度越高,载流子的数目越多,半导体的导电性能也就越好。所以,温度对半导体性能影响很大。

(四) 杂质半导体

本征半导体实际使用价值不大,在本征半导体中有选择地掺入少量其他元素,会使其导电性能发生显著变化。这些少量元素统称为杂质,掺入杂质的半导体称为杂质半导体。根据掺入的杂质不同,杂质半导体分为 N 型半导体和 P 型半导体。

1. N 型半导体

在本征半导体中,掺入微量 5 价元素,如磷(P)和砷(As)等,就构成了 N 型半导体。如图 5-4(a)所示,由于杂质原子的最外层有 5 个价电子,因此它与周围 4 个硅(锗)原子组成共价键时,还多余 1 个价电子。价电子不受共价键的束缚,而只受自身原子核的束缚,它只要得到较少的能量就能成为自由电子。掺入杂质元素越多,则自由电子就越多。因此,在 N 型半导体中,自由电子为多数载流子,空穴为少数载流子,载流子数约等于自由电子数。

2. P 型半导体

相应地,在本征半导体中加入三价元素硼、铟后,就构成了 P 型半导体。加入的这些元素原子与周围的四价原子形成共价键后会多出来一个空穴,如图 5-4(b)所示。于是,在 P 型半导体中,空穴为多数载流子(简称多子),自由电子为少数载流子(简称少子)。

以下说明对于理解这一部分非常有用:

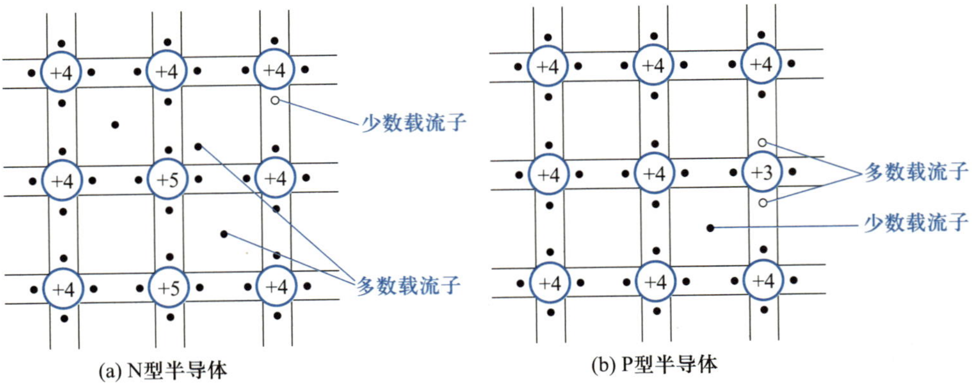

图 5-4　杂质半导体示意图

(1) N 型半导体和 P 型半导体都是电中性的，所谓的 P 和 N 不代表电性，代表的是多数载流子的电性。

(2) 加入杂质元素后就会形成多余载流子（空穴或者自由电子）的根本原因在于在原子内部，负电荷可分（每个电子带一个负电荷），正电荷不可分（全部集中于原子核）。

(3) 空穴本身无法运动，所以空穴作为载流子的根本还在于吸收电子。也就是说，空穴传输电流的本质还是电子的移动产生电流。

二、PN 结的形成和特点

(一) 扩散与漂移——PN 结的形成

如图 5-5 所示，将 P 型半导体和 N 型半导体制作在一起，形成一个特殊的交接面时，P 区中有很多空穴，N 区中有很多自由电子。于是很自然地自由电子会扩散到 P 区，与空穴结合，这种现象称为扩散现象。

微课
PN结的形成和特点

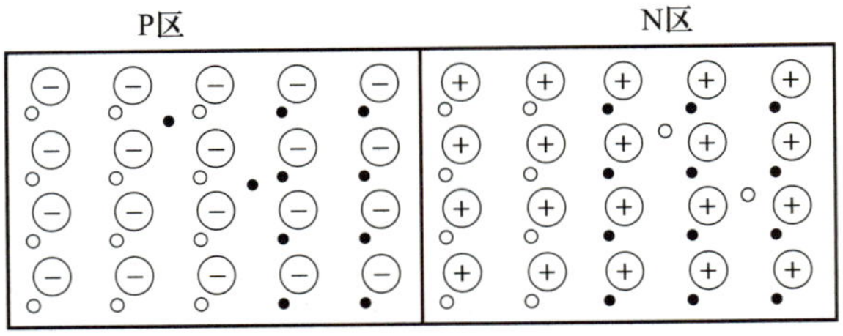

图 5-5　电子的扩散运动

本来的 P 区和 N 区都是电中性的，由于自由电子的扩散，必然导致半导体内部的电中性被破坏，从而在 P、N 区交接处形成一个内电场，如图 5-6 所示。

从内电场的方向可以看出，其是阻止自由电子进入 P 区的，由内电场导致的载流子的运动称为漂移运动。如图 5-6 所示。漂移运动与扩散运动是相反的，于是在 P、N 区交接处两种运动会形成一种动态平衡，从而形成了一定宽度的“空间电荷区”，这个区域就称为“PN 结”或者“耗尽层”。

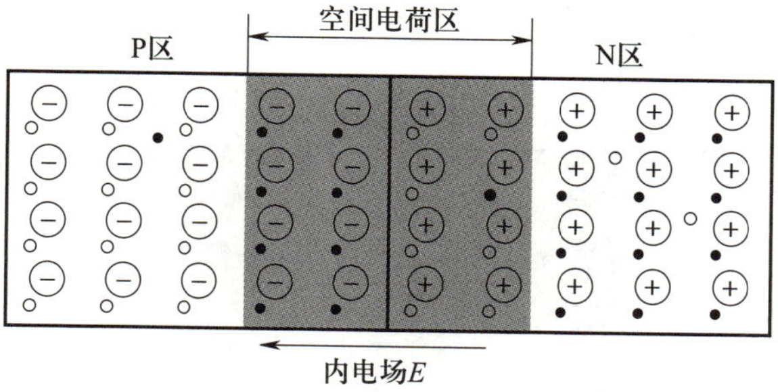

图 5-6 电子的漂移运动

虽然无论是扩散运动还是漂移运动，实际运动的都是电子。但是为了区别扩散运动和漂移运动，常常会将扩散运动称为多子运动，因为扩散是本区域中的多子进入对方区域的过程，而相应的漂移运动就称为少子运动。

（二）PN 结的单向导电性

1. PN 结加正向电压

当给 PN 结施加正向电压，即与内电场方向相反的外加电场时，内电场被削弱，最终的结果是 N 区的电子不断地进入 P 区，且 N 区可以从外加的电源中源源不断地汲取电子，于是就形成了较大的正向（扩散）电流，如图 5-7 所示。

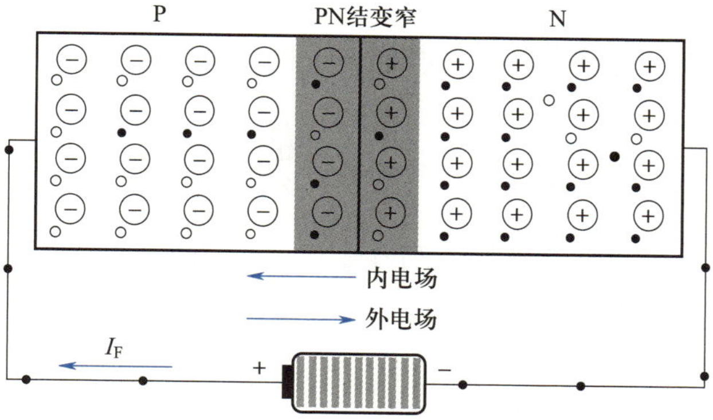

图 5-7 PN 结变窄示意图

（1）PN 结施加正向电压时，PN 结变窄，正向电流较大，正向电阻较小，PN 结处于导通状态。

（2）PN 结的单向导电性只有在外加电压时才体现出来。需要明确，半导体的电阻主要体现在 PN 结的宽度上，PN 结窄，电阻小，PN 结宽，电阻大。

2. PN 结加反向电压

反过来，当给 PN 结施加反向电压，即外电场与内电场方向相同时，最终的结果是多子难以扩散，少子的漂移运动加强。但是由于少子数量极少，所以无法形成持续不断的电流，此时 PN

结处于截止状态，如图 5-8 所示。

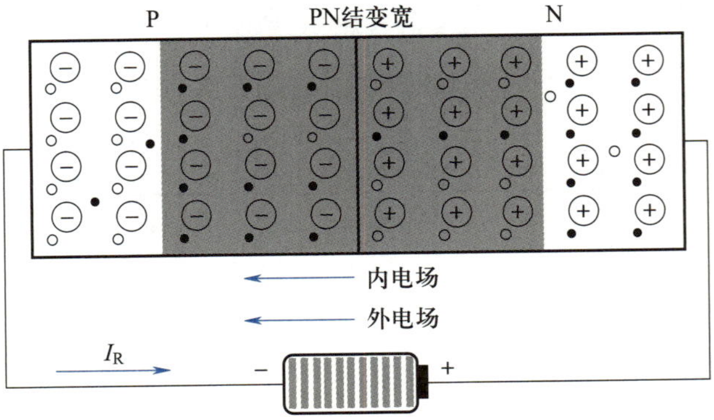

图 5-8　PN 结变宽示意图

（1）PN 结施加反向电压时，PN 结变宽，反向电流较小，反向电阻较大。

（2）单向导电性是 PN 结最为重要的特性，也是后续学习的基础。

三、二极管

（一）二极管的结构和分类

将 PN 结加上相应的封装并引出两根电极就构成了二极管，如图 5-9(a) 所示。接在二极管 P 区的引出线称为二极管的阳极（正极），接在 N 区的引出线称为二极管的阴极（负极）。电路符号中的三角箭头指向为正向导通电流方向，正向电流从二极管阳极流入，阴极流出，如图 5-9(b) 所示。

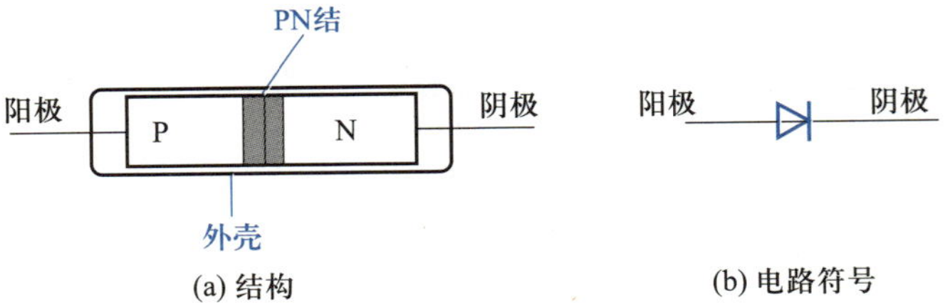

图 5-9　二极管的结构及电路符号

按材料，二极管分为硅二极管和锗二极管；按结构，分为点接触型、面接触型和平面型二极管。

点接触型二极管一般为锗管，如图 5-10(a) 所示，它的 PN 结面积很小，因此结电容很小。所谓结电容是指 PN 结的 P 型区和 N 型区带有不同电荷，可以看成电容器的两个电极板。点接触型二极管用于检波和高频小电流电路。

面接触型二极管一般为硅管，它的 PN 结面积很大（结电容大），因此可以通过较大电流，如图 5-10(b) 所示。

平面型二极管是一种特制的硅二极管,它不仅能通过较大的电流,而且性能稳定可靠。其应用于集成电路制造工艺中,PN 结面积可大可小,多用于开关、脉冲及高频电路中,如图 5-10(c)所示。

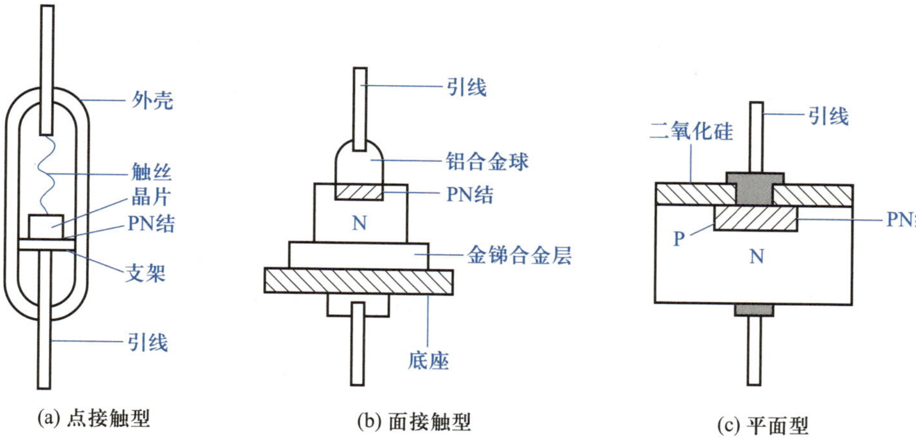

图 5-10　点接触型、面接触型、平面型二极管示意图

(二)二极管的伏安特性

半导体二极管的核心是 PN 结,它的特性就是 PN 结的特性——单向导电性。常用伏安特性曲线来形象地描述二极管的单向导电性。若以电压为横坐标,电流为纵坐标,用作图法把电压、电流的对应值用平滑的曲线连接起来,就构成二极管的伏安特性曲线,如图 5-11 所示。

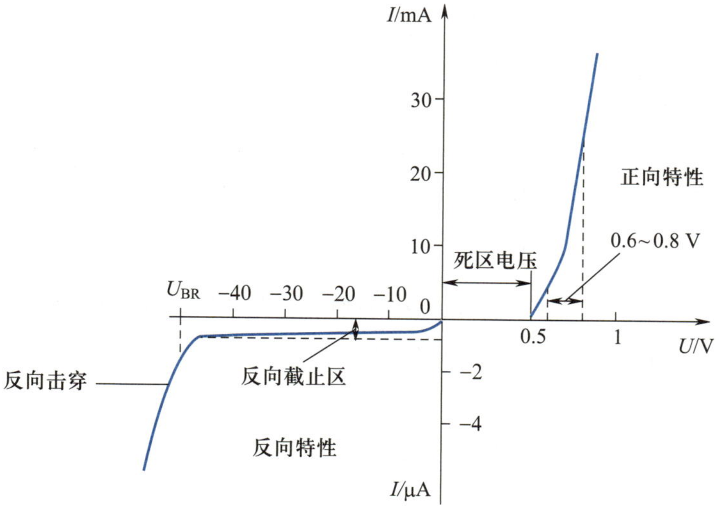

图 5-11　二极管的伏安特性曲线

微课
二极管伏安特性曲线

1. 正向特性

二极管两端加正向电压时,就产生正向电流,当正向电压较小时,正向电流极小(几乎为

零)，这一部分称为死区，相应的电压称为死区电压或门槛电压，硅管约为 0.5 V，锗管约为 0.2 V。当正向电压超过死区电压时，正向电流就会急剧地增大，二极管呈现很小电阻而处于导通状态。这时硅管的正向导通压降为 0.6~0.8 V，锗管为 0.2~0.3 V。

2. 反向特性

二极管两端加上反向电压时，反向电流很小且不随反向电压增大而变化，此时的电流称为反向饱和电流 I_R，二极管相当于非常大的电阻，这个区域称为反向截止区。反向饱和电流只随着温度升高而增大，一般硅二极管的反向电流约为几十微安以下，锗二极管的反向电流可达几十到几百微安。由二极管的正向特性和反向特性可以看出它的单向导电性。

3. 反向击穿

二极管反向电压加到一定数值时，反向电流急剧增大，这种现象称为反向击穿。此时对应的电压称为反向击穿电压，用 U_{BR} 表示。普通二极管发生反向击穿后，会造成二极管永久性损坏，所以在使用时，反向电压一定要小于反向击穿电压。

四、二极管的主要参数

器件参数是定量描述器件性能、质量和安全工作范围的重要数据，也是人们合理选择和正确使用器件的依据。器件参数一般可以从产品手册中查到，也可以通过直接测量得到。二极管的主要参数见表 5-2。

表 5-2　二极管的主要参数

参数	名称	说明
I_F	最大整流电流	是指二极管长期运行时允许通过的最大正向平均电流。其大小与二极管内 PN 结的结面积和外部的散热条件有关。二极管工作时若电流超过 I_F，将会因过热而烧坏
I_R	反向漏电流	是指室温下二极管加反向规定电压时流过的反向电流。I_R 越小，说明管子的单向导电性越好，其大小受温度影响越大。硅二极管的反向电流一般为纳安(nA)级，锗二极管的反向电流一般为微安(μA)级
U_R	最高反向工作电压	是指允许长期加在二极管两极间的反向恒定电压值。为保证管子安全工作，通常取反向击穿电压的一半作为 U_R，工作实际值不超过此值
U_{BR}	反向击穿电压	是指二极管发生反向击穿时的电压值
f_M	最高工作频率	是指二极管所能承受的最高频率。其大小主要受到 PN 结的结电容限制。通过 PN 结的交流电频率高于此值时，二极管将不能正常工作

五、二极管的应用

(一) 整流

利用二极管的单向导电特性可以将交流电变成单向脉动的直流电。在汽车交流发电机中，利用二极管组成的整流板将发电机发出的三相交流电整流为直流电。

（二）钳位

二极管正向导通时，正向压降很小，可以忽略，因此强制使其阳极电位与阴极电位基本相等，这种现象称为二极管的钳位。由二极管构成的钳位电路如图 5-12 所示。

（三）续流

一个通电的线圈，当突然断电时，就会在线圈中产生一个反向电动势，如果这个反向电动势叠加在电路中的其他电子元件（一般为晶体管）上，就会损坏元件。为了避免这种现象的出现，一般都在线圈旁边并联一个二极管来吸收反向电动势，这种电路就是二极管构成的续流电路，如图 5-13 所示。在这种电路中，二极管起到了对其他电子元件的保护作用，所以也称为保护二极管电路。

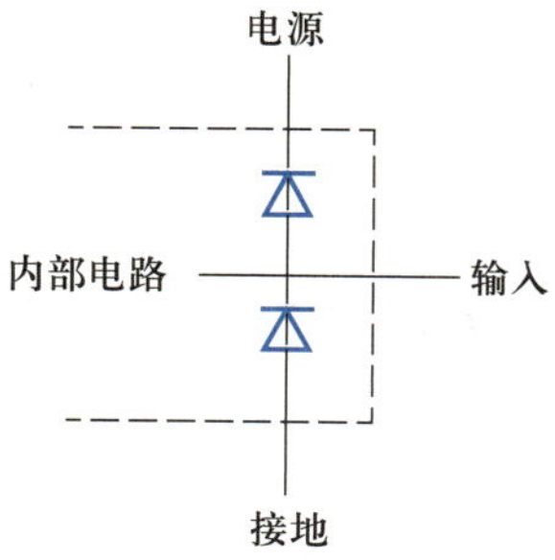

图 5-12　二极管构成的钳位电路

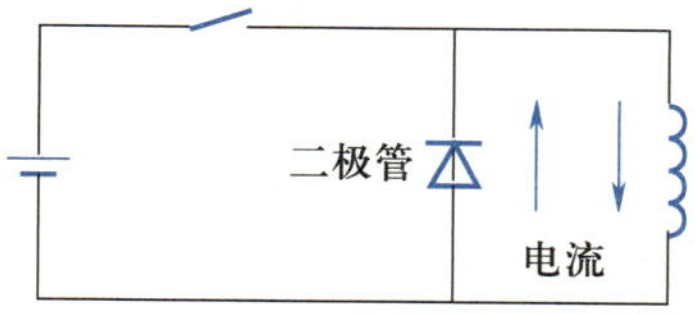

图 5-13　二极管构成的续流电路

六、特殊二极管及其应用

（一）稳压二极管

稳压二极管是一种用特殊工艺制造的面接触型半导体二极管，其击穿电压值较低。稳压二极管的伏安特性如图 5-14 所示，稳压二极管的符号如图 5-15 所示。

稳压二极管正向特性和普通二极管一样，当反向电压加到某定值时，反向电流剧增，产生反向击穿，反向击穿特性很陡峭，击穿时通过管子的电流在很大范围内变化，而管子两端的电压几乎不变，稳压管工作在反向击穿状态。一般情况下，稳压二极管必须反向偏置，且要与限流电阻 R 串联使用，不能与电源 U_I 直接并联。

稳压二极管的这种特性使它成为调节电压的电子器件。在汽车电路中，由于各个电器总成或元件工作电流比较大，会使汽车电源系统的电压出现波动。在汽车仪表电路和一部分电子控制电路中，一些需要精确电压值的地方经常利用稳压二极管来获取所需电压。

使用稳压二极管的稳压电路特点如下：

（1）应使外加电源的正极接稳压管的 N 区，电源的负极接 P 区，以保证稳压管工作在反向击穿区，如图 5-15 所示。

（2）稳压管应与负载电阻 R_L 并联，由于稳压管两端电压的变化量很小，因而使输出电压比较稳定。

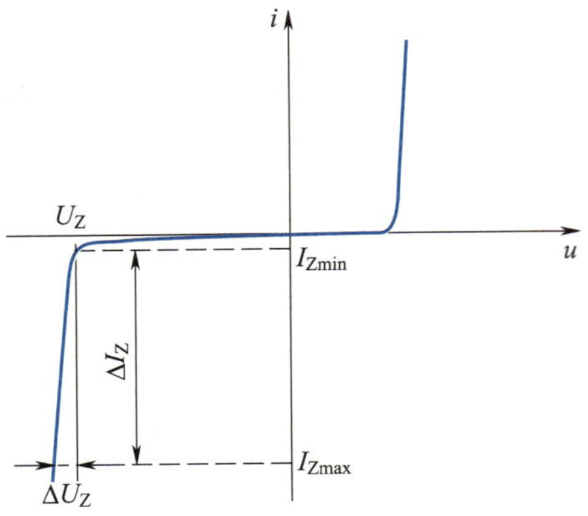

图 5-14 稳压二极管的符号和伏安特性

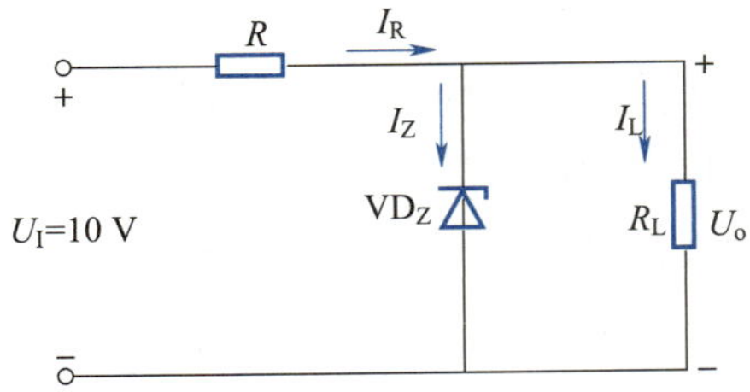

图 5-15 稳压二极管的稳压电路

(3) 应限制流过稳压管的电流 I_Z,使其不超过规定值,以免因过热而烧毁管子。

(二) 发光二极管

发光二极管是一种将电能直接转换成光能的固体器件,简称 LED(Light Emitting Diode),和普通二极管相似,LED 也是由一个 PN 结组成的,当正向导通时,可以发出一定波长的可见光,光的波长不同,颜色也不同,常有红、绿、黄等颜色,还有发出不可见的红外线的发光二极管。发光二极管的图形符号如图 5-16(a)所示。

图 5-16 特殊二极管图形符号示意图

发光二极管的特点如下:

(1) 发光二极管管脚引线较长者为正极,较短者为负极。

(2) 发光二极管的正向导通压降比普通二极管高,为 1.5~2.3 V。为使二极管工作稳定,其两端电压一般在 5 V 以下。

(3) 发光二极管亮度高、清晰度高、电压低、反应快、体积小、可靠性高、使用寿命长。

(三) 光敏二极管

光敏二极管俗称光电二极管,其 PN 结工作在反偏状态。光敏二极管施加反向电压,当光线通过管壳上的一个玻璃窗口照射在 PN 结上时,反向电流随光线照射强度增加而增加,光线越强,反向电流越大。光敏二极管的图形符号如图 5-16(b)所示。

雨量传感器原理:雨量传感器内部有一个 LED,负责发送远红外线,当玻璃表面干燥时,光线几乎是 100%地被反射回来,这样光敏二极管就能接收到很多的反射光线。玻璃上的雨水越多,反射回来的光线就越少,雨量越多,刮水器动作越快。

七、二极管的检测

二极管的检测方法如图 5-17 所示。当检测过程出现以下情况时:

(1) 如果互换正负表笔后两个方向均导通，说明二极管存在短路故障。

(2) 如果互换正负表笔后两个方向均不导通，说明二极管存在开路故障。

(3) 如果一个方向读数为 OL，而另一方向导通，说明该二极管正常。

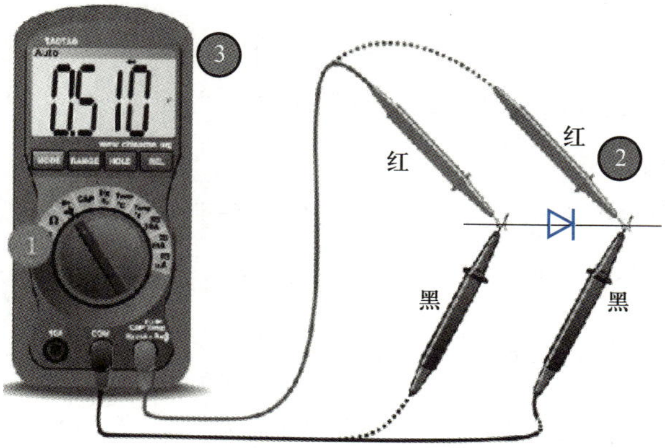

图 5-17　二极管的检测方法

八、课堂作业

• **例 5-1**　求图 5-18 所示各电路的输出电压值，设二极管正向压降 U_P = 0.7 V。

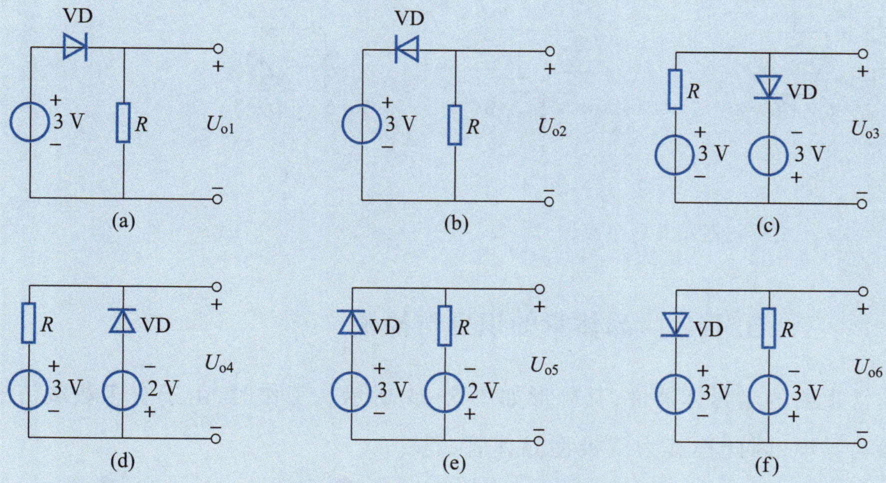

图 5-18　例 5-1 图

解：图 5-18(a)：$U_{o1} \approx 3\ V - 0.7\ V = 2.3\ V$(VD 导通)

图 5-18(b)：$U_{o2} = 0\ V$(VD 截止)

图 5-18(c)：$U_{o3} \approx -3\ V + 0.7\ V = 2.3\ V$(VD 导通)

图 5-18(d)：$U_{o4} \approx 3\ V$(VD 截止)

图 5-18(e):$U_{o5} \approx 3\ V-0.7\ V=2.3\ V$(VD 导通)

图 5-18(f):$U_{o6} \approx -3\ V$(VD 截止)

• **例 5-2** 现有两只稳压管,它们的稳定电压分别为 6 V 和 8 V,正向导通电压为 0.7 V。试问:(1) 若将它们串联相接,可得到几种稳压值?各为多少?(2) 若将它们并联相接,又可得到几种稳压值?各为多少?(3) 分别画出(1)、(2)的电路图。

解:若将它们串联相接,有以下四种稳压值,如图 5-19 所示。

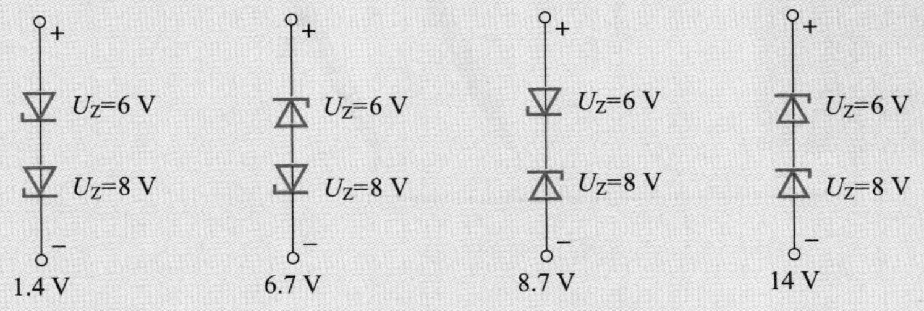

图 5-19 串联电路图

若将它们并联相接,有以下四种稳压值,如图 5-20 所示。

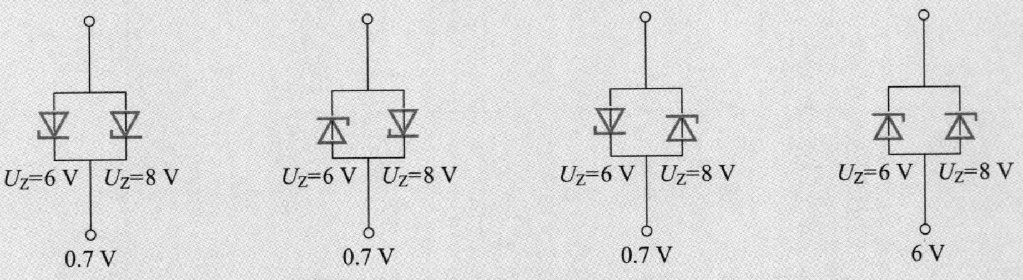

图 5-20 并联电路图

5.1.2 晶体管的识别与检测

晶体管是一种非常重要的半导体器件,其外形如图 5-21 所示。工作时,由于有多数载流子和少数载流子共同参与导电,因此称其为双极型晶体管,是一种电流控制元件。它的主要用途之一是利用其放大作用组成放大电路,把很小的电信号(电压、电流等)放大到需要的数值。

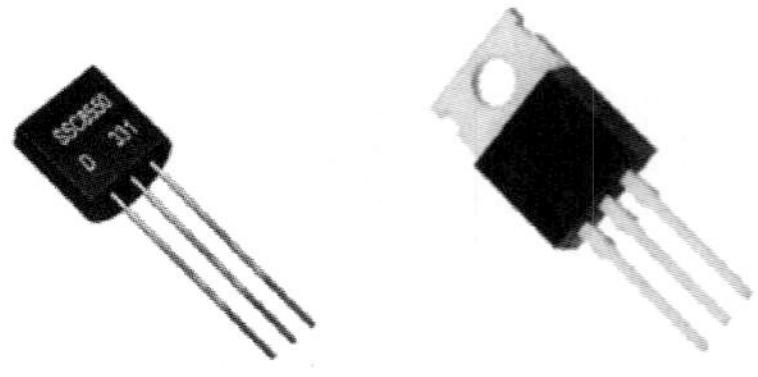

图 5-21 晶体管的外形

一、晶体管的基本结构

晶体管是通过一定的工艺,将两个 PN 结结合在一起,具有三个电极的器件。管子的三个电极,基极、集电极和发射极分别用字母 B、C、E 表示,两个

PN 结分别被称为集电结和发射结。为了使晶体管具有放大作用，在制造时，常使基区厚度极薄（几微米到十几微米），发射区较小，而且其掺入杂质的浓度比基区和集电区的杂质浓度大很多，便于电子扩散出来。晶体管的种类很多，按频率分，有高频管、低频管；按功率分，有小、中、大功率管；按结构分，有 NPN 型管和 PNP 型管两类；按制作工艺分，常见的有平面型和合金型两类，硅管主要是平面型，锗管都是合金型。

晶体管结构示意图及电路符号如图 5-22 所示。

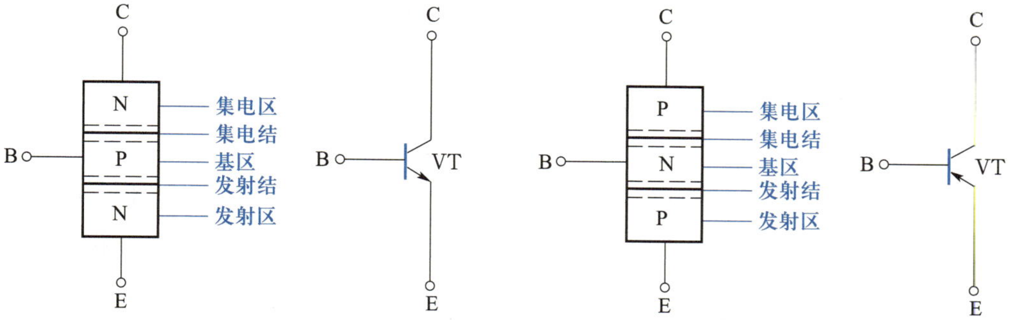

图 5-22　晶体管结构示意图及电路符号

二、电流分配与放大原理

将 NPN 型晶体管接成图 5-23 所示的电路。此电路有两个回路：其中回路 Ⅰ 为基极回路，回路 Ⅱ 为集电极回路。因为两个回路中都含有发射极，所以称此电路为共发射极接法的晶体管电路。

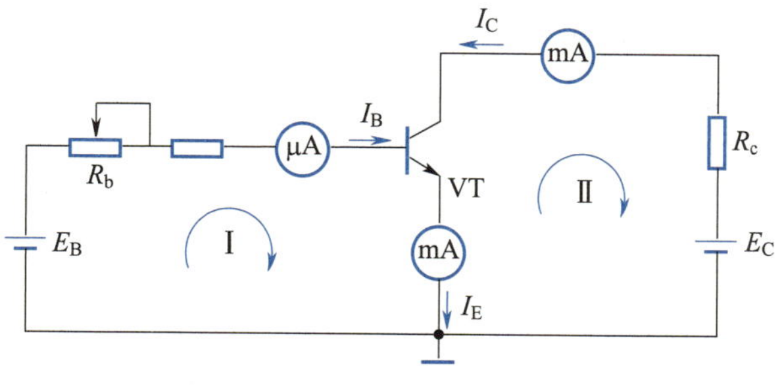

图 5-23　共发射极接法的晶体管电路

改变电路中基极电阻 R_b 的数值而使基极电流 I_B 发生变化，便可相应地测出集电极电流 I_C 及发射极电流 I_E 的大小。表 5-3 所示为从三个电流表中读出的八组 I_B、I_C、I_E 的数值。

表 5-3　电流表读数

次数	1	2	3	4	5	6	7	8
I_E/mA	0	0.4	1	2	3	4	5	6
I_C/mA	<0.001	0.4	0.98	1.96	2.94	3.92	4.90	5.87
I_B/mA	<0.001	0	0.02	0.04	0.06	0.08	0.10	0.13

从表中八组数值可以得出

$$I_E = I_C + I_B$$

即发射极电流等于集电极电流与基极电流之和，这就是晶体管三个电极上的电流分配关系。

对表 5-3 中的数据进行分析，当基极电流 I_B 从 0.02 mA 变化到 0.04 mA 时［变化量 ΔI_B = (0.04−0.02) mA = 0.02 mA］，集电极电流 I_C 也相应从 0.98 mA 变化到 1.96 mA，［变化量 ΔI_C = (1.96−0.98) mA = 0.98 mA］，这说明基极电流 I_B 的微小变化，能引起集电极电流 I_C 的较大变化。通常将集电极电流的变化量 ΔI_C 与基极电流的变化量 ΔI_B 之比称为共射极电流放大系数，或称为交流电流放大倍数，用符号 β 表示，即

$$\beta = \Delta I_C / \Delta I_B \tag{5-1}$$

β 表示晶体管的电流放大能力，不同型号晶体管的 β 值一般不同，可从晶体管手册中查找。常用晶体管的 β 值一般为 30～100，若 β 值小，则放大作用不够；若 β 值大，则晶体管的性能不稳定。

• **例 5-3** 根据表 5-3 中的试验数据，计算这只晶体管基极电流 I_B 从 0.02 mA 变化到 0.06 mA 时，集电极电流 I_C 从 0.98 mA 变化到 2.94 mA 时的电流放大系数。

解： $\beta = \Delta I_C / \Delta I_B = (2.94-0.98)/(0.06-0.02) = 49$

三、伏安特性

晶体管的伏安特性反映了各电极间电压和电流之间的关系，是分析放大电路的重要依据。其中，最主要的是输入和输出特性，一般用较为直观的图像描述，称为输入、输出特性曲线。图 5-24 所示为晶体管特性曲线的测量电路。

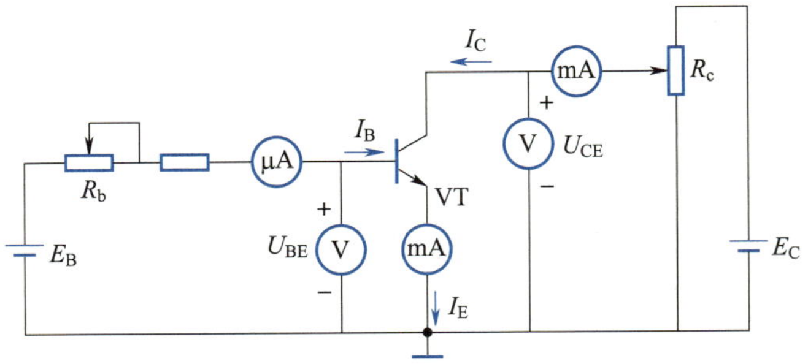

图 5-24 晶体管特性曲线的测量电路

（一）晶体管输入特性曲线

当集电极-发射极电压 U_{CE} 一定时，输入回路中基极电流 I_B 与基极-发射极电压 U_{BE} 之间的关系曲线被称为输入特性曲线，如图 5-25 所示。由图可以看出，晶体管的输入特性曲线是非线

性的，U_{BE} 输入电压小于死区电压时，晶体管不导通，基极电流为零。对于硅管，其死区电压约为 0.5 V，锗管约为 0.2 V。当 U_{BE} 大于死区电压后，晶体管开始导通，且 I_B 随 U_{BE} 增大而增大。当晶体管正常放大时，工作在较陡直线的区段，发射结压降变化不大，此时 U_{BE} 近似为一个常数，称为导通压降。通常，硅管的导通压降约为 0.7 V，锗管约为 0.3 V。

（二）晶体管输出特性曲线

晶体管输出特性曲线是基极电流 I_B 一定时，晶体管输出电压 U_{CE} 与输出电流 I_C 之间的关系曲线，如图 5-26 所示。图中的每条曲线表示，当固定一个 I_B 值时，调节 R_C 所测得的不同 U_{CE} 下的 I_C 值。根据输出特性曲线，晶体管的工作状态分为三个区域。

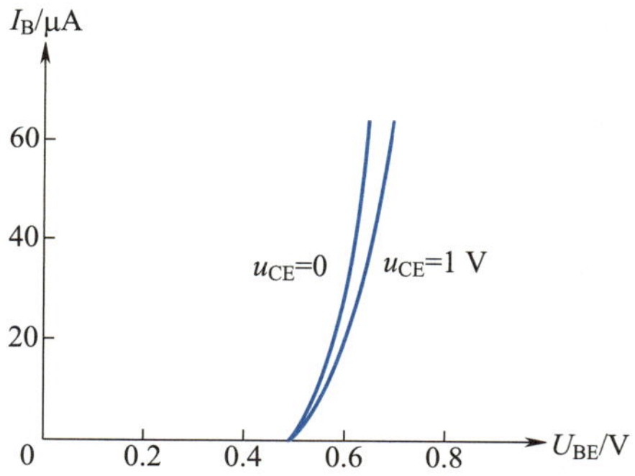

图 5-25　晶体管输入特性曲线

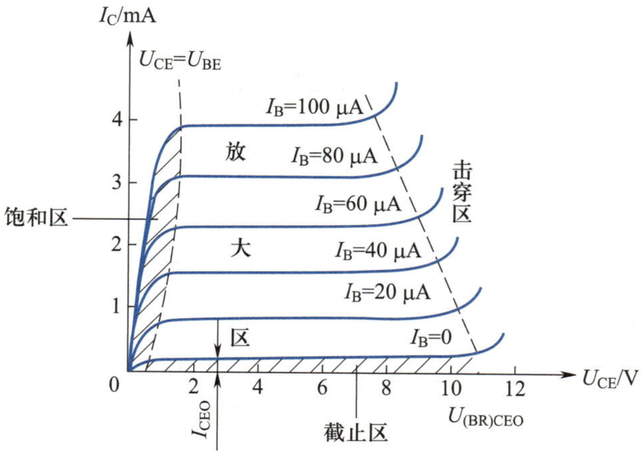

图 5-26　晶体管输出特性曲线

1. 截止区

截止区包括 $I_B=0$ 及 $I_B<0$（即 I_B 与原方向相反）的一组工作曲线。当 $I_B=0$ 时，$I_C=I_{CEO}$（I_{CEO} 称为穿透电流），此值在常温下很小。在截止区，晶体管的两个 PN 结均为反向偏置，即 U_{CE} 较高，管子中的电流 I_C 却很小，此时的管子状态相当于一个开关的开路状态。

2. 饱和区

饱和区的电压 U_{CE} 的数值很小，$U_{BE}>U_{CE}$，集电极电流 I_C 随 U_{CE} 的增大而快速地增大，此时晶体管的两个 PN 结均处于正向偏置，I_C 不再受 I_B 控制。U_{CE} 对 I_C 控制作用很大，管子状态相当于一个开关的接通状态。

3. 放大区

放大区中晶体管的发射结正向偏置，而集电结反向偏置。当 U_{CE} 超过某一电压后曲线基本上是平直的，这是因为当集电结电压增大后，原来流入基极的电流绝大部分被集电极拉走，所以 U_{CE} 再继续增大时，电流 I_C 变化很小，另外，当 I_B 变化时，I_C 即成比例变化，也就是说，I_C 受 I_B 的控制，并且 I_C 的变化比 I_B 的变化大很多，ΔI_C 和 ΔI_B 成正比，两者之间具有线性关系，因此，此区域又称为线性区。在放大电路中，必须使晶体管工作在放大区。

在电路中，判断晶体管的电极、管型和材料的方法如下：

(1) 发射结处于正向偏置，对于硅管 $|U_{BE}|=0.7\ V$，锗管 $|U_{BE}|=0.2\ V$。

(2) 集电结处于反向偏置，$|U_{CB}|>1\ V$。

(3) NPN 型管集电极电位比发射极高，PNP 型管集电极电位比发射极低。

晶体管放大的外部条件见表 5-4。

表 5-4　晶体管放大的外部条件

NPN	PNP	NPN	PNP	NPN	PNP
发射结正偏	发射结正偏	集电结反偏	集电结反偏	$V_C>V_B>V_E$	$V_C<V_B<V_E$
$V_B>V_E$	$V_B<V_E$	$V_C>V_B$	$V_C<V_B$		

● **例 5-4**　电路如图 5-27 所示，晶体管工作在(　　)。

A. 放大区　　B. 饱和区　　C. 截止区　　D. 无法确定

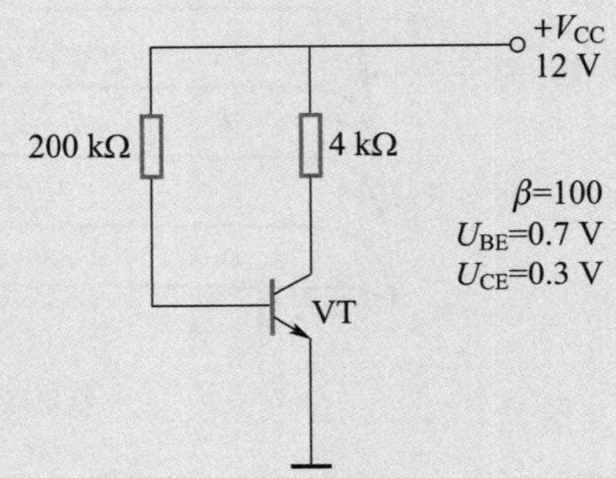

图 5-27　例 5-4 图

解：图 5-27 中晶体管的发射结和集电结处于正向偏置状态，所以晶体管工作在饱和区。

答案：B。

● **例 5-5**　一个晶体管在电路中处于正常放大状态，测得 A、B、C 三个端子搭铁的直流电位分别为 6 V、0.6 V、1.3 V。试判别三个端子分别是什么极，是硅管还是锗管？是 NPN 型管还是 PNP 型管？

解：因为 $V_C-V_B=0.7\ V$

所以 A 为集电极，硅管；

因为 $V_A=6\ V>V_B$ 和 V_C

所以该晶体管是 NPN 型管，C 为基极，B 为发射极。

● **例 5-6**　已知晶体管处于放大状态，要求在图 5-28 所示圆圈中画出管子，并说明其材料及三个电极的名称。

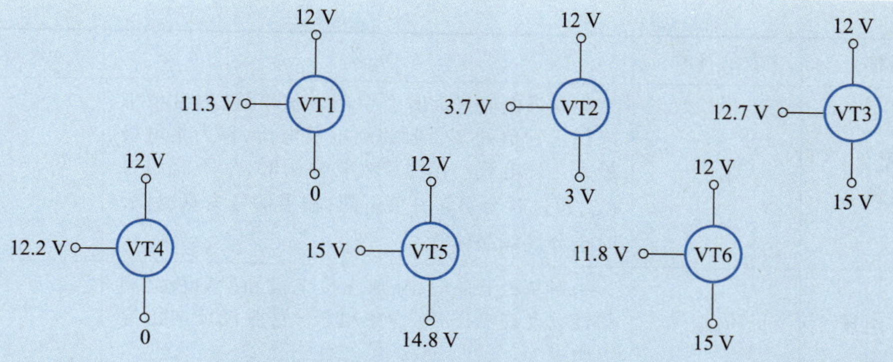

图 5-28　例 5-6 图

解：答案见图 5-29。

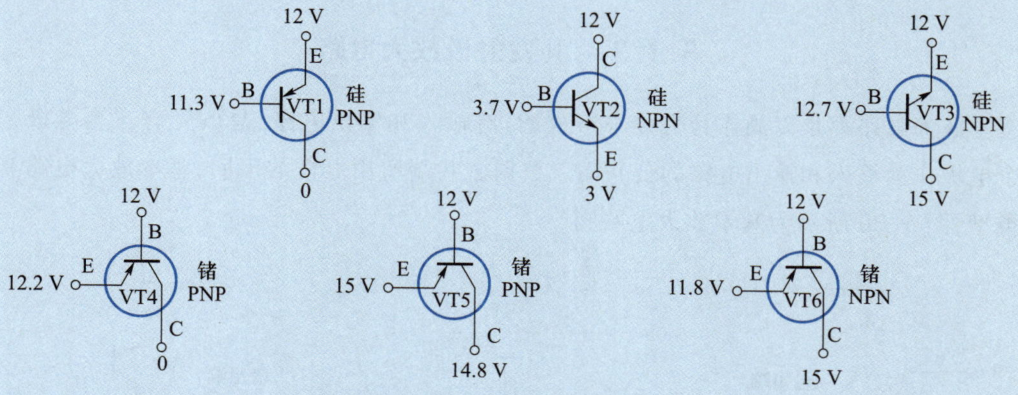

图 5-29　例 5-6 答案

四、晶体管的主要参数

晶体管的主要参数见表 5-5。

表 5-5　晶体管的主要参数

参数名称	表示符号	定义	公式
共发射极直流电流放大系数	$\bar{\beta}$	是指集电极电压一定时，集电极电流与基极电流的比	$\bar{\beta}=I_C/I_B$
共发射极交流电流放大系数	β	是指 U_{CE} 不变时，集电极电流的变化量与基极电流变化量的比	$\beta=\Delta I_C/\Delta I_B$ $\bar{\beta}\approx\beta$
集电极反向饱和电流	I_{CBO}	是指发射极开路时，集电极和基极之间施加反向电压时产生的电流，是集电结的反向饱和电流。对于晶体管而言，该值越小越好	—
穿透电流	I_{CEO}	是指集电极与发射极之间加一定反向电压时的集电极电流。由于这个电流似乎是从集电区穿过基区流至发射区，所以也称为穿透电流。这个电流应越小越好	—

续表

参数名称	表示符号	定义	公式
集电极最大允许电流	I_{CM}	集电极电流过大时会引起 β 值下降，当 β 值下降到正常值的 2/3 时的集电极电流，称为集电极最大允许电流。作为放大管使用时，I_C 不宜超过 I_{CM}，超过时会引起 β 值下降，输出信号失真，过大时也会烧坏晶体管	—
反向击穿电压	U_{CEO}	是指基极开路时，施加在集电极和发射极之间的最大允许电压，称为集电极-发射极反向击穿电压	—
集电极最大允许耗散功率	P_{CM}	是指集电极所消耗的最大功率。使用时，若超过此值，晶体管的性能变差或损坏	—

5.1.3 共发射极放大电路

基本放大电路都是以晶体管为核心组成的，有输入和输出电路，晶体管有三个电极，其中，有一个电极作为输入和输出电路的公共端。根据公共端所用电极的不同，基本放大电路有三种基本类型，图 5-30 所示为基本放大电路图。

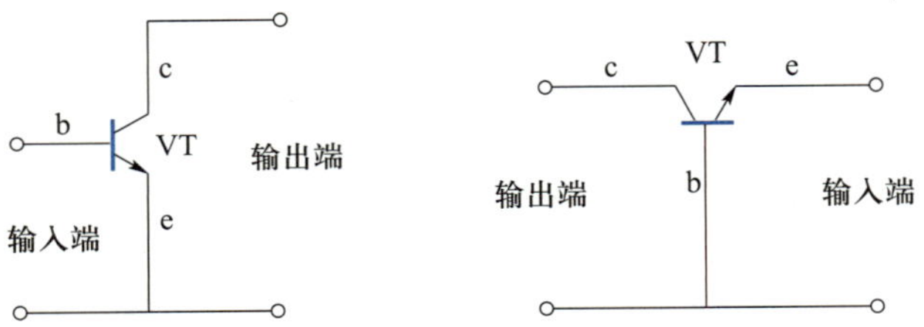

(a) 共发射极放大电路　(b) 共基极放大电路　(c) 共集电极放大电路

图 5-30　基本放大电路图

微课 共发射极基本放大电路的组成与原理

一、共发射极放大电路的组成和特点

（一）放大电路的组成

共发射极放大电路就是用晶体管的发射极作为放大器输入和输出电路的公共端组成的电路，如图 5-31 所示。其中，u_i 为放大电路输入信号；u_o 为放大电路输出信号；公共端通常称为“地”（实际上并非真正接到大地），其电位为零，是电路中其他各点电位的参考点，用“⊥”表示。

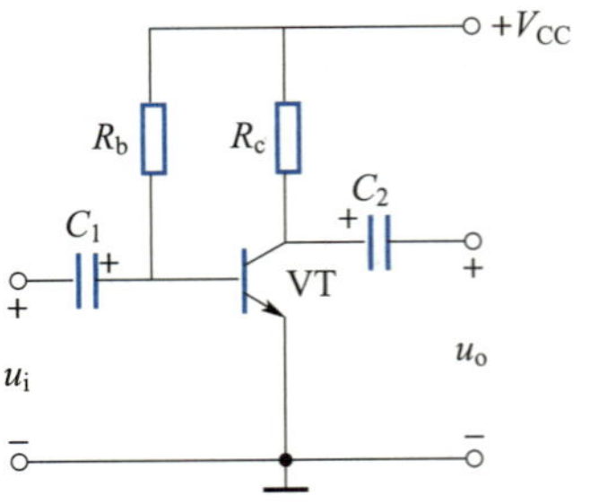

图 5-31　共发射极放大电路图

1. 组成共发射极放大电路的元件及作用

（1）集电极负载电阻

直流电源 $+V_{CC}$ 通过 R_c 使晶体管的集电结反向偏置，使晶体

管工作在线性放大区,同时也将集电极电流 I_C 变化转化为输出电压的变化。集电极负载电阻一般为几十千欧至几百千欧。

(2) 基极偏置电阻

直流电源+V_{CC} 通过 R_b 使晶体管的发射结正向偏置,给基极提供一个合适的静态电流 I_B。基极偏置电阻一般为几十千欧至几百千欧。

(3) 直流电源

直流电源为放大器工作提供能量,+V_{CC} 一般为几伏到几十伏。

(4) 输入耦合电容

输入耦合电容隔断直流,让交流信号通过,其电容量一般为几微法至几十微法,使用时要注意极性。

(5) 输出耦合电容

输出耦合电容隔断直流,让交流信号通过,其电容量一般为几微法至几十微法,使用时要注意极性。

(6) 晶体管

晶体管是放大电路的核心元件,用来放大电流。

2. 组成共发射极放大电路的原则

为了保证能将微弱的输入信号无失真地放大,放大电路必须满足以下条件:

(1) 保证晶体管处于放大状态,即发射结正向偏置,集电结反向偏置。

(2) 保证输入信号能输入晶体管输入端。

(3) 保证放大电路能输出信号。

(二) 放大电路的工作原理

在放大电路中,既有直流电源提供的直流量,也有待放大的交流输入量,还有直流和交流的混合量,为了区分这些量,习惯采用英文字母的不同组合来表示不同量。为了以后相关知识的学习,需要了解这些不同量的表示规则,见表 5-6。

表 5-6 变量表示规则

组合种类	例子	表示的含义
字母小写、下标小写	i_b、i_c	表示瞬时交流量
字母大写、下标大写	I_B、I_C	表示直流量
字母小写、下标大写	i_B、i_C	表示直流和交流的叠加量
字母大写、下标小写	I_b、I_c	表示交流量的有效值

以图 5-31 所示的共发射极放大电路来说明放大器的工作原理。

在输入交流信号 u_i 未加入前,直流电源 +V_{CC} 已经加在电路上,并产生了直流量,如基极电

流 I_B、集电极电流 I_C、发射结电压 U_{BE}、集电极和发射极之间的电压 U_{CE} 等。

当交流信号 u_i 输入后，u_i 通过电容 C_1 耦合到晶体管的基极与直流量叠加，从而使基极电流变为 $i_B(=I_B+i_b)$，基极电流的变化引起集电极电流变为 $i_C(=I_C+i_c)$，集电极电流的变化量在 R_c 上产生电压降，使集电极和发射极之间的电压 $U_{CE}=V_{CC}-i_CR_c$。

可以看出，i_C 增大时，U_{CE} 减小，即 U_{CE} 与 i_C 反相。U_{CE} 通过 C_2 的耦合，滤除其中的直流分量，输出放大的交流信号 u_o，这就是共发射极放大电路的工作原理。

（三）放大电路的特点

共发射极放大电路应用最为广泛，由以上分析可知其特点如下：

（1）输入信号和输出信号反相。

（2）有较大的电流和电压增益。

（3）一般用作放大电路的中间级。

（4）晶体管的集电极与零电位点之间是输出端，接负载电阻。

二、共发射极放大电路的分析

放大电路输入信号为零时，电路中只有直流电流；当有信号输入时，电路中还有交流电流。因此，放大电路中既有直流分量，又有交流分量，由于它们流通的路径不一样，因此，分析时要分开考虑，即从静态和动态两个方面进行分析。

微课
共发射极基本放大电路静态分析

（一）放大电路的静态分析

放大电路没有交流信号输入时的工作状态称为静态，静态分析的目的就是要确定放大电路的静态工作点 Q 点，即求出 I_B、I_C 和 U_{CE}，看 Q 点是否处于晶体管特性曲线的合理位置。

静态工作点的值都是直流量，为研究方便，首先需要画出共发射极放大电路的直流通路（即直流量所通过的路径），方法就是将图 5-31 中的两个耦合电容 C_1 和 C_2 视为开路，所得直流通路如图 5-32 所示。

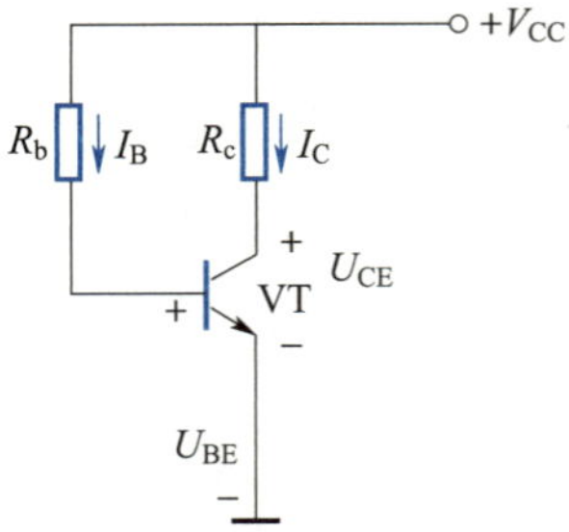

图 5-32 直流通路示意图

依据直流通路，以下分别采用估算法和图解法来确定静态工作点。

1. 估算法

由图 5-32 所示的直流通路可以计算出静态时的基极电流为

$$I_B=\frac{V_{CC}-U_{BE}}{R_b} \tag{5-2}$$

晶体管处于放大状态时，发射结电压 U_{BE} 基本不变，硅管 $U_{BE}=0.6\ \text{V}$，锗管 $U_{BE}=0.2\ \text{V}$。因此，一般情况下 V_{CC} 远大于 U_{BE}，为计算方便，可将其忽略，所以式(5-2)可写为

$$I_B\approx\frac{V_{CC}}{R_b} \tag{5-3}$$

由于晶体管具有电流放大能力，所以

$$I_C = \beta I_B + I_{CEQ} \approx \beta I_B \tag{5-4}$$

$$U_{CE} = V_{CC} - I_C R_c \tag{5-5}$$

• **例 5-7**　图 5-32 中，已知基极电阻 $R_b = 150\ \text{k}\Omega$，集电极电阻 $R_c = 1.2\ \text{k}\Omega$，电源电压 $V_{CC} = 6\ \text{V}$，晶体管 VT 的型号为 3DG6，$\beta = 50$，求放大电路的静态工作点。

解

$$I_B \approx \frac{V_{CC}}{R_b} = \frac{6\ \text{V}}{150\ 000\ \Omega} = 40\ \mu\text{A}$$

$$I_C \approx \beta I_B \approx 50\times 40\ \mu\text{A} \approx 2\ 000\ \mu\text{A} = 2\ \text{mA}$$

$$U_{CE} = V_{CC} - I_C R_c = (6 - 2\times 1.2)\ \text{V} = 3.6\ \text{V}$$

2. 图解法

图解法就是利用晶体管输出特性曲线，用作图的方法确定静态工作点，即求出 I_B、I_C 和 U_{CE} 的值。这种方法能够直观地了解静态工作点对放大电路的影响。

图解法求解步骤如下：

第 1 步：依据图 5-32 所示直流通路中的输入回路方程，求出基极静态电流 I_B。

输入回路方程为

$$V_{CC} = I_B R_B + U_{BE} \tag{5-6}$$

$$I_B = \frac{V_{CC} - U_{BE}}{R_b} \tag{5-7}$$

$$I_B \approx \frac{V_{CC}}{R_b} \tag{5-8}$$

第 2 步：在坐标平面作出晶体管输出特性曲线，如图 5-33 所示。

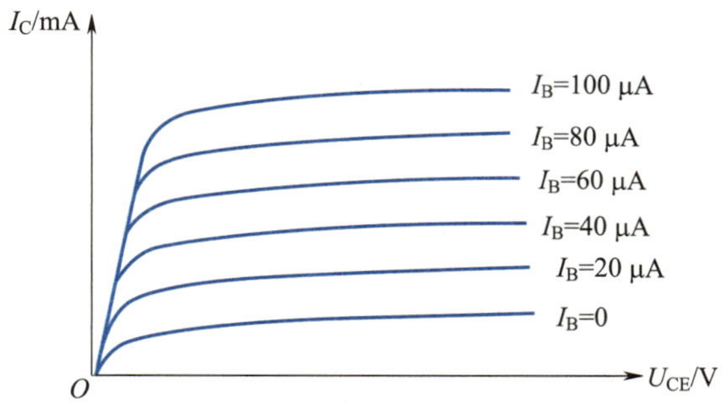

图 5-33　晶体管输出特性曲线

第 3 步：根据直流通路，列出放大电路输出回路方程为

$$U_{CE} = V_{CC} - I_C R_c \tag{5-9}$$

第 4 步：依据输出回路方程，在输出特性曲线中作出直流负载线。

令 $I_C=0$，得 $U_{CE}=V_{CC}$ 为 M 点，令 $U_{CE}=0$，得 $I_C=V_{CC}/R_c$ 为 N 点，连接 M 点和 N 点，即可得到直流负载线 MN（直线 MN 的斜率为 $-1/R_c$，仅与集电极电阻 R_c 有关，而且此时电路中的电压、电流均为直流，所以直线 MN 称为放大电路的直流负载线），如图 5-34(a)所示。

在输出特性曲线中，直流负载线必然和已求得的基极静态电流 I_B 有一个交点，这个交点为静态工作点 Q，Q 点的坐标直观地反映出静态工作点的三个量值 I_B、I_C 和 U_{CE}，即所求静态工作点，如图 5-34(b)所示。

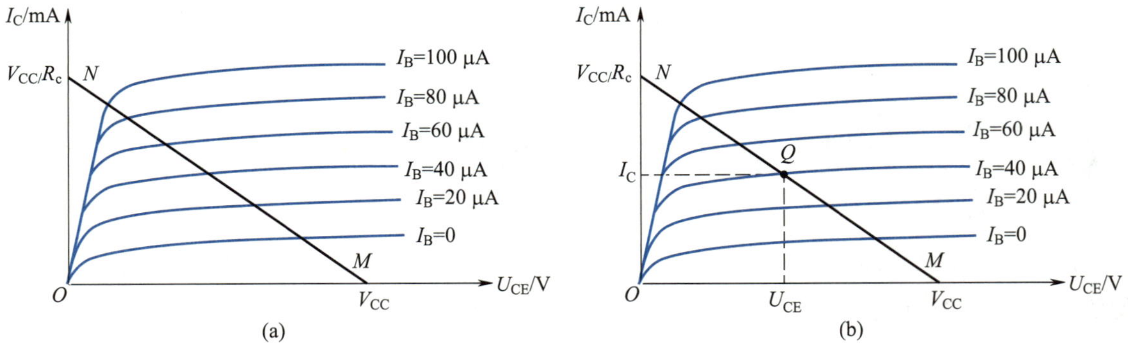

图 5-34 图解法求静态工作点

微课
共发射极基本放大电路动态分析

（二）放大电路的动态分析

放大电路有交流信号输入时的工作状态称为动态。动态分析的目的就是要确定放大器的电压放大倍数 A_u、放大电路的输入电阻 r_i 和输出电阻 r_o。动态分析一般也有两种方法，分别为微变等效电路法和图解法。

1. 微变等效电路法

下面以图 5-31 所示的共发射极放大电路为例进行说明。

微变等效电路法的基本思想：当输入信号变化的范围很小时，可以认为晶体管电压、电流变化量之间的关系基本是线性的。在很小的范围内，晶体管可用线性电路等效替代。

（1）根据晶体管输入特性确定输入回路的线性等效电路。在图 5-35(a)中，在小信号情况下，输入特性可用直线近似替代，因此有 $\Delta u_{BE}/\Delta i_B=r_{be}$（$r_{be}$ 是常数），即 r_{be} 为晶体管的输入电阻。所以从输入端看进去，晶体管可等效为电阻 r_{be}，如图 5-35(b)所示。r_{be} 可由下式确定：

$$r_{be}=300+(1+\beta)\frac{26(\text{mV})}{I_E(\text{mA})} \tag{5-10}$$

（2）根据晶体管输出特性确定输出回路的线性等效电路。由图 5-36 可以看出，晶体管输出特性的特点是，i_C 基本不随 u_{CE} 的变化而变化，具有恒流源特性，i_C 受 i_B 控制具有受控源特性。所以从输出端看进去，晶体管可等效为受控电流源，如图 5-35(b)所示。

该线性等效电路是在小信号条件下得到的，称为微变等效电路。利用微变等效电路可以计算放大电路的动态指标。

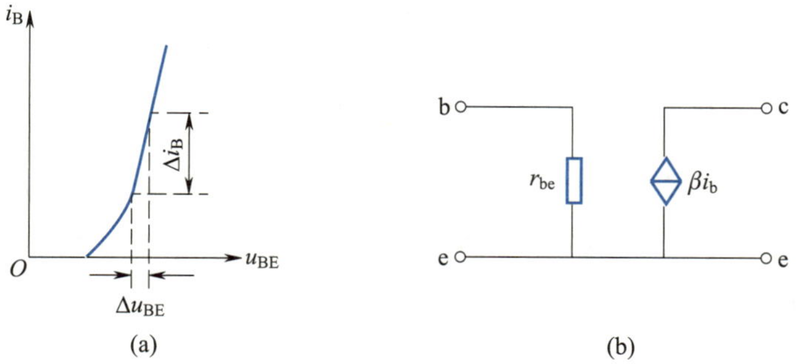

图 5-35　线性等效电路图

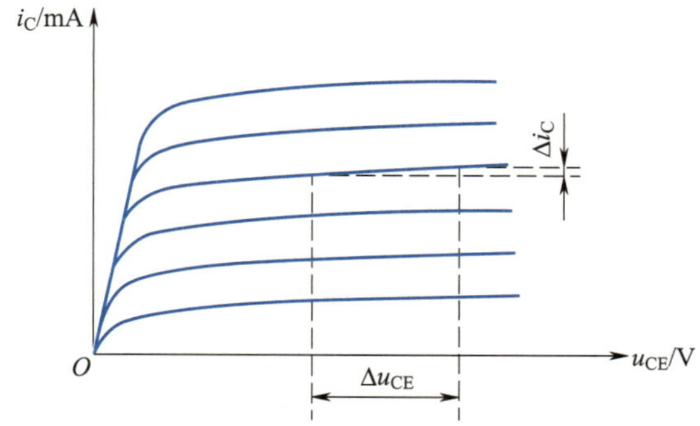

图 5-36　线性等效电路输出特点

（3）计算步骤如下：

第 1 步，画出放大电路的交流通路。以图 5-31 所示的共发射极放大电路为例，将电路中的直流电源 V_{CC} 视为交流搭铁，将耦合电容短路，即可得到放大电路的交流通路如图 5-37(a)所示。

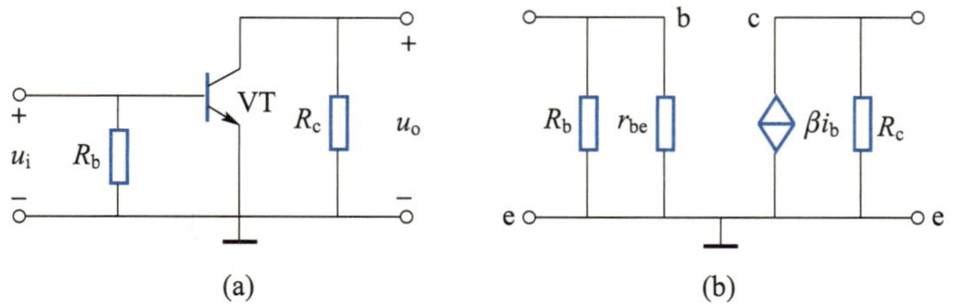

图 5-37　共发射极微变等效电路图

第 2 步，将晶体管用微变等效电路替代，得到放大电路的微变等效电路。

用图 5-35(b)所示的晶体管微变等效电路替换图 5-37(a)所示交流通路中的晶体管，可得到放大电路的微变等效电路如图 5-37(b)所示。

第 3 步，利用微变等效电路进行动态指标的计算。

放大电路输入电阻 r_i 的计算：放大电路输入电阻 r_i 表示输入电压与输入电流之比，用该参

数可以衡量放大电路对输入信号源的影响。由图 5-37(b)得

$$r_i = \frac{u_i}{i_i} = R_b /\!/ r_{be} \tag{5-11}$$

从放大器的性能来说,输入电阻越大越好,输入电阻越大,对信号源的影响就越小。

放大电路输出电阻 r_o 的计算:放大电路输出电阻 r_o 表示放大电路输出端的交流等效电阻,其数值等于输出电压与输出电流之比。由图 5-37(b)得

$$r_o = \frac{u_o}{i_o} = R_c \tag{5-12}$$

从放大器的性能来说,输出电阻越小越好,输出电阻越小,带负载的能力越强。

放大电路电压放大倍数 A_u 的计算:电压放大倍数 A_u 是指放大器输出电压的变化量与输入电压的变化量之比,它是衡量放大电路放大能力的参数。有

$$A_u = \frac{u_o}{u_i} = -\frac{\beta R_c}{r_{be}} \tag{5-13}$$

式中,负号表示输出电压和输入电压相位相反。如果放大器输出端带负载 R_L,则电压放大倍数 A_u 为

$$A_u = \frac{u_o}{u_i} = -\frac{\beta R_L'}{r_{be}} \tag{5-14}$$

$$R_L' = R_c /\!/ R_L \tag{5-15}$$

由此可见,放大器带负载后电压放大倍数会降低,负载 R_L 越小,电压放大倍数越低。

2. 图解法

下面以图 5-38 所示的共发射极放大电路为例进行说明。

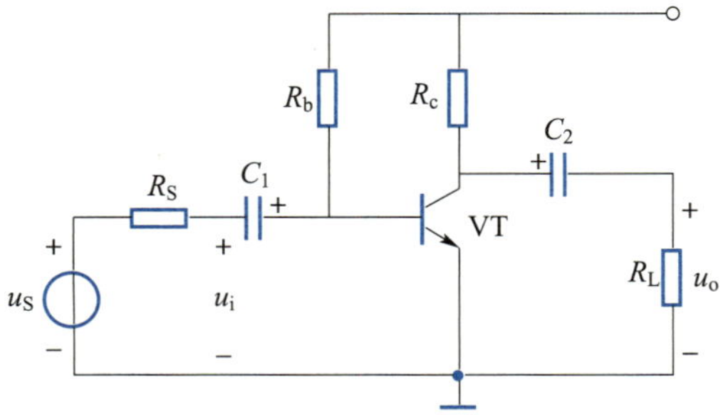

图 5-38 共发射极放大电路图

图解法是指通过作交流负载线,来分析放大电路的动态工作情况以及非线性失真。

(1) 分析动态工作情况。放大电路有输入信号时,由输入信号产生的交流电流 i_c 与 u_{ce} 之间的关系可由图 5-39 所示的交流通路确定,即

$$u_{ce} = -R_L' i_c \tag{5-16}$$

$$R'_L = R_c // R_L \tag{5-17}$$

再考虑到直流电源所产生的直流分量，则 $u_{CE}=u_{ce}+U_{CE}$，$i_C=i_c+I_C$，将式(5-16)和式(5-17)代入式(5-18)，得

$$i_C=\left\{-\frac{1}{R'_L}\right\}u_{CE}+\left\{\frac{U_{CE}}{R'_L}+I_C\right\} \tag{5-18}$$

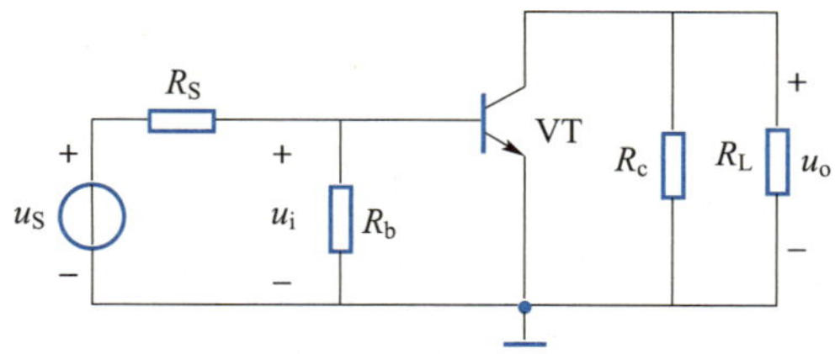

图 5-39 共发射极交流通路

式(5-18)表示的直线为交流负载线。该直线斜率为 $-1/R'_L$，且过静态工作点 Q。交流负载线确定了动态时 i_C 与 u_{CE} 的关系，所以用图解法分析动态工作情况时，关键是画出交流负载线。

交流负载线的画法：首先过原点 O 作一条斜率为 $-1/R'_L$ 的直线，如图 5-40 中虚线所示；然后过静态工作点作斜率为 $-1/R'_L$ 的直线的平行线，即可得交流负载线，如图 5-40 所示。

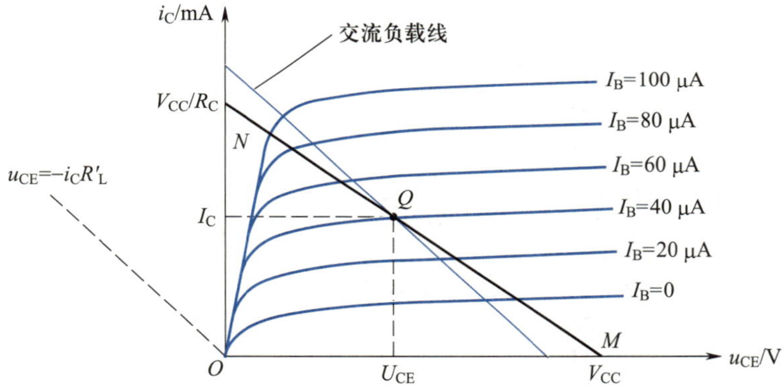

图 5-40 共发射极放大电路的交流负载线

根据交流负载线可以画出有输入信号时各电流、电压波形，如图 5-41 所示。

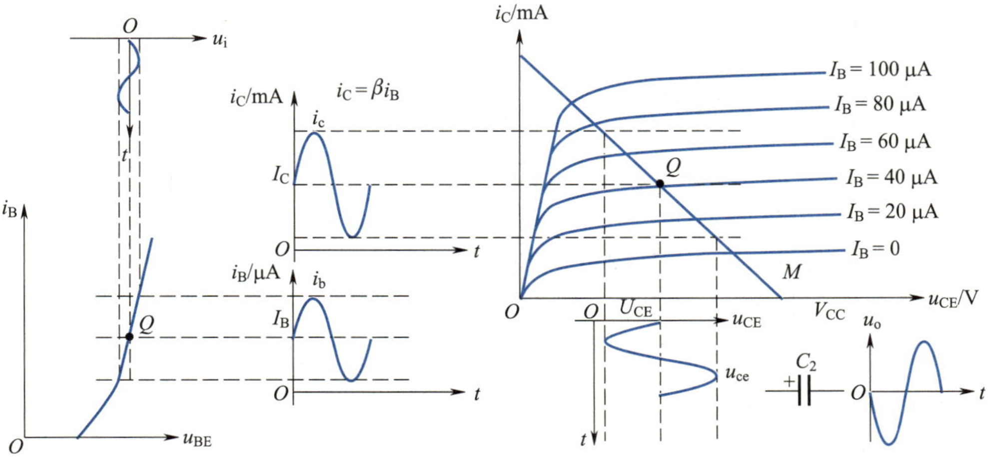

图 5-41 电流、电压波形

(2) 分析静态工作点不合适引起的失真。静态工作点不合适引起的失真有截止失真和饱和失真两种。

① 截止失真:由于静态工作点设置过低所产生的失真。产生截止失真的原因是静态工作点设置过低。消除方法:减小 R_b,增大 I_B,提高 Q 点。

② 饱和失真:由于静态工作点设置过高所产生的失真。产生饱和失真的原因是静态工作点设置过高。消除方法:增大 R_b,减小 I_B,降低 Q 点。

• **例 5-8** 在图 5-31 中,已知基极电阻 $R_b=300\ \text{k}\Omega$,集电极电阻 $R_c=3\ \text{k}\Omega$,电源电压 $V_{CC}=12\ \text{V}$,晶体管 VT 的型号为 3DG6,$\beta=50$,$R_L=3\ \text{k}\Omega$。求电路带负载与不带负载时的放大倍数、输入电阻与输出电阻。

解:

$$I_B=\frac{V_{CC}-U_{BE}}{R_b}\approx\frac{V_{CC}}{R_b}=\frac{12\ \text{V}}{300\ \text{k}\Omega}=40\ \mu\text{A}$$

$$I_C=\beta I_B=50\times40\ \mu\text{A}=2\ \text{mA}$$

$$I_E\approx I_C=2\ \text{mA}$$

$$r_{be}=300\ \Omega+(1+\beta)\frac{26(\text{mV})}{I_E(\text{mA})}=963\ \Omega$$

$$A_u=\frac{u_o}{u_i}=\frac{\beta R_c}{r_{be}}=155.76(\text{不带负载})$$

$$A_u=\frac{u_o}{u_i}=-\frac{\beta R_L'}{r_{be}}=-77.88(\text{带负载})$$

$$r_i=\frac{u_i}{i_i}=R_b//r_{be}\approx933\ \Omega$$

$$r_o=\frac{u_o}{i_o}=R_c=3\ \text{k}\Omega(\text{不带负载})$$

$$R_L'=R_c//R_L=1.5\ \text{k}\Omega(\text{带负载})$$

5.1.4 晶闸管的识别与检测

晶闸管又称为可控硅,是硅晶体闸流管的简称,是一种大功率半导体器件,出现于 20 世纪 70 年代。它的出现使半导体器件由弱电领域扩展到强电领域。利用其整流可控特性可方便地对大功率电源进行控制和变换。晶闸管具有体积小、质量轻、耐压高、无噪声、使用寿命长、容量大(正向平均电流达千安,正向耐压达数千伏)等特点。

一、晶闸管的结构与符号

晶闸管由四层半导体 P_1、N_1 和 P_2、N_2 重叠构成,中间形成三个 PN 结 J_1、J_2 和 J_3。最外层的

P_1 和 N_2 分别引出阳极 A 和阴极 K，中间的 P_2 层引出控制极 G，如图 5-42 所示。

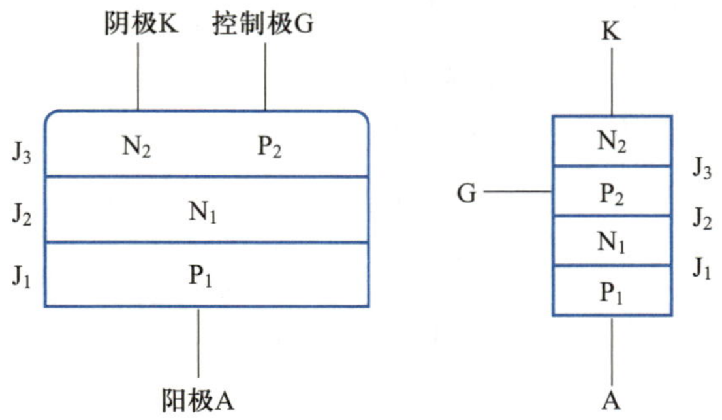

图 5-42　晶闸管的结构

二、晶闸管的工作原理

晶闸管具有导通和截止（阻断）两种工作方式，当晶闸管的阳极与阴极之间加反向电压时，由于 PN 结 J_1 和 J_3 处于反向偏置，无论控制极是否加电压，晶闸管均不会导通，相当于开关处于断开状态，称为反向阻断。

当晶闸管的阳极与阴极之间加正向电压，控制极不加电压时，由于 PN 结 J_2 处于反向偏置，晶闸管也不会导通，也相当于开关处于断开状态，称为正向阻断。

当晶闸管的阳极与阴极之间加正向电压，控制极与阴极之间也加正向电压时，晶闸管可以导通，且导通后管子的压降很小，只有 1 V 左右，相当于开关处于闭合状态。可把晶闸管等效地看成由一个 NPN 型晶体管 VT_1 和一个 PNP 型晶体管 VT_2 组合而成。阳极 A 是 VT_2 的发射极，阴极 K 是 VT_1 的发射极，VT_1 的基极与 VT_2 的集电极相连成为控制极 G，而 VT_2 的基极与 VT_1 的集电极也连在一起，如图 5-43 所示。

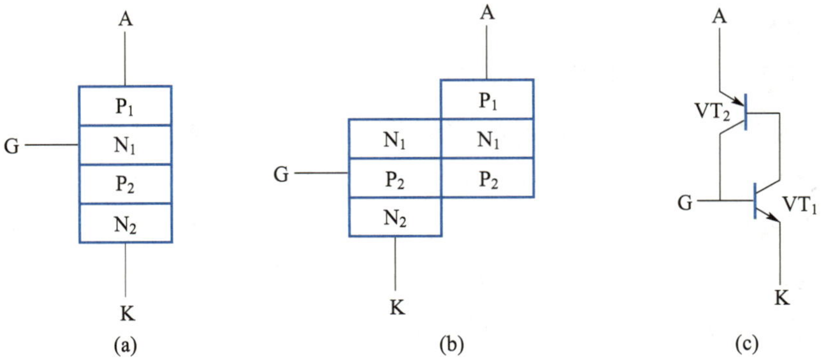

图 5-43　晶闸管的工作原理图

控制极不加电压时，$I_G = 0$，尽管这时晶闸管的阳极和阴极之间加有正向电压，由于 VT_1 没有基极电流输入，因此，VT_1 和 VT_2 中只有很小的漏电流，晶闸管处于阻断状态。

控制极加正向电压 U_G，而阳极通过电阻 R_A 也加上正向电压 U_A，使两个晶体管的发射结均为正向偏置，集电结均为反向偏置，均处于放大状态。此时 I_G 就是 VT_1 的基极电流 I_{B1}，经 VT_1 放大后，得到 VT_1 的集电极电流 I_{C1}，而 I_{C1} 又是 VT_2 的基极电流 I_{B2}，再经 VT_1 放大，得到 VT_2 的集电极电流 I_{C2}。I_{C2} 又流入 VT_1 基极，再次放大，这样循环下去，反复放大，形成强烈的正反馈，使两个晶体管迅速进入饱和状态，即晶闸管导通。导通后，其压降很小，电压 U_A 几乎全部加到负载电阻 R_A 上，所以晶闸管导通后的电流大小取决于外电路参数，如图 5-44 所示。

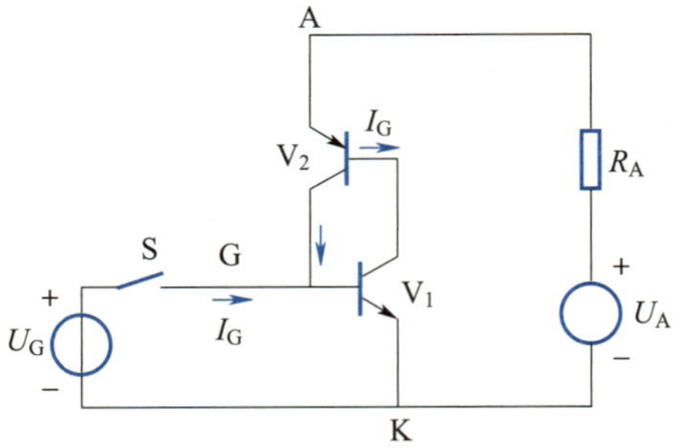

图 5-44 晶闸管的工作原理图

若控制极不加正向电压，而是提高阳极电压，则 VT_1 和 VT_2 中的正向漏电流增大，当阳极电压达到某一限度时，正向漏电流增大到能产生正反馈的程度，也会导致晶闸管的导通。晶闸管导通后，再把开关 S 打开，使控制电流 I_G 消失，但由于管子本身的正反馈自保持作用，晶闸管仍然处于导通状态。因此，控制极的作用仅是触发晶闸管导通，导通后，控制极就失去了控制作用。若要晶闸管回到阻断状态，必须使阳极电流减小到不能维持其正反馈的数值，晶闸管自行关断，此时对应的阳极电流称为维持电流，用 I_H 表示。根据这个情况，要使晶闸管由导通状态回到阻断状态，也可以通过将阳极与电源断开或给阳极与阴极之间加一反向电压的方式。

可见，晶闸管相当于一个可控的单向导通开关，其导通必须同时具备以下两个条件：

（1）在阳极和阴极之间加适当的正向电压 U_{AK}。

（2）在控制极和阴极之间加适当的正向触发电压 U_{GK}，在实际工作中，U_{GK} 常采用正向触发脉冲信号。

三、晶闸管的工作特性与主要参数

（一）正向特性

$U_{AK}>0$，$I_G=0$ 时，晶闸管正向阻断，对应特性曲线的 OA 段。此时，晶闸管阳极和阴极之间呈现很大的正向电阻，只有很小的正向漏电流。当 U_{AK} 增加到正向转折电压 U_{BO} 时，PN 结 J_2 被击穿，漏电流突然增大，从点 A 迅速经点 B 跳到点 C，晶闸管转入导通状态。晶闸管正向导通以后工作在 BC 段，电流很大而管压降只有 1 V 左右，此时的伏安特性和普通二极管的正向特性相似。晶闸管导通以后，如果减小阳极电流 I_A，则当 I_A 小于维持电流 I_H 时，突然由导通状态变为阻断，特性曲线由点 B 跳到点 A，如图 5-45 所示。

晶闸管的这种导通是正向击穿现象，很容易造成晶闸管永久性损坏，实际工作中应避免这种现象发生。另外，外加电压超过正向转折电压时，不论控制极是否加正向电压，晶闸管均会导通，控制极会失去控制作用，这种现象也是不应该出现的，这是因为在可控整流电路中，应该由控制极电压来决定晶闸管何时导通，使之成为一个可控开关，所以，晶闸管的正常导通方式应该是在控制极施加正向触发电压。从图 5-45 中可以发现，晶闸管的触发电流 I_G 越大，就越容易导通，正向转折电压就越低。不同规格的晶闸管所需的触发电流是不同的，一般情况下，晶闸管的正向平均电流越大，所需的触发电流也越大。

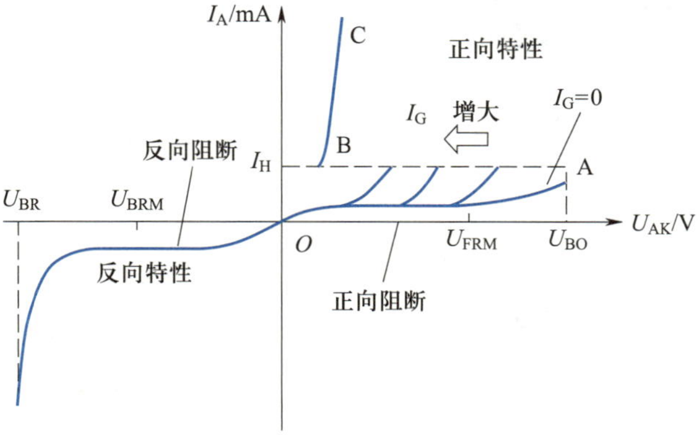

图 5-45　晶闸管的工作特性

（二）反向特性

晶闸管承受反向电压，晶闸管只有很小的反向漏电流，此段特性与二极管反向特性很相似，晶闸管处于反向阻断状态。当反向电压超过反向击穿电压 U_{BR} 时，反向电流剧增，晶闸管反向击穿。

（三）晶闸管的主要参数

（1）额定正向平均电流 I_T：I_T 是指在环境温度不超过 40 ℃ 和标准散热及全导通的条件下，在电阻性负载的电路中，晶闸管可以连续通过的工频正弦半波电流在一个周期内的平均值。它也称作通态平均电流，简称为正向电流。在选择晶闸管时，其正向电流 I_T 应为安装处实际通过最大平均电流的 1.5~2 倍。

（2）维持电流 I_H：在规定环境温度下，控制极断开后，维持晶闸管继续导通的最小电流称为维持电流 I_H，当正向电流小于 I_H 时，晶闸管自行关断。

（3）正向重复峰值电压 U_{FRM}。在晶闸管控制极开路且正向阻断情况下，可以重复加在晶闸管上的正向峰值电压，用 U_{FRM} 表示。通常规定 U_{FRM} 为正向转折电压 U_{BO} 的 80%。

（4）反向重复峰值电压 U_{BRM}。在控制极开路时，可以重复加在晶闸管上的反向峰值电压，用 U_{BRM} 表示。通常规定 U_{BRM} 为反向击穿电压 U_{BR} 的 80%。通常把 U_{FRM} 和 U_{BRM} 中较小者作为晶闸管的额定电压。选用晶闸管时，额定电压应为正常工作时峰值电压的 2~3 倍，作为允许的过电压余量。

5.2　电源变换分析

学习目标

了解交流-直流、直流-直流、直流-交流、交流-交流的概念，掌握其组成和工作原理，具备电路分析的能力和解题思路，掌握桥式整流和滤波等电路的搭建与测试，培养积累学习的习惯和团结协作的能力。

知识学习

5.2.1　交流—直流变换（AC/DC）

一、整流电路

整流电路主要是靠二极管的单向导电性将交流电变换为直流电。根据交流电源的相数，整流电路可分为单相整流、三相整流和多相整流。从整流后所得电压波形来看，又可分为半波整流与全波整流。如在汽车交流发电机中，会利用二极管组成的整流器将发电机输出的三相交流电变换为直流电。

微课
半波整流

（一）单相半波整流电路

单相半波整流电路图如图5-46所示，其中，u_1、u_2分别表示变压器的一次侧和二次侧交流电压，R_L为负载电阻，负载R_L将电能转换成其他能量。

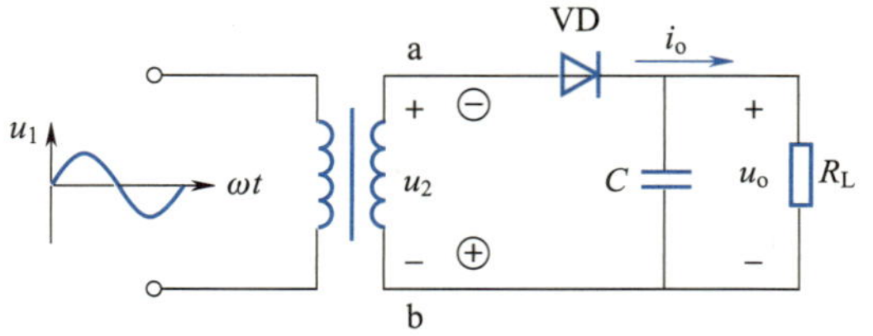

图5-46　单相半波整流电路图

1. 工作原理

设正弦交流电 $u_2=\sqrt{2}U_2\sin\omega t$ V，其中，U_2为变压器二次侧电压有效值，由图5-46分析如下。

（1）在0~π时间内，即在u_2的正半周内，变压器二次侧电压是上端a为正、下端b为负，二极管VD承受正向电压而导通，此时负载中有电流流过，并且和二极管上电流相等，即$i_o=i_D$。忽略二极管的管压降，负载上输出电压$u_o=u_2$，输出波形与u_2相同，如图5-47所示。

（2）在π~2π时间内，即在u_2的负半周内，变压器二次侧电压是上端a为负、下端b为正，二极管VD承受反向电压而截止，负载上无电流流过，输出电压$u_o=0$，此时u_2电压全部加在二极管VD上。

所以在一个周期内，负载R_L上产生单方向的脉动电压u_o。

2. 电路参数指标

由波形可见，此电路一半周期波形不为零，另外一半周期波形为零，因此称为半波整流电路。

（1）负载上输出电压U_O（取u_o的平均值）为

$$U_O=0.45U_2 \tag{5-19}$$

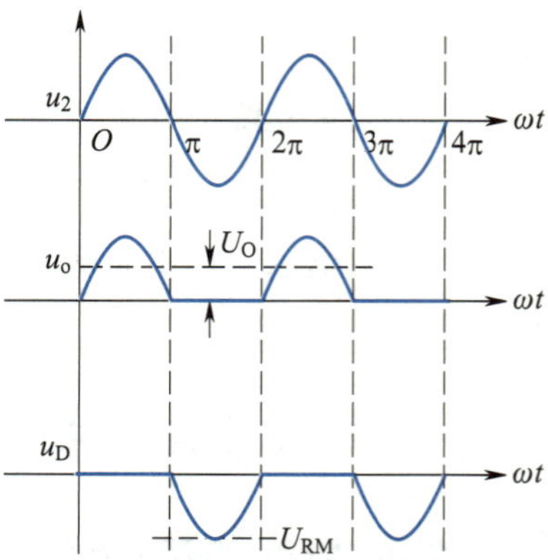

图5-47　单相半波整流波形

（2）流过负载上的平均电流 I_O 为

$$I_O=\frac{U_O}{R_L}=0.45\frac{U_2}{R_L} \tag{5-20}$$

（3）流过整流二极管的平均电流 I_D 为

$$I_D=I_O=0.45\frac{U_2}{R_L} \tag{5-21}$$

（4）二极管承受的最大反向电压 U_{RM}（电压 U_2 的峰值）为

$$U_{RM}=\sqrt{2}U_2 \tag{5-22}$$

单相半波整流电路的特点是电路简单，使用元件少，变压器利用率低和整流效率低，输出电压脉动大，所以单相整流仅用在小电流且对电源要求不高的场合。

（二）单相桥式整流电路

单相桥式整流电路图如图 5-48(a)所示，由变压器、四个整流二极管和负载组成，属全波整流电路。所谓桥式整流就是先将四个整流二极管组成一个电桥，然后对交流电进行整流，这个电桥也可以简化成图 5-48(b)的形式。

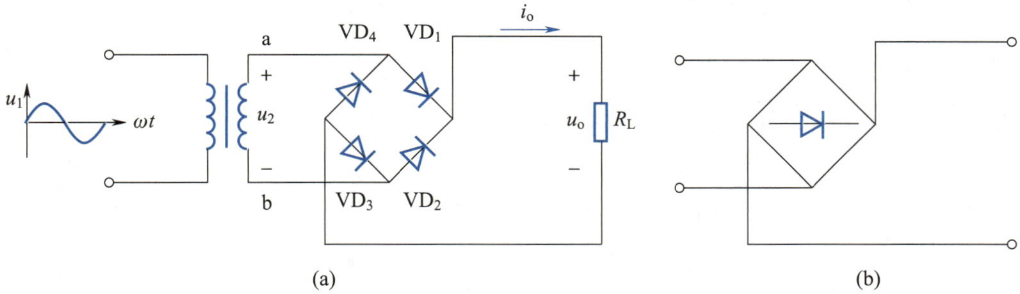

图 5-48　单相桥式整流电路图

微课
桥式整流

1. 工作原理

设正弦交流电 $u_2=\sqrt{2}U_2\sin\omega t$ V，其中，U_2 为变压器二次侧电压有效值，由图 5-48 分析可知。

（1）当 u_2 是正半周时，u_2 的实际极性是上正下负，二极管 VD_1 和 VD_3 导通，二极管 VD_2 和 VD_4 截止，负载 R_L 上的电流 i_o 自上而下流过负载，负载上得到了与 u_2 正半周相同的电压。

（2）当 u_2 是负半周时，u_2 的实际极性是下正上负，二极管 VD_2 和 VD_4 导通，二极管 VD_1 和 VD_3 截止，负载 R_L 上的电流 i_o 仍然自上而下流过负载，负载上得到了与 u_2 的正半周相同的电压，如图 5-49 所示。

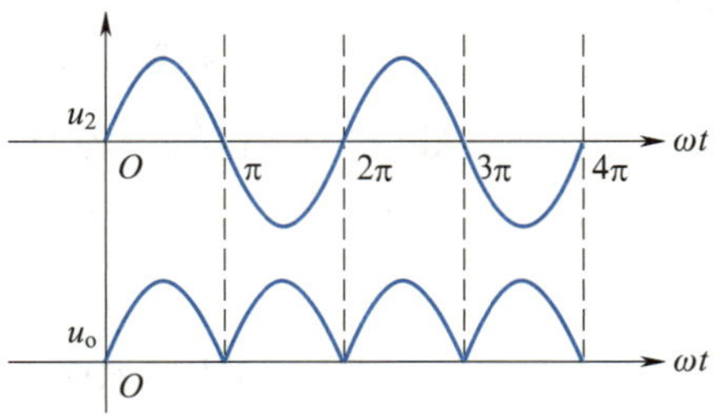

图 5-49　单相桥式整流波形

2. 电路参数指标

（1）负载上输出电压 U_O 为

$$U_O = 0.9U_2 \tag{5-23}$$

（2）流过负载上的平均电流 I_O 为

$$I_O = \frac{U_O}{R_L} = 0.9\frac{U_2}{R_L} \tag{5-24}$$

（3）流过整流二极管的平均电流 I_D 为

$$I_D = \frac{1}{2}I_O = 0.45\frac{U_2}{R_L} \tag{5-25}$$

（4）二极管承受的最大反向电压 U_{RM}（电压 U_2 的峰值）为

$$U_{RM} = \sqrt{2}U_2 \tag{5-26}$$

综上所述，单相桥式整流电路使负载上的电压与电流的有效值都比单相半波整流提高一倍，因此，桥式整流电路得到广泛应用。

例 5-9 在图 5-48 所示的单相桥式整流电路中，已知交流电压 $u_2 = 100\sin\omega t$ V，若有一个二极管损坏（断开），输出电压的平均值 U_O 为多少？

解：（1）首先计算交流电压的平均值 U_2 为

$$U_2 = \frac{100}{\sqrt{2}}\ \text{V} \approx \frac{100}{1.414}\ \text{V} \approx 70.72\ \text{V}$$

（2）由于有一个二极管断开，则电路等效成单相半波整流电路，由公式 $U_O = 0.45U_2$，得出 U_O

$$U_O = 0.45\times70.72\ \text{V} = 31.82\ \text{V}$$

答：输出电压平均值 U_O 为 31.82 V。

（三）三相桥式整流电路

汽车交流发电机大都采用三相桥式整流电路将交流电变换为直流电，三相桥式整流电路输出电压的脉动小，而且在直流电压相等的情况下，整流管承受的最大反向电压是三相半波时的 1/2。

微课
三相桥式整流

三相桥式整流电路图如图 5-50 所示，它由三相绕组、六个二极管和负载组成。其中，三相绕组 U、V 和 W 既可以是三相变压器的二次绕组，也可以是交流发电机的三相定子绕组；六个二极管分为两组，VD_1、VD_3、VD_5 三只二极管的负极连在一起，称为负极管；VD_2、VD_4、VD_6 三只二极管的正极连在一起，称为正极管。

1. 工作原理

三相电压 u_A、u_B、u_C 的波形如图 5-51 所示，表达式为

$$u_A = \sqrt{2}U_U\sin\omega t$$

$$u_B=\sqrt{2}U_V\sin(\omega t-120°)$$

$$u_C=\sqrt{2}U_W\sin(\omega t+120°)$$

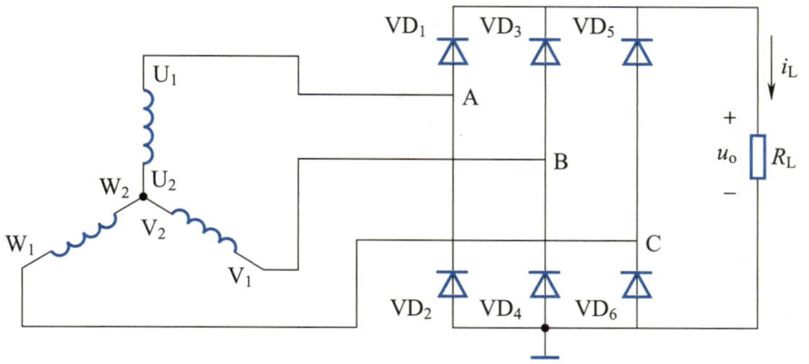

图 5-50　三相桥式整流电路图

整流过程如下：

（1）在 $t_1 \sim t_2$ 时间内，三相电压中点 A 电位最高，点 B 电位最低，于是 VD_1 和 VD_4 承受正向电压而导通。负载电流的流向为 $A \to VD_1 \to R_L \to VD_4 \to B$，负载电压等于线电压 u_{AB}。

（2）在 $t_2 \sim t_3$ 时间内，三相电压中点 A 电位最高，点 C 电位最低，于是 VD_1 和 VD_6 承受正向电压而导通。负载电流的流向为 $A \to VD_1 \to R_L \to VD_6 \to B$，负载电压等于线电压 u_{AC}。

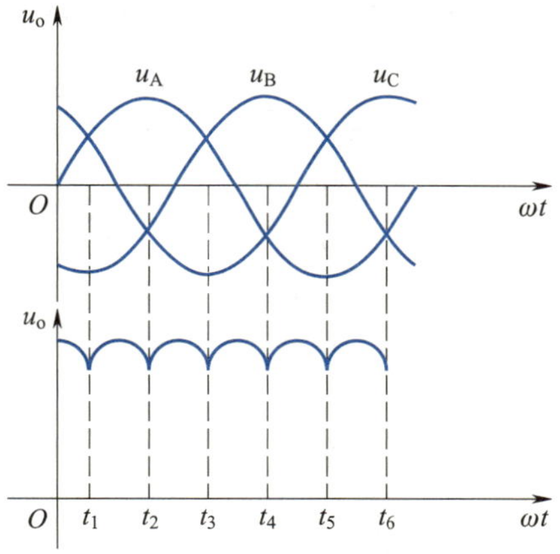

图 5-51　三相桥式整流电路波形图

（3）在 $t_3 \sim t_4$ 时间内，三相电压中点 B 电位最高，点 C 电位最低，于是 VD_3 和 VD_6 承受正向电压而导通。负载电流的流向为 $B \to VD_3 \to R_L \to VD_6 \to C$，负载电压等于线电压 u_{BC}。

依此类推，便可列出二极管的导通顺序，各组二极管的导通情况是每隔 1/6 周期交换一次，每只二极管持续导通 1/3 周期。负载 R_L 两端电压 u_o 的波形图如图 5-51 所示。三相交流电压经过三相桥式整流电路的整流，在负载上得到的是一个单向脉动的直流电压。

2. 电路参数指标

（1）通过计算可得三相桥式整流电路输出电压的平均值为

$$U_O=2.34U_P \tag{5-27}$$

式中：U_P——三相交流电源相电压的有效值。

（2）流过负载电流的平均值为

$$I_O=\frac{U_O}{R_L}=2.34\frac{U_P}{R_L} \tag{5-28}$$

二、滤波电路

整流电路可以把交流电压转换成直流脉动电压。在某些设备的使用(如电镀、蓄电池充电等)中,这种脉动电压可以满足要求,但是在大多数电子设备中,脉动电压不能满足要求,因此整流电路后需要加接滤波电路(也称为滤波器),以改善输出电压的脉动程度。常用的滤波器有电容滤波器、电感滤波器和复式滤波器。

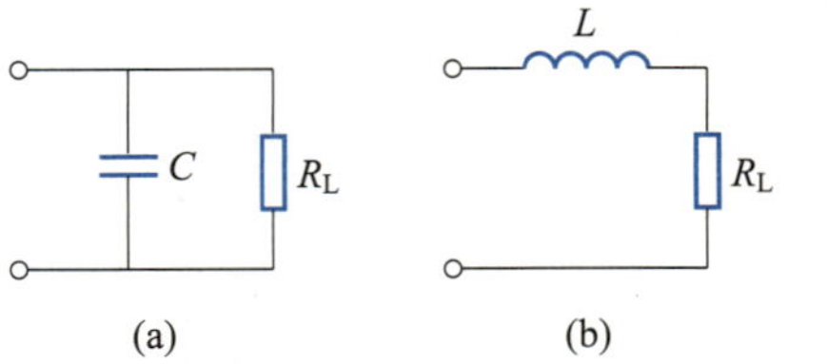

图 5-52 滤波电路的结构

滤波电路的结构特点:电容与负载 R_L 并联如图 5-52(a)所示,或电感与负载 R_L 串联如图 5-52(b)所示。

(一) 电容滤波器

微课
电容滤波

1. 滤波电路

图 5-53(a)和图 5-53(b)中与负载并联的电容就是一个最简单的滤波器。电容滤波器是根据电容电压在电路状态改变时不能跃变的原理而设计的。

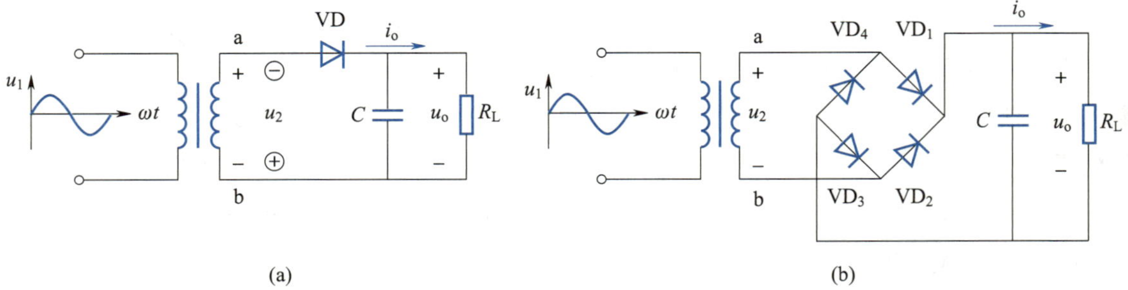

图 5-53 电容滤波电路图

2. 输出波形

图 5-54(a)中的虚线和实线分别表示单相半波整流电路不接滤波电容和接滤波电容的波形,图 5-54(b)中的虚线和实线分别表示单相桥式整流电路不接滤波电容和接滤波电容的波形。显然,接上滤波电容后的输出电压脉动程度减小。

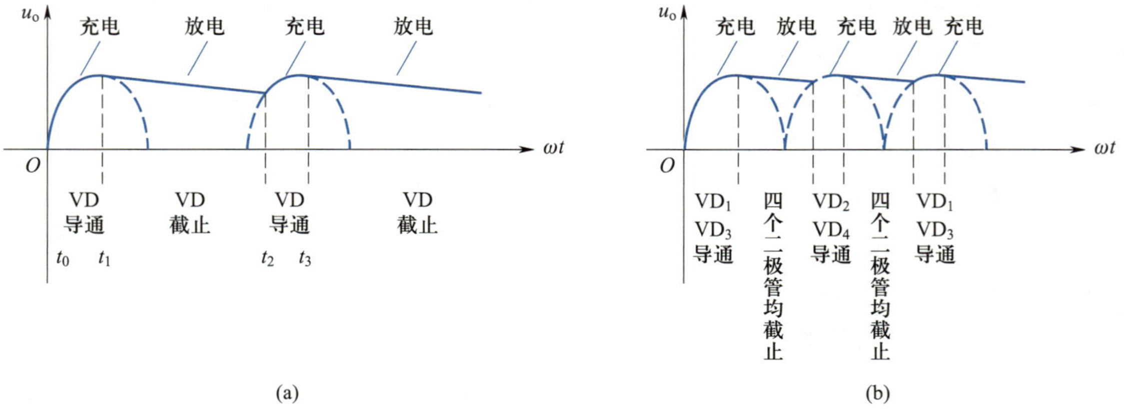

图 5-54 电容滤波波形

单相桥式整流不带负载时电路图如图 5-55(a)所示,图 5-55(b)中的虚线和实线分别表示不接滤波电容和接滤波电容的波形。显然,接上电容后的输出电压 u_o 与 u_C 相等。

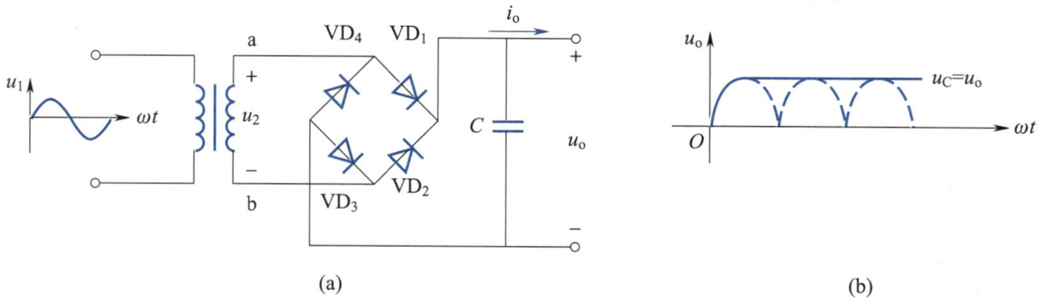

图 5-55 不带负载电路与波形

3. 滤波原理

以图 5-53(a)单相半波整流电容滤波电路为例,按图 5-54(a)的波形进行分析。

(1) $t_0 \sim t_1$:当 u_2 由零逐渐增大时,二极管导通,一方面供电给负载,同时对电容 C 充电,电容电压 u_C 的极性为上正下负,如果忽略二极管的压降,则在二极管导通时,$u_C(u_C=u_o)$ 与 u_2 同步上升,并达到 u_2 的最大值。

(2) $t_1 \sim t_2$:u_2 达到最大值以后开始下降,当 $u_2<u_C$ 时,二极管反向截止,电源不再向负载供电,而是电容对负载放电,电容放电使 u_C 以一定的时间常数按指数规律下降。

(3) $t_2 \sim t_3$:直到下一个正半波 $u_2>u_C$ 时,二极管导通,电容再次被充电。

充电、放电的过程周而复始,使输出电压波形如图 5-54(a)中的实线所示。

4. 滤波特点

(1) 输出电压的直流平均值提高,因为即使二极管截止,由于电容电压不能跃变,输出电压也不为零,并且 u_o 波形包围的面积明显增大,说明直流平均值 u_o 提高。

(2) 只适用于负载电流较小且负载不常变化的场合,电容放电时间常数 $t(t=R_LC)$ 越大,放电过程越慢,则输出电压越大,滤波效果也越好,为此,应选择大容量的电容和大阻值的 R_L,这样负载电流就较小。另外,负载变化会引起 t 的变化,就会影响放电的快慢,从而影响输出电压平均值的稳定性。这说明电容滤波带负载能力差,因此电容滤波适用于负载电流较小且负载不常变化的场合。

(3) 电容滤波电路的输出电压随输出电流变化而变化,经验上通常取单相半波整流

$$U_O=U_2 \tag{5-29}$$

单相桥式整流

$$U_O \approx 1.2U_2(\text{带负载}) \tag{5-30}$$

$$U_O \approx 1.4U_2(\text{空载}) \tag{5-31}$$

以上三式中 U_2 为变压器二次电压有效值。

(4) 电容器选取：一般而言，电容量越大，其滤波效果越好，但是不能无限增大，电容量达到一定值后，即使再增大电容量，对提高滤波效果也没有多大贡献，综合考虑，电容量应满足

$$C \geqslant (3-5)\frac{T}{2R_L} \tag{5-32}$$

其中，T 为交流电的周期，通常电容的耐压值应取电压 U_2 的 1.5~2 倍。

例 5-10 设计一个单相桥式整流滤波电路，要求输出直流电压 30 V，电流 0.5 A，已知交流电源的电压为 220 V，频率为 50 Hz，应选容量和耐压值各为多大的电容？

解：(1) 负载电阻：$R_L = U_O/I_O = 60\ \Omega$

(2) 周期：$T = 1/f = 0.02$ s

(3) 电容量：$C \geqslant (3-5)T/2R_L = 5\times0.02/(2\times60)\ \mu F = 830\ \mu F$

(4) 由 $U_O \approx 1.2U_2$，得出 $U_2 = U_O/1.2 = 30/1.2\ V = 25\ V$

(5) 电容耐压值：$(1.5\sim2)U_2 = (1.5\times25\sim2\times25)\ V = (37.5\sim50)\ V$

答：依据上面的计算应选 1 000 μF/50 V 的电容器。

厚积薄发

电容通过储能的特性提高电压的有效值，正如我们的人生，应不断充电，厚积而薄发，消除外界、自身的干扰，发挥自我价值，行稳而致远。

(二) 电感滤波器

电容滤波带负载能力较差，所以对于负载电流较大且负载经常变化的场合，一般采用电感滤波器。

1. 滤波电路

在桥式整流电路与负载间串入一个电感 L 构成电感滤波电路，其利用电感电流不能跃变的原理实现滤波，电路图如图 5-56(a)所示。

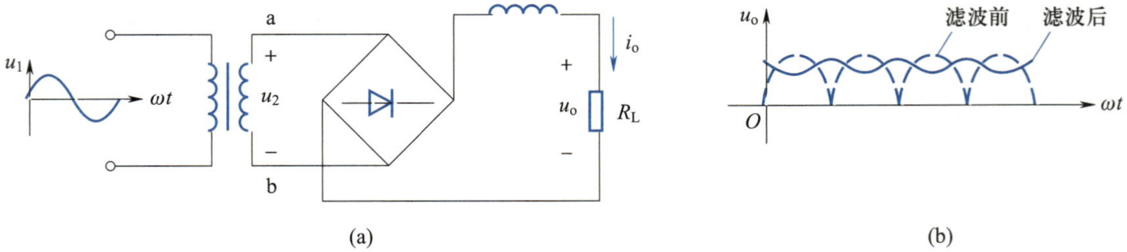

图 5-56 电感滤波电路与波形

2. 滤波原理

当负载电流增加时，电感将产生与电流方向相反的自感电动势，力图阻止电流增加，延缓电流增加的速度。当负载电流减小时，电感产生与电流方向相同的自感电动势，力图阻止电流减小，延缓电流减小的速度。这样负载电流的脉动成分减小，在负载电阻 R_L 上就能获得一个比较平滑的直流输出电压，波形如图 5-56(b)实线所示。显然，电感 L 值越大，滤波效果越好。

3. 输出电压

(1) 直流分量：$X_L=0$ 相当于短路，电压大部分降在 R_L 上。

(2) 谐波分量：f 越高，X_L 越大，电压大部分降在 X_L 上。因此，在输出端得到比较平滑的直流电压。

当忽略电感线圈的直流电阻时，电感滤波输出电压平均值约为

$$U_O=0.9U_2 \tag{5-33}$$

4. 滤波特点

滤波电感器适用于电流较大且负载经常变化的场合，但由于电感体积大、成本高，因此，电感滤波器电感量常为几毫亨到几十毫亨，并且在小功率的电子设备中很少采用电感滤波器。

(三) 复式滤波器

电容滤波器和电感滤波器各有千秋，且优缺点互补。在一些直流用电设备中，既要求电源电压脉动小，又要求电源能适应负载变化，为此，常采用由电容和电感以及电阻组成的复式滤波器。复式滤波器分为 LC 型滤波器、LC-π 型滤波器和 RC-π 型滤波器三种，电路分别如图 5-57(a)、(b)和(c)所示。

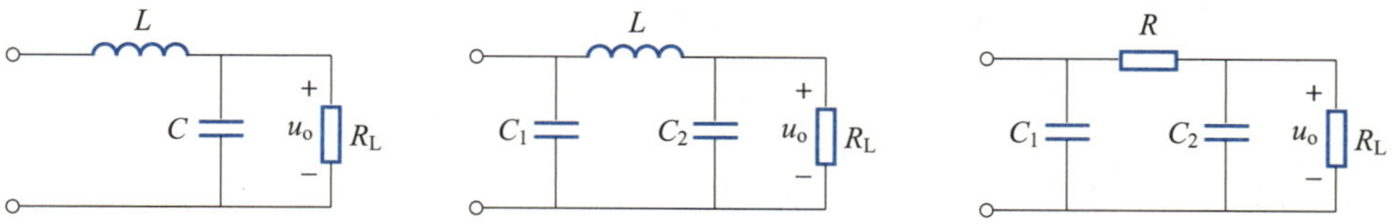

(a) LC型滤波器　(b) LC-π型滤波器　(c) RC-π型滤波器

图 5-57　复式滤波器电路图

复式滤波器进一步提高了滤波效果，同时又不降低带负载能力。

三、稳压电路

微课
稳压电路

经整流和滤波后的电压往往会随交流电源电压的波动和负载的变化而变化。电压不稳定时会产生测量和计算误差，甚至不能正常工作，汽车上多数传感器的基准电压是稳定的直流电源。

(一) 稳压管并联型稳压电路

1. 稳压电路

简单的直流稳压电源是采用稳压管来稳定电压的，稳压管并联型稳压电路图如图 5-58 所

示。经过桥式整流电路和电容滤波得到直流电压，再经过稳压电路（由限流电阻 R 和稳压管 VS 组成）接到负载电阻 R_L 上，这样，负载上就能得到比较稳定的直流电压。

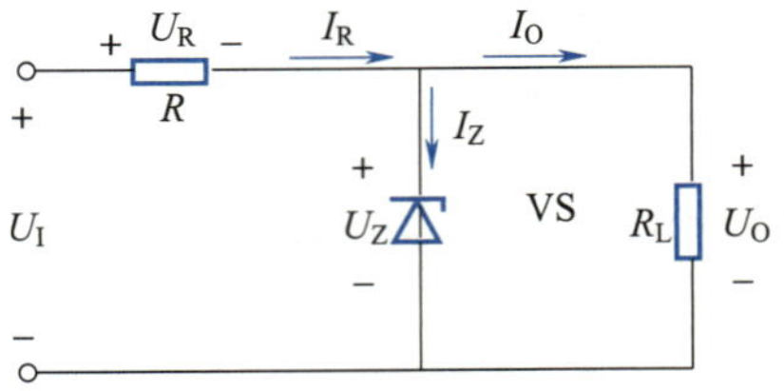

图 5-58 稳压管并联型稳压电路图

2. 稳压原理

(1) 假设电网电压稳定，则稳压电路的输入电压不变，当负载电阻减小时，稳压过程如下：

$$R_L\downarrow\rightarrow I_O\uparrow\rightarrow I_R\uparrow\rightarrow U_R\uparrow\rightarrow U_O\downarrow\rightarrow I_Z\downarrow\rightarrow I_R\downarrow\rightarrow U_R\downarrow\rightarrow U_O\uparrow$$

上述稳压过程是用 I_Z 的减小来补偿 I_O 的增大，最终使 I_R 基本保持不变，输出电压 U_O 也就近似稳定不变，电阻 R 在调节电压时的作用不可忽视，当负载电阻增大时稳压过程相反。

(2) 假设负载电阻 R_L 不变，由于电网电压升高而使 U_L 高时的稳压过程如下：

$$U_I\uparrow\rightarrow U_O\uparrow\rightarrow I_Z\uparrow\rightarrow I_R\uparrow\rightarrow U_R\uparrow\rightarrow U_O\downarrow$$

上述分析过程用 U_R 的增大来抵消 U_I 的增大，从而使输出电压基本保持不变。当 U_I 降低时稳压过程相反。

3. 稳压管的选择

在稳压管并联型稳压电路中，稳压管选择的原则为

$$U_Z=U_O \tag{5-34}$$

$$I_{ZM}=(1.5\text{-}3)I_{OM} \tag{5-35}$$

$$U_I=(2\text{-}3)U_O \tag{5-36}$$

式中：M 为 max 的首写字母，表示最大值；I_{ZM} 为最大工作电流。

• **例 5-11** 硅稳压管的稳压电路如图 5-58 所示，若 $U_Z=6\ \text{V}$，$U_I=12\ \text{V}$，求电流 I_R、I_O 和 I_Z 及电压 U_O。

解：(1) $I_R=6/300\ \text{mA}=20\ \text{mA}$

(2) $I_O=6/1\,000\ \text{mA}=6\ \text{mA}$

(3) $I_Z=(20-6)\ \text{mA}=14\ \text{mA}$

(4) $U_O=U_Z=6\ \text{V}$

（二）串联型稳压电路

1. 稳压电路

串联型稳压电路是最常用的电子电路之一，方框图如图 5-59 所示，电路图如图 5-60 所示。

(1) 取样电路：图中，R_1、R_P、R_2 构建取样电路，R_P 中心抽头处的电压随 u_o 变化而变化，如 u_o 上升，则 R_P 中心抽头处的电压上升。

(2) 基准电压电路：图中，VS 与 R_3 组成硅稳压管稳压电路，给晶体管 VT_2 发射极提供一个稳定的电压，叫作基准电压 U_Z。

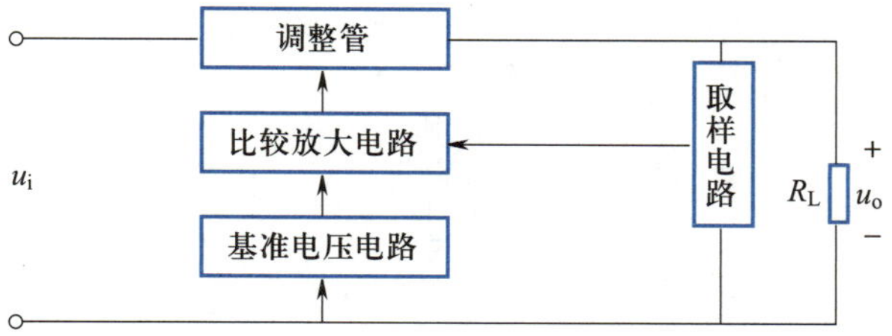

图 5-59　串联型稳压电路方框图

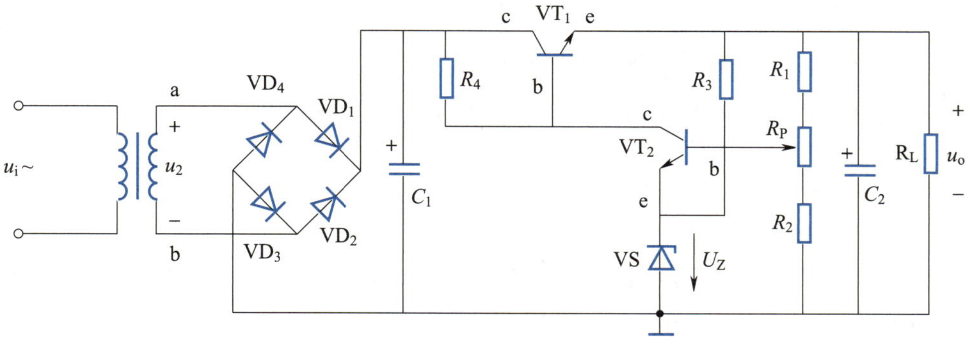

图 5-60　串联型稳压电路图

(3) 比较放大电路：图中，VT_2 将取样电压 U_{RP} 与基准电压 U_Z 进行比较放大。

(4) 调整管：这种稳压电路的主回路由调整管 VT_1 与负载 R_L 相串联构成，且 VT_1 工作在线性状态，所以称为线性串联式稳压电路。电路采用射极输出形式，因而引入了电压负反馈，可以稳定输出电压。晶体管 VT_1 的调节作用使 u_o 稳定，晶体管称为调整管，要使调整管起到调整作用，需要使它工作在放大状态。

(5) 偏置电路：R_4 是晶体管 VT_1 的偏置电阻，又是晶体管 VT_2 的电源电阻，使其工作于合适的工作状态，由电路可知

$$u_o = u_i - U_{CE},\quad U_{BE} = U_B - U_E$$

2. 稳压原理

当输入电压 u_i 增加或负载电流 I_L 减小，使输出电压 u_o 增大时，稳压过程表示为

$$u_i\uparrow(\text{或 } I_L\downarrow)\rightarrow u_o\uparrow\rightarrow U_{RP}\uparrow\rightarrow U_B(VT_1)\downarrow\rightarrow U_{BE}\downarrow\rightarrow I_B\downarrow\rightarrow I_C\downarrow\rightarrow U_{CE}\uparrow\rightarrow u_o\downarrow$$

同理，当 u_i 减小或 I_L 增大，使 u_o 减小时，通过与上述相反的调整过程，也可维持 u_o 基本不变。

• **例 5-12**　在图 5-61 所示电路中，若输入电压 $u_i = 16$ V，稳压管的稳定电压 $U_Z = 10.7$ V，负载电阻 $R_L = 100\ \Omega$，求 R_L 上的直流电压 u_o 及晶体管的功率损耗。

解：(1) 求直流输出电压：$u_o = U_Z - U_{BE} = (10.7-0.7)\ \text{V} = 10\ \text{V}$

(2) 求晶体管的功率损耗

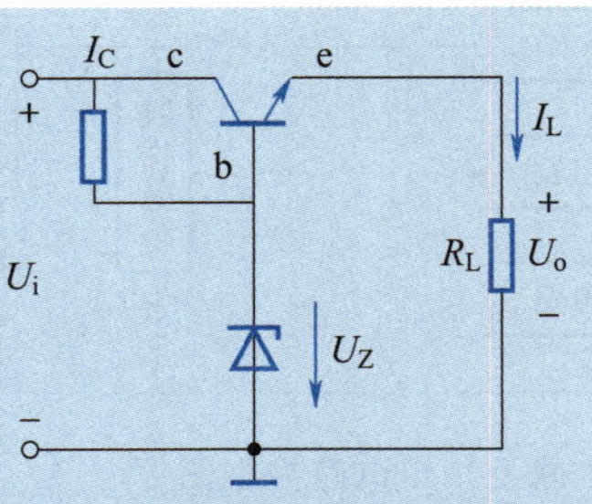

图 5-61 基本串联型稳压电路图

$$I_L = u_o/R_L = 10\ \text{V}/100\ \Omega = 0.1\ \text{A}$$

$$P = U_{CE}I_C \approx (u_i - u_o)I_L = (16-10)\ \text{V} \times 0.1\ \text{A} = 0.6\ \text{W}$$

微课 发电机电压调节器

（三）发电机电压调节电路

1. 调节原理

（1）调节器：交流发电机调节器是把交流发电机的输出电压控制在规定范围内的控制装置，又称为电压调节器。

（2）汽车用交流发电机的转子由发动机按固定的传动比驱动旋转，在汽车行驶的过程中，发动机转速随时都在发生变化，发电机转速便随之改变（汽车发电机转速可在 0～18 000 r/min 范围内变化），因此发电机输出的电压必然随转速的变化而变化。

（3）当发电机转速变化时，会自动调节发电机输出电压并使电压保持恒定，防止输出电压过高而损坏用电设备和避免蓄电池过量充电。

（4）电压调节原理：交流发电机输出电压 U 与其感应电动势成正比，而感应电动势 E_Φ 与发电机转速 n 和每极磁通 Φ 成正比，即

$$E_\Phi = C_e \Phi n \tag{5-37}$$

当发电机转速变化时，如果要保持发电机电压恒定，就应改变磁极磁通。因为磁极磁通的多少取决于磁场电流的大小，所以在发电机转速变化时，只要自动调节磁场电流，就能使发电机电压保持恒定。调节器的调节原理就是：通过调节磁场电流使磁极磁通改变，来使发电机输出电压保持恒定。

2. 调节电路

发电机电压调节器电路图如图 5-62 所示。

（1）信号监测电路：电阻 R_1、R_2 和稳压管 VS 构成信号监测电路。

① 电阻 R_1、R_2 构成的分压电路：电阻 R_1、R_2 串联在交流发电机输出端子“B”与搭铁端子“E”之间，构成一只分压器，直接监测发电机输出电压 U 的变化，从分压电阻 R_1 上取出发电机输出电压 U 的一部分 U_{R1} 作为调节器的输入信号电压，R_1 上的分压为

$$U_{R1} = R_1/(R_1+R_2)U \tag{5-38}$$

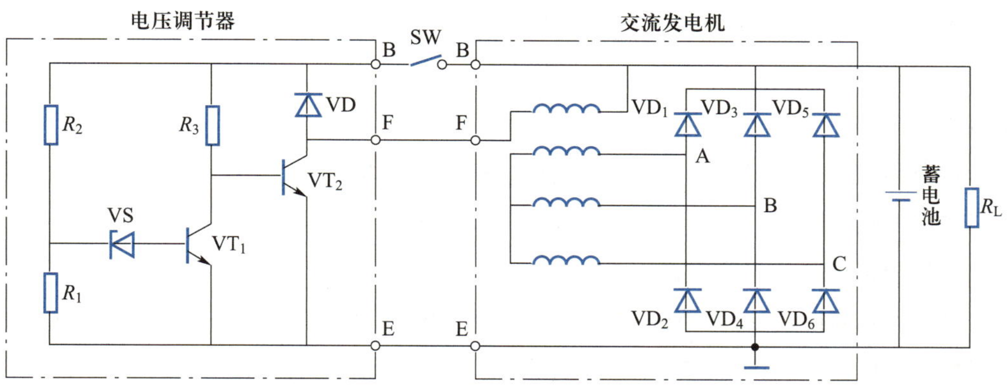

图 5-62　发电机电压调节器电路图(外搭铁型)

由式(5-38)可见,发电机电压 U 升高时,分压电阻 R_1 上的分压值 U_{R1} 升高;反之,当发电机电压 U 下降时,分压值 U_{R1} 下降。

② 感应元件稳压二极管:稳压二极管(简称稳压管)VS 是传感元件,一端连接晶体管 VT_1 的基极,另一端接在分压电阻 R_1、R_2 之间,VS 与晶体管 VT_1 的发射结串联后再与分压电阻 R_1 并联,从而监测发电机电压的变化,并控制晶体管 VT_1 的导通与截止。

③ 稳压管的工作条件:当发电机电压 U 高于或等于调节电压上限 U_2、分压电阻 R_1 两端的分压值 U_{R1} 达到或超过稳压管 VS 的稳定电压 U_W(稳压管正常工作时的稳定电压)与晶体管 VT_1 发射结压降 U_{BE1}(锗管:$U_{BE1}=0.2\sim0.3$ V;硅管:$U_{BE1}=0.6\sim0.7$ V)之和时,稳压管 VS 和晶体管 VT_1 导通;反之,当发电机电压 U 下降到调节电压下限值 U_1、分压电阻 R_1 两端的分压值 U_{R1} 低于稳压管 VS 的稳定电压 U_W 与晶体管 VT_1 发射结压降 U_{BE1} 之和时,稳压管 VS 和晶体管 VT_1 截止。所以,稳压管的导通条件与截止条件为

稳压管 VS 导通条件为

$$U_R=R_1/(R_1+R_2)U_2=U_W+U_{BE1} \tag{5-39}$$

稳压管 VS 截止条件为

$$U_R=R_1/(R_1+R_2)U_1=U_W+U_{BE1} \tag{5-40}$$

(2) 信号放大与控制电路:晶体管 VT_1 和电阻 R_3 构成信号放大与控制电路,其功用是将电压监测电路输入的信号进行放大处理后,控制功率晶体管 VT_2 导通与截止。电阻 R_3 既是晶体管 VT_1 的负载电阻,又是功率晶体管 VT_2 的偏流电阻。晶体管 VT_1 为小功率晶体管,接在大功率晶体管 VT_2 的前一级,起功率放大作用,也称为前级放大。

(3) 功率放大电路:功率晶体管 VT_2 通常采用达林顿晶体管构成功率放大电路,VT_2 为 NPN 型大功率晶体管,串联在磁场绕组与搭铁端子之间,这是外搭铁型调节器的显著特点。磁场绕组的电阻为 VT_2 的负载电阻。VT_2 导通时,磁场电流接通;VT_2 截止时,磁场电流切断。因此,通过控制晶体管 VT_2 的导通与截止,就可改变磁场电流,使发电机输出电压稳定。

(4) 保护电路:续流二极管 VD 构成保护电路,其功用是防止磁场绕组产生的自感电动势击穿功率晶体管 VT_2 而使其损坏。

3. 工作过程

电子调节器利用晶体管的开关特性,将大功率晶体管作为一个电子开关串联在发电机磁场电路中,根据发电机输出电压高低,控制晶体管导通与截止,来调节发电机磁场电流,从而使发电机输出电压稳定在某一规定的范围内。

(1) 开关 SW 刚接通时,发动机不转,发电机不发电,蓄电池电压加在分压器 R_1、R_2 上,此时因 U_{R1} 较低不能使稳压管 VS 反向击穿,VT_1 截止,VT_1 截止使 VT_2 导通,发电机磁场电路接通,此时由蓄电池供给磁场电流。随着发动机起动,发电机转速升高,发电机他励发电,电压上升。

(2) 当发电机电压升高到大于蓄电池电压时,发电机自励发电并开始给蓄电池充电,如果此时发电机输出电压 U_B 小于调节器调节电压的上限,VT_1 继续截止,VT_2 继续导通,但此时的磁场电流由发电机供给,发电机电压随转速升高迅速升高。

(3) 当发电机电压升高到等于调节电压上限时,调节器对电压的调节开始。此时,VS 导通,VT_1 导通,VT_2 截止,发电机磁场电路被切断,由于磁场被断路,磁通下降,发电机输出电压下降。

(4) 当发电机电压下降到等于调节下限,VS 截止,VT_1 截止,VT_2 重新导通,磁场电路重新被接通,发电机电压升高。

周而复始,发电机输出电压 U_B 被控制在一定范围内。

5.2.2 直流—直流变换(DC/DC)

一、直流—直流工作原理

常用的直流转直流的方法有两种:一种是用斩波的方法;另一种是用专用电路将直流先变换为交流,变压后经整流变换为另一电压的直流,这种方法在后续逆变电路中讲解,下面主要讲斩波的方法。

微课 斩波电路

早期的直流—直流变换电路是用高频机械开关的通断来实现的,形象地用"斩"来描述,因此称为斩波电路。现在已用电子开关代替机械开关,所以也称为开关型 DC/DC 变换电路。斩波电路图如图 5-63(a)所示,U_d 为直流电源电压,Q 为斩波控制开关,R 为负载,其变换原理如下:

当开关 Q 闭合时,直流电压加到 R 上并持续 t_{on} 时间;开关 Q 断开时,负载上电压为零并持续 t_{off} 时间,那么开关的工作周期 $T=t_{on}+t_{off}$,开关 Q 的连续通断,就可获得图 5-63(b)所示的斩波电路输出电压和电流波形,可以看出波形为直流方波(以下简称方波)。为了描述通断的方波脉宽对输出平均电压的影响,引入方波占空比的概念,方波占空比 k 为方波导通时间 t_{on} 与方波周期 T 的比值,即

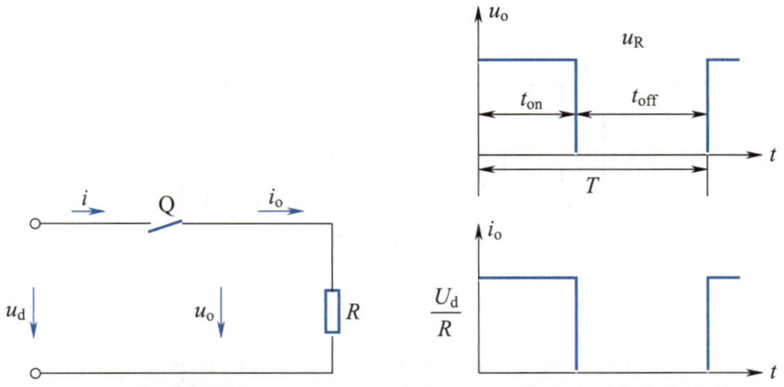

(a) 斩波电路图　　(b) 输出电压和电流波形

图 5-63　斩波电路图及输出电压和电流波形图

$$k=\frac{t_{on}}{T} \tag{5-41}$$

若所有元件都是无损耗的,方波输出直流电压平均值为

$$U_0=\frac{t_{on}}{T}U_d=kU_d \tag{5-42}$$

输出电流平均值为

$$I_0=\frac{U_0}{R}=k\frac{U_d}{R} \tag{5-43}$$

由此可知,只要改变电子开关 Q 通断的时间,即改变占空比 k,就可以改变输出电压和电流的大小,从而达到斩波电路对直流调压的要求。

根据对输出电压平均值进行调制的方式不同,斩波电路有三种控制方式。

保持开关周期 T 不变,调节开关导通时间 t_{on} 称为脉冲宽度调制,简称 PWM。图 5-64(a)所示为 PWM 调压波形图,随着脉宽的增加或减小,输出电压 U_o 也随之改变。

保持开关导通时间 t_{on} 不变,改变开关周期,称为频率调制或调频型,简称 PFM。图 5-64(b)所示为 PFM 调压波形图,随着频率的增加或减小,输出电压 U_o 也随之改变。

t_{on} 和 T 都可调,使占空比和频率都可改变,称为调宽调频控制。

直流方波还不能满足负载对直流电性能的需要时,可以使用滤波电路,也可以用效果更好的换能续流电路,使其变为比较平稳的直流电。

二、换能续流电路

微课
换能续流电路

换能续流电路也称为储能续流电路,图 5-65(a)所示为开关型 DC/DC 变换稳压或调压电路,VT 为开关管,电感 L、电容 C 和二极管 VD 组成换能续流电路。

当 VT 饱和导通,U_i 经 VT 加到二极管 VD 的两端,因电压反向而 VD 截止,等效电路如图 5-65(b)所示,此时在向负载 R_L 供电的同时,电感 L 储存能量,电容 C 充电;当 VT 由导通变

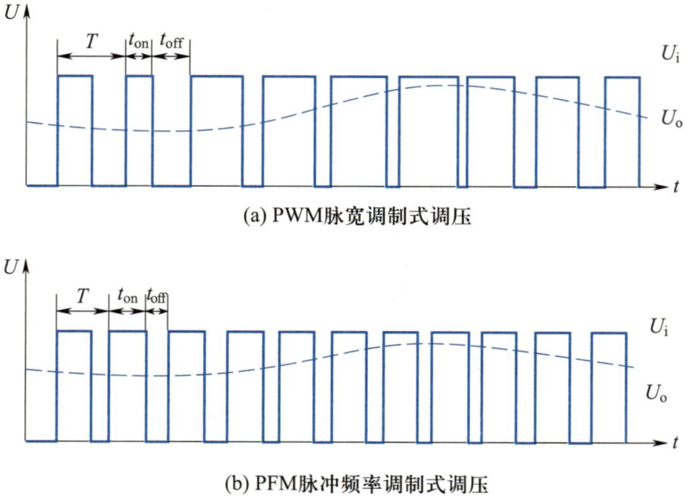

图 5-64　PWM 和 PFM 调压波形图

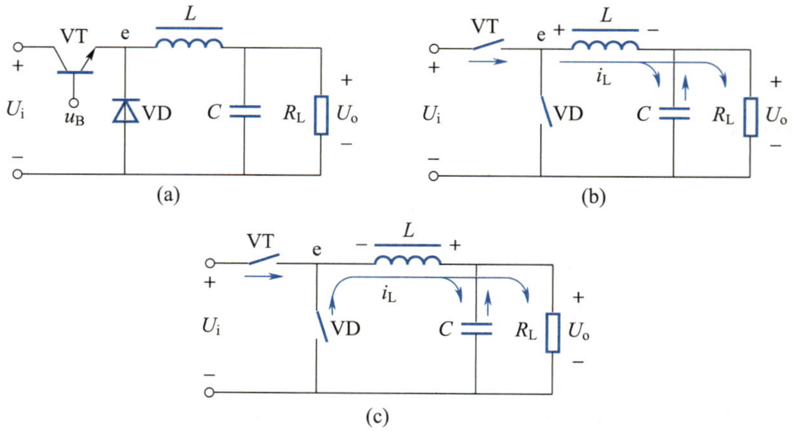

图 5-65　换能续流电路的基本原理图及其等效电路图

为截止，电感 L 产生自感电动势，使二极管 VD 导通，于是电感中储存的能量通过二极管 VD 向负载 R_L 释放，电容 C 也向负载 R_L 放电，使负载继续有电流通过，等效电路如图 5-65(c)所示。由此可见，虽然二极管 VT 处于开关工作状态，但由于上述元件的储能、续流和滤波作用，使输出电压 U_o 比较平稳。

三、PWM 型调压稳压电路

由功率开关管 VT 和集成电路组成的 PWM 型调压稳压电路的结构框图如图 5-66 所示。它由开关调整管 VT 及其开关驱动电路（电压比较器 A_2）、取样电路（电阻 R_1 和 R_2）、三角波发生电路、基准电压电路、比较放大电路 A_1、换能续流电路等几部分构成。

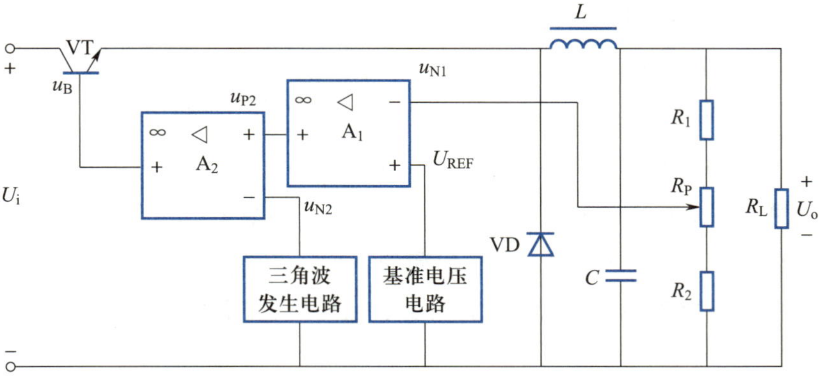

图 5-66　PWM 型调压稳压电路的结构框图

基准电压电路输出稳定的基准电压 U_{REF}，取样电压 u_{N1} 与基准电压 U_{REF} 进行比较，经比较放大器 A_1 反相放大后，输出的电压 u_{P2} 作为电压比较器 A_2 的阈值电压，与三角波发生电路的输出电压 u_{N2} 相比较，得到控制信号 u_B，利用 u_{N1} 控制开关调整管 VT 的工作状态。

当输入电压 U_i 增加致使输出电压 U_o 升高时，取样电压 u_{N1} 会同时增大，并作用于比较放大器 A_1 的反相输入端，与同相输入端的基准电压比较放大，使放大电路的输出电压 u_{P2} 减小，经电压比较器 A_2 使输出的脉冲间隔 t_{off} 增大，即 u_B 的占空比 k 减小，使输出电压 U_o 下降到预定的稳压值。其变化过程为

$$U_i\uparrow\rightarrow U_o\uparrow\rightarrow u_{N1}\uparrow\rightarrow u_{P2}\downarrow\rightarrow t_{off}\uparrow\rightarrow k\downarrow\rightarrow U_o\downarrow$$

同理，当 U_i 下降时，与上述的变化相反，输出电压 U_o 上升到预定值，即

$$U_i\downarrow\rightarrow U_o\downarrow\rightarrow u_{N1}\downarrow\rightarrow u_{P2}\uparrow\rightarrow t_{off}\downarrow\rightarrow k\uparrow\rightarrow U_o\uparrow$$

所以，当 U_i 或 R_L 变化使 U_o 变化时，可自动调节脉冲波形的占空比 k 使输出电压 U_o 维持恒定。

图 5-67 所示为三角波 u_{N2} 和 u_B 的波形，可以帮助进一步理解开关型调压稳压电路的工作原理。

当取样电压 $u_{N1}=U_{REF}$ 时，比较放大器 A_1 输出电压 $u_{P2}=0$，三角波输入电压比较器 A_2 的反相端，使电压比较器 A_2 输出的脉冲电压 u_B 的占空比 k 等于 50%。

当取样电压 $u_{N1}<U_{REF}$ 时，比较放大器 A_1 输出电压 $u_{P2}>0$，使电压比较器 A_2 输出的脉冲电压 u_B 的占空比 k 大于 50%。

当取样电压 $u_{N1}>U_{REF}$ 时，占空比 k 小于 50%。

因而调节 R_P 的值，可调节输出电压 U_o。

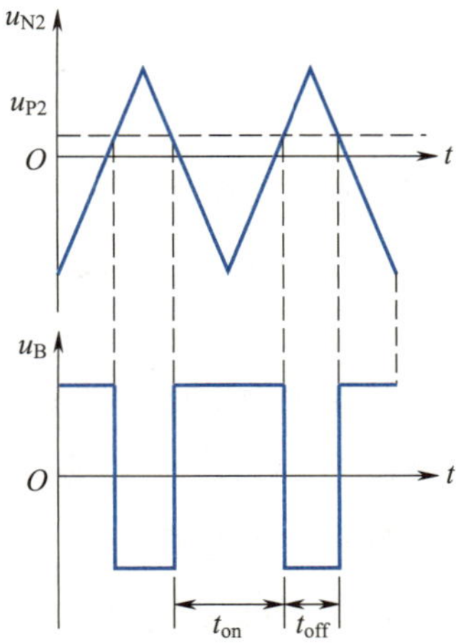

图 5-67　PWM 型调压稳压电路波形图

如果三角波发生电路的频率可调，PWM 型调压稳压电路就变为 PFM 型调压稳压电路，当然也可混合调节。

目前,有多种 PWM 型和 PFM 型集成芯片,有的还将功率开关管也集成于芯片之中,且含有过电流、过电压等保护电路等。

图 5-68 所示为一种直流变换型稳压电源原理图,为了满足多种直流电压值的需求,采用了软铁氧体作为铁心的高频脉冲变压器,变压器有多个二次绕组,可产生多种电压值,有降压,有升压。由于是高频脉冲,采用半波整流和电容滤波就可获得很平稳的直流电。为了保证电网电源与变压器二次侧电路的绝缘隔离要求,二次侧的取样电压 U_F 经光电耦合器反馈给一次侧的 PWM 电路,实现完全的电路隔离,给直流负载的供电、使用、安全和维护带来很大方便。

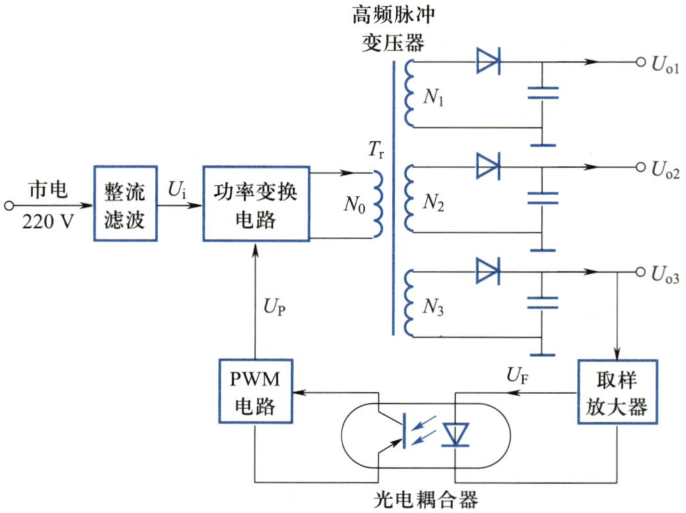

图 5-68 直流变换型稳压电源原理图

5.2.3 直流—交流变换(DC/AC)

把直流电转变为交流电称为逆变,逆变电路应用非常广泛。在常用的各种电源中,蓄电池、干电池、太阳能电池等都是直流电源,当需要这些电源向交流负载供电时,就需要逆变电路。

因三相交流电动机比直流电动机有更好的驱动特性,所以三相交流电动机在汽车电力驱动中应用越来越多。将车载蓄电池的直流电变换为三相交流电,需要三相逆变电路,这种电路不但要完成逆变,还可以变频调压,以实现对三相交流电动机调速操作,达到控制汽车变速的目的。

在汽车车载电源中,有一种电源逆变器,能够将蓄电池 12 V 的直流电变换为和市电相同的 220 V、50 Hz 的交流电,供 220 V 交流用电器使用。

一、逆变电路的工作原理

微课
逆变电路

图 5-69 所示为单相桥式逆变电路工作原理图,Q_1 ~ Q_4 为桥式开关的四个臂,它们由电力电子器件及其辅助电路组成,逆变器负载是电阻 R,当将开关 Q_1、Q_4 闭合,Q_2、Q_3 断开时,电阻 R 上得到左正右负的电压;间隔一段时间后将开关 Q_1、Q_4 打开,Q_2、Q_3 闭

合，电阻 R 上得到右正左负的电压。若以频率 f 交替切换 Q_1、Q_4 和 Q_2、Q_3，在电阻 R 上就可以得到图 5-69(b)所示的电压波形图。在逆变电路的工作过程中，电流从一个支路向另一个支路转移的过程称为换流，换流也常称为换相。在换相的过程中，有的支路要从通态转移到断态，有的支路要从断态转移到通态。

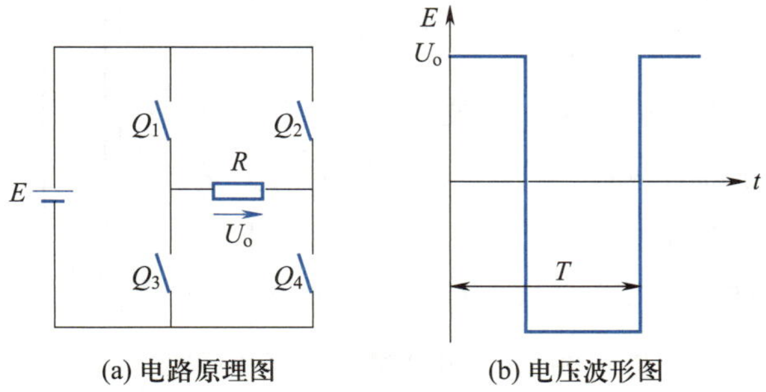

图 5-69　单相桥式逆变电路原理图和电压波形图

改变逆变电路的交替切换或通断频率可以实现变频，达到对交流电动机变频调速的目的，因此，逆变电路有固定频率逆变和变频逆变之分，由于现在的逆变电路常具有变频功能，所以也常称这样的逆变电路为变频电路。

由电子开关器件组成的全桥逆变电路图如图 5-70 所示，它有四个桥臂。把桥臂 VT_1 和 VT_4 与桥臂 VT_2 和 VT_3 各作为一对，成对的两个桥臂同时导通，两对桥臂交替各导通 180°。其输出电压的波形是交变矩形波。二极管 $VD_1 \sim VD_4$ 起续流作用，可以改善输出电压波形。各电子开关器件的通断信号由相应的 PWM 信号电路产生。

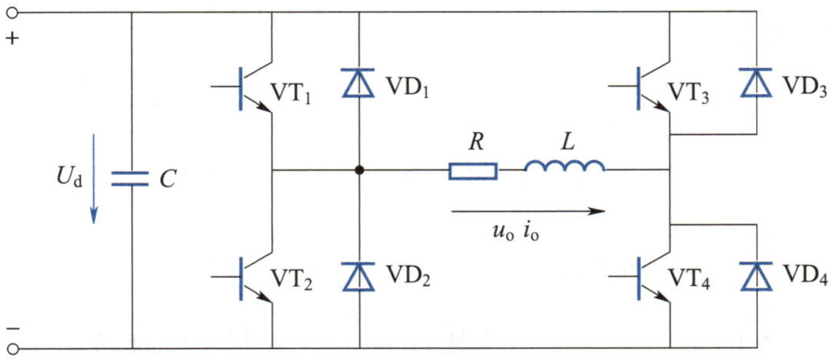

图 5-70　全桥逆变电路图

二、正弦脉宽调制型单相变频电路

等脉宽的逆变电路不能产生近似正弦波的交流电，正弦脉宽调制（SPWM）型逆变电路能产生近似正弦波的交流电，其基本工作原理是对逆变电路中开关器件的通断进行有规律的控制，使输出端得到等幅不等宽的脉冲序列，用这些脉冲序列来代替正弦波。这样，按要求的规则对脉冲序列的各脉冲宽度进行调制，既可改变逆变电路输出电压的大小，又可以改变输出电压的频率。如图 5-71 所示，一个正弦波的正半周波形完全可以用等幅不等宽的脉冲序列来等效，但必须做到正弦半波所等分的 N 块阴影面积与相对应的 N 个脉冲序列的阴影面积相等，其作用的效果就基本相同。正弦波的负半周也可用相同的方法来等效。完整的正弦波形用等效的 PWM 波形来表示称为正弦波脉宽调制，简称 SPWM。

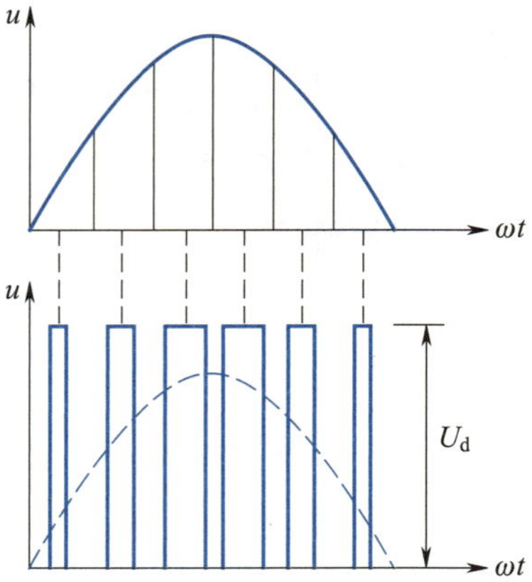

图 5-71 SPWM 型调制原理示意图

图 5-71 所示为 SPWM 型单相桥式逆变电路图，负载为电感。主电路由电力电子器件 VT_1 ~ VT_4 组成单相桥式逆变电路，二极管 VD_1 ~ VD_4 起续流作用；正弦脉宽调制信号由正弦波发生器、三角波发生器、电压比较器和控制电路组成。

下面用单极性控制方法分析单相桥式 SPWM 的工作原理：

如图 5-72 所示，正弦波信号发生器产生希望输出的正弦波信号 u_r，作为调制信号；三角波发生器产生三角波信号 u_c，作为载波信号。三角波信号 u_c 的频率要大于正弦波信号 u_r 的频率，三角波信号 u_c 的正负极性随正弦波信号 u_r 的正负而改变，如图 5-73 所示。所谓单极性控制方式就是指三角波信号 u_c 在正弦波信号 u_r 的每半个周期内是单极性的。

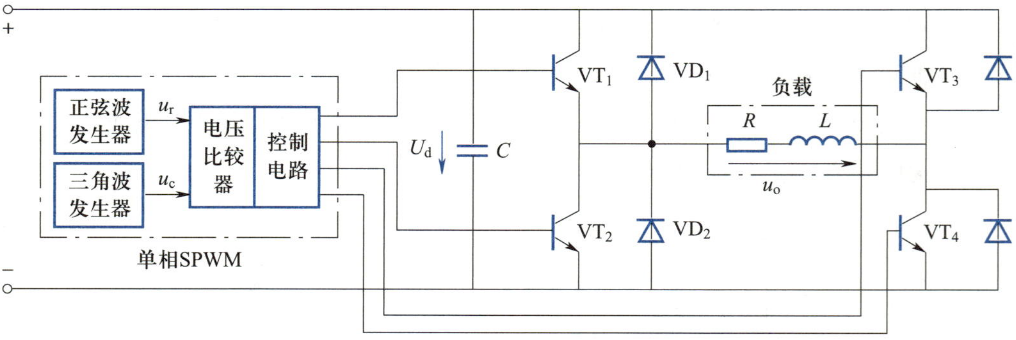

图 5-72 SPWM 型单相桥式逆变电路图

对逆变桥 VT_1 ~ VT_4 的控制要求如下：

当正弦波信号 u_r 正半周时，让 VT_1 一直保持通态，VT_2 和 VT_3 保持断态。在 u_r 与 u_c 正极性三角波交点处控制 VT_4 的通断，在 $u_r > u_c$ 各区间，控制 VT_4 为通态，输出负载电压 $u_o = U_d$；在 $u_r < u_c$ 各区间，控制 VT_4 为断态，输出负载电压，$u_o = 0$，此时感性负载产生的自感电流经过 VT_3 与 VT_1 续流。

当正弦波信号 u_r 负半周时，让 VT_2 一直保持通态，VT_1 和 VT_4 保持断态。在 u_r 与 u_c 负极性三角波交点处控制 VT_3 的通断。在 $u_r < u_c$ 各区间，控制 VT_3 为通态，输出负载电压 $u_o = -U_d$；在 $u_r > u_c$ 各区间，控制 VT_3 为断态，输出负载电压 $u_o = 0$，此时感性负载的自感电流经过 VT_4 与 VT_2

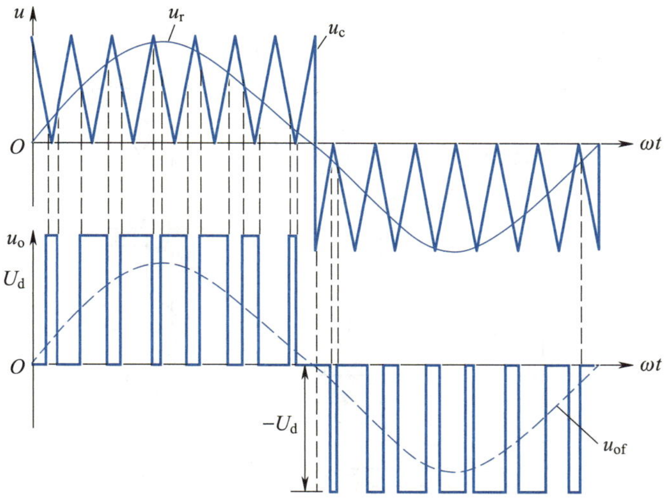

图 5-73　单极性 SPWM 型控制方式原理波形

续流。这样，就得到了正弦 SPWM 波形 u_{of}。像这样在正弦波信号 u_r 的半个周期内三角波信号 u_c 只在一个方向变化，所得到输出电压的 SPWM 波形也只在一个方向变化的控制方式称为单极性 SPWM 控制方式。

改变正弦波信号 u_r 的幅值，输出脉冲序列各脉冲宽度即可改变，输出正弦电压就可改变；改变正弦波信号 u_r 的频率就可改变输出正弦电压的频率。

图 5-74(a)和 5-74(b)是一种便携式车用电源转换器的原理简图和实物图。使用时将圆插头插入汽车仪表盘右下侧的点烟器插座，能够将汽车 12V 的直流电变换为和市电相同的 220 V、50 Hz 的交流电，可以给交流 220 V 小功率用电器供电，也可以给手机、笔记本计算机充电。

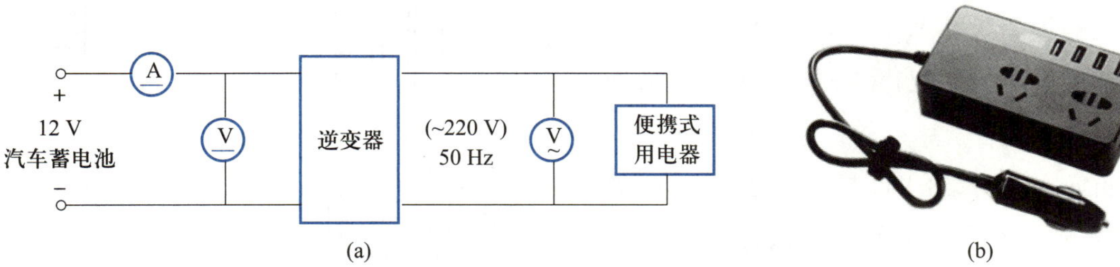

图 5-74　车用电源转换器的原理简图和实物图

三、SPWM 型三相变频电路

SPWM 型三相变频电路广泛应用于三相交流电动机和直流无刷电动机的变频调速。图 5-75 所示为 SPWM 型三相变频电路图，主电路由 VT_1 ~ VT_6 组成三相桥式逆变电路，二极管 VT_1 ~ VT_6 起续流作用；三相正弦脉宽调制信号由三相正弦波发生器、三角波发生器、电压比较器和控制电路组成。电路中的直流侧通常只有一个电容，但为了分析问题方便，等效为串联的两个电容器，并标出了假定中性点 N′。

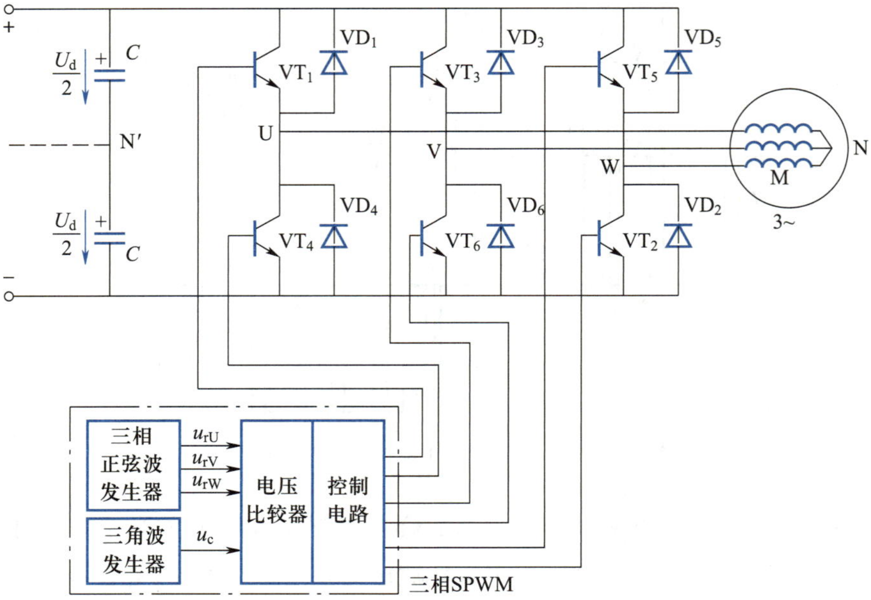

图 5-75　SPWM 型三相变频电路图

与单极性控制方式不同，三相变频电路的调制采用双极性的控制方式，三角波发生器产生的三角波载波信号 u_c 是双极性的，如图 5-76 所示，三相正弦波发生器产生三相正弦调制信号相差 u_{rU}、u_{rV}、u_{rW}，相差 120°，共同调制一个公用的三角波截波信号 u_c。U、V、W 各相的电力开关器件的控制规律相同，现以 U 相为例说明如下：

当 $u_{rU}>u_c$ 时，给 VT_1 导通信号，给 VT_4 关断信号，则 U 相相对直流电源假定中心点 N' 的输出电压 $u_{UN'}=U_d/2$。当 $u_{rU}<u_c$ 时，给 VT_4 导通信号，给 VT_1 关断信号，则 U 相相对直流电源假定中心点 N′的输出电压 $u_{UN'}=-U_d/2$；VT_1 和 VT_4 的通断信号始终是互补的。

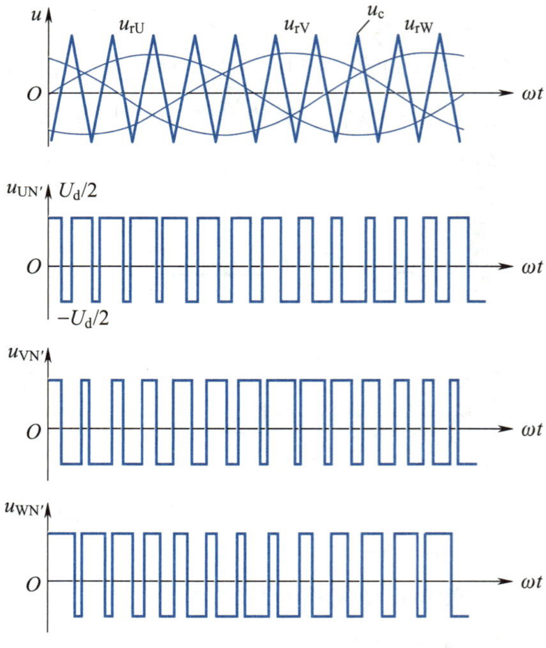

图 5-76　SPWM 型三相变频电路的波形

V 相和 W 相的控制方式与 U 相同，各相开始导电的角度依次相差 120°，$u_{UN'}$、$u_{VN'}$、$u_{WN'}$ 的波形如图 5-76 所示。由于是双极性控制，每相脉冲序列也是双极性的，宽脉冲与窄脉冲的方向相反，每半周内电压的平均值与宽脉冲的极性一致，并且是近正弦波形的。

由三相交流电的规律可知，上述三相变频电路的线电压为

$$
\begin{aligned}
u_{UV} &= u_{UN'} - u_{VN'} \\
u_{VW} &= u_{VN'} - u_{WN'} \\
u_{WU} &= u_{WN'} - u_{UN'}
\end{aligned}
\tag{5-44}
$$

同样，同时改变三相正弦波调制信号 u_{rU}、u_{rV}、u_{rW} 的幅值，三相输出脉冲序列各脉冲宽度即可改变输出的三相正弦电压 u_{UV}、u_{VW}、u_{WU}。改变三相正弦波调制信号的频率就可改变输出三相正弦电压的频率。

5.2.4　交流—交流变换（AC/AC）

交流—交流变换是把一种形式的交流变换成另一种形式的交流。只改变电压、电流或对电路的通断进行控制，而不改变频率的电路称为交流电力控制电路；改变频率的电路称为变频电路。

一、交流调压电路

微课
交流调压电路

交流调压电路是采用相位控制的电路，即在每半个周期内通过对晶闸管开通相位的控制，可以方便地调节电压的有效值。交流调压电路广泛用于灯光控制及异步电动机的软起动，也用于异步电动机调速。单相交流调压电路可由一只双向晶闸管组成，也可以由两只普通晶闸管反并联组成。由双向晶闸管组成的单相交流调压电路线路简单，成本低，所以应用较多。

图 5-77(a) 所示为单相交流调压电路，电路可由两只普通晶闸管 VT_1 和 VT_2 反并联，或由一只双向晶闸管 VT 组成主电路，接电阻性负载 R。设 α 为控制角，在普通晶闸管反并联电路中，当电源电压为正半波，在 $\omega t=\alpha$ 时，晶闸管 VT_1 被控制信号 u_g 触发导通，便有电流 i 流过负载电阻 R，负载上有电压 u_R。当 $\omega t=\pi$ 时，电源电压过零，$i=0$，VT_1 自行关断，$u_R=0$。在电源负半波 $\omega t=\pi+\alpha$ 时，触发 VT_2 导通，负载电阻得到反向电流，u_R 变为负值。在 $\omega t=2\pi$ 时，$i=0$，VT_2 自行关断，u_R 为零。下个周期重复上述过程，在负载电阻上就得到缺角的交流电压波形，u_g、u_R 的波形如图 5-77(b) 所示。通过改变控制信号 u_g 的控制角 α 得到不同输出电压的有效值，从而达到交流调压的目的。在双向晶闸管组成的电路中，只要在正负半周对称的相应时刻（$\omega t=\alpha$，$\omega t=\pi+\alpha$）触发脉冲，其工作情况与普通晶闸管反并联电路一样，在负载上可得到同样波形的可调交流电压。控制信号 u_g 由专门电路产生。

图 5-78 所示为三相交流调压电路图，每一相的主电路组成与单相交流调压电路相同，实际上就是三个单相交流调压电路的组合，其工作原理和波形分析与单相交流调压电路相同。当确定调压控制角后，各相正负半波均按此控制角 α 触发导通。

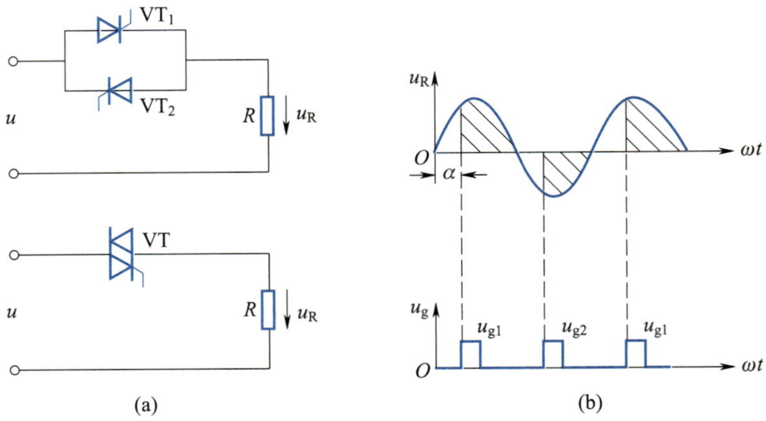

图 5-77　单相交流调压电路及波形图

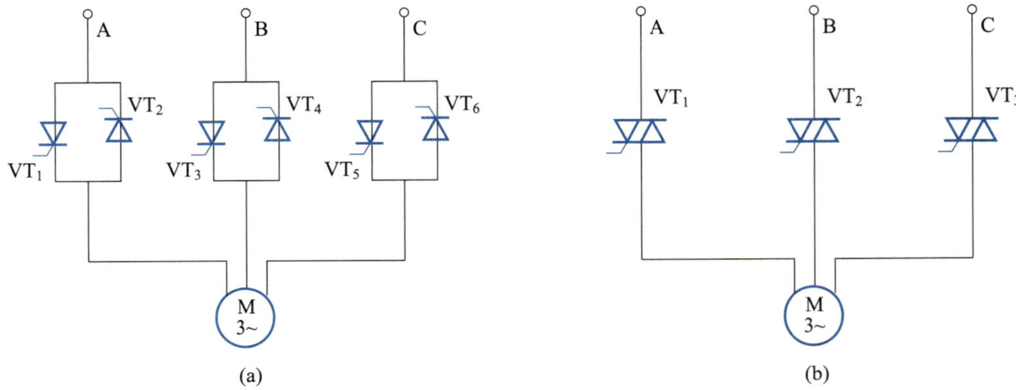

图 5-78　三相交流调压电路图

二、交流变频电路

交流变频电路按变换的工作环节通常分为交交变频电路和交直交变频电路两种形式。

交交变频电路是将工频 50 Hz 交流电直接变换成频率、电压连续可调的交流电，所以又称为直接变频器。其优点是没有中间环节，因此变换效率高，但其连续可调的频率范围窄，主要适用于低频大容量交流供电系统，如用于容量较大的低速拖动系统中。

交直交变频电路先把交流整流成直流，再把直流逆变成另一种频率或可变频率的交流电，这种通过变换直流中间环节的变频电路也称为间接变频电路。交直交变频电路由整流电路和逆变电路两部分组成。由于把直流电逆变成交流电的环节较容易控制，因此在频率的调节范围，以及改善变频后电动机的特性等方面，它都具有明显的优势，现已广泛应用于工业、交通运输和家用电器等各个领域。

测评

1. 维修技师甲说：二极管的 P 极为正极；维修技师乙说：二极管的 N 极为正极，以上说法（　　）。

A. 仅技师甲正确　　B. 仅技师乙正确

C. 甲和乙都正确　　D. 甲和乙都不正确

2. 利用数字万用表测量二极管时，如果两个方向均导通时，以下说法正确的是(　　)。

A. 二极管开路　　B. 二极管正常

C. 二极管短路　　D. 以上均不对

3. 如图 5-79 所示电路，忽略管压降，U_{AB} 等于(　　)。

A. 6 V　　B. -6 V

C. 0　　D. 12 V

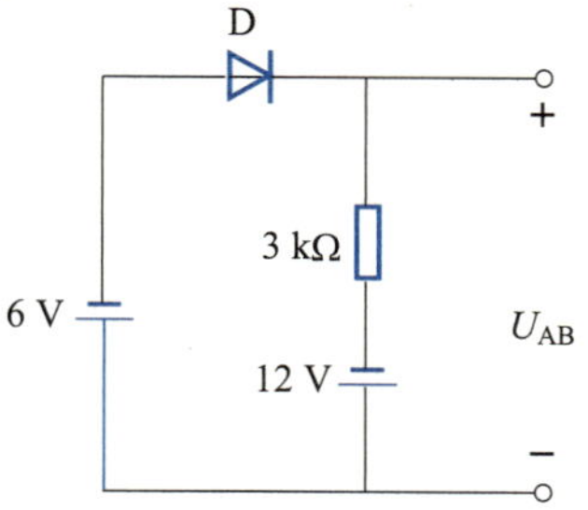

图 5-79　题 3 图

4. 工作在放大区的某晶体管，如果当 I_B 从 12 μA 增大到 22 μA 时，I_C 从 1 mA 变为 2 mA，那么它的 β 约为(　　)。

A. 83　　B. 91

C. 100　　D. 60

5. 某晶体管的发射极电流等于 1 mA，基极电流等于 20 μA，则它的集电极电流等于(　　)。

A. 0.98 mA　　B. 1.02 mA　　C. 0.8 mA　　D. 1.2 mA

6. 晶体管能够放大的外部条件是(　　)。

A. 发射结正偏，集电结正偏　　B. 发射结正偏，集电结反偏

C. 发射结反偏，集电结正偏　　D. 发射结反偏，集电结反偏

7. 当晶体管(　　)时处于饱和状态。

A. 发射结和集电结均处于反向偏置　　B. 发射结正向偏置，集电结反向偏置

C. 发射结和集电结均处于正向偏置

8. 在单管共射基本放大器中，当集电极电流增大时，则晶体管 c、e 间压降(　　)。

A. 变小　　B. 增大　　C. 不变

9. 如图 5-80 所示，若 R_b 偏小，当输入信号 u_i 逐渐增大时，先会出现(　　)。

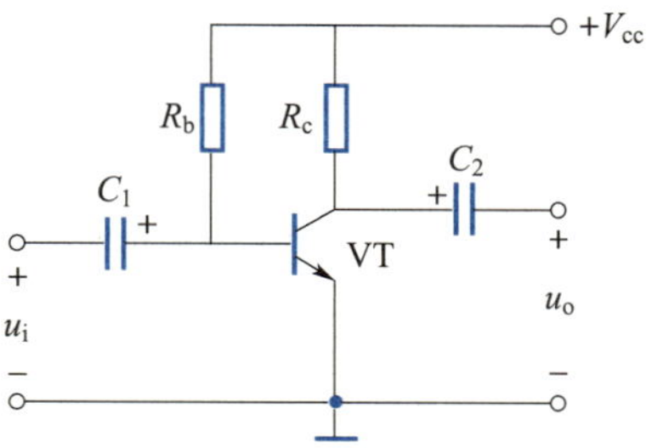

图 5-80　题 9 图

A. 截止失真　　B. 饱和失真　　C. 两者同时出现

10. 在图 5-81 中,已知基极电阻 $R_b=150\ k\Omega$,集电极电阻 $R_c=1.2\ k\Omega$,电源电压 $V_{CC}=6\ V$,晶体管 VT 的型号为 3DG6,$\beta=50$。

(1) 求放大电路的静态工作点 I_B 是多少 μA?

(2) 求放大电路的静态工作点 I_C 是多少 mA?

(3) 求放大电路的静态工作点 U_{CE} 是多少 V?

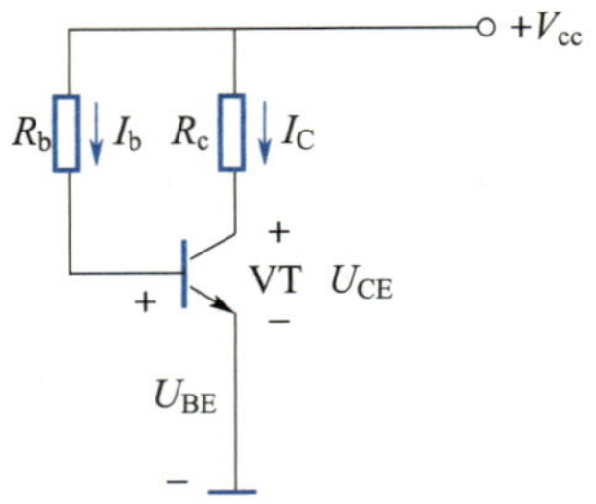

图 5-81　题 10 图

11. 常用的直流—直流变换方法有________、________两种。

12. 在图 5-48 单相桥式整流电路中,若电源变压器二次电压 u_2 为 100 V,则负载电压 u_o 为(　　)。

A. 45 V　　B. 50 V　　C. 90 V　　D. 120 V

13. 在图 5-50 所示三相桥式整流电路中,每个整流元件的导通时间是负载电流通过时间的(　　)。

A. 1/2　　B. 1/3　　C. 1/6　　D. 1/8

14. 在图 5-53(a)所示电路中,已知 $U_2=10\ V$,二极管 VD 承受的最大反向电压是(　　)。

A. $10\sqrt{2}$ V　　B. $20\sqrt{2}$ V　　C. 10 V

15. 在单相桥式整流电感滤波电路中,负载电阻 R_L 上的直流平均电压等于(　　)。

A. $U_o=0.9U_2$　　B. $U_o=0.45U_2$

C. $U_o=1.4U_2$　　D. $U_o=U_2$

16. 晶体管串联型稳压电路正常工作时,调整管应工作在(　　)。

A. 饱和区　　B. 放大区

C. 截止区　　D. 反向击穿区

17. 硅稳压二极管并联型稳压电路中,硅稳压二极管必须与限流电阻串接,此限流电阻的作用是(　　)。

A. 提供偏流　　B. 仅是限制电流

C. 仅是调压　　D. 限制电流和调压

18. 当发电机低速运转,电压(　　)蓄电池电动势时,蓄电池向调压器磁化线圈供电,同时进行他励发电。

A. 低于　　B. 高于　　C. 等于

19. 目前,常用的 PWM 型和 PFM 型集成芯片,除了将集成功率开关管外,还具有________、________等保护电路功能。

20. ________________称为脉冲宽度调制,简称________。

21. ________________________________称为频率调制，简称________。

22. DC/DC 变换器具有__________、__________、__________、__________等优点。

23. 逆变的含义：________________________。

24. 通过车载电源逆变器可将 12 V 直流电变换为__________V 的__________电。

25. 单项桥式逆变电路通常由__________、__________、__________、__________等组成。

26. 三相交流电动机和直流无刷电动机的变频调速一般由____________三相变频电路控制。

27. SPWM 型三相变频电路在汽车上如何应用？

28. 交流调压电路采用____________的控制电路。

29. 改变频率的电路称为____________电路。

30. 变频电路有交交变频电路和____________电路两种形式。

31. 交直交变频电路由____________电路和____________电路组成。

32. 交交变频电路的主要特点和不足是什么？其主要用途是什么？

总结

如图 5-82 所示，参照本章知识脉络，对所学的知识进行总结。

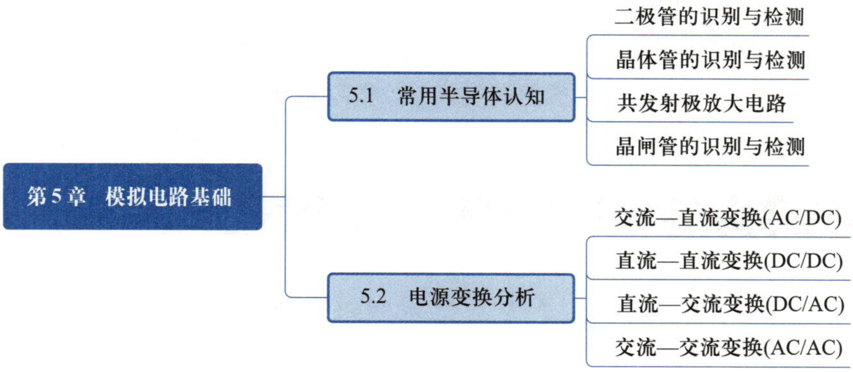

图 5-82　第 5 章知识脉络

第6章

数字电路基础

目前，电动化、智能化、网联化成为汽车技术发展的主要方向，特别是数字电路更是全面应用于汽车领域。本章主要介绍逻辑门电路、触发器、计数器、寄存器、555集成芯片、汽车总线的基础知识及基本数字电路的简单应用，以帮助快速学习入门数字电路。

6.1 逻辑门电路认知

学习目标

了解三种基本逻辑函数的换算，了解三种基本逻辑门电路的概念，掌握由三种基本逻辑门电路组成的复合逻辑门电路的特点，具备电路分析的能力和解题思路，掌握用组合逻辑电路设计交叉路口的交通指示灯，红灯A、绿灯B、黄灯C的故障报警电路的方法。培养独立自主能力及开拓创新精神。掌握LED闪光器的组装与调试（非门），培养积少成多的学习习惯和团结协作的能力。

知识学习

6.1.1 基本逻辑函数

一、数字信号和数字电路

数字量是物理量的一种。它们的变化在时间上和数量上都是离散的，也就是说它们的变化在时间上是不连续的，总是发生在一系列离散的瞬间；同时，它们的数值大小和每次的增减变化都是某一个最小数量单位的整数倍，而小于这个最小数量单位的数值没有任何物理意义。把表示数字量的信号称为数字信号，把工作在数字信号下的电子电路称为数字电路。

例如，用电子电路记录从自动生产线上通过的产品数目时，每送出一个产品，便给电子电路一个信号，使之计1，而平时没有产品送出时加给电子电路的信号是0，不计数。可见，产品数目这个信号无论在时间上，还是在数量上都是不连续的，因此它是一个数字信号。数字信号最小的数量单位就是 1 个。

二、数制与编码

（一）二进制

1. 基本数码：**0**，**1**。

2. 进位原则：逢二进一，即（**1+1**）$_2$ =（**10**）$_2$。

任何一个二进制数 P，可以写成 $(P)_2=b_{n-1}\times2^{n-1}+b_{n-2}\times2^{n-2}+\cdots+b_1\times2^1+b_0\times2^0$。式中，$n$ 是二进制数的位数，b_{n-1}，b_{n-2}，…，b_1，b_0，2^{n-1}，2^{n-2}，…，2^1，2^0 是各位的“权”。

例如，$(\mathbf{1011})_2=\mathbf{1}\times2^3+\mathbf{0}\times2^2+\mathbf{1}\times2^1+\mathbf{1}\times2^0$。

（二）十进制

1. 基本数码：0，1，2，3，4，5，6，7，8，9。

2. 进位原则：逢十进一，即 9+1＝10。

对于十进制的任一正整数 A，可以写成以 10 为底的幂次方求和的展开形式，即 $A=b_{n-1}10^{n-1}+b_{n-2}\times10^{n-2}+\cdots+b_1\times10^1+b_0\times100$，式中，$n$ 是十进制数的位数（$n=1,2,3,\cdots$），10^{n-1}，10^{n-2}，…，10^1，10^0 是各位数的“权”。

由上可知，十进制数是由数码的值、位数和“权”来表示的。

（三）二进制数转换成十进制数

原则：二进制数的每位数码乘以它所在数位的“权”，再相加起来，即可得到等值的十进制数。这种方法被称为“乘权相加法”。

微课
数制转换

例 6-1　将二进制数（**1011**）$_2$ 转化为十进制数。

解：$(\mathbf{1011})_2=(\mathbf{1}\times2^3+\mathbf{0}\times2^2+\mathbf{1}\times2^1+\mathbf{1}\times2^0)_{10}=(2^3+0+2^1+1)_{10}=(11)_{10}$

（四）十进制数转化为二进制数

原则：把十进制数不断地用 2 除，并依次记下余数，一直除到商为零。然后把全部的余数按相反的次序排列起来，就是等值的二进制数。

这种方法被称为“除 2 取余倒记法”。

例 6-2　将十进制数（29）$_{10}$ 转化为二进制数。

解：转化过程如图 6-2 所示。

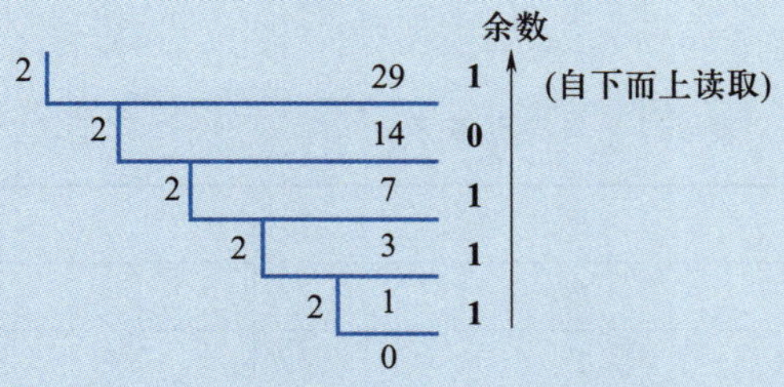

图 6-1　例 6-2 图

所以，（29）$_{10}$ =（**11101**）$_2$。

6.1.2 逻辑门电路

一、逻辑门概述

在逻辑代数中，为了描述事物两种对立的逻辑状态，采用仅有两个取值的变量，这种变量称为逻辑变量，逻辑变量和普通代数变量一样，都用字母表示，但是，它又和普通代数变量有本质的区别：所研究的逻辑变量的取值只有 **0** 和 **1** 两种可能，这里的 **0** 和 **1** 不是表示数值大小，而是代表逻辑变量的两种状态。它们之间只能按照某种逻辑关系进行逻辑运算。

逻辑电路是一种以二进制为基础，实现数字信号的逻辑运算和操作的电路，基本的门电路有**与**门电路、**或**门电路和**非**门电路三种类型，较复杂的门电路由上述三种基本门电路混合而成。

二、基本逻辑运算

（一）与运算（逻辑与）

1. **与**门电路

如果一个事件和几个条件相联系，当这几个条件都满足后该事件才能发生，这种关系叫作**与**逻辑关系。具有这种逻辑关系的电路称为**与**门电路，如图 6-2(a)所示，图 6-2(b)所示为**与**门符号。

微课
基本逻辑运算

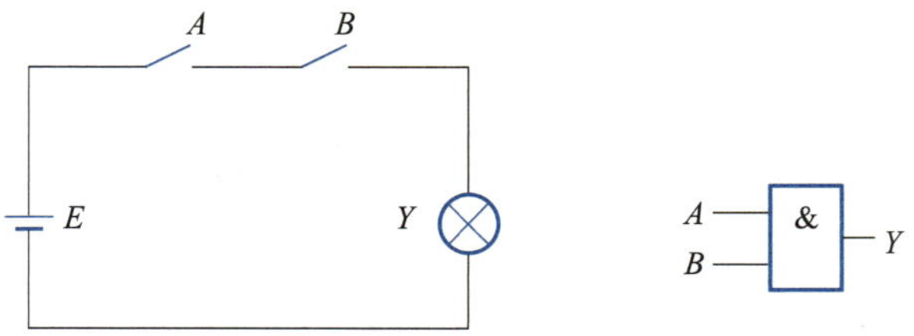

(a) 电路　　(b) 符号

图 6-2　与门电路和符号

2. **与**门真值表

与门真值表见表 6-1，所有输入为高时，才会有输出高。逻辑函数表示为

$$Y=A\cdot B \tag{6-1}$$

表 6-1　与门真值表

A	B	Y
0	**0**	**0**
0	**1**	**0**
1	**0**	**0**
1	**1**	**1**

（二）或运算（逻辑或）

1. **或门电路**

如果一个事件和几个条件相联系，当这几个条件中有一个满足事件就会发生，这种关系叫作**或**逻辑关系。具有这种逻辑关系的电路称为**或**门电路，如图 6-3（a）所示，图 6-3（b）所示为**或**门符号。

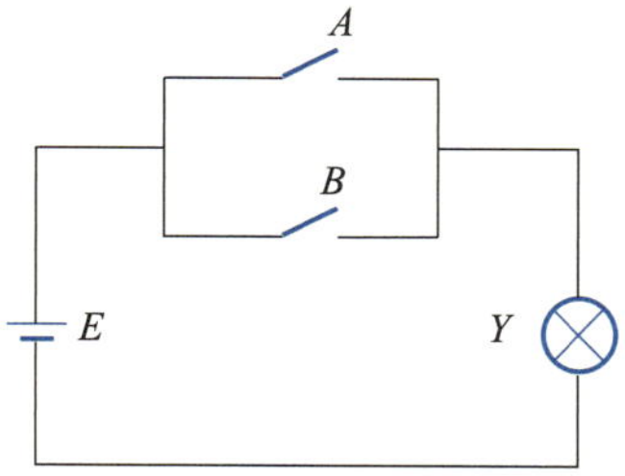

(a) 电路

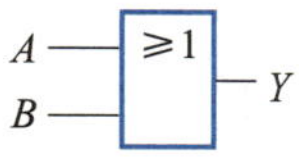

(b) 符号

图 6-3　**或**门电路和符号

2. **或门真值表**

或门真值表见表 6-2，所有输入为低时，才会有输出低。逻辑函数表示为

$$Y=A+B \tag{6-2}$$

表 6-2　或门真值表

A	B	Y
0	0	0
0	1	1
1	0	1
1	1	1

（三）非运算（逻辑非）

1. **非门电路**

与正常逻辑关系相反，如果条件 A 满足时，结果 Y 不发生；条件 A 不满足时，结果 Y 却发生，这种关系叫作**非**逻辑关系。具有这种逻辑关系的电路叫作**非**门电路，如图 6-4（a）所示，图 6-4（b）所示为**非**门符号。

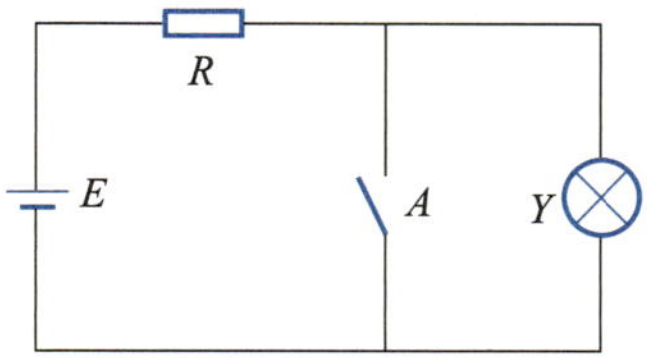

(a) 电路

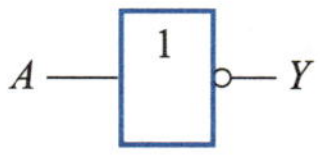

(b) 符号

图 6-4　**非**门电路和符号

2. 非门真值表

非门真值表见表 6-3,逆转输入的高低状态。逻辑函数表示为

$$Y=\overline{A} \tag{6-3}$$

表 6-3 “非”门真值表

A	Y
0	**1**
1	**0**

三、逻辑代数的基本运算规则及应用

(一) 逻辑代数的基本运算规则

1. **与运算**:$A\cdot\mathbf{0}=\mathbf{0}$;$A\cdot\mathbf{1}=A$;$A\cdot A=A$;$\overline{A}\cdot A=\mathbf{0}$
2. **或运算**:$A+\mathbf{0}=A$;$A+\mathbf{1}=\mathbf{1}$;$A+A=A$;$A+\overline{A}=\mathbf{1}$
3. **非运算**:$\overline{\overline{A}}=A$

(二) 逻辑代数的基本定律

1. 交换律:

$$A\cdot B=B\cdot A$$

$$A+B=B+A$$

2. 结合律:

$$A\cdot B\cdot C=(A\cdot B)\cdot C=A\cdot(B\cdot C)$$

$$A+B+C=(A+B)+C$$

3. 分配律:

$$A\cdot(B+C)=A\cdot B+A\cdot C$$

$$A+B\cdot C=(A+B)(A+C)$$

4. 吸收律:

$$A(A+B)=A$$

$$A+\overline{A}\cdot B=A+B$$

5. 反演律:

$$\overline{A\cdot B}=\overline{A}+\overline{B}$$

$$\overline{A}+\overline{B}=\overline{A\cdot B}$$

(三) 两个常用的公式

$$A+AB=A$$

证明:$A+AB=A(\mathbf{1}+B)=A$

$$A+\overline{A}B=A+B$$

证明：$A+\overline{A}B=A+AB+\overline{A}B=A+B(A+\overline{A})=A+B$

- **例 6-3** 化简逻辑函数：$Y=AB+AC+BC+\overline{A}C$

解：

$$
\begin{aligned}
Y &= AB+AC+BC+\overline{A}C \\
&= AB+BC+(A+\overline{A})C \\
&= AB+BC+C \\
&= AB+(B+1)C \\
&= AB+C
\end{aligned}
$$

四、基本逻辑门电路

（一）二极管与门电路

二极管**与**门电路如图 6-5(a)所示。由图可知，在输入端 A、B 中有一个(或一个以上)为低电平，则与输入端相连的二极管必然获得正偏电压而导通，使输出端 Y 为低电平，只有输入端 A、B 同时为高电平，输出端 Y 才是高电平。由此可知，输入对输出呈现与逻辑关系，即 $Y=A\cdot B$，输入端的个数可以多于两个，有几个输入端用几个二极管即可。

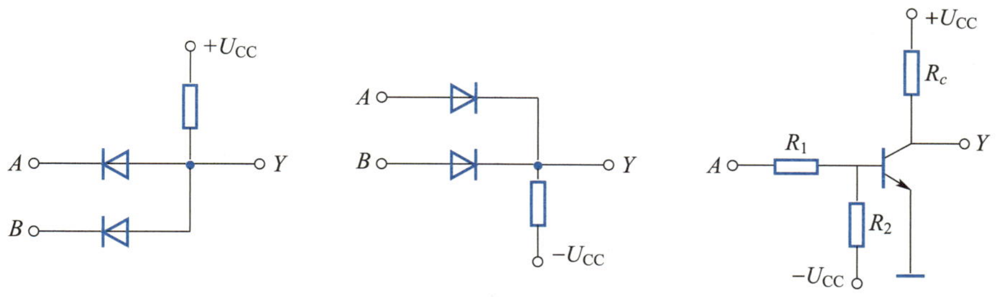

(a) 二极管与门电路　(b) 二极管或门电路　(c) 二极管非门电路

图 6-5　二极管各门电路

（二）二极管或门电路

二极管**或**门电路如图 6-5(b)所示。由图可知，在输入端 A、B 中有一个(或一个以上)为高电平，则与输入端相连的二极管必然获得正偏电压而导通，使输出端 Y 为高电平，只有输入端 A、B 同时为低电平，输出端 Y 才是低电平。由此可知输入对输出呈现**或**逻辑关系，即 $Y=A+B$，输入端的个数可以多于两个，有几个输入端用几个二极管即可。

（三）晶体管非门电路

非门又称为反相器，是实现逻辑翻转的门电路。它对输入的逻辑电平取反，实现相反的逻辑功能输出，其电路图如图 6-5(c)所示。只要电阻 R_1、R_2 和负电源 $-U_{CC}$ 参数配合适当，则当输入低电平信号时，晶体管的基极为负电位，发射结反偏，晶体管可靠截止，输出为高电平，而当输入为高电平时，晶体管基极为正电位而饱和导通，输出为低电平，从而实现非运算。其逻辑表达

式为

$$Y=\overline{A}$$

五、常用复合逻辑运算

与、**或**、**非**逻辑运算是最基本的逻辑运算。利用三种基本的**与**、**或**、**非**逻辑运算就可以组合成几种常用的复合逻辑运算，以实现各种预期的逻辑功能，表 6-4 中给出了几种常用的复合逻辑运算的名称、逻辑符号和逻辑函数式。表 6-5 所示为常用的复合逻辑运算真值表。

表 6-4 常用的复合逻辑运算表

名称	与非	或非	异或	同或	与或非
符号	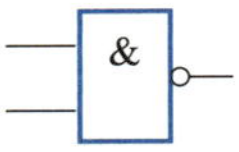	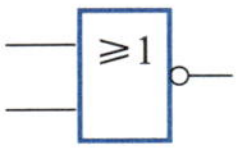	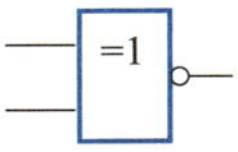	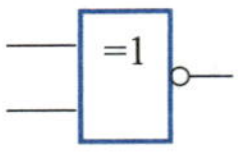	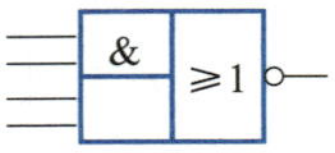
函数式	$Y=\overline{A\cdot B}$	$Y=\overline{A+B}$	$Y=A\oplus B$	$Y=A\odot B$	$Y=\overline{AB+CD}$

表 6-5 复合逻辑运算真值表

A	B	C	D	$Y=\overline{A\cdot B}$	$Y=\overline{A+B}$	$Y=A\oplus B$	$Y=A\odot B$	$Y=\overline{AB+CD}$
0	0	0	0	1	1	0	1	1
0	0	0	1					1
0	0	1	0					1
0	0	1	1					0
0	1	1	1	1	0	1	0	1
0	1	0	1					1
0	1	1	0					1
0	1	1	1					0
1	0	0	0	1	0	1	0	1
1	0	0	1					1
1	0	1	0					1
1	0	1	1					0
1	1	0	0	0	0	0	1	0
1	1	0	1					0
1	1	1	0					0
1	1	1	1					0

微课
门电路在汽车电子电路中的应用

六、门电路在汽车电子电路中的应用

（一）门锁控制系统

现代轿车为了开关车门及发生异常情况时提醒驾驶人注意，专门设计了门锁控制系统。该系统由控制电路和执行机构组成，图 6-6 所示为门锁控制系统的控制电路部分。由图可见，控制电路由**非**门、**与**门、**与非**门和**或**门电路组成，输入信号由多个开关产生。

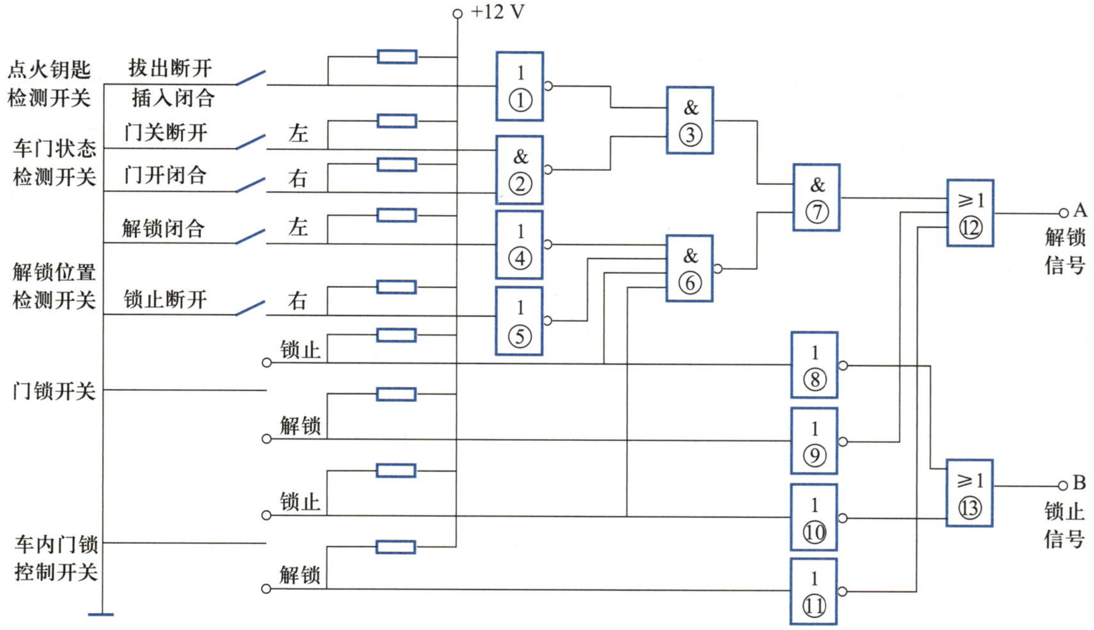

图 6-6　门锁控制系统的控制电路部分

以点火钥匙检测开关为例，当点火钥匙插入点火开关锁孔时，开关闭合，**非**门①输入搭铁，引入低电平信号。当点火钥匙拔出时，开关断开，**非**门①输入接+12 V，引入高电平信号。其他开关也都具有相似的功能，这里不再详述。解锁和锁止信号为电路的输出信号，均为高电平信号。

工作原理分为以下两种情况：

（1）正常开关车门：在正常情况下，当驾驶人拔出点火钥匙，准备锁车时，点火钥匙检测开关断开，**非**门①输入高电平，输出低电平，使**与**门③、⑦均输出低电平，输出门⑫、⑬的状态完全由门锁开关或车内门锁控制开关决定。当门锁开关插入钥匙并旋向锁止位置时，**非**门⑧输入低电平，输出高电平；**或**门⑬输出高电平，发出锁止信号，驱动门锁电动机将车门锁死。相反，当车门钥匙旋向解锁位置时，**非**门⑨输入低电平，输出高电平；**或**门⑫输出高电平，发出解锁信号，驱动电动机将车门打开。与此相似，当车内门锁控制开关被扳向锁止或解锁位置，**或**门⑬和⑫也会发出相应的锁止信号和解锁信号，并驱动电动机开关车门。

（2）异常情况发生时提醒驾驶人注意：当驾驶人将点火钥匙遗忘在点火开关内，准备锁车时，点火钥匙检测开关闭合，**非**门①输入低电平，输出高电平，在其他开关均正常时，**与**门③、⑦均输出高电平，**或**门⑫输出高电平，发出解锁信号，车门不能关闭，提醒驾驶人钥匙被遗忘在车内。

（二）制动灯故障检测器

1. 制动灯故障检测器的电路

图 6-7 所示为制动灯故障检测器的电路图，该电路由一块 CMOS 与非门数字集成电路 CD4011 接成非门的形式，用来自动监测汽车制动信号灯泡的工作状况，在图中，S 为制动信号灯开关，HL_1、HL_2 为汽车尾部制动信号灯，LED_1 和 LED_2 为驾驶室内制动信号灯的工作指示灯，其工作状况与尾部制动信号灯相对应，即 LED_1 和 HL_1 相对应，LED_2 和 HL_2 相对应。

微课 制动灯故障检测器

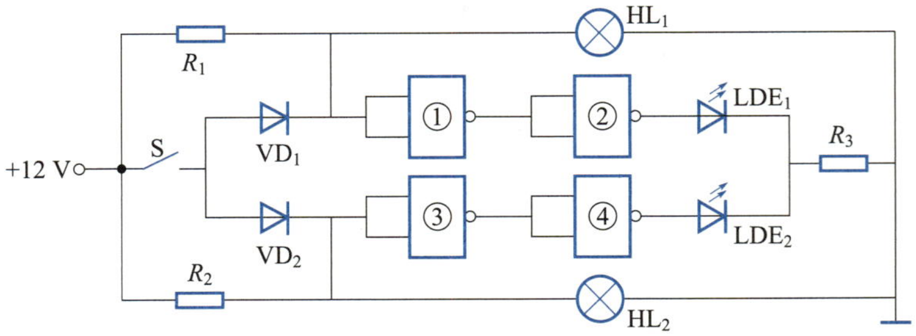

图 6-7 制动灯故障检测器的电路图

2. 制动灯故障检测器的工作原理

当信号灯 HL_1、HL_2 完好时，由于灯丝阻值较小，所以二极管和与非门①、与非门③的输入端全为低电平，与非门②、与非门④的输出端也为低电平，发光二极管 LED_1 和 LED_2 均不亮。当 HL_1 或 HL_2 断路时，与非门①或与非门③的输入端由于 R_1、R_2 的接入变为高电平，所以与非门②或与非门④的输出端为高电平，相应的发光二极管点亮，提示制动灯有断路故障。

七、设计方法

微课 组合逻辑电路设计

组合逻辑电路设计是指按已知逻辑的要求画出逻辑图，其设计步骤大致如下：

第 1 步：分析实际问题，找出条件（输入变量）和结果（输出函数），用字母表示它们，然后进行逻辑赋值，即分别用逻辑“1”和逻辑“0”表达其中的一种状态。

第 2 步：根据实际问题和逻辑赋值规定列真值表。

第 3 步：根据真值表写出逻辑函数并化简。

第 4 步：根据最简的逻辑函数式，画出相应的逻辑图。

• **例 6-4** 设计交叉路口的交通指示灯，红灯 A、绿灯 B、黄灯 C 的故障报警电路。

第 1 步：分析实际问题，确定逻辑变量，进行逻辑赋值。

由题可知，A、B、C 为输入变量，灯亮状态为“**1**”，灯熄状态为“**0**”，实际情况仅反映交通灯只能有一盏灯亮，否则为故障状态（输出），即报警为“**1**”，正常状态为“**0**”。

第 2 步：列出状态表，见表 6-6。

表 6-6　交通指示灯状态表

A	B	C	Y
0	0	0	1
0	0	1	0
0	1	0	0
0	1	1	1
1	0	0	0
1	0	1	1
1	1	0	1
1	1	1	1

第 3 步：根据真值表写出逻辑函数表达式为

$$Y=\overline{A}\,\overline{B}\,\overline{C}+\overline{A}BC+A\overline{B}C+AB\overline{C}+ABC$$

化简：$Y=\overline{A}\,\overline{B}\,\overline{C}+\overline{A}BC+A\overline{B}C+AB\overline{C}+ABC$

$=\overline{A}\,\overline{B}\,\overline{C}+(\overline{A}+A)BC+A\overline{B}C+AB\overline{C}$

$=\overline{A}\,\overline{B}\,\overline{C}+B(C+A\overline{C})+A\overline{B}C$

$=\overline{A}\,\overline{B}\,\overline{C}+B(C+A)+A\overline{B}C$

$=\overline{A}\,\overline{B}\,\overline{C}+AB+BC+A\overline{B}C$

$=\overline{A}\,\overline{B}\,\overline{C}+AB+C(B+A\overline{B})$

$=\overline{A}\,\overline{B}\,\overline{C}+AB+C(B+A)$

$=\overline{A}\,\overline{B}\,\overline{C}+AB+AC+BC$

第 4 步：根据最简的逻辑函数式 $Y=\overline{A}\,\overline{B}\,\overline{C}+AB+AC+BC$，画出逻辑电路图，如图 6-8 所示。

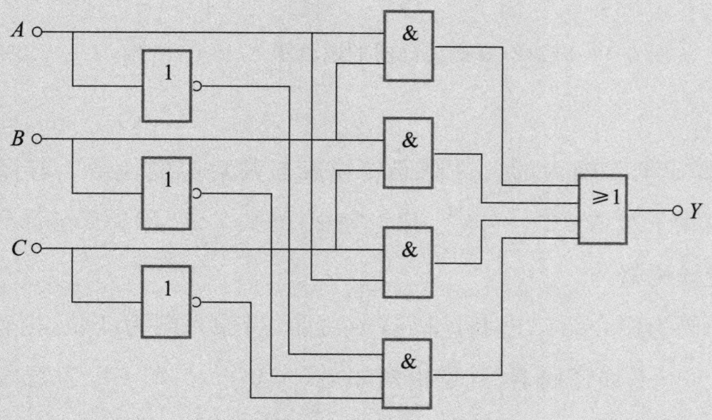

图 6-8　交通路口故障报警电路图

6.2 组合逻辑电路认知

学习目标

能够掌握逻辑关系及相应逻辑门电路功能，会简单组合逻辑电路的分析与设计，能够正确地识别集成电路芯片，熟悉逻辑门电路端子功能，掌握编码器与译码器的组成和工作原理，培养观察及分析能力。

知识学习

微课 编码器

一、编码器

所谓编码，就是用二进制码来表示给定的数字、字符或信息。一位二进制码有 **0**、**1** 两种状态，n 位二进制码有 2^n 种不同的组合。用不同的组合来表示不同的信息，就是二进制编码。

所谓二—十进制编码器，就是输入一个十进制码 0~9，通过编码器，在输出端相应得到二进制码，则该编码器就称为二—十进制编码器。图 6-9 所示为 8421BCD 码编码器的逻辑图，1~9 为对应于数字 1~9 的按键输入端。A、B、C、D 是编码器输出端，D 是最高位，当按下数字 6 的键时，$DCBA$ = **0110**，这可以通过分析电路得到。

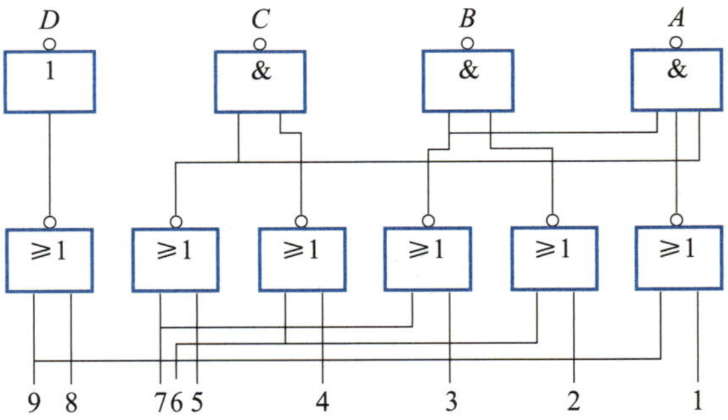

图 6-9 8421BCD 码编码器的逻辑图

二、译码器

译码是编码的逆过程。译码器将输入的二进制码转换成与其对应的信号。若译码器输入的是 n 位二进制码，则其输出端子数 $N \leqslant 2^n$。$N = 2^n$ 称为完全译码，$N < 2^n$ 称为部分译码。

微课 3线—8线译码器

（一）3 线—8 线译码器

以 3 位二进制译码为例介绍二进制译码器的功能，当输入端为 3 位，则输出端 $N = 2^3 = 8$ 位，所以称为 3 线—8 线译码器，其逻辑图如图 6-10 所示，$A_0 \sim A_2$ 为输入端，$Y_0 \sim Y_7$ 为输出端。当 3 个输入端为某一二进制码时，输出端对应的某一端子为高电平，其余为低电平。

例如，当 $Y_3=\overline{A}_2A_1A_0$ = **011** 时，从图 6-10 中可以看出，Y_3 **与**门的 3 个输入端均为 **1**，Y_3 输出高电平，为 **1**；其余各**与**门输入端均不全为 **1**，所以输出为 **0**。

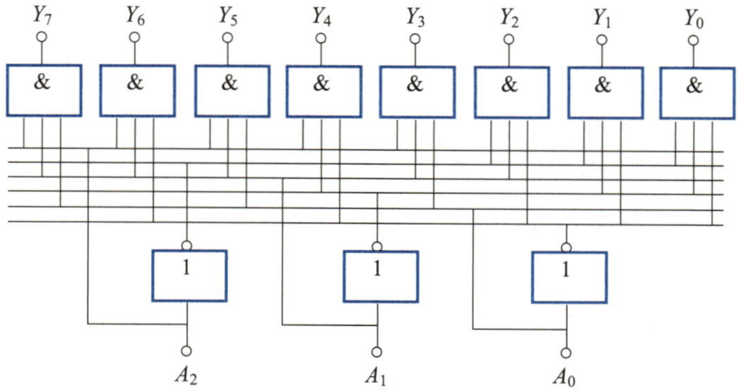

图 6-10　3 线-8 线译码器逻辑图

其真值表见表 6-7。

表 6-7　3 线—8 线译码器真值表

A_2	A_1	A_0	Y_0	Y_1	Y_2	Y_3	Y_4	Y_5	Y_6	Y_7
0	**0**	**0**	**1**	**0**	**0**	**0**	**0**	**0**	**0**	**0**
0	**0**	**1**	**0**	**1**	**0**	**0**	**0**	**0**	**0**	**0**
0	**1**	**0**	**0**	**0**	**1**	**0**	**0**	**0**	**0**	**0**
0	**1**	**1**	**0**	**0**	**0**	**1**	**0**	**0**	**0**	**0**
1	**0**	**0**	**0**	**0**	**0**	**0**	**1**	**0**	**0**	**0**
1	**0**	**1**	**0**	**0**	**0**	**0**	**0**	**1**	**0**	**0**
1	**1**	**0**	**0**	**0**	**0**	**0**	**0**	**0**	**1**	**0**
1	**1**	**1**	**0**	**0**	**0**	**0**	**0**	**0**	**0**	**1**

集成 3 线—8 线译码器 74LS138 如图 6-11 所示，它有 3 个输入端 $A_0\sim A_2$，8 个输出端 $Y_0\sim Y_7$。与上述 3 线—8 线译码器的逻辑输出不同的是，它的输出是低电平有效，其输出真值与表 6-7 中输出真值各位相反。

(a) 实物图

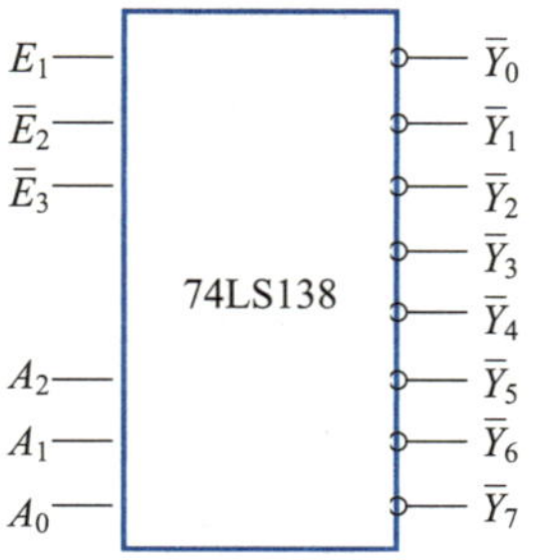

(b) 端子图

图 6-11　74LS138 3 线—8 线译码器

E_1、$\overline{E}_2$、$\overline{E}_3$ 为使能端（选通端），只有当 E_1、$\overline{E}_2$、$\overline{E}_3$ 分别为“1”“0”“0”时，译码功能才有效，否

则输出全为“1”。

（二）二—十进制译码器

二—十进制译码器的输入端子有 4 个，分别输入四位 8421BCD 二进制代码的各位，输出端子有 10 个。每当输入一组 8421BCD 码时，输出端的 10 个端子中对应于该二进制数所表示的十进制数的端子就输出高/低电平，而其他端子保持原来的低/高电平。

74LS42 是 8421BCD 码译码器，其逻辑符号如图 6-12(b) 所示。其中，A、B、C、D 为高位到低位的 8421BCD 码输入端，$\overline{Y}_0 \sim \overline{Y}_9$ 为输出端。例如，当 $ABCD$ 为 **0110** 时，$\overline{Y}_6$ 输出低电平，表明输入的二进制代码所表示的是十进制数字 6，而当 $ABCD$ 为 **1010～1111** 这 6 种数码时，10 个输出端都是高电平，表示输入的代码是伪码，不能表示数字。

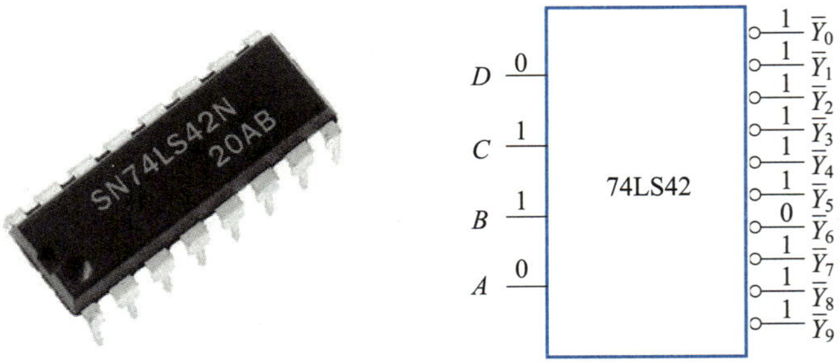

(a) 实物图　　(b) 端子图

图 6-12　74LS42 二—十进制译码器

微课
显示译码器

（三）显示译码器

如果 BCD 译码器的输出能驱动显示器件发光，将译码器中十进制数显示出来，这种译码器就是显示译码器。在显示器件中，应用较广泛的是七段数码显示器，相应的就需要用七段显示译码器。

1. 七段数码显示器

图 6-13 所示为由发光二极管组成的七段数码显示器字形图及其接法。$a \sim g$ 七段是七个发光二极管，有共阴极和共阳极两种接法。共阴极接法时，哪个管子的阳极接收到高电平，哪个管子发光；共阳极接法时，哪个管子的阴极接收到低电平，哪个管子发光。

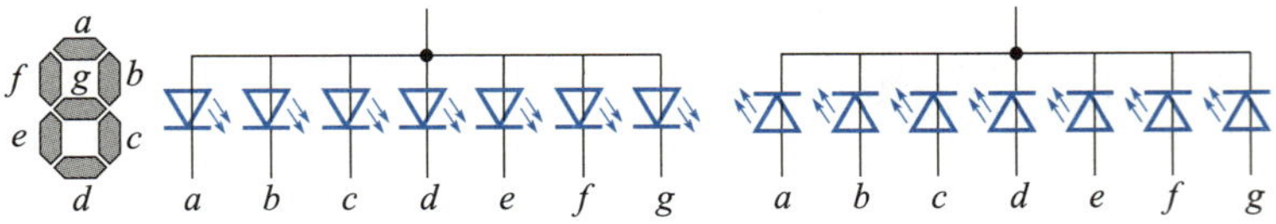

图 6-13　七段数码显示器字形图及其接法

• **例 6-5**　对共阴极接法，当 $a \sim g$ 为 **1011011** 时，显示数字“5”，如图 6-14 所示。

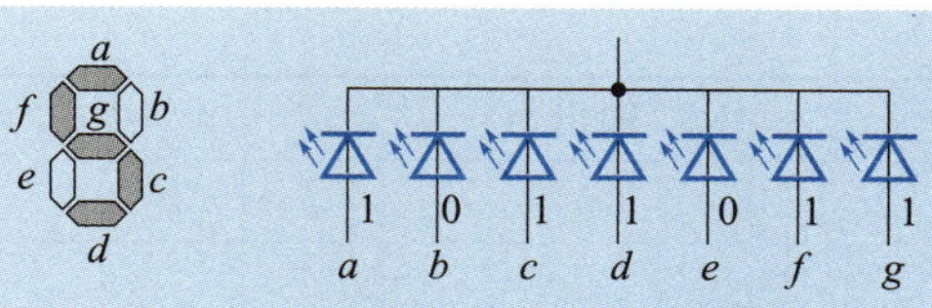

图 6-14　数字 5 字形图及其接法

2. 七段显示译码器

七段显示译码器的作用是将四位二进制代码(8421BCD 码)代表的十进制数字翻译成显示器输入所需的七位二进制代码(*abcdefg*),以驱动显示器显示相应的数字。因此,常把这种译码器称为“代码译码器”。

七段显示译码器常采用集成电路,常见的有 T337 型(共阴极)、T338 型(共阳极)等。图 6-15 所示为七段显示译码器的外端子排列图。A_3、A_2、A_1、A_0 为四位二进制数码输入端,$a \sim g$ 为输出端,分别接到七段液晶显示器的 $a \sim g$ 端,均为高电平有效。

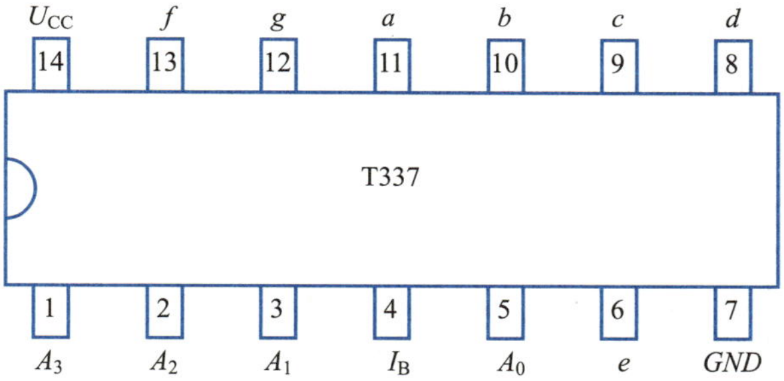

图 6-15　七段显示译码器的外端子排列图

表 6-8 所示为它的逻辑功能表,表中,**0** 指低电平,**1** 指高电平,×指任意电平。I_B 为消隐输入端,高电平有效,即 $I_B = 1$,译码器可以正常工作;$I_B = 0$,显示器熄灭,不工作。U_{CC} 通常取+5 V。

表 6-8　七段显示译码器的逻辑功能表

输入					输出							数字
I_B	A_3	A_2	A_1	A_0	*a*	*b*	*c*	*d*	*e*	*f*	*g*	
0	×	×	×	×	**0**	**0**	**0**	**0**	**0**	**0**	**0**	
1	**0**	**0**	**0**	**0**	**1**	**1**	**1**	**1**	**1**	**1**	**0**	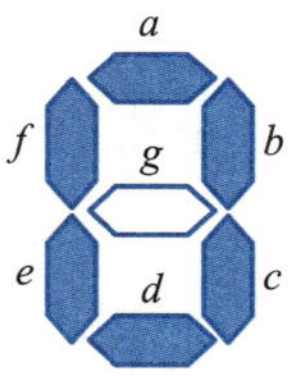

续表

输入					输出							数字
I_B	A_3	A_2	A_1	A_0	*a*	*b*	*c*	*d*	*e*	*f*	*g*	
1	0	0	0	1	0	1	1	0	0	0	0	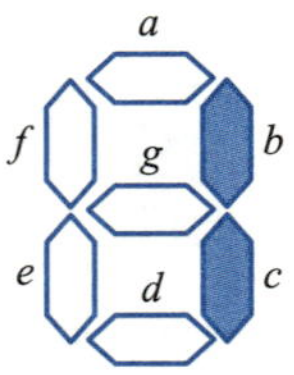
1	0	0	1	0	1	1	0	1	1	0	1	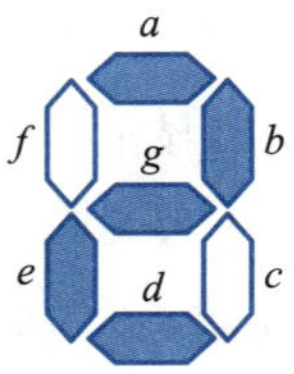
1	0	0	1	1	1	1	1	1	0	0	1	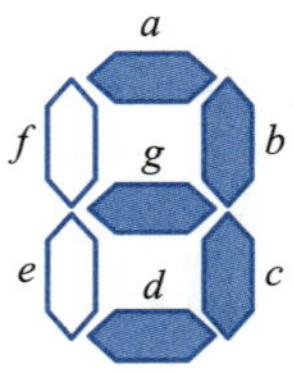
1	0	1	0	0	0	1	1	0	0	1	1	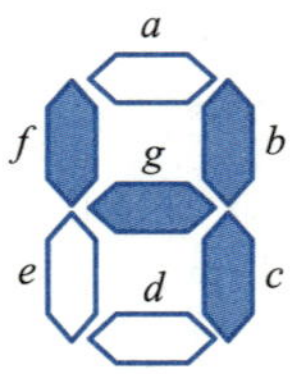
1	0	1	0	1	1	0	1	1	0	1	1	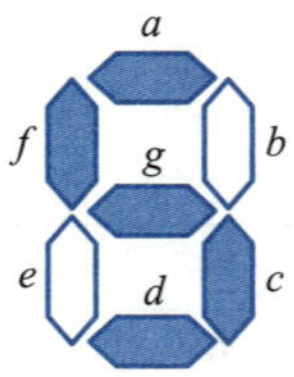
1	0	1	1	0	0	0	1	1	1	1	1	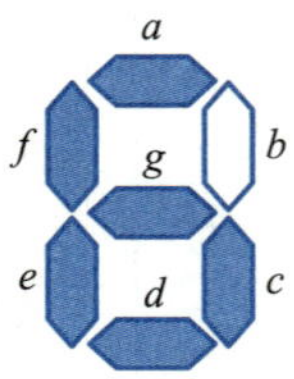

续表

输入					输出							数字
I_B	A_3	A_2	A_1	A_0	a	b	c	d	e	f	g	
1	**0**	**1**	**1**	**1**	**1**	**1**	**1**	**0**	**0**	**0**	**0**	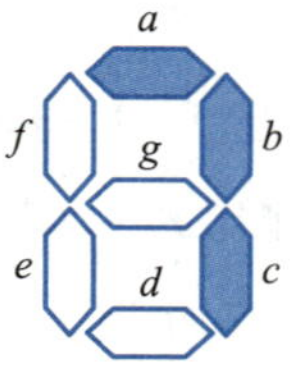
1	**1**	**0**	**0**	**0**	**1**	**1**	**1**	**1**	**1**	**1**	**1**	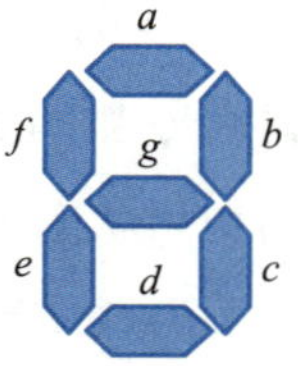
1	**1**	**0**	**0**	**1**	**1**	**1**	**1**	**1**	**0**	**1**	**1**	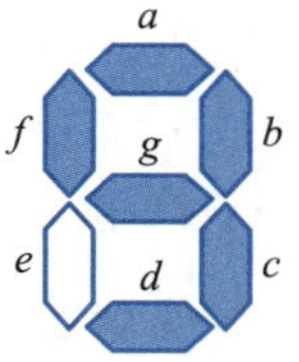

6.3 触发器认知

学习目标

了解基本 RS 触发器、同步 RS 触发器、JK 触发器、D 触发器的功能及特点，掌握其逻辑关系，具备常用触发器电路分析的能力和解题思路，认识常用的触发器，培养观察与分析能力。

知识学习

利用集成门电路可以组成具有记忆功能的触发器。触发器是一种具有两种稳定状态的电路，可以分别代表二进制数 **1** 和 **0**。当外加触发信号时，触发器能从一种状态翻转到另一种状态，即它能按逻辑功能在 **1**、**0** 之间变化，因此，触发器是储存数字信号的基本单元电路，是各种时序电路的基础。按逻辑功能的不同，触发器有 RS 触发器、JK 触发器和 D 触发器等。

一、基本 RS 触发器

微课 基本RS触发器

图 6-16 所示为基本 RS 触发器的逻辑电路和逻辑符号。它由两个**与非**门交叉连接而成。$\overline{R}$、$\overline{S}$ 是输入端，Q、$\overline{Q}$ 是输出端。在正常条件下，若 $Q=\mathbf{1}$，则 $\overline{Q}=\mathbf{0}$，称触发器处于

“**1**”态；若 $Q=\mathbf{0}$，则 $\overline{Q}=\mathbf{1}$，称触发器处于“**0**”态；输入端 $\overline{R}$ 称为置“**0**”端，$\overline{S}$ 称为置“**1**”端，均为低电平有效。

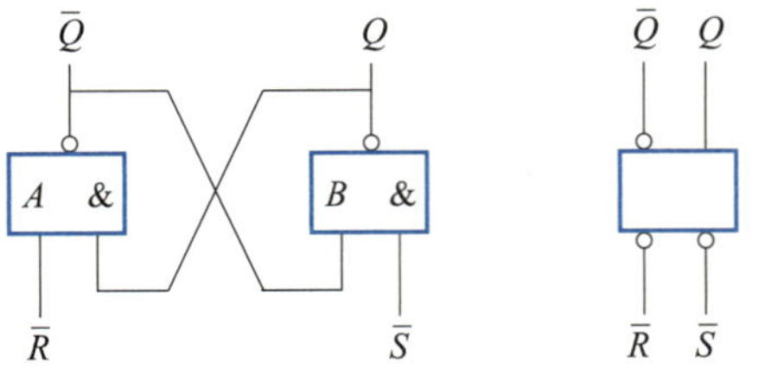

(a) 逻辑电路　(b) 逻辑符号

图 6-16　基本 RS 触发器

下面分析输入与输出的逻辑关系：

(1) $\overline{S}=\mathbf{1}$，$\overline{R}=\mathbf{0}$ 时，与非门 A 的输出为 **1**，即 $\overline{Q}=\mathbf{1}$。由于 $\overline{S}=\mathbf{1}$，与非门 B 的两个输入端全为 **1**，所以 B 门的输出为 **0**，即 $Q=\mathbf{0}$。若触发器原来逻辑电路和逻辑符号处于“**0**”态，在 $\overline{S}=\mathbf{1}$、$\overline{R}=\mathbf{0}$ 信号作用下，触发器仍保持“**0**”态；若原来处于“**1**”态，则触发器就会由“**1**”态翻转为“**0**”态。

(2) $\overline{S}=\mathbf{0}$，$\overline{R}=\mathbf{1}$ 时，设触发器的初始状态为 **0**，则 $Q=\mathbf{0}$，$\overline{Q}=\mathbf{1}$。由于 $\overline{S}=\mathbf{0}$，B 门有一个输入为 **0**，其输出 Q 则为 **1**；而 A 门的输入全为 **1**，其输出 $\overline{Q}$ 则为 **0**。因此，触发器由“**0**”态翻转为“**1**”态。若它的初始状态为 **1** 态，触发器仍保持“**1**”状态不变。

(3) $\overline{S}=\mathbf{1}$，$\overline{R}=\mathbf{1}$ 时，若触发器原来处于“**0**”态，即 $Q=\mathbf{0}$，$\overline{Q}=\mathbf{1}$，此时 B 门的两个输入端都是 **1**，输出 $Q=\mathbf{0}$；A 门有一个输入为 **0**，输出 $\overline{Q}=\mathbf{1}$，触发器的状态不变。若触发器原来处于“**1**”态，即 $Q=\mathbf{1}$，$\overline{Q}=\mathbf{0}$，此时，A 门输出为 **0**，即 $\overline{Q}=\mathbf{0}$，B 门输出为 **1**，即 $Q=\mathbf{1}$，触发器的状态也不变。由此可见，$\overline{S}=\mathbf{1}$，$\overline{Q}=\mathbf{1}$ 触发器保持原有状态，这体现了触发器的记忆功能。

(4) $\overline{S}=\mathbf{0}$，$\overline{R}=\mathbf{0}$ 时，A、B 两门都有 **0** 输入端，则它们的输出 Q、$\overline{Q}$ 全为 **1**，这时，不符合 Q 与 $\overline{Q}$ 相反的逻辑状态。当 $\overline{S}$ 和 $\overline{R}$ 同时由 **0** 变为 **1** 后，触发器的状态不能确定，这种情况在使用中应避免出现。综上所述，可列出基本 RS 触发器的逻辑状态表，见表 6-9。

表 6-9　基本 RS 触发器状态表

$\overline{S}$	$\overline{R}$	Q	逻辑功能
0	**1**	**1**	置 **1**
1	**0**	**0**	置 **0**
1	**1**	不变	保持
0	**0**	不定	不允许

微课
同步RS触发器

二、同步 RS 触发器

图 6-17 所示为同步 RS 触发器的逻辑电路和逻辑符号。其中，S 和 R 是输入端，与非门 A 和 B 构成基本 RS 触发器，与非门 C、D 构成导引电路，通过它把输入信号引导到基本触发器上。$\overline{R}_D$、$\overline{S}_D$ 是直接复位、直接置位端。只要在 $\overline{R}_D$ 或 $\overline{S}_D$ 上直接加上一个低电平信号，就可以使触发器处于预先规定的“**0**”状态或“**1**”状态。另外，$\overline{R}_D$ 或 $\overline{S}_D$ 在不使用时应置高电平。CP 是时钟脉冲输入端，时钟脉冲来到之前，即 $CP=0$ 时，无论 R 和 S 端的电平如何变化，C 门、D 门的输出均为 1，基本触发器保持原状态不变。在时钟脉冲来到之后，即 $CP=\mathbf{1}$ 时，触发器才按 R、S 端的输入状态决定其输出状态。时钟脉冲过去之后，输出状态保持时钟脉冲为高电平时的状态不变。

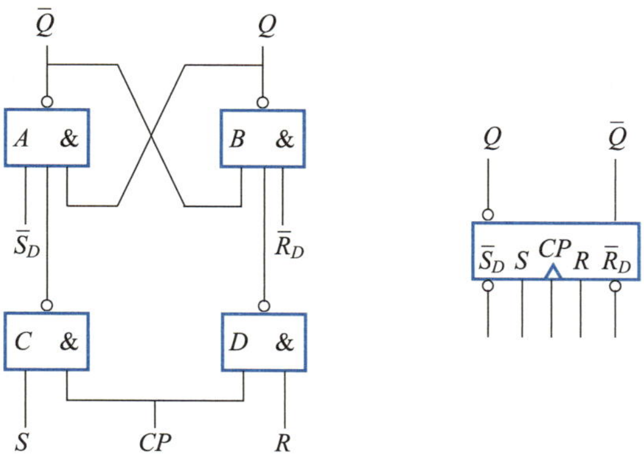

(a) 逻辑电路　　(b) 逻辑符号

图 6-17　同步 RS 触发器

在时钟脉冲来到之后，CP 变为 **1**，R 和 S 的状态开始起作用，其工作状态如下所述：

（1）$S=\mathbf{1}$，$R=\mathbf{0}$ 时，由于 $S=\mathbf{1}$，当时钟脉冲来到时，$CP=\mathbf{1}$，C 门输出为 **0**。若触发器原来处于“**0**”态，即 $Q=\mathbf{0}$，$\overline{Q}=\mathbf{1}$，则 A 门输出转变为 $Q=\mathbf{1}$。因为 $R=\mathbf{0}$，D 门输出为 **1**，B 门输入全为 **1**，则输出变为 $\overline{Q}=\mathbf{0}$。若触发器原来处于“**1**”状态，即 $Q=\mathbf{1}$，$\overline{Q}=\mathbf{0}$，则 A 门输出为 $Q=\mathbf{1}$。结论：当 $S=\mathbf{1}$，$R=\mathbf{0}$ 时，不管触发器原来处于何种状态，在 CP 到来后触发器处于“**1**”状态。

（2）$S=\mathbf{0}$，$R=\mathbf{1}$ 时，由于 $R=\mathbf{1}$，时钟脉冲来到之后，$CP=\mathbf{1}$，D 门输出为 **0**，不管触发器原来处于何种状态，$\overline{Q}=\mathbf{1}$；由于 A 门输入全为 **1**，所以 $Q=\mathbf{0}$。结论：当 $S=\mathbf{0}$，$R=\mathbf{1}$ 时，不管触发器原来处于何种状态，在 CP 到来后触发器处于“**0**”状态。

（3）$R=\mathbf{0}$，$S=\mathbf{0}$ 时，由于 $R=\mathbf{0}$、$S=\mathbf{0}$，则 C 门、D 门均输出为 **1**，所以触发器的状态不会改变。

（4）$S=\mathbf{1}$，$R=\mathbf{1}$ 时，由于 $S=\mathbf{1}$，$R=\mathbf{1}$，当时钟脉冲到来之后，$CP=\mathbf{1}$，则 C 门与 D 门输出都为 **0**，A 门与 B 门输出都为 1，即 $Q=\overline{Q}=\mathbf{1}$，破坏了 Q 与 $\overline{Q}$ 的逻辑关系。当输入信号消失后，触发器的状态不能确定，因而实际使用中应避免出现此情况。

表 6-10 所示为同步 RS 触发器的逻辑状态表。表中 Q_{n+1} 表示脉冲到来之后的状态，Q_n 表示现态。

表 6-10　同步 RS 触发器的逻辑状态表

S	R	Q_{n+1}
0	**0**	Q_n
0	**1**	**0**
1	**0**	**1**
1	**1**	不定

三、JK 触发器

微课
JK触发器

主从 JK 触发器是一种无空翻的触发器。图 6-18(a) 是 JK 触发器的逻辑电路，图 6-18(b) 是其逻辑符号。它由两个同步 RS 触发器组成，前级为主触发器，后级为从触发器，$\overline{S}_D$、$\overline{R}_D$ 是直接置位、复位端（平时应处于高电平）；J、K 为控制输入端；时钟脉冲除输入主触发器，还经反相器加到从触发器上，从而形成两个互补的时钟控制信号。

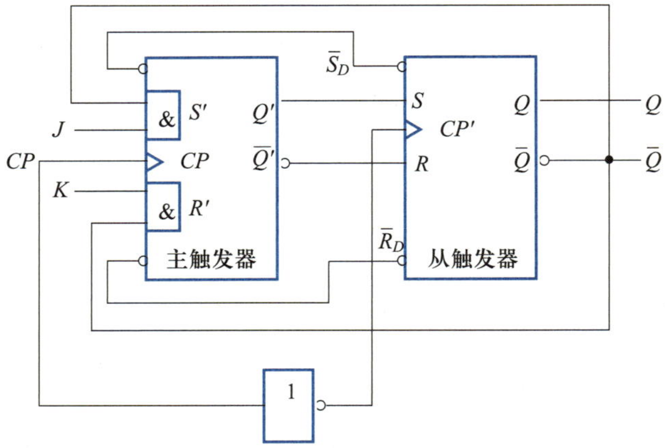

(a) 逻辑电路

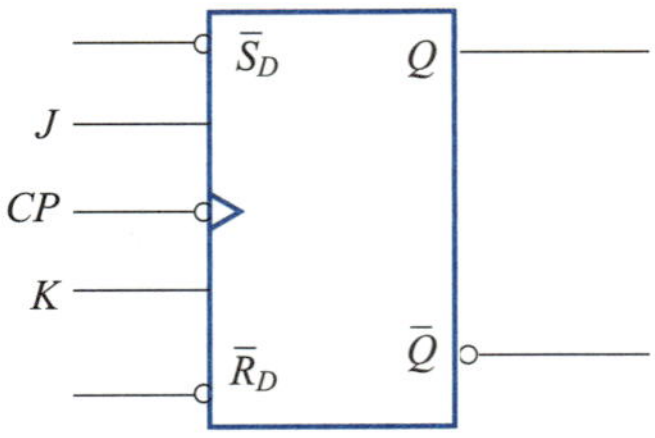

(b) 逻辑符号

图 6-18 JK 接触器

时钟脉冲作用期间，$CP=\mathbf{1}$，$CP'=\mathbf{0}$，从触发器被封锁，保持原状态，Q 在脉冲作用期间不变；主触发器的状态 Q'取决于 J、K 输入端的状态。

当时钟脉冲过去后，$CP=\mathbf{0}$，$CP'=\mathbf{1}$，主触发器被封锁，从触发器导引门畅通，将主触发器的状态移入从触发器中。

JK 触发器的两个输入端 J 和 K 与主触发器输入端 S'、R'的关系分别为

$$S'=J\overline{Q}\quad R'=KQ$$

按 J、K 两个输入信号的四种不同组合，对 JK 触发器的逻辑功能分析如下：因为主、从触发器都是同步 RS 触发器，在单独分析主或从触发器时，都可以直接用表 6-10 的逻辑关系进行。

（1）$J=\mathbf{1}$、$K=\mathbf{1}$ 时，根据触发器的初始状态分为以下两种：

① 设触发器的初始状态为“**0**”态，即 $Q=\mathbf{0}$、$\overline{Q}=\mathbf{1}$（对应有 $Q'=\mathbf{0}$、$\overline{Q'}=\mathbf{1}$）。当时钟脉冲 CP 到来之前，$CP=\mathbf{0}$，主触发器和从触发器的状态不变，此时主触发器的等效输入端为

$$S'=J\overline{Q}=\mathbf{1}\times\mathbf{1}=\mathbf{1}、R'=KQ=\mathbf{1}\times\mathbf{0}=\mathbf{0}$$

当 CP 到来之后，$CP=\mathbf{1}$，由于主触发器的输入端 $S'=\mathbf{1}$，$R'=\mathbf{0}$，根据表 6-10，主触发器的状态由“**0**”变为“**1**”态，即 $Q'=\mathbf{1}$、$\overline{Q'}=\mathbf{0}$；从触发器的状态因 $CP'=\mathbf{0}$ 而保持不变，即 $Q=\mathbf{0}$、$\overline{Q}=\mathbf{1}$。

当 CP 由“**1**”变为“**0**”时，由于 $CP'=\mathbf{1}$，而从触发器的输入端 $S=Q'=\mathbf{1}$ 和 $R=\overline{Q'}=\mathbf{0}$，根据表 6-10，从触发器由“**0**”变为“**1**”态，即 $Q=\mathbf{1}$、$\overline{Q}=\mathbf{0}$，此时主触发器的输入端状态保持不变，即 $Q'=\mathbf{1}$、$\overline{Q'}=\mathbf{0}$。

② 设触发器的初始状态为“**1**”态，即 $Q=\mathbf{1}$、$\overline{Q}=\mathbf{0}$（对应有 $Q'=\mathbf{1}$、$\overline{Q'}=\mathbf{0}$）。当时钟脉冲 CP 到

来之前，$CP=\mathbf{0}$，此时主触发器的输入端为

$$S'=J\overline{Q}=\mathbf{1}\times\mathbf{0}=\mathbf{0}、R'=KQ=\mathbf{1}\times\mathbf{1}=\mathbf{1}$$

当 $CP=\mathbf{1}$ 时，主触发器的状态由“**1**”变为“**0**”态；当 CP 由“**1**”变为“**0**”时，$CP'=\mathbf{1}$，从触发器的状态也由“**1**”变为“**0**”态。

可见，$J=K=\mathbf{1}$ 的情况下，每来一个 CP 的下降沿，主从 JK 触发器的状态翻转一次，即触发器的状态翻转次数等于时钟脉冲的个数。利用触发器的这种功能，可构成计数电路。

（2）$J=\mathbf{0}、K=\mathbf{0}$ 时，设触发器的初始状态为“**0**”态。当 CP 到来之后（$CP=\mathbf{1}$），由于主触发器的输入端 $S'=\overline{JQ}=\mathbf{0}、R'=\overline{KQ}=\mathbf{0}$，根据表 6-10，主触发器状态保持不变，而 $CP'=\mathbf{0}$，从触发器状态保持不变。当 CP 由“**1**”变为“**0**”时，$CP'=\mathbf{1}$，从触发器的输入端 $S=\mathbf{0}$ 和 $R=\mathbf{1}$，从触发器仍为“**0**”态不变；此时主触发器状态保持不变。

如果触发器的初始状态为“**1**”态，当 CP 到来后，触发器状态也将保持原来的“**1**”态不变。

可见，当 $J=K=\mathbf{0}$ 时，不论时钟脉冲 CP 处于什么情况，主从 JK 触发器状态都不会改变。

（3）$J=\mathbf{1}、K=\mathbf{0}$ 时，设触发器的初始状态为“**0**”态。当 CP 到来之后（$CP=\mathbf{1}$），由于主触发器的输入 $S'=\overline{JQ}=\mathbf{1}、R'=\overline{KQ}=\mathbf{0}$，所以主触发器变为“**1**”态；而 $CP'=\mathbf{0}$，从触发器状态保持不变。当 CP 由“**1**”变为“**0**”时，$CP'=\mathbf{1}$，从触发器的输入端 $S=Q'=\mathbf{1}$ 和 $R=\overline{Q'}=\mathbf{0}$，从触发器变为“**1**”态；此时主触发器的状态保持不变。

若触发器的初始状态为“**1**”态，当 $CP=\mathbf{1}$ 时，由于主触发器的输入端 $S'=\overline{JQ}=\mathbf{0}、R'=\overline{KQ}=\mathbf{0}$，所以主触发器保持“**1**”态不变。当 CP 由“**1**”变为“**0**”时，根据表 6-10，由于从触发器的输入端 $S=Q'=\mathbf{1}$ 和 $R=\overline{Q'}=\mathbf{0}$，所以从触发器也保持“**1**”态不变。

可见，当 $J=\mathbf{1}、K=\mathbf{0}$ 时，不论触发器的初始状态如何，当 CP 下降沿到来时，主从 JK 触发器的状态一定为“**1**”态，即与 J 端的状态一致。

（4）$J=\mathbf{0}、K=\mathbf{1}$ 时，无论触发器的初始状态如何，当 CP 下降沿到来时，主从 JK 触发器的状态一定是“**0**”态，即与 J 端的状态相同。

JK 触发器的状态表见表 6-11。

表 6-11　JK 触发器的状态表

J	K	Q_n	Q_n+1
1	**1**	**0** **1**	$\overline{Q_n}$
0	**0**	**0** **1**	Q_n
1	**0**	**0** **1**	**1**

续表

J	K	Q_n	Q_n+1
0	**1**	**0** **1**	**0**

由以上分析可知，当 $J=K=\mathbf{1}$ 时，每到来一个时钟脉冲，触发器状态就翻转一次；当 $J=K=\mathbf{0}$ 时，触发器将保持原状态不变；当 $J\neq K$ 时，触发器翻转后的状态将和 J 的状态一致；主触发器的状态更新发生在时钟脉冲 $CP=\mathbf{1}$ 期间；从触发器的状态代表 JK 触发器的状态，其翻转与否发生在时钟脉冲 $CP=\mathbf{0}$ 时，即发生在 CP 脉冲的下降沿。

图 6-19 所示为 JK 触发器的工作时序波形图，在 CP 脉冲的下降沿时，输出端 Q 发生翻转或保持不变，具体取决于控制输入端 J 和 K 的电平。

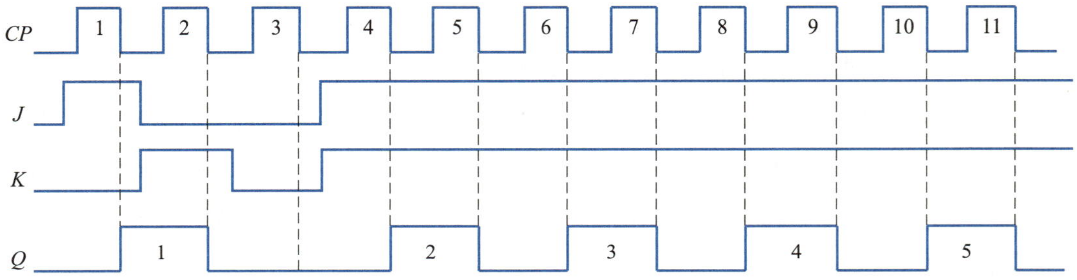

图 6-19 JK 触发器的工作时序波形图

微课
D触发器

四、D 触发器

D 触发器是只有一个输入端，边沿（上升沿或下降沿）触发有效的触发器，D 为信号输入端，为输出端，要求它们的逻辑关系为

$$Q_{n+1}=D(CP\text{ 脉冲下降沿时有效}) \tag{6-4}$$

D 触发器的实现电路有多种。图 6-20 所示是用 JK 触发器转换成的 D 触发器，无论 D 输入的信号电平高低，由于反相器的作用，K 与 J 的电平总是相反的，输出的电平总与 J，即与 D 的电平一致，满足式（6-4）的逻辑关系。图 6-20(b)所示为 D 触发器的逻辑符号，图 6-21 所示为 D 触发器的工作时序波形图。

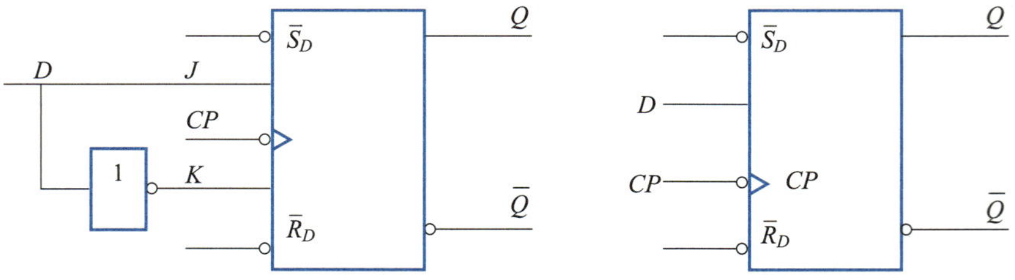

(a) 逻辑电路　　(b) 逻辑符号

图 6-20 D 触发器

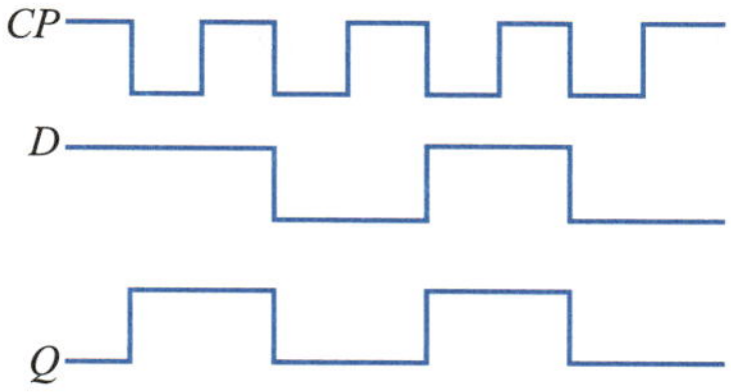

图 6-21　D 触发器的工作时序波形图

表 6-12 所示为 D 触发器逻辑功能表。

表 6-12　D 触发器逻辑功能表

D	Q_{n+1}
0	**0**
1	**1**

6.4　计数器认知

学习目标

了解计数器的功能及特点，掌握二进制计数器及十进制计数器工作逻辑，具备电路逻辑分析的能力和解题思路，培养观察和分析的能力。

知识学习

计数器是用来统计输入脉冲个数的数字电路。其主要应用在计算机的时序发生器、时间分配器、程序计数器、分频器、指令计数器等，同时，数字化仪表的压力、时间、温度等物理量的 A/D 及 D/A 等转换也需要脉冲计数来实现。计数器都是由具有记忆功能的触发器作为基本技术单元，各触发器的连接方式不同，从而就构成了不同类型的计数器。

计数器按进位制分为二进制计数器、十进制计数器、N 进制计数器；按计数加减分为加计数器、减计数器、可加可减计数器；按内部器件分为 TTL 计数器和 CMOS 计数器；按触发器的 CP 脉冲分为同步计数器和异步计数器。

一、二进制计数器

微课
二进制计数器

由于双稳态触发器有“**1**”和“**0**”两个状态，所以一个触发器可以表示一位二进制数。如果要表示 n 位二进制数，就得用 n 个触发器。下面以异步二进制加法计数器为例介绍二进制计数器原理。图 6-22 所示是由四个 JK 触发器组成的四位异步二进制加法计数器逻辑电路图。每个触发器的 J、K 端悬空，相当于 $J=K=\mathbf{1}$，此状态 $Q_{n+1}=\overline{Q}_n$ 具有计数功能。触发器的进位脉冲从 Q 端输出到达相邻高位触发器的 C 端。图 6-23 所示是它的工作时序波形图。这种之所以称为“异步”加法计数器，是由于计数脉冲不是同时加到各位触发器的 C 端，而只加到最低位触发器，其他各位触发器则由相邻低位触发器输出的进位脉冲来触发，因此它们的状态的变换有先有后，是异步的。

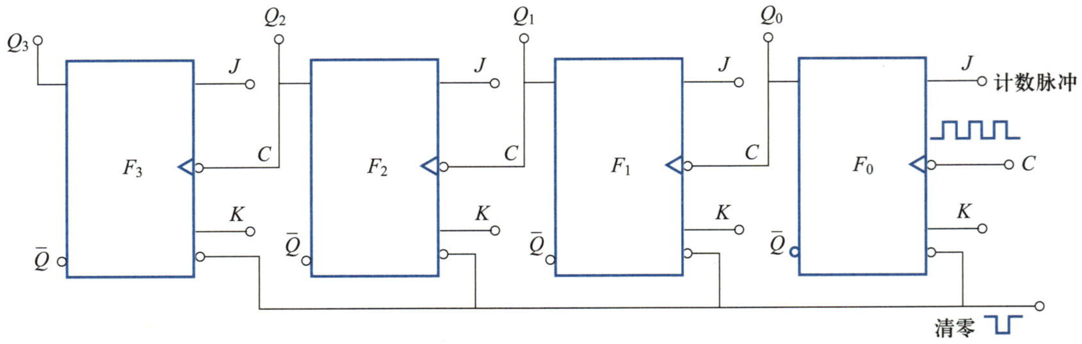

图 6-22　JK 触发器组成的四位异步二进制加法计数器逻辑电路图

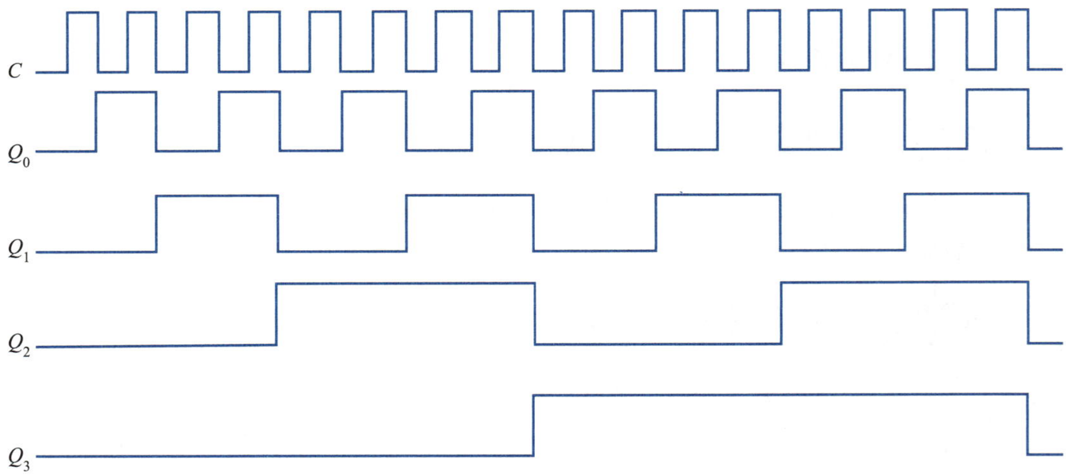

图 6-23　异步二进制加法计数器的工作时序波形图

四位二进制加法计数器共有 16 个状态，能记的最大十位数为 $2^4-1=15$。n 位二进制加法计数器能记的最大十位数为 2^n-1，超过这个数，数据将丢失，称为计数器溢出。表 6-13 所示为二进制加法计数器的状态表。

表 6-13　二进制加法计数器的状态表

计数脉冲数	二进制数				十进制数
	Q_3	Q_2	Q_1	Q_0	
0	**0**	**0**	**0**	**0**	0
1	**0**	**0**	**0**	**1**	1
2	**0**	**0**	**1**	**0**	2
3	**0**	**0**	**1**	**1**	3

续表

计数脉冲数	二进制数				十进制数
	Q_3	Q_2	Q_1	Q_0	
4	**0**	**1**	**0**	**0**	4
5	**0**	**1**	**0**	**1**	5
6	**0**	**1**	**1**	**0**	6
7	**0**	**1**	**1**	**1**	7
8	**1**	**0**	**0**	**0**	8
9	**1**	**0**	**0**	**1**	9
10	**1**	**0**	**1**	**0**	10
11	**1**	**0**	**1**	**1**	11
12	**1**	**1**	**0**	**0**	12
13	**1**	**1**	**0**	**1**	13
14	**1**	**1**	**1**	**0**	14
15	**1**	**1**	**1**	**1**	15
16	**0**	**0**	**0**	**0**	0

二、十进制计数器

微课
十进制计数器

二进制计数器结构简单，但读数不习惯，所以在有些场合采用十进制计数器较为方便。十进制计数器是在二进制计数器的基础上得出的，用四位二进制数来代表十进制的一位数，所以称为二—十进制计数器。

前面已经讲过最常用的 8421BCD 编码方式，是取四位二进制数前面的“**0000**”~“**1001**”来表示十进制的 0~9 十个数码，去掉后面的“**1010**”~“**1111**”六个数。也就是计数器计数到第十个脉冲时，计数器的状态要由“1001”变为“0000”，同时，要向上一位四位二进制计数器进一位，达到“逢十进一”的目的。表 6-14 所示为 8421 码十进制加法计数器的状态表。

表 6-14　8421 码十进制加法计数器的状态表

计数脉冲数	二进制数				十进制数
	Q_3	Q_2	Q_1	Q_0	
0	**0**	**0**	**0**	**0**	0
1	**0**	**0**	**0**	**1**	1
2	**0**	**0**	**1**	**0**	2
3	**0**	**0**	**1**	**1**	3
4	**0**	**1**	**0**	**0**	4
5	**0**	**1**	**0**	**1**	5
6	**0**	**1**	**1**	**0**	6

续表

计数脉冲数	二进制数				十进制数
	Q_3	Q_2	Q_1	Q_0	
7	**0**	**1**	**1**	**1**	7
8	**1**	**0**	**0**	**0**	8
9	**1**	**0**	**0**	**1**	9
10	**0**	**0**	**0**	**0**	进位

图 6-24 所示为同步十进制加法计数器的逻辑电路，由四位 JK 触发器组成。计数脉冲对四个 JK 触发器同步触发，所以是同步式加法计数器。同步式计数器的每一位 JK 触发器的翻转比异步式加法计数器的复杂，其每一位 JK 触发器有多个 J 端或 K 端，它们之间构成“与”的关系。

同步十进制加法计数器各位触发器 JK 端的逻辑关系式应满足十进制计数要求，每一位触发器 JK 端的逻辑关系如下：

① 第一位 JK 触发器 F_0，每来一个计数脉冲就翻转一次，所以要求 $J_0=\mathbf{1}$，$K_0=\mathbf{1}$，即使 J_0 和 K_0 空置，也处于高电平。

② 第二位 JK 触发器 F_1，在 $Q_0=\mathbf{1}$ 时，再来一个脉冲翻转；而在 $Q_3=\mathbf{1}$ 时不得翻转，因为 $Q_3=\mathbf{1}$ 时，$\overline{Q}_3=\mathbf{0}$，意味着计数器已是十进制“8”或“9”的状态，所以 F_1 不能再翻转。因此，要求 $J_1=\overline{Q}_3Q_0$，$K_1=Q_0$。

③ 第三位 JK 触发器 F_2，在 $Q_1=Q_0=\mathbf{1}$ 时，再来一个脉冲翻转，所以 $J_2=Q_1Q_0$，$K_2=Q_1Q_0$。

④ 第四位 JK 触发器 F_3，在 $Q_2=Q_1=Q_0=\mathbf{1}$ 时，再来一个脉冲翻转，所以 $J_3=Q_2Q_1Q_0$，$K_3=Q_0$。

图 6-24 所示的同步十进制加法计数器的逻辑电路能够满足上述逻辑关系。

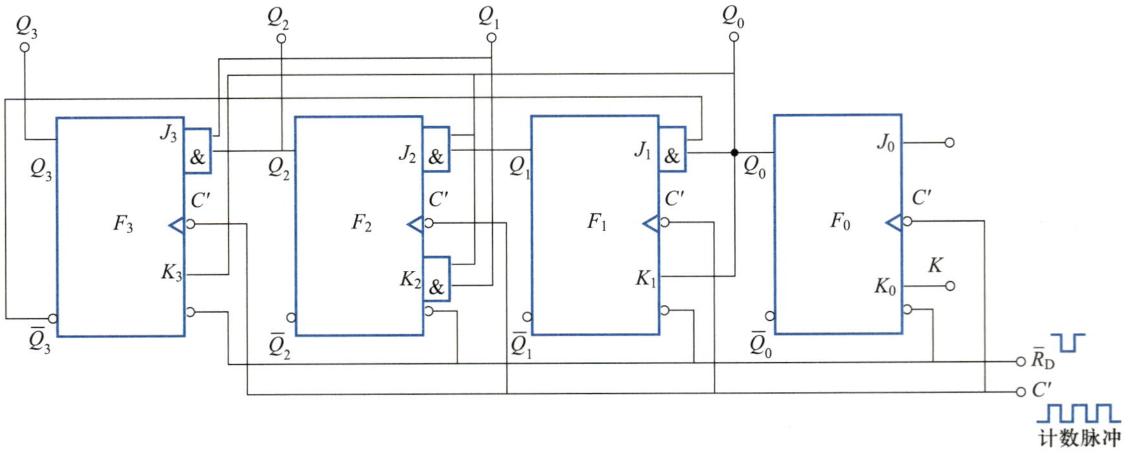

图 6-24 同步十进制加法计数器的逻辑电路

■ 6.5　寄存器认知

学习目标

了解寄存器的功能及特点，掌握数码寄存器及移位寄存器的工作逻辑，具备电路逻辑分析的能力，培养观察和分析的能力。

知识学习

寄存器用来暂时存放参与运算的数据和运算的结果，可以由触发器和控制电路组成。一个触发器只能寄存一位二进制数，要存多位数时，就得用多个触发器。常用的有 4 位、8 位、16 位寄存器。

寄存器存放数码的方式有并行和串行两种。并行方式就是数码各位从各对应位输入端同时输入寄存器中，串行方式就是数码从一个输入端逐位输入寄存器中。

从寄存器取出数码的方式也有并行和串行两种。在并行方式中，被取出的数码各位在对应于各位的输出端上同时出现；而在串行方式中，被取出的数码在一个输出端逐位出现。

一、数码寄存器

微课
数码寄存器

数码寄存器是存放二进制数码的电路。由于触发器具有记忆功能，因而它是数码寄存器电路的基本单元电路。

D 触发器是最简单的数码寄存器。在 CP 脉冲作用下，它能寄存一位二进制代码。当 $D=\mathbf{0}$ 时，在 CP 脉冲作用下，将 **0** 寄存到 D 触发器中；当 $D=\mathbf{1}$ 时，在 CP 脉冲作用下，将 **1** 寄存到 D 触发器中。图 6-25 所示为由四个 D 触发器组成的四位数码寄存器，在存数指令脉冲 CP 的作用下，输入端 $D_0 \sim D_3$ 的并行四位数码将同时存到四个 D 触发器中，并由四位触发器的输出端 $D_0 \sim D_3$ 输出。

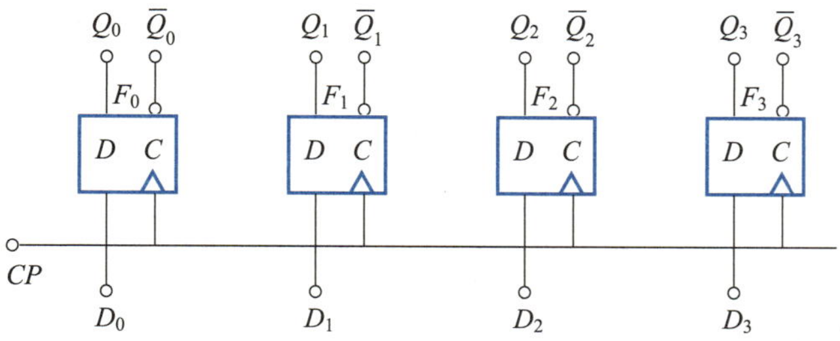

图 6-25　四位数码寄存器

二、移位寄存器

微课
移位寄存器

移位寄存器不仅存放数码，而且有移位的功能。根据数码的移位方向，可分为左移寄存器和右移寄存器。左移寄存器是在时钟脉冲的作用下，低位寄存器的数码送给高位寄存器，作为高位寄存器的次态输出；右移寄存器是在时钟脉冲的作用下，高位寄存器的数码送给低位寄存器，作为低位寄存器的次态输出。

图 6-26 所示为由 JK 触发器组成的四位移位寄存器。第一位 JK 触发器 F_0 构成 D 触发器，数码由 D 端输入；后面三个 JK 触发器的 J 和 K 端分别与前一位 JK 触发器的 Q 和 $\overline{Q}$ 端相连。设寄存的二进制数为"**1001**"，按移位脉冲（即时钟脉冲）的工作节拍从高位到低位依次串行送到 D 端。工作之初先清零。首先 $D=\mathbf{1}$，第一个移位脉冲的下降沿到来时使触发器 F_0 翻转，$Q_0=\mathbf{1}$，其他触发器保持"**0**"态。接着 $D=\mathbf{0}$，第二个移位脉冲的下降沿到来时使 F_0 和 F_1 同时翻转，由于 F_1 的 J 端为 **1**，F_0 的 J 端为 **0**，所以 $Q_1=\mathbf{1}$，$Q_0=\mathbf{0}$，Q_2 和 Q_3 仍为"**0**"。以后过程见表 6-15，移位一次，存入一个新数码，直到第四个脉冲的下降沿到来时，存入结束。这时，可以从四个触发器的 Q 端得到并行的数码输出。表 6-15 是移位寄存器的移位状态表。

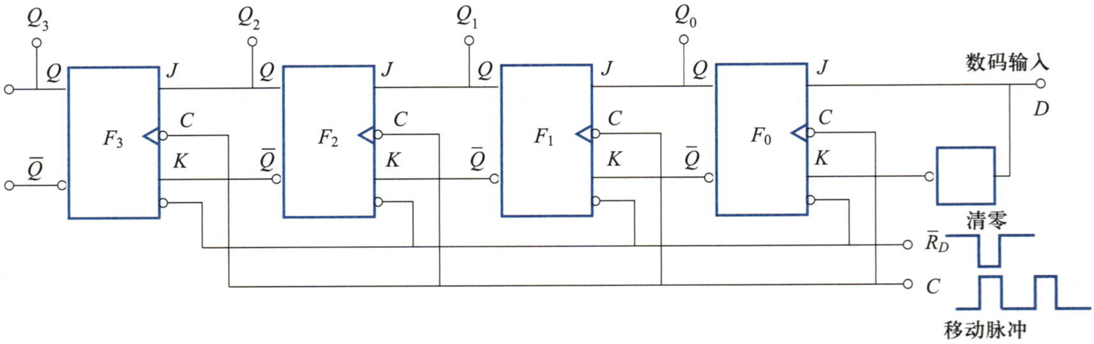

图 6-26　JK 触发器组成的四位移位寄存器

表 6-15　移位寄存器的移位状态表

移位脉冲数	寄存器中的数码				移位过程
	Q_3	Q_2	Q_1	Q_0	
0	**0**	**0**	**0**	**0**	清零
1	**0**	**0**	**0**	**1**	左移一位
2	**0**	**0**	**1**	**0**	左移二位
3	**0**	**1**	**0**	**0**	左移三位
4	**1**	**0**	**0**	**1**	左移四位

6.6　555 集成芯片认知

学习目标

了解 555 定时器的原理及端子位置，掌握 555 定时器的原理及应用，具备电路逻辑分析的能力和组装调试的能力，培养观察和分析的能力。

知识学习

555 定时器(时基电路）是一种用途广泛的模拟数字混合集成电路。其 1972 年由西格尼蒂克斯公司(Signetics)研制,内部有三个 5 kΩ 的电阻分压器,所以称为 555。它可产生精确的时间延迟和振荡,可以构成施密特触发器、单稳态触发器、多谐振荡器和压控振荡器等多种应用电路。555 定时器设计新颖、构思巧妙,使用灵活方便,价格低廉。如今 555 定时器在工业自动控制（调光、调压、调温等控制)、定时、延时、报警、仿声、电子乐器等方面有广泛的应用。

555 定时器电路是一种双极型集成电路,由于其结构独特,只要在外部端子配上适当的阻容元件便可构成不同的脉冲产生与变换电路,因此使用非常灵活,在自动控制、定时、防盗报警等方面应用广泛。

一、555 定时器的电路结构及工作原理

微课
555定时器的电路结构及工作原理

555 定时器的内部结构图如图 6-27 所示,它包括以下几个部分:一个由三个阻值相等的 5 kΩ 电阻组成的分压电器,两个电压比较器 A_1 和 A_2,一个基本 RS 触发器,一个放电晶体管 VT,一个缓冲器 G_3。

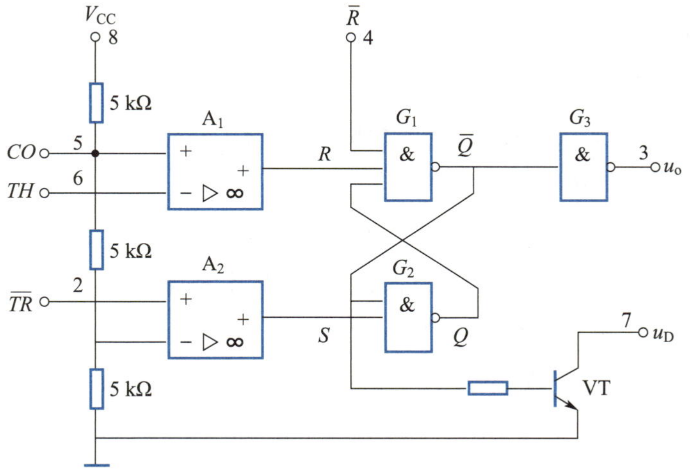

图 6-27　555 定时器的内部结构图

其中,A_1 的同相输入端和 A_2 的反相输入端分别接到分电器中间电阻的两端,使它们的电压被分别固定在 $2/3V_{CC}$ 和 $1/3V_{CC}$。这两个固定电压作为电压比较器的参考电压。A_1 和 A_2 的输出作为基本 RS 触发器的输入,从而确定该触发器的输出状态。

其中,各器件的功能如下:

(1) 电阻分压器。电阻分压器由 3 个 5 kΩ 的电阻组成,为电压比较器 A_1 和 A_2 提供基准电压。A_1 的同相输入端 $V+=2/3V_{CC}$,C_2 的反相输入端 $V-=1/3V_{CC}$。如果在电压控制端 5 另加控制电压,可以改变比较器 A_1、A_2 参考电压值。若工作中不使用控制端 5,则控制端 5 通过一个

0.01 μF 的电容搭铁，以旁路高频干扰。

（2）电压比较器。A_1 和 A_2 是两个比较器，分别由两个集成运算放大器构成。A_1 的同相输入端“+”接到参考电压 $V+$端上，即电压控制端 5，用 CO 表示。反相控制端“-”用 TH 表示，称为高触发端 6。A_2 反相输入端接到参考电压端 $V-$，同相输入“+”用 $\overline{TR}$ 表示，称为低触发端 2。

（3）基本 RS 触发器。基本 RS 触发器由两个**与非**门构成，其置 **0** 和置 **1** 端为低电平有效触发。$\overline{R}$ 是低电平有效的复位输入端。正常工作时，必须使 $\overline{R}$ 处于高电平。

（4）放电晶体管 VT。VT 是集电极开路的晶体管，相当于一个受控电子开关，$\overline{Q}$ 输出为 **1** 时，T 导通，$\overline{Q}$ 输出为 **0** 时，T 截止。

（5）缓冲器。缓冲器由 G_3 构成，用于提高电路的负载能力和抗干扰能力。

其中，各管脚功能如下：

（1）CO 为控制电压输入端。有此端可以外加一个电压比较器的参考值。不用时应经过 0.01 μF 的电容搭铁，以防止干扰的侵入。

（2）TH 称为高触发端。当 6 端的输入电压小于 $2/3V_{CC}$ 时，A_1 输出为高电平 **1**；大于 $2/3V_{CC}$ 时，A_1 输出为低电平 **0**，使触发器置 **0**，即 $Q=\mathbf{0}$。

（3）$\overline{TR}$ 称为低触发端。当 2 端的输入电压大于 $1/3V_{CC}$ 时，A_2 输出为高电平 **1**；小于 $1/3V_{CC}$ 时，A_2 输出为低电平 **0**，使触发器置 **1**，即 $Q=\mathbf{1}$。

（4）$\overline{R}$ 是复位端。是专门设置，以便基本 RS 触发器从外部进行直接置 **0**。需要置 **0** 时，从 4 端输入负脉冲，即 $\overline{R}=\mathbf{0}$ 时，$Q=\mathbf{1}$。

（5）D 是放电端。从晶体管的集电极引出。晶体管构成开关，其状态受 $\overline{Q}$ 控制。$\overline{Q}=\mathbf{1}$ 时，晶体管导通，为外接电容元件提供放电通路；$\overline{Q}=\mathbf{0}$ 时，晶体管截止。

（6）V_{CC} 是电源端。电压可在 4.5~18 V 范围内工作。

（7）OUT 是定时器的输出端。输出电流达 200 mA，可直接驱动继电器、发光二极管、扬声器、指示灯等。

（8）GND 是搭铁端。

综上所述，555 定时器功能表见表 6-16。

表 6-16　555 定时器功能表

V_6	V_2	R	S	Q	$\overline{Q}$	晶体管
$>\frac{2}{3}V_{CC}$	$>\frac{1}{3}V_{CC}$	**0**	**1**	**0**	**1**	导通
$<\frac{2}{3}V_{CC}$	$<\frac{1}{3}V_{CC}$	**1**	**0**	**1**	**0**	截止
$<\frac{2}{3}V_{CC}$	$>\frac{1}{3}V_{CC}$	**1**	**1**	保持		保持

从 555 定时器的功能表可以看出，555 定时器提供了两个阈值电平，分别是 $2/3V_{CC}$ 和 $1/3V_{CC}$。它提供了可通过 $\overline{R}$ 端直接从外部进行置 **0** 的基本 RS 触发器，还提供了一个受该触发器控制的晶体管开关，因此使用起来极为方便，应用范围非常广泛，只需要通过外部适当的连线和接入合适的电阻、电容便能以多种方式工作。

二、555 定时器电路在汽车上的应用

微课　555定时器电路在汽车上的应用

图 6-28 所示为 555 定时器构成的汽车转向闪光器电路图，利用 555 定时器的输出端 3 接继电器 J 的线圈，使继电器按多谐振荡频率进行工作，继电器的触点接到转向灯的电源回路中，控制电源的通断，使转向灯按一定频率闪烁。

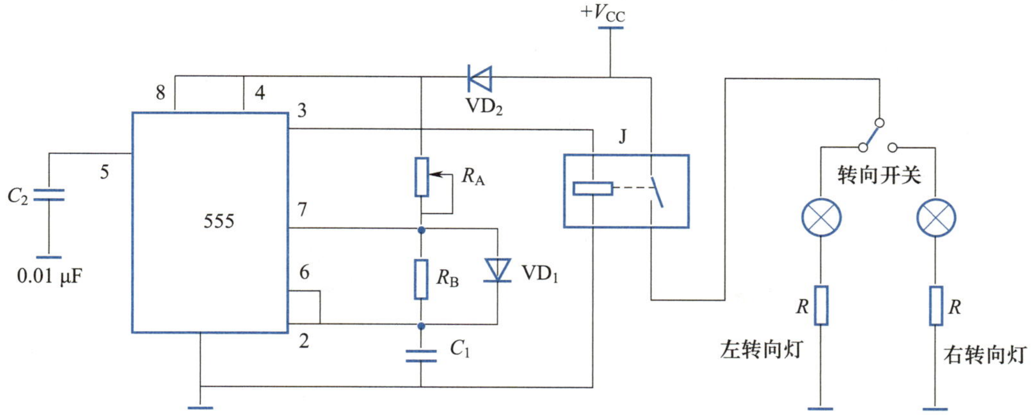

图 6-28　555 定时器构成的汽车转向闪光器电路图

其工作原理：如果驾驶人拨下左转向指示灯开关电路，此时左转向指示灯与蓄电池以及搭铁便构成回路。但由于继电器的常开触点与之串联，所以只有当 555 定时器的端子 3 显示高电位时继电器才得电吸合，这样左转向灯就被点亮。

当 C_1 充电结束时，端子 3 为低电平，继电器断电使触点断开，这样左转向灯由于不能形成闭合回路而熄灭。如此重复进行，由于继电器的断电频率比较大，所以就能够感觉灯在闪烁。

图 6-28 中与转向灯串联的电阻可降低转向灯两端的电压，防止因电流过高而烧坏转向灯。闪光器的灯亮时间由 C_1 的充电时间决定。闪光器的灯灭时间由 C_1 的放电时间决定。闪光器的灯亮灯灭周期即多谐振荡器的振荡周期 T。信号灯的闪烁频率为 $F=1/T\times60$（次/min）。通过调节 R_A 的阻值，就可以改变闪烁频率。

6.7　汽车网络认知

学习目标

了解汽车网络的分类及特点，掌握各类型网络的结构及控制逻辑，具备电路逻辑分析和简

单网络故障排除的能力，培养观察和分析的能力。

知识学习

一、汽车网络的概念及优点

随着电子控制技术的发展，汽车上的电控系统不断增多，导致汽车上的电路也越来越复杂。为了使不同电控系统之间快速可靠地分享数据信息，减少汽车电路复杂性，现在越来越多的车辆采用车辆通信网络。车辆通信网络是指借助双绞线同轴电缆或光纤等通信介质，将车内众多控制模块连接起来，使若干传感器、执行机构和控制模块共用一个公共的数据通道，通过某种通信协议，在网络控制器的管理下共享传输通道和数据。

如图 6-29 所示，控制模块并联在网络上，既可以向网络上发送其他模块需要的信息，也可以从网络上接收自身需要的信息，信息的优先级别由网络控制器控制。这些传输的信息如同公交汽车在公路上行驶，因此这种网络形象地被称为 CAN-Bus(Controller Area Network-Bus)，即控制局域网总线。

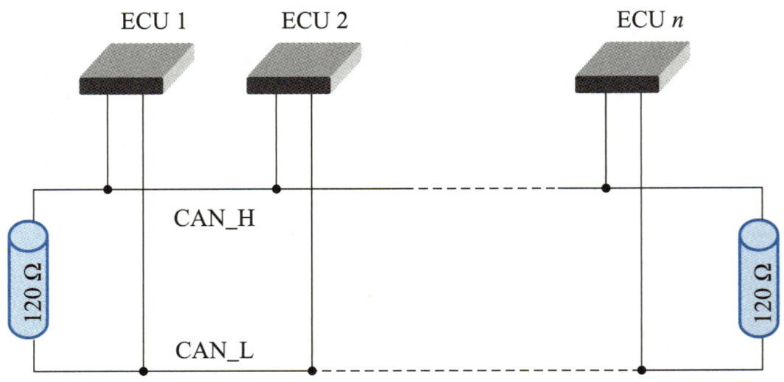

图 6-29　控制局域网总线图

目前，常见的汽车网络有控制器局域网 CAN(Controller Area Network)、内部互联网络 LIN(Local Interconnect Networks)、车内局域网络 LAN(In-Vehicle Local Area Network)和媒体导向系统传输网络 MOST(Media Oriented System Transport)。汽车网络常见的结构有总线型、星型和环型等，如图 6-30 所示。

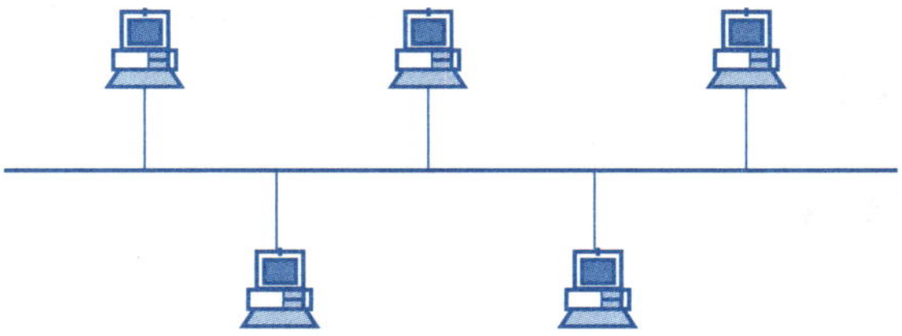

(a) 总线型

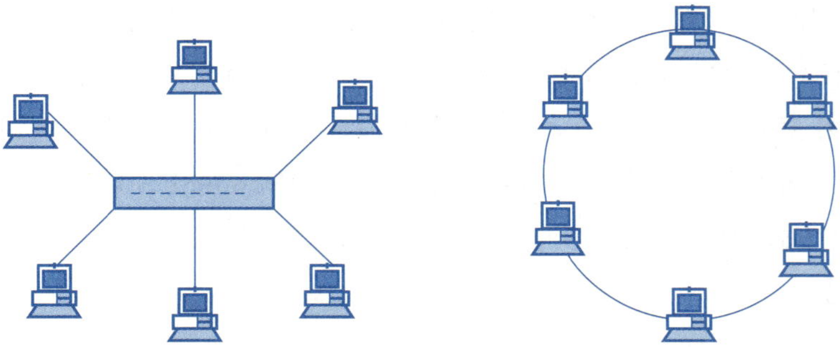

(b) 星型　　(c) 环型

图 6-30　汽车网络常见结构

汽车通信网络和传统汽车上控制模块和传感器之间点对点的连接方式相比具有以下优点：

（1）减少传感器和信号线数量。

（2）大大减轻线束的质量。

（3）减少控制模块插接器上的插头。

（4）提高可靠性和可维修性。

二、汽车网络的分类及特点

（一）高速 GMLAN

高速 GMLAN 总线通常包括主 GMLAN 高速总线和底盘扩展 GMLAN 高速总线，高速总线和底盘扩展总线的结构和特性是一样的，两条总线并联运行。添加底盘扩展总线主要用来减少主高速总线上的信息拥挤。高速总线和底盘扩展总线以一样的方式运行，都可以通过诊断接口 DLC 上的 6 号和 14 号端子进行诊断，如图 6-31 所示。高速 GMLAN 的传输速度较快，一般用于车辆动力系统或底盘系统的数据传输。高速 GMLAN 的两根电线都是 0.35 mm^2 横截面铜芯电线，相互扭结成双绞线，如图 6-32 所示，双绞线可以防止对车辆内的其他设备产生电磁干扰，同时也可消除因为电压在高速 GMLAN 上快速变换而产生的磁场干扰。

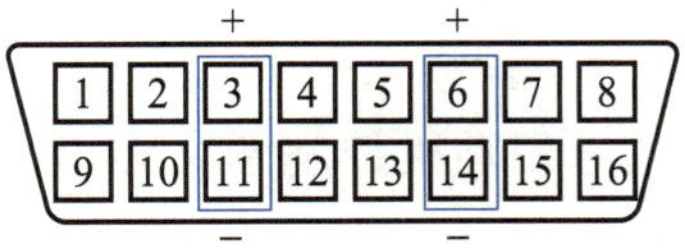

图 6-31　DLC 诊断接口

图 6-32　双绞线

需要特别说明的是，有些车型配有中速 GMLAN 总线，除了使用的是较慢的 125 kbit/s 传输速率外，中速 GMLAN 总线与高速 GMLAN 总线非常相似。中速 GMLAN 用于在相对较短的时间内需要传输大量数据的系统，因此经常应用于信息娱乐系统。配备中速 GMLAN 的车辆可以通过诊断接口的 3 号端子和 11 号端子和诊断仪通信进行诊断。由于中速 GMLAN 总线和主高速 GMLAN 总线运行方式相似，本任务不再单独介绍，下面以上汽通用旗下汽车为例，介绍汽车网络的分类及特点。

1. 网络特点

高速 GMLAN 的应用系统及参数见表 6-17。

表 6-17　高速 GMLAN 的应用系统及参数

应用系统	传动系统和底盘系统
总线协议	GMLAN
传输速度	500 kbit/s
布线技术	双线电缆
传输一帧所需的时间	约 0.25 ms
唤醒方法	电压（12 V）
总线切断电阻器	链路末端 120 Ω
控制单元的最多数量	16（15+诊断仪）
最大电缆长度	车辆内 25 m 累积长度，再加上至测试器的 5 m

双绞线终端带有两个 120 Ω 的电阻器，一个是从内部连接至发动机控制模块，另一个是单独电阻器总成或另外一个控制模块内的独立电阻器。电阻器作为车辆正常操作过程中高速 GMLAN 总线上的负载，用来减小车辆正常操作过程中高速 GMLAN 总线上的噪声。高速 GMLAN 是差分总线，高速 GMLAN 串行数据总线（+）和高速 GMLAN 串行数据（-）闲置时电压约为 2.5 V，网络通信工作时，高速 GMLAN 串行数据总线（+）的电压将升高 1 V，而高速 GMLAN 串行数据总线（-）的电压将降低 1 V。别克威朗高速网络电路图如图 6-33 所示。

2. 网络模块

高速 GMLAN 上的模块并联在高速网络总线上，主要有发动机控制模块、自动变速器控制模块、电子制动控制模块、车身控制模块、前照灯控制模块、电子助力转向控制模块、远程车辆通信接口模块、电子悬架控制模块、电子驻车制动控制模块等，如图 6-34 所示。

底盘扩展高速 CMLAN 总线上的主要模块与底盘控制有关，通常包括电子制动模块、电子悬架模块、转向角传感器和横向加速度传感器等，如图 6-35 所示。

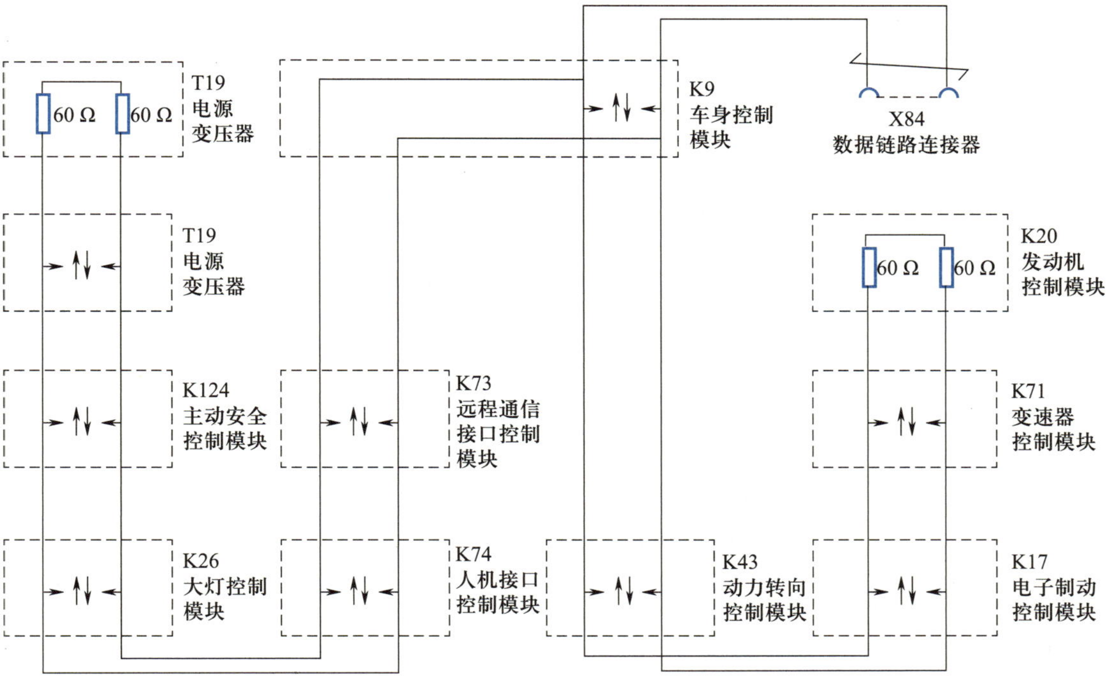

图 6-33　别克威朗高速网络电路图

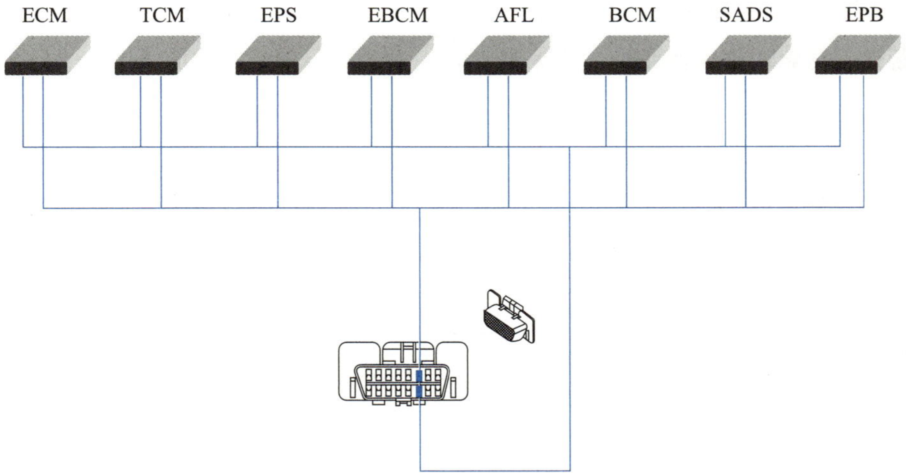

图 6-34　高速 GMLAN 布置图

注：ECM，发动机控制模块；TCM，自动变速器控制模块；EPS，电子助力转向控制模块；EBCM，电子制动控制模块；AFL，前照灯控制模块；BCM，车身控制模块；SADS，电子悬架控制模块；EPB，电子驻车制动控制模块。

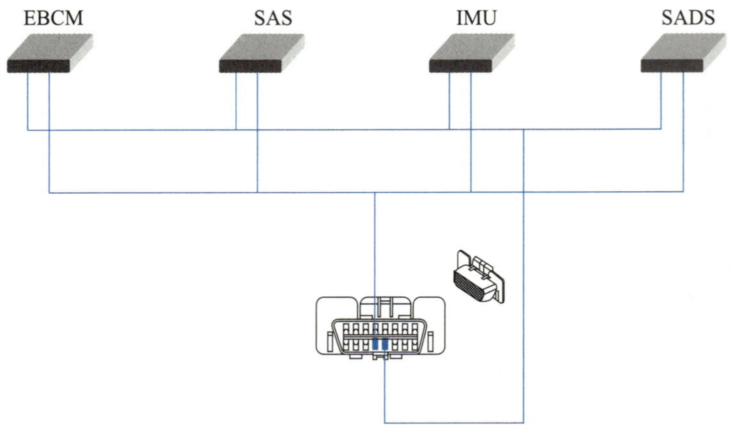

图 6-35　底盘扩展高速 GMLAN 布置图

注:EBCM,电子制动控制模块;SAS,转向角传感器;IMU,多轴加速度传感器(横向加速度);SADS,电子悬架控制模块。

3. 通信启用电路

别克威朗通信启用电路图如图 6-36 所示,也称为唤醒电路,高速 GMLAN 上的控制模块(包括中速 GMLAN 总线和底盘扩展 GMLAN)根据该电路的电压水平启用或停用网络通信。当电路电压为 12 V 左右时,高速 GMLAN 网络启用通信;电压为 0 时,停用通信。高速网络上的模块除 BCM 外,都由 BCM 通过 5985、5986 两根电压信号线进行唤醒,如图 6-36 所示。当点火开关打开时,高速网络上的模块被唤醒。点火开关关闭后约 1 min,高速网络进入休眠状态,此时用故障诊断仪无法读取高速网络上的模块信息。

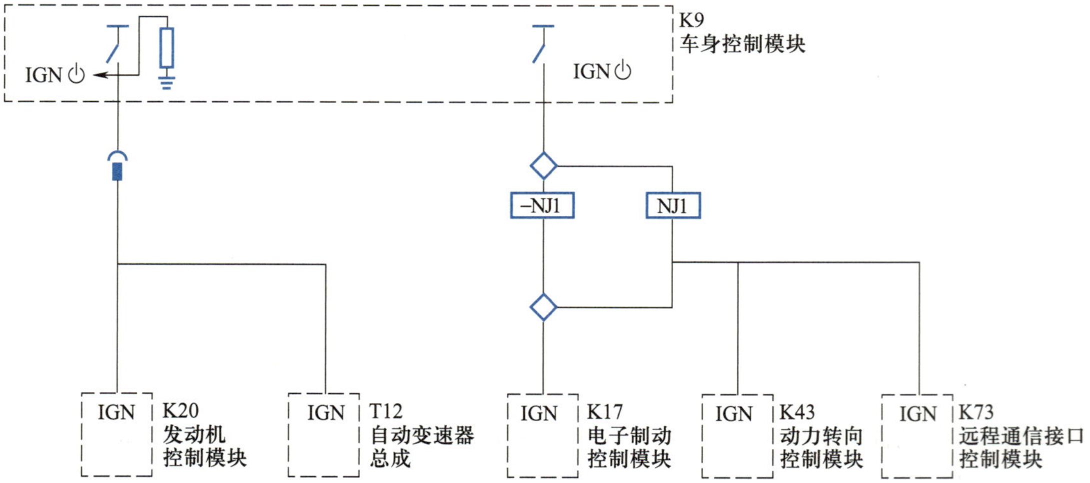

图 6-36　别克威朗通信启用电路图

(二) 低速 GMLAN

低速 GMLAN 使用单线网络进行通信。在正常车辆操作条件下,总线的传输速度是

33.33 kbit/s。低速网络主要应用在车辆的舒适和娱乐等系统上，如空调系统、收音机音响系统、安全气囊系统、座椅记忆加热系统等。低速 GMLAN 通过诊断接口 DLC 上的 1 号端子和故障诊断仪通信。

1. 网络特点

低速 GMLAN 的应用系统及参数见表 6-18。

表 6-18 低速 GMLAN 的应用系统及参数

应用	车身和舒适系统（车窗、风窗玻璃刮水器等）
总线协议	GMLAN
传输速度	33.3 kbit/s 或 83.3 kbit/s 编程
布线技术	单线电缆
传输一帧所需的时间	约 3.55 ms
唤醒方法	电压（12 V）
总线切断电阻器	各控制单元 3.0 Ω 或 9.09 Ω 电阻
控制单元的最多数量	32（31+测试器）
最大电缆长度	车辆内 55 m 累积长度，再加上至测试器的 5 m

2. 网络模块

低速 GMLAN 上的模块并联在低速网络总线上，这些模块主要有空调模块、收音机模块、安全气囊模块、车身控制模块、仪表模块、座椅记忆/加热模块、遥控接收器模块和车辆通信接口模块等，如图 6-37 所示。车身控制模块既连接在高速 GMLAN 网络上，又连接在低速 GMLAN 网络上，是车辆通信网络的网关或转换器。网关的目的是转换 GMLAN 高速总线和 GMLAN 低速总线之间的串行数据信息，以便挂在不同网络上的模块之间进行通信，如图 6-37 所示。

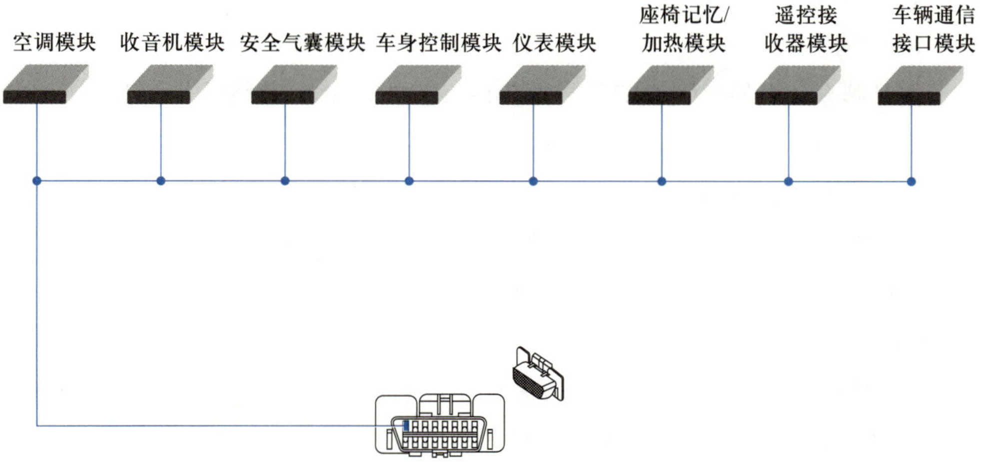

图 6-37 低速 GMLAN 网络布置图

3. 网络启用

当需要唤醒连接至低速 GMLAN 串行数据总线上的控制模块时，车身控制模块通过低速总线发送一个脉冲电压为 10 V 的高压唤醒信号来唤醒低速网络上的模块。低速 GMLAN 是唯一可以在点火开关关闭时进行通信的网络。当不需要低速 GMLAN 上的模块工作时，低速 GMLAN 上的控制模块会进入“睡眠状态”。

（三）LIN 网络

LIN 是一种低成本的汽车通信协议标准。LIN 网络采用单线结构，传输速度较低。LIN 网络遵循 MASTER-SLAVE（主-从）协议，即一个 LIN 网络中只能有一个主控制模块，可以存在多个从控制模块，主控制模块管理并诊断所有从控制模块。LIN 网络主要应用于车辆内部的传感器、执行器和控制模块之间的信息传输，如电动座椅的控制、电动天窗的控制等。由于 LIN 网络的结构简单，成本比较低，所以应用的范围比较广泛。

1. 网络特点

LIN 网络与 GMLAN 网络的对比表见表 6-19。

表 6-19 LIN 网络与 GMLAN 网络的对比表

项目	LIN	GMLAN
控制器数目	1	多个
典型的总线速度	2.4～19.6 kbit/s	33.3～500 kbit/s
字节传输速度	3.5 ms/20 kbit/s	0.8 ms/125 kbit/s
线路特征	单线，13.5 V	双绞线（High，Low）/单线

2. 网络示意图

车身控制模块一般作为 LIN 网络的主控制模块，然后通过不同的 LIN 线分别控制诸如天窗、车窗等从模块系统的工作，如图 6-38 所示。

（四）MOST 网络

上汽通用品牌车辆上的 MOST（媒体导向传输信息娱乐系统）网络是独立于 GMLAN 的专用高速多媒体数据网络。MOST 总线采用双绞铜线传输数据，总线上的每个装置都按设定的顺序在指定的媒体导向系统传输地址上发送和接收数据。MOST 总线上的每个装置都有两条发送线路、两条接收线路和一条启用线路，即 12 V 唤醒信号线路。收音机模块是 MOST 网络的主控装置，负责唤醒网络上其他模块，并管理及诊断 MOST 网络。

1. 网络特点

MOST 网络是目前上汽通用品牌车辆通信网络中传输速度最快的网络，可以达到 50 Mbit/s，通过该网络可以给车载娱乐系统提供高质量的数据信号。其主要特点如下：

（1）高速数据传输。

(2) 双线结构。

(3) 环状网络。

(4) 单向传输。

(5) 运用在新的娱乐系统。

2. 网络结构

MOST 网络是环状网络，各个设备作为网络中的节点，连接在一个逻辑环上，如图 6-39 所示。

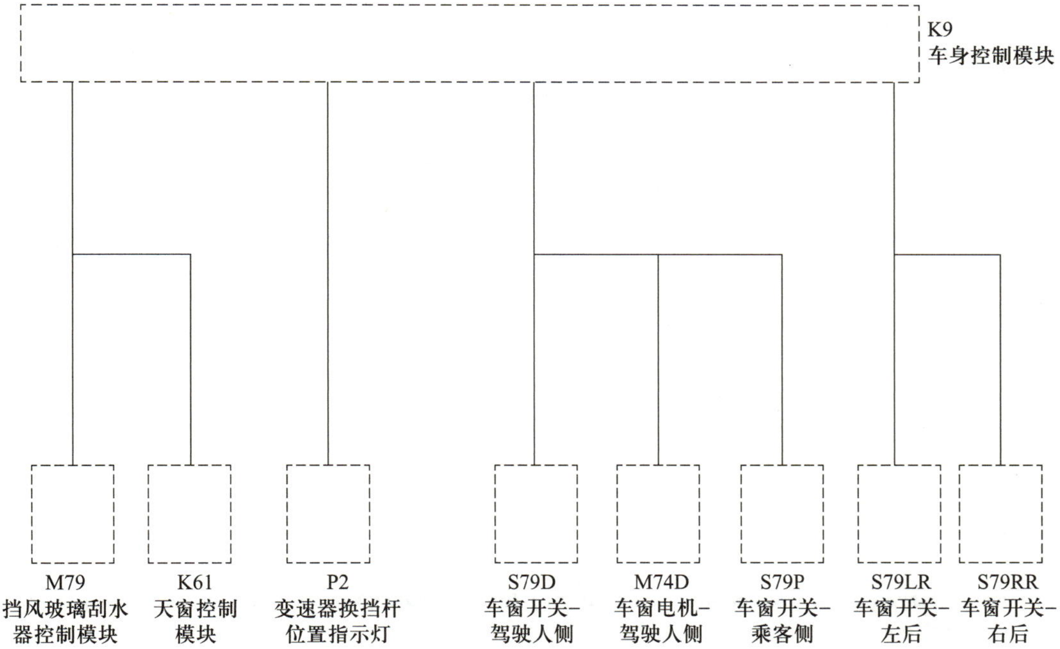

图 6-38　威朗 LIN 网络电路图

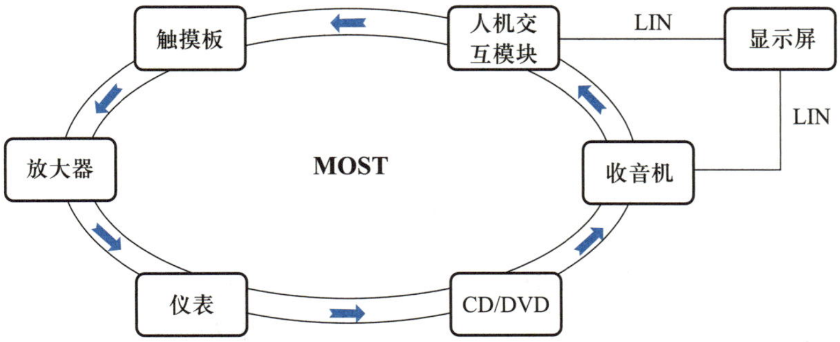

图 6-39　MOST 网络环状结构图

MOST 网络各节点之间单向、点对点连接，数据在网络中向固定的方向流动，两个节点之间只有一条通路。MOST 网络信息只能点对点传输，每个模块内部都有接收器和发射器。线路在模块内部并不是直接相连的，所以当某个模块不工作时，MOST 环将出现断点，造成网络失效。MOST 网络一旦失效，将造成娱乐系统不能工作。这一点与 GMLAN 高速网络截然不同，GMLAN 高速网络的通信线路在模块内部可以看作是直接相连的，即使单个模块不工作，连接在网络上的其他模块仍然可以正常通信。MOST 网络是一种新型网络，目前只应用在部分使用 NGI 娱乐系统的车辆上，如别克新君越，其 MOST 网络电路图如图 6-40 所示。

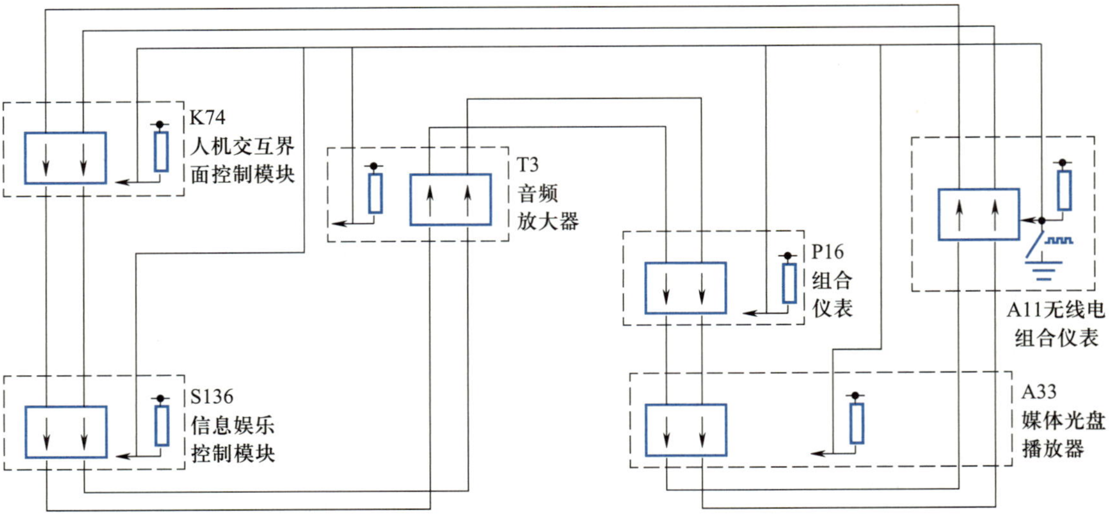

图 6-40　MOST 网络电路图

测评

1. 与非门的逻辑功能是（　　）。

A. 有 **0** 出 **1**，全 **1** 出 **0**　　B. 有 **1** 出 **1**，全 **0** 出 **0**

C. 有 **0** 出 **0**，全 **1** 出 **1**

2. 最基本的三种逻辑运算是（　　）。

A. 与门电路　　B. 或门电路　　C. 非门电路

3. 化简逻辑函数 $A\overline{B}+B+\overline{A}B=$（　　）。

A. $A+\overline{B}$　　B. $\overline{A}+B$　　C. $A+B$

4. 在何种输入情况下，或非运算的结果是逻辑 **1**。（　　）

A. 任一输入为 1　　B. 全部输入是 1

C. 任一输入为 0，其他输入为 1　　D. 全部输入是 0

5. 逻辑表达式 $Y=AB$ 可以用（　　）实现。

A. 或门　　B. 非门　　C. 与门　　D. 或非门

6. 某电路的真值表见表 6-20，该电路的逻辑表达式为(　　)。

表 6-20　题　6　表

A	B	C	Y
0	0	0	0
0	0	1	1
0	1	0	0
0	1	1	1
1	0	0	0
1	0	1	1
1	1	0	1
1	1	1	1

A. $Y=C$　　B. $Y=ABC$

C. $Y=AB+C$　　D. $Y=B\overline{C}+C$

7. 数字信号是指那些在时间和幅度上都是(　　)的信号，如矩形波就是典型的数字信号。

A. 连续　　B. 离散　　C. 突变　　D. 断续

8. 逻辑电路按其输出信号对输入信号响应的不同，可以分为______和______两大类。

9. 将二进制数 **01101** 写成十进制数应是(　　)。

A. 15　　B. 13　　C. 11　　D. 12

10. 在逻辑代数运算中，**1+1**=(　　)。

A. 1　　B. 2　　C. 3　　D. 5

11. LED 数码显示器的内部接法有共______接法和共______接法两种形式。

12. 触发器具有______个稳定状态，在输入信号消失后，它能保持______不变。

13. 主从触发器是一种能防止______现象的实用触发器。

14. 与非门构成的基本 RS 触发器中，$S=\mathbf{0}$、$R=\mathbf{1}$ 时，其输出状态是______。

15. N 个触发器可以构成能寄存(　　)位十进制数码的寄存器。

A. $N+1$　　B. $N-1$　　C. N　　D. $2N$

16. 对于 JK 触发器，若 $J=K$，则可完成(　　)触发器的逻辑功能。

A. RS　　B. D　　C. T　　D. T^1

17. 计数器按照进位制来分，可以分为______、______等。

18. 计数器按照触发方式来分，可以分为______、______。

19. 六位二进制加法计数器共有____个状态，能记最大的十位数为______。

20. ______是对脉冲的个数进行计数，具有计数功能的电路。

21. 一个 5 位的二进制加计数器，由 **00000** 状态开始，经过 75 个时钟脉冲后，此计数器的状态为______。

22. 4 个触发器构成的 8421BCD 码计数器共有______个无效状态。

23. 寄存器存放数码的方式有______和______两种。

24. 移位寄存器不仅有存放数码功能，还有______的功能。

25. 8 位二进制数需要______个触发器，应使用______位寄存器。

26. 什么是移位寄存器？

27. 阐述集成移位寄存器 74LS194 是如何实现左移位、右移位、并行加载数据、清零等控制的？

28. 555 定时器的最基本应用有______、______、______。

29. 将数字信号转换成模拟信号，应采用______转换。

30. 集成 555 定时器内部有______个 5kΩ 的电阻。

31. 施密特触发器有______个稳定状态，多谐振荡器有______个稳定状态。

32. 简述 555 定时器的组成与作用。

33. 现代汽车常采用的几种网络类型分别是______、______、______、______。

34. 诊断接口 DLC 中 6 号端子通常为______，14 号端子通常为______。

35. 高速动力 CAN 总线网络速率一般为______，MOST 网络总线速率为______。

36. 以下不是网络优点的是(　　)。

A. 传输速度快　　B. 减少不必要的线束

C. 可以传递声音　　D. 减少不必要的插头

37. 以下不是高速 GMLAN 主要部件的是(　　)。

A. 控制模块　　B. GMLAN 线路

C. 终端电阻器　　D. 诊断仪

38. 诊断接口 DLC 中低速网络端子的是(　　)。

A. 1　　B. 2　　C. 16　　D. 12

总结

如图 6-41 所示，参照本章知识脉络，对所学的知识进行总结。

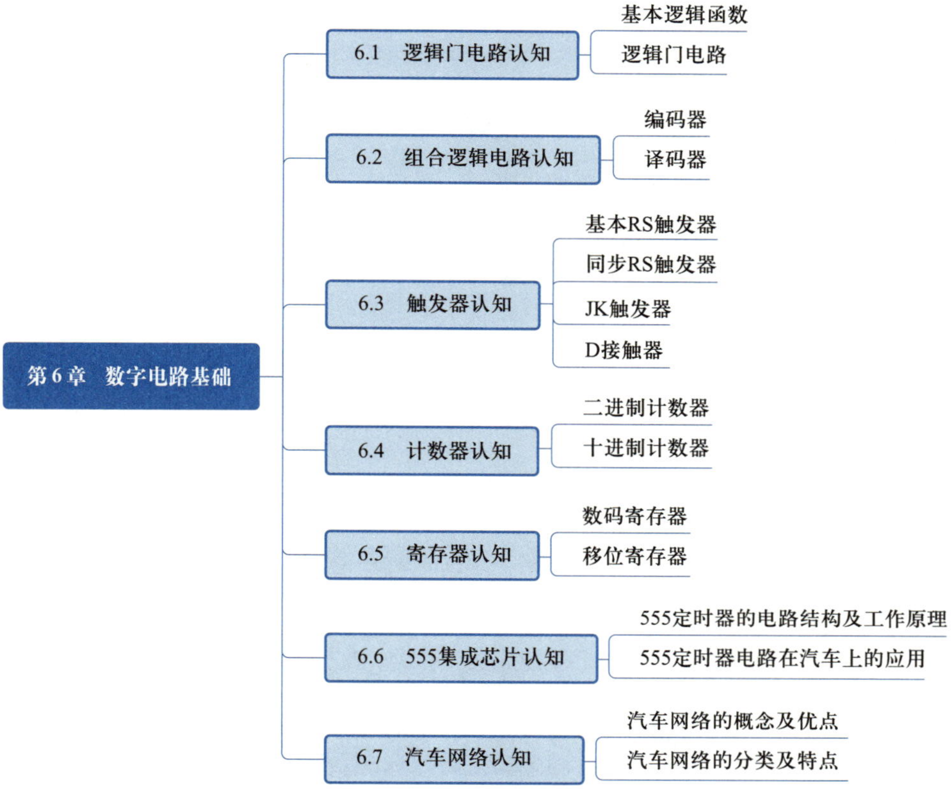

图 6-41　第 6 章知识脉络

实验篇

本篇共配有 19 个实验，各实验与章、节的对应关系见实验表 1。

实验表 1　章、节与实验的对应关系

篇	章	节	实验
电工篇	第 1 章　直流电路	1.1　汽车电路认知	实验一 实验二 实验三
		1.2　汽车电路检测	实验四 实验五
		1.3　汽车电路分析	实验六 实验七 实验八 实验九 实验十
	第 2 章　交流电路	2.1　交流电路认知	实验十一 实验十二
		2.2　安全用电常识	
	第 3 章　磁路与变压器	3.1　磁路认知	
		3.2　变压器认知	
	第 4 章　汽车电机	4.1　汽车发电机认知	
		4.2　汽车起动机认知	实验十三
		4.3　新能源汽车驱动电机认知	
电子篇	第 5 章　模拟电路基础	5.1　常用半导体认知	
		5.2　电源变换分析	实验十四
	第 6 章　数字电路基础	6.1　逻辑门电路认知	实验十五
		6.2　组合逻辑电路认知	实验十六
		6.3　触发器认知	
		6.4　计数器认知	实验十七
		6.5　寄存器认知	
		6.6　555 集成芯片认知	实验十八
		6.7　汽车网络认知	实验十九

实验一

万用表的使用

实验目的

1. 了解万用表的结构。
2. 掌握电路中电流、电压及电阻的测量方法。
3. 熟练掌握万用表的使用方法。

实验器材

实验器材见实验表 2。

实验表 2　实 验 器 材

序号	名称	型号	数量	备注
1	12 V 直流电源	不限型号	1 个	—
2	开关	不限型号	1 个	—
3	12 V 灯泡	不限型号	两个	1 好 1 坏
4	剥线钳	不限型号	1 把	—
5	绝缘胶布	不限型号	1 卷	—
6	万用表	不限型号	4 块	—
7	灯泡底座	不限型号	两个	—

实验原理

1. 万用表的基本结构

万用表由表头、测量电路及转换开关等三个主要部分组成，转换开关相应的位置都有对应符号标注，实验图 1 所示为万用表外观图。

实验图 1　万用表外观图

$\tilde{V}$——交流电压挡：测量交流电压值。

$\overline{V}$——直流电压挡（V 挡位）：测量直流电压。

$\overline{mV}$——直流电压挡（mV 挡位）：测量直流电压。

Ω ——电阻挡：测量电阻值。

—▶|— ——二极管挡：测量二极管。

•))) ——蜂鸣挡：测量电路通断。

⊣⊢——电容挡:测量电容值。

$\widetilde{\overline{A}}$——电流挡(A 挡位):测量交直流大电流。

$\widetilde{\overline{mA}}$——电流挡(mA 挡位):测量交直流电流。

$\widetilde{\overline{\mu A}}$——电流挡(μA 挡位):测量交直流电流。

2. 直流电流的测量

万用表的直流电流挡由一个表头与几个分流电阻构成,实际上就是一个多量程的直流电流表。测量电流时,万用表串联在被测支路中,待测电流通过万用表。万用表的内阻会造成一定数值的电压降,从而引起电路工作电流的变化,造成测量误差,万用表毫安挡量程越小,内阻越大,测量误差也越大。适当选择大一些的量程,可以减小由电表内阻造成的误差。

3. 直流电压的测量

万用表的直流电压挡由一个表头与几个分压电阻串联构成,实际上就是一个多量程的直流电压表,电压表的内阻越高,被测电路中分流至万用表的电流就越小,被测电路受到的影响越小。万用表电压挡内阻是以灵敏度来表征的,电表的灵敏度越高,说明其内阻越大。

4. 电阻的测量

万用表上电阻的符号是 Ω,电阻挡可以判断一根导线的电阻值大小,从而判断其导线是否断路或虚接,也可以测量电阻元件是否正常。

实验步骤

(1) 使用万用表,对照图 7-1 熟悉万用表结构,并识记电压、电阻、电流、二极管挡等符号。

(2) 在实验装置合适位置放置元件,然后按照实验图 2 连接好实验电路。

(3) 将万用表红、黑表笔插入测量孔内,并检测万用表内阻,内阻应小于 1 Ω。

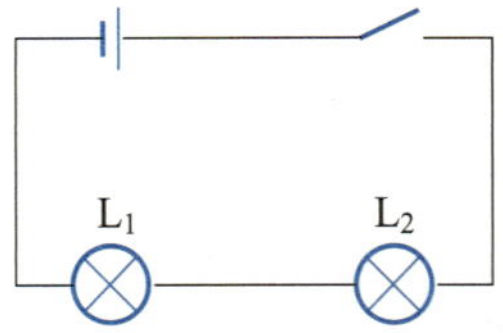

实验图 2 实验连接电路

(4) 电阻的测量:万用表调到电阻挡,取下 L_1、L_2 灯泡,并测量灯泡阻值,判断是否正常。

(5) 直流电压的测量:更换已损坏的灯泡,接通电源,注意表笔正负极,并联到 L_1 灯泡中,测量电源电压是否低于 12 V。

(6) 电流的测量:万用表红色表笔插入 20 A 测量孔,黑色表笔不动,开关切换到电流挡位,接通电源,黑红表笔串入开关中,此时万用表显示数值为电路电流。

实验报告

(1) 将实验测到的电压、电流、电阻记录在实验表 3 中,并对它们进行分析和讨论。

实验表 3　实验记录表

测量项目	L_1 电阻	L_2 电阻	电源电压	电路电流
万用表挡位				
测量值				
是否正常	□正常　□不正常	□正常　□不正常	□正常　□不正常	□正常　□不正常

(2) 总结万用表的测量方法,并查找资料学习万用表使用的误区。

(3) 测量电压及电流时表笔反接后测量出来的数值有何差异?

(4) 测量电阻值时可以不断开电源带电测量吗?

注意事项

测量电流时不能用万用表直接测量电源,否则会损坏万用表。

实验二

导线的连接方法与绝缘处理

实验目的

1. 掌握剥线钳使用方法。
2. 掌握导线绝缘处理的方法。
3. 熟练掌握常用导线插头的连接方法。

实验器材

实验器材见实验表 4。

实验表 4 实 验 器 材

序号	名称	型号	数量	备注
1	钢丝钳	不限型号	1 把	—
2	电工刀	不限型号	1 把	—
3	剥线钳	不限型号	1 把	—
4	尖嘴钳	不限型号	1 把	—
5	导线	不限型号	若干	—
6	绝缘胶布	0. 13 mm	两卷	—

实验项目

1. 单股铜线的直线连接。
2. 单股铜线的 T 字形连接。
3. 7 芯铜线的直线连接。
4. 直线连接插头的绝缘恢复。
5. T 字形连接插头的绝缘恢复。

实验原理

在进行电路和设备的安装过程中,如果导线不够长或要分接支路时,就需要进行导线与导线间的连接。常用导线的线芯有单股 7 芯和 19 芯等几种,连接方法因芯线的金属材料和股数不同而异。

实验步骤

1. 单股铜线的直线连接

（1）首先把两线头的芯线做 X 形相交，互相紧密缠绕 2~3 圈，如实验图 3(a)所示。

（2）接着把两线头扳直，如实验图 3(b)所示。

（3）然后将每个线头围绕芯线紧密缠绕 6 圈，并用钢丝钳把余下的芯线切去，最后钳平芯线的末端，如实验图 3(c)所示。

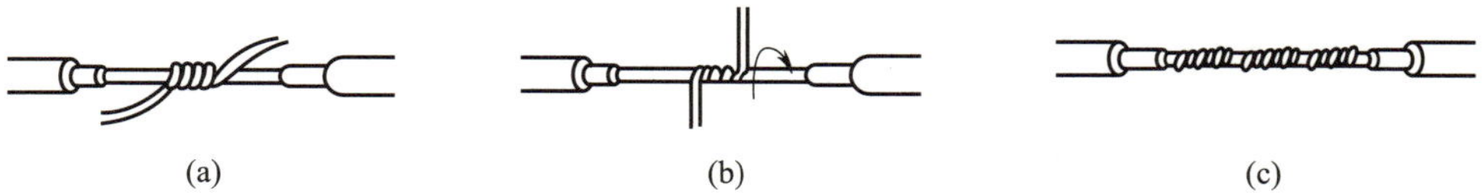

实验图 3 单股铜线的直线连接

2. 单股铜线的 T 字形连接

（1）如果导线直径较小，可按实验图 4(a)所示方法绕制成结状，然后再把支路芯线线头拉紧扳直，紧密地缠绕 6~8 圈后，剪去多余芯线，并钳平毛刺。

（2）如果导线直径较大，先将支路芯线的线头与干线芯线做十字相交，使支路芯线根部留出 3~5 mm，然后缠绕支路芯线，缠绕 6~8 圈后，用钢丝钳切去余下的芯线，并钳平芯线末端，如实验图 4(b)所示。

实验图 4 单股铜线的 T 字形连接

3. 七芯铜线的直线连接

（1）先将剖去绝缘层的芯线头散开并拉直，然后把靠近绝缘层约 1/3 线段的芯线绞紧，接着把余下的 2/3 芯线分散成伞状，并将每根芯线拉直，如实验图 5(a)所示。

（2）把两个伞状芯线隔根对叉，并将两端芯线拉平，如实验图 5(b)所示。

（3）把其中一端的 7 股芯线按两根、三根分成三组，把第一组两根芯线扳起，垂直于芯线紧密缠绕，如实验图 5(c)所示。

（4）缠绕两圈后，把余下的芯线向右拉直，把第二组的两根芯线扳直，与第一组芯线的方向一致，压着前两根扳直的芯线紧密缠绕，如实验图 5(d)所示。

（5）缠绕两圈后，也将余下的芯线向右扳直，把第三组的三根芯线扳直，与前两组芯线的方向一致，压着前四根扳直的芯线紧密缠绕，如实验图 5(e)所示。

(6) 缠绕三圈后,切去每组多余的芯线,钳平线端,如实验图 5(f)所示。

(7) 除了芯线缠绕方向相反,另一侧的制作方法与实验图 5 相同。

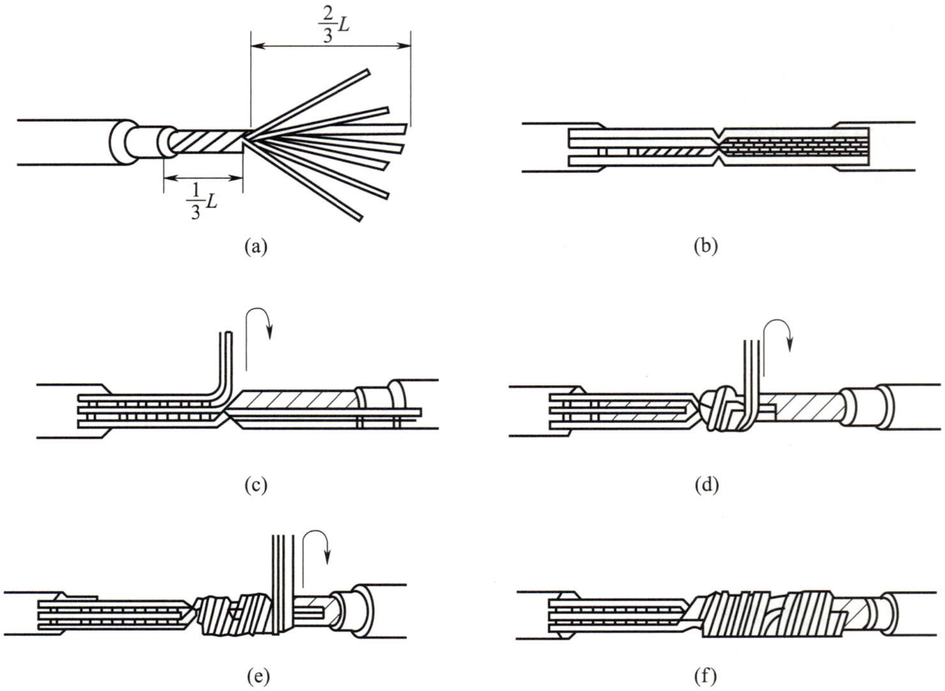

实验图 5 七芯铜线的直线连接

4. 直线连接插头的绝缘恢复

(1) 首先将黄蜡带从导线左侧完整的绝缘层上开始包缠,包缠两根带宽后再进入无绝缘层的插头部分,如实验图 6(a)所示。

(2) 包缠时,应将黄蜡带与导线保持约 55°的倾斜角,每圈叠压带宽的 1/2 左右,如实验图 6(b)所示。

(3) 包缠一层黄蜡带后,把黑胶布接在黄蜡带的尾端,按另一斜叠方向再包缠一层黑胶布,每圈仍要压叠带宽的 1/2,如实验图 6(c)所示。

5. T 字形连接插头的绝缘恢复

(1) 首先将黄蜡带从插头左端开始包缠,每圈叠压带宽的 1/2 左右,如实验图 7(a)所示。

(2) 缠绕至支线时,用左手拇指顶住左侧直角处的带面,使它紧贴于转角处芯线,而且要使处于插头顶部的带面尽量向右侧斜压,如实验图 7(b)所示。

(3) 当缠绕到右侧转角处时,用手指顶住右侧直角处带面,将带面在干线顶部向左侧斜压,使其与被压在下边的带面呈 X 状交叉,然后把带再回绕到左侧转角处,如实验图 7(c)所示。

(4) 使黄蜡带从插头交叉处开始在支线上向下包缠,并使黄蜡带向右侧倾斜,如实验图 7(d)所示。

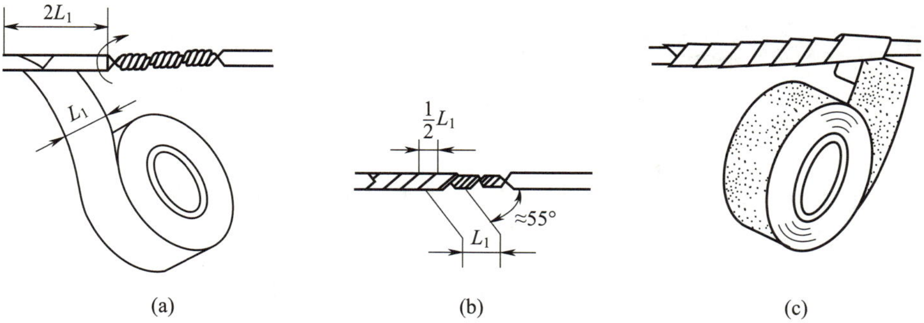

实验图 6　直线连接插头的绝缘恢复

（5）在支线上缠绕至绝缘层上约两个带宽时，黄蜡带折回向上包缠，并使黄蜡带向左侧倾斜，绕至插头交叉处，使黄蜡带围绕过干线顶部，然后开始在干线右侧芯线上进行包缠，如实验图 7(e)所示。

（6）包缠至干线右端的完好绝缘层后，再接上黑胶带，按上述方法包缠一层即可，如实验图 7(f)所示。

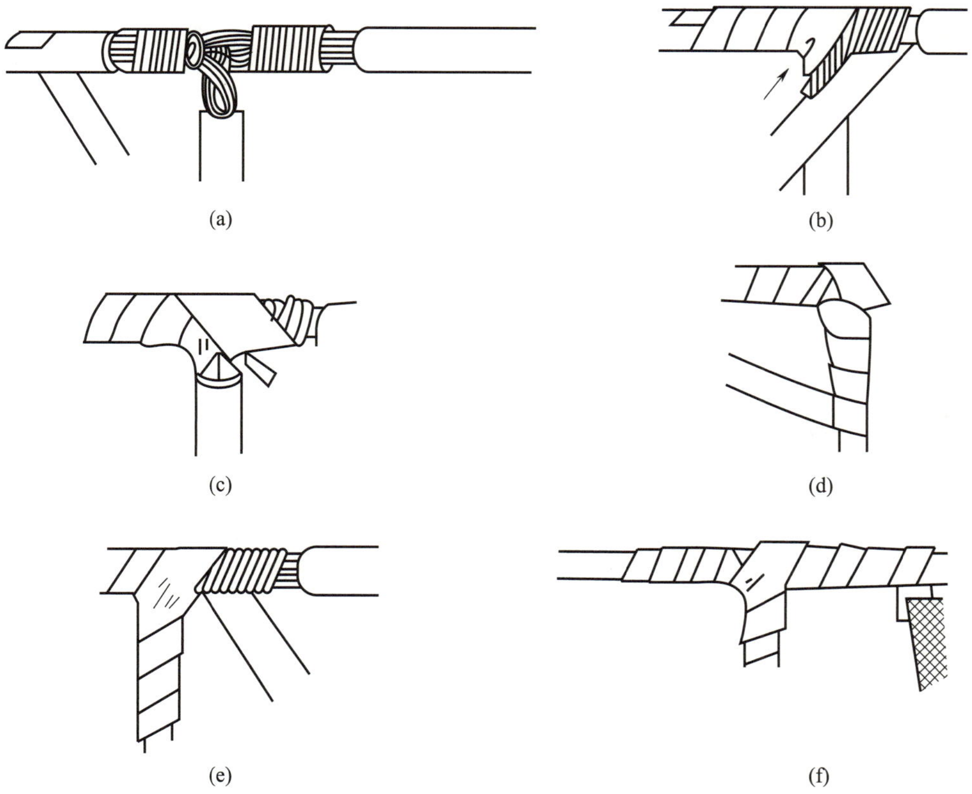

实验图 7　T 字形连接插头的绝缘恢复

注意事项

（1）在为工作电压为 380 V 的导线恢复绝缘时，必须先包缠 1～2 层黄蜡带，然后再包缠一层黑胶带。

（2）在为工作电压为 220 V 的导线恢复绝缘时，应先包缠一层黄蜡带，然后再包缠一层黑胶带，也可只包缠两层黑胶带。

（3）包缠绝缘带时，不能过疏，更不能露出芯线，以免造成触电或短路事故。

（4）绝缘带平时不可放在温度很高的地方，也不可浸染油类。

实验三

连接简单的串联电路和并联电路

实验目的

1. 学会串联电路和并联电路的连接方法。
2. 了解串联电路、并联电路中开关的连接和控制作用。
3. 了解串联电路和并联电路的特点。
4. 通过电路的连接实验，培养良好的电学实验习惯。

实验器材

实验所需器材见实验表 5。

实验表 5　实验所需器材

序号	名称	型号	数量	备注
1	电池组	不限型号	两个	—
2	开关	不限型号	4 个	—
3	灯泡	不限型号	4 个	—
4	万用表	不限型号	两块	—
5	导线	不限型号	若干	—

实验电路

实验电路图如实验图 8 所示，实验图 8(a)所示为串联实验电路，实验图 8(b)所示为并联实验电路。

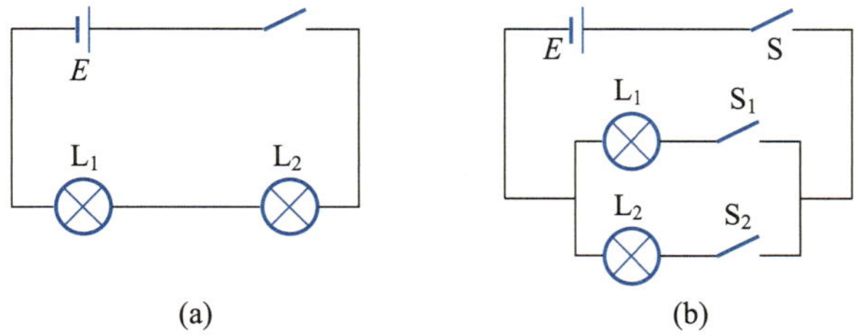

实验图 8　实验电路图

电路说明：E 为 12 V 电源，S、S_1、S_2 为开关，L_1、L_2 为灯泡负载。

实验原理

搭建串联电路，通电后仔细观察 L_1、L_2 灯泡亮度，使用万用表分别测量灯泡两端电压，得出与串联电路相关的结论，更好地掌握串联电路原理。连接并联电路，接通开关观察两个灯泡发亮情况，使用万用表测量 L_1、L_2 的电压及电流，与串联电路对比得出与并联电路相关的结论。

实验步骤

1. 串联电路

按实验图 8(a)所示连接串联实验电路，检查电路连接无误后，进行以下操作：

(1) 开关断开时，两个灯泡的发光情况：L_1____、L_2____。

(2) 开关闭合时，两个灯泡的发光情况：L_1____、L_2____。

(3) 取掉其中一个灯泡，闭合开关，另一个灯泡的发光情况：____。

(4) 将灯泡装上，闭合开关，灯泡的发光情况：L_1____、L_2____。

(5) 将开关改接到 L_1 和 L_2 之间，观察电路中 L_1 和 L_2 的发光情况，填入实验表 6 中。

(6) 将开关改接到 L_2 和负极之间，观察电路中 L_1 和 L_2 的发光情况，填入实验表 6 中。

实验表 6 串联电路记录表

开关位置	正极和 L_1 之间		L_1 和 L_2 之间		L_1 和负极之间	
开关通断	闭合	断开	闭合	断开	闭合	断开
发光情况						

2. 并联电路

按实验图 8(b)所示连接并联实验电路，检查电路连接无误后，进行以下操作：

(1) 闭合开关 S、S_1 和 S_2，观察电路中 L_1 和 L_2 的发光情况，填入实验表 7 中。

(2) 断开 S，闭合 S_1 和 S_2，观察电路中 L_1 和 L_2 的发光情况，填入实验表 7 中。

(3) 断开 S 和 S_1，闭合 S_2，观察电路中 L_1 和 L_2 的发光情况，填入实验表 7 中。

(4) 断开 S 和 S_2，闭合 S_1，观察电路中 L_1 和 L_2 的发光情况，填入实验表 7 中。

实验表 7 并联电路记录表

开关状态	L_1 发光情况	L_2 发光情况
闭合开关 S、S_1 和 S_2		
断开 S，闭合 S_1 和 S_2		
断开 S 和 S_1，闭合 S_2		
断开 S 和 S_2，闭合 S_1		

续表

开关状态	L_1 发光情况	L_2 发光情况
闭合开关 S、S_1 和 S_2	从灯座上取掉	
闭合开关 S、S_1 和 S_2		从灯座上取掉

3. 实验结论

分析实验结果，完善实验结论，填写实验表 8。

实验表 8　实验结论记录表

电路类型	串联电路	并联电路
连接特点	把元件________连接	把元件________连接
电流路径	只有________条路径	只有________条路径
用电器间是否相互影响	各用电器____影响____单独工作	各支路用电器____影响单独工作
开关的作用	只需要____个开关，就能控制整个电路	干路开关控制____的通断 支路开关控制____的通断

注意事项

1. 确保电源的电压在正常范围内再使用，测量电压、电流前万用表校零。
2. 接入开关时，不可把电源的正负极接反。
3. 插入灯泡时要接触牢固，以免影响检测结果。
4. 连接电路后，经过检查再接通电源。

实验四

电容充放电显示器的搭建与验证

实验目的

1. 掌握电容充放电原理，学会搭建电容充放电电路。
2. 能够验证电容充放电显示器功能。
3. 通过实践操作，加深对电容充放电原理的理解，提高电路搭建和调试能力。

实验器材

实验所需器材见实验表 9。

实验表 9　实验所需器材

序号	名称	型号	数量	备注
1	面包板	不限型号	1 个	—
2	电阻	1 kΩ、10 kΩ 电阻	各 1 个	—
3	发光二极管	不限型号	两个	—
4	电解电容	470 μF	1 个	—
5	开关	4 位拨码开关	1 个	—

实验电路

实验电路图如实验图 9 所示。

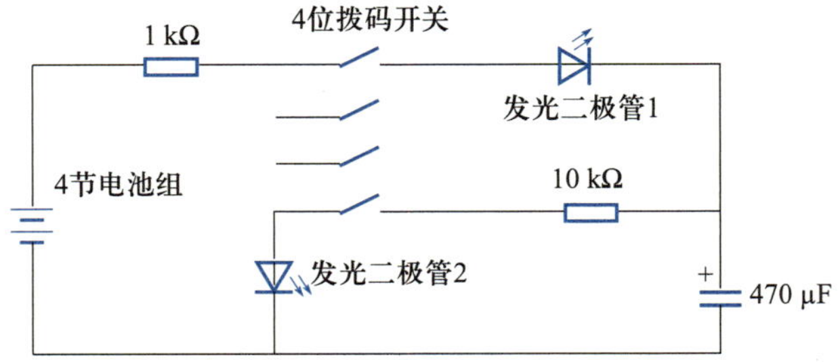

实验图 9　实验电路图

实验原理

1. 电容定义及特性

电容是一种电子元件，由两个相对的电极和绝缘材料构成。在直流电压的作用下，电容中无电流通过；在交流电压的作用下，电容中会有电流通过。电容的主要特性是储存电荷和隔直通交。

2. 充放电过程分析

当电源通过导线向电容充电时，电容两极之间的电压逐渐升高，电荷逐渐积累。当电压达到一定程度时，电容两极之间的电场达到饱和状态，电荷不再移动。此时，电容两端电压保持不变。当电源断开时，电容开始放电，电荷通过导线流向大地，电压逐渐减小。

实验步骤

1. 搭建电路前，查询实验图 9，选择合适的元器件，包括电容、电阻等。同时，需要对元器件进行识别和检测，确保其质量和性能符合要求。

2. 电路板布局与布线

根据电路图确定电路板布局和布线，布局时，需要考虑元器件的排列和连接方式，确保电路的稳定性和可靠性；布线时，需要注意电路的走向和连接方式，避免出现电路短路或开路等问题。

3. 插接好电路、检查无误后，连接电源，正极接面包板上方的一行（黑“+”），负极接最下面一行（黑“-”）。

4. 将拨码开关的第一个开关拨动到 ON 位置，电容充电、绿灯亮，随着充电电流的减小，绿灯逐步变暗，最后熄灭。将拨码开关的第一个开关拨动到 OFF 位置，第四个开关拨动到 ON 位置，电容放电，红灯亮；随着放电电流逐步减小，红灯逐步变暗，最后熄灭。

注意事项

1. 电容要注意极性，其负极（带灰色条的一端）要接在电池的负极。

2. 发光二极管的正极需连接电源的正极方向。

3. 发光二极管不能直接接在电源上，6 V 的电源足以将发光二极管击穿导致损坏。

实验五

元件的识别与测量

实验目的

1. 学习用万用表测量直流电路。

2. 掌握用万用表测量电阻、电容和电感的方法。

3. 掌握电压、电位的测量及电位正负的判定方法。

实验器材

实验所需器材见实验表 10。

实验表 10　实验所需器材

序号	名称	型号	数量
1	万用表	不限型号	1 块
2	稳压电源	不限型号	两个
3	直流电压表	不限型号	1 块
4	直流电流表	不限型号	1 块
5	实验电路板	不限型号	1 块
6	电阻	330 Ω、1000 Ω	各 1 个
7	电阻	510 Ω	两个
8	电容	不限型号	两个
9	导线	不限型号	1 卷

实验电路

直流电压、直流电流的测量。在实验电路板上，按实验图 10 所示搭建实验电路，测量并记录电压值、电流值，填入实验表 11 中。

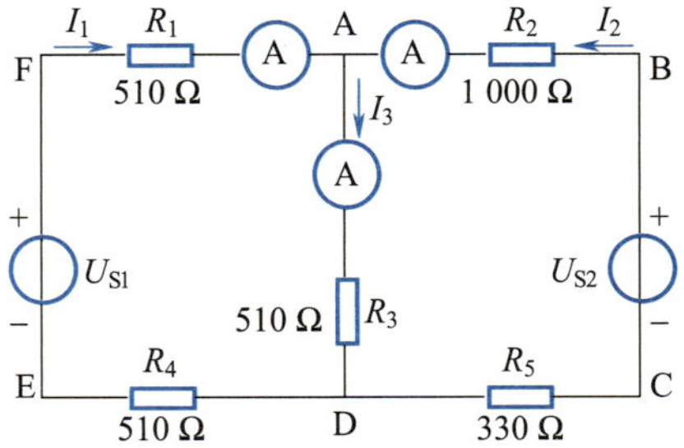

实验图 10　实验电路图

实验表 11　电路的基本测量实验数据

	U_{S1}	U_{S2}	U_1	U_2	U_3	I_1	I_2	I_3
$U_{S1}=15$ V $U_{S2}=10$ V								
$U_{S1}=6$ V $U_{S2}=12$ V								
$U_{S1}=12$ V $U_{S2}=10$ V								

实验步骤

1. 电阻的识别与检测

（1）从采用直接标注或文字标注的若干固定电阻中，每次任意取出一个，将识别和检测的结果填入实验表 12 中。

实验表 12　固定电阻的识别与检测

序号	识别				检测	
	材料	阻值	允许误差	额定功率	量程	阻值
1						
2						
3						
4						

（2）从若干不同规格色环标注的固定电阻中，每次任意取出一个，将识别和检测的结果填入实验表 13 中。

实验表 13　色环电阻的识别与检测

序号	识别			检测	
	色环颜色	阻值	允许误差	量程	阻值
1					
2					
3					
4					

2. 电容和电感的识别与检测

（1）从若干电解电容中，每次任意取出一个，将识别和检测的结果填入实验表 14 中。

实验表 14 电解电容的识别与检测

序号	识别				检测		
	标记	容量	耐压	误差	量程	正向电阻	反向电阻
1							
2							
3							

（2）从若干电感中，每次任意取出一个，将识别和检测的结果填入实验表 15 中。

实验表 15 电感的识别与检测

序号	识别				检测		
	类型	标称	作用	误差	量程	电阻值	质量好坏
1							
2							
3							

注意事项

（1）检测电阻时，不能将人体阻值串联其中。

（2）使用色环法识别电阻时要注意方向。

（3）检测电容时注意正负极。

实验六

直流电位的测量

实验目的

1. 加深对电位、电压及其关系的理解。

2. 掌握参考点与电位的关系，理解电位的单值性和相对性。

3. 掌握电路中各点电位的测量方法。

4. 掌握电位图的制作。

实验器材

实验所需器材见实验表 16。

实验表 16　实验所需器件

序号	名称	型号	数量	备注
1	电阻箱及动态元件	不限型号	1 套	—
2	直流电流表、电压表	不限型号	1 套	—
3	可调直流电流源、电压源	不限型号	1 套	—
4	电阻元件	混装	若干	各种型号

实验原理

1. 电压和电位

电压是指电路中任意两点之间存在的电势差，若规定电路中某一点为参考点，则电路中各点与参考点之间的电压称为各点的电位，电路中参考点的电位计为零。

2. 参考点

当参考点选定后，各点的电位就有一个固定的值，这就是电位的单值性。参考点不同，各点电位也不同，它们同时升高或降低了一个数值，这就是电位的相对性，但任意两点间的电压与参考点的选取无关。同一电路中，每次测量只能选取一个参考点。

3. 等电位点

如果电路中某些点的电位相等，那么即使将这些点用导线连起来，导线中不会有电流，电路的工作状态也不会发生任何改变，这些点称为等电位点。

电位图是表示电路中电位分布与电阻关系的图。其画法是：在横坐标上按回路绕行方向依次截取与各段电路的电阻值成比例的线段，使各截点正好与电路上的节点相对应，沿纵坐标方向标出各对应点的电位，将各对应点电位用直线连接即得到对应电路的电位图。在选定参考点后，可以沿任一闭合路径按绕行方向画出电位图，电路上的任一点都可以作为电位图的起点，电位图起点不影响各点的电位值与任何两点间的电压值。

4. 实验电路

实验电路图如实验图 11 所示。

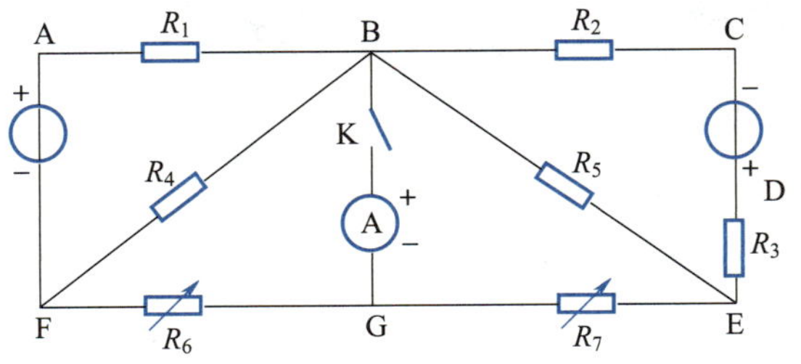

实验图 11　实验电路图

实验图 11 中，$E_1 = 12\ \text{V}$，$E_2 = 5\ \text{V}$，$R_1 = 1\ 000\ \Omega$，$R_2 = 200\ \Omega$，$R_3 = 500\ \Omega$，$R_4 = 100\ \Omega$，$R_5 = 300\ \Omega$，$R_6 = 100\ \Omega$，$R_7 = 400\ \Omega$。

实验步骤

1. 测量电位

按实验图 11 接线，其中，R_6、R_7 由电阻箱提供。检查无误后，方可通电进行实验。

(1) 以 F 点为参考点，测量各点电位（测量电位的方法请阅读实验注意事项中的第 2 点），并将数据分别记入实验表 17 内（注：开关 K 断开）。

(2) 以 D 点为参考点，测量各点电位，分别记入数据实验表 17 内（注：开关 K 断开）。

2. 测量等电位点

将开关 K 闭合，配合调节 R_6、R_7 的阻值，使电流表的指示为零（$I_{BG} = 0$），再次以 F 点为参考点测量各点电位，记入数据实验表 17 中。并以 F 点为参考点，测得对应点电位值进行比较，看其有何变化，为什么？

实验表 17　电位测量表

项目		测量值						计算值					
参考点 F	电位	Φ_A	Φ_B	Φ_C	Φ_D	Φ_E	Φ_F	U_{AB}	U_{BC}	U_{CD}	U_{DE}	U_{EF}	U_{FA}
	单位												
	数值												

续表

项目		测量值						计算值					
参考点 D	电位												
	单位												
	数值												
参考点 F $\Phi_B = \Phi_F$	电位												
	单位												
	数值												

3. 分析结果

完成数据表格测试内容，分析参考点与电压电位的关系。

4. 绘制电位图

绘制电路电位图。

注意事项

（1）研究同一个问题时，参考点不能随意变动。

（2）直流电压表的极性不能接错。

（3）测量电位时，用电压表的黑表笔接参考点，红表笔接被测点，若电压表的指针正向偏转，电位值为正值，若电压表的指针反偏，应互换表笔，然后读出电压数值，此时的电位值为负值。

实验七

基尔霍夫定律的验证

实验目的

1. 验证基尔霍夫定律，加深对基尔霍夫定律的理解。
2. 掌握各支路电流和电压的测量方法。
3. 具备独立分析问题的能力。

实验器材

实验所需器材见实验表 18。

实验表 18　实验所需器材

序号	名称	型号与规格	数量	备注
1	可调直流电源模块	0~30 V/0~200 mA	1 个	—
2	万用表	不限型号	1 块	—
3	智能数字直流电压表	0~500 mA	1 块	—
4	智能数字直流电流表	0~2000 mA	1 块	—

实验原理

基尔霍夫定律是电路的基本定律。测量某电路的各支路电流及每个元件两端的电压，应能分别满足基尔霍夫电流定律（KCL）和电压定律（KVL）。即对于电路中的任一个节点而言，应有 $\sum I=0$；对于任何一个闭合回路而言，应有 $\sum U=0$。

运用上述定律时，必须注意各支路电流或闭合回路的方向，此方向可预先任意设定。

实验步骤

实验电路图如实验图 12 所示，用挂箱的“基尔霍夫定律/叠加定理”电路板。

（1）实验前先任意设定三条支路电流方向。如实验图 12 中 I_1、I_2、I_3 的方向已设定，闭合回路的方向可任意设定。

（2）分别将两路直流稳压源接入电路，令 $U_1=6$ V，$U_2=12$ V。

（3）熟悉电流插头的结构，将电流插头的两端接至数字毫安表的“+”“-”两端。

（4）将电流插头分别插入三条支路的三个电流插座中，读出并记录电流值。

(5) 用直流数字电压表分别测量两路电源及电阻元件上的电压值,记录在实验表 19 中。

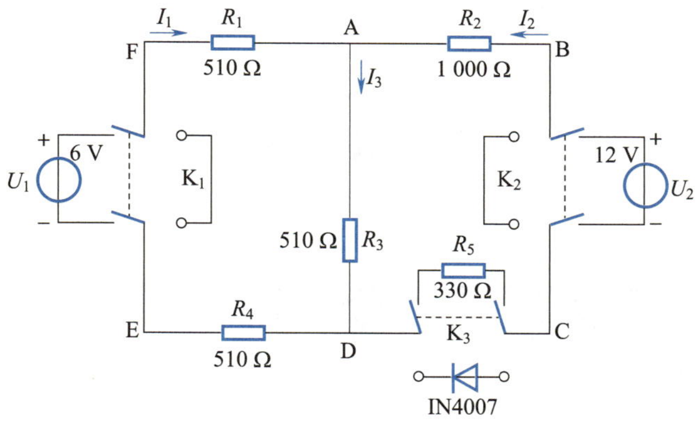

实验图 12　实验电路图

实验表 19　测量电流及电压值

被测量	I_1/mA	I_2/mA	I_3/mA	U_1/V	U_2/V	U_{FA}/V	U_{AB}/V	U_{AD}/V	U_{CD}/V	U_{DE}/V
计算值										
测量值										
相对误差										

实验报告

(1) 根据实验数据,选定节点 A,验证 KCL。

(2) 根据实验数据,选定实验电路中的任一个闭合回路,验证 KVL。

(3) 将各支路电流和闭合回路的方向重新设定,重复(1)、(2)两项验证。

(4) 误差原因分析。

注意事项

(1) 注意选择正确量程测量电流。

(2) 所有需要测量的电压值,均以电压表测量的读数为准。U_1、U_2 也需要测量,不应直接取电源本身的显示值。

(3) 防止稳压电源两个输出端碰到短路。

预习思考

(1) 根据实验图 12 的电路参数,计算出待测的电流 I_1、I_2、I_3 和各电阻上的电压值,记入实验表 19 中,以便实验测量时,可正确地选定毫安表和电压表的量程。

(2) 实验中,若用指针式万用表直流毫安挡测各支路电流,在什么情况下可能出现指针反偏?应如何处理?在记录数据时应注意什么?若用直流数字毫安表进行测量时,则会显示什么呢?

实验八

汽车寄生电流的测试

实验目的

学习测量汽车寄生电流的方法。

实验器材

实验所需器材见实验表 20。

实验表 20　实验所需器材

序号	名称	型号	数量	备注
1	实训车辆	不限型号	1 辆	—
2	寄生电流测试开关	J38758	1 件	—
3	万用表	不限型号	1 块	—
4	跨接线	不限型号	若干	各种型号

实验原理

一方面，在汽车电源开关和电器开关关闭以后，会保持某些控制单元的数据记忆功能和运行信息，如音响控制单元记忆听过的频段、CD 的曲目，空调控制单元记忆风向、风速的设定。另一方面，在汽车电源开关关闭以后汽车上许多电气设备存在微量的电量消耗，如电子式石英表运行需要低功率耗电；防盗系统为保证全天候的监视功能需要耗电。这些放电电流统称为寄生电流，一般以“mA”为单位。

实验步骤

测试寄生电流的目的是为了查明蓄电池电量异常流失的原因，在进行寄生电流测试之前，需要确保蓄电池和充电系统处于正常工作状态。测试寄生电流的步骤如下：

第 1 步：关闭点火开关，断开蓄电池负极电缆。将寄生电流测试开关（J38758）的旋钮置于 OFF 位（沿 OFF 箭头方向旋转），如实验图 13 所示。将寄生电流测试开关的一端与蓄电池搭铁端子相连，另一端与蓄电池负极接线柱相连，然后将测试开关旋至 ON 位，此时寄生电流测试开关处于闭合状态。

实验图 13　寄生电流测试开关

第 2 步:路试,在路试过程中打开所有的电气附件,包括收音机和空调。路试结束后关闭所有用电器,并将点火开关置于关闭位置,拔出钥匙。将一根 10 A 熔丝跨接到寄生电流测试开关的两端,将测试开关旋至断开位置,此时电流会流过跨接线。等待 1 min 后,检查跨接线上的熔丝,如果熔丝熔断,则使用感应式电流钳测试电流。如熔丝完好,则使用万用表进行寄生电流测试。将测试开关旋至闭合位置,取下跨接线,先将数字式万用表连接到寄生电流测试开关的两端,再将万用表的量程调至 10 A 挡,然后将测试开关旋至断开位置,此时电流会流过万用表。等待 1 min 以上,检查并记录万用表上的电流,当电流读数为 0.4 A 或更低时,闭合测试开关,将万用表置于 400 mA 挡,以便得到更精确的测量值。等待 30 min 左右,检查并记录万用表上的电流。观察测试寄生放电电流是否低于 30 mA。

如果读取的寄生电流过大,依次拆下控制单元或电气系统的熔丝,利用万用表读取寄生电流。当寄生电流下降到允许的电流范围内,说明拔掉的熔丝所对应的系统寄生电流过大。

注意事项

在选择合适的万用表量程之后,需要等到控制模块都进入休眠后再记录测试结果。在测试期间,禁止启用车辆任何电气设备,如打开车门或拉动门把手,否则会导致万用表熔丝熔断。

实验九

叠加定理的验证

实验目的

验证线性电路叠加定理，加深对线性电路的叠加性和齐次性的认识和理解。

实验器材

实验所需器材见实验表 21。

实验表 21　实验所需器材

序号	名称	型号与规格	数量	备注
1	可调直流电源模块	0～30 V/0～200 mA	1 个	—
2	万用表	—	1 块	—
3	智能数字直流电压表	0～500 mA	1 块	—
4	智能数字直流电流表	0～2000 mA	1 块	—

实验原理

叠加定理指出：在有多个独立源共同作用下的线性电路中，通过每一个元件的电流或其两端的电压，可以看成是由每一个独立源单独作用时在该元件上所产生的电流或电压的代数和。

线性电路的齐次性是指当激励信号（某独立源的值）增加或减小 K 倍时，电路的响应（即在电路中各电阻元件上所建立的电流和电压值）也将增加或减小 K 倍。

实验步骤

实验电路图如实验图 14 所示，用挂箱的“基尔霍夫定律/叠加定理”电路板。

第 1 步：将两路稳压源的输出分别调节为 12 V 和 6 V，接入 U_1 和 U_2 处。开关 K_3 投向 R_5 侧。

第 2 步：令 U_1 电源单独作用（将开关 K_1 投向 U_1 侧，开关 K_2 投向短路侧）。用直流数字电压表和直流数字毫安表（接电流插头）测量各支路电流及各电阻元件两端的电压，记录在实验表 22 中。

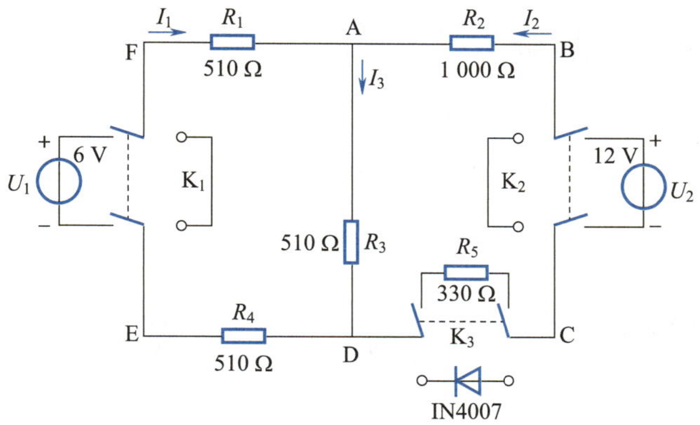

实验图 14　实验电路图

实验表 22　测 量 数 据

实验内容	测量项目									
	U_1/V	U_2/V	I_1/mA	I_2/mA	I_3/mA	U_{AB}/V	U_{CD}/V	U_{AD}/V	U_{DE}/V	U_{FA}/V
U_1 单独作用										
U_2 单独作用										
U_1、U_2 均作用										
$2U_2$ 单独作用										

第 3 步：令 U_2 电源单独作用（将开关 K_1 投向短路侧，开关 K_2 投向 U_2 侧），重复实验步骤 2 的测量，并记录。

第 4 步：令 U_1 和 U_2 共同作用（开关 K_1 和 K_2 分别投向 U_1 和 U_2 侧），重复上述的测量，并记录。

第 5 步：将 U_2 的数值调至+12 V，重复上述第 3 步的测量，记录在实验表 23 中。

第 6 步：将 R_5（330 Ω）换成二极管 IN4007（即将开关 K_3 投向二极管 IN4007 侧），重复步骤 1～步骤 5 的测量过程，记录在实验表 23 中。

实验表 23　测 量 数 据

实验内容	测量项目									
	U_1/V	U_2/V	I_1/mA	I_2/mA	I_3/mA	U_{AB}/V	U_{CD}/V	U_{AD}/V	U_{DE}/V	U_{FA}/V
U_1 单独作用										
U_2 单独作用										
U_1、U_2 共同作用										
$2U_2$ 单独作用										

实验报告

（1）根据实验数据验证线性电路的叠加性与齐次性。

（2）各电阻器所消耗的功率能否用叠加定理计算得出？试用上述实验数据，进行计算并做出结论。

（3）对实验步骤第 6 步进行分析，你能得出什么样的结论？

注意事项

（1）用电流插头测量各支路电流，或者用电压表测量电压降时，应注意仪表的极性，正确判断测得值的+、-极后，记入数据表格。

（2）注意及时更换仪表量程。

预习思考

（1）在叠加定理实验中，要令 U_1、U_2 分别单独作用，应如何操作？可否直接将不作用的电源（U_1 或 U_2）短接置零？

（2）实验电路中，若有一个电阻改为二极管，试问叠加定理的叠加性与齐次性还成立吗？为什么？

实验十

电源外特性的测量

实验目的

1. 学习测量电源外特性的方法。

2. 掌握运用伏安法判定电阻元件类型的方法。

3. 掌握电压和电流的测量方法。

实验器材

实验所需器材见实验表 24。

实验表 24　实训所需器材

序号	名称	型号	数量	备注
1	三相空气开关	不限型号	1 块	—
2	恒流源	不限型号	1 块	—
3	双路可调直流电源	不限型号	1 块	—
4	电阻	不限型号	若干	各种型号
5	短接桥和连接导线	不限型号	若干	—
6	直流电压电流表	不限型号	1 块	—

实验原理

1. 直流电压源

理想的直流电压源输出固定幅值的电压，而它的输出电流大小取决于它所连接的外电路。因此，它的外特性曲线是平行于电流轴的直线，如实验图 15(a)中实线所示。

测量方法：将电压源与一个可变电阻串联，改变负载电阻 R_S 的阻值，测量出相应的电压源电流和端电压，便可以得到被测电压源的外特性。

实际电压源的外特性曲线如实验图 15(a)虚线所示，在线性工作区，它可以用一个理想电压源 U_S 和内电阻 R_S 相串联的电路模型来表示，如实验图 15(b)所示。实验图 15(a)中角 θ 越大，说明实际电压源内阻 R_S 值越大。实际电压源的电压 U 和电流 I 的关系式为

$$U=U_S-IR_S \tag{1}$$

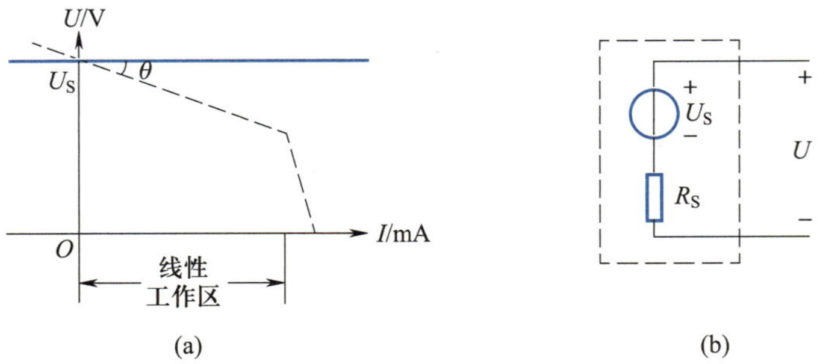

实验图 15 直流电压源

2. 直流电流源

理想的直流电流源输出固定幅值的电流，其端电压的大小取决于外电路，因此，它的外特性曲线是平行于电压轴的直线，如实验图 16(a)中实线所示。

测量方法：电流源外特性的测量方法与电压源的一致。

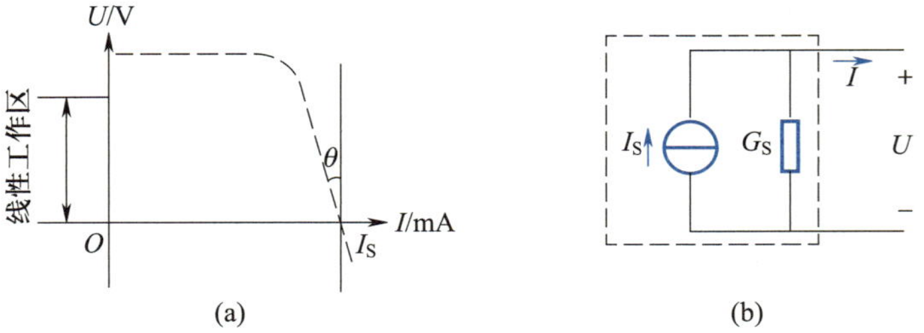

实验图 16 直流电流源

实际电流源的外特性曲线如实验图 16(a)中虚线所示。在线性工作区，它可以用一个理想电流源 I_S 和内电导 G_S($G_S=1/R_S$)相并联的电路模型来表示，如实验图 16(b)所示。实验图 16(a)中的角 θ 越大，说明实际电流源内电导 G_S 值越大。实际电流源的电流 I 和电压 U 的关系式为

$$I=I_S-UG_S \tag{2}$$

实验步骤

第 1 步：测量直流电压源的伏安特性

按实验图 17 所示接线，将直流稳压电源视作直流电压源，取 $R=100\ \Omega$。稳压电源的输出电压调节为 $U_S=12\ \text{V}$，改变电阻 R_L 的值，测量其相对应的电流 I 和直流电压源端电压 U，记于实验表 25 中。

第 2 步：测量实际直流电压源的伏安特性

按实验图 18 所示接线，将直流稳压电源 U_S 与电阻 R_0(取 51 Ω)串联，来模拟实际直流电压源，取 $R=100\ \Omega$。将稳压电源输出电压调节为 $U_S=12\ \text{V}$，改变电阻 R_L 的值，测量其相对应的实

际电压源端电压 U 和电流 I，记入实验表 26 中。

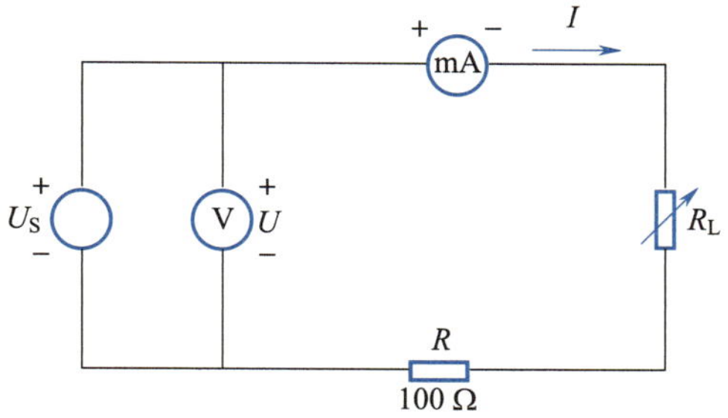

实验图 17　直流电压源

实验表 25　直流电压源的伏安特性记录表

R_L/Ω	0	200	400	600	800	1 000	∞
U/V							
I/mA							

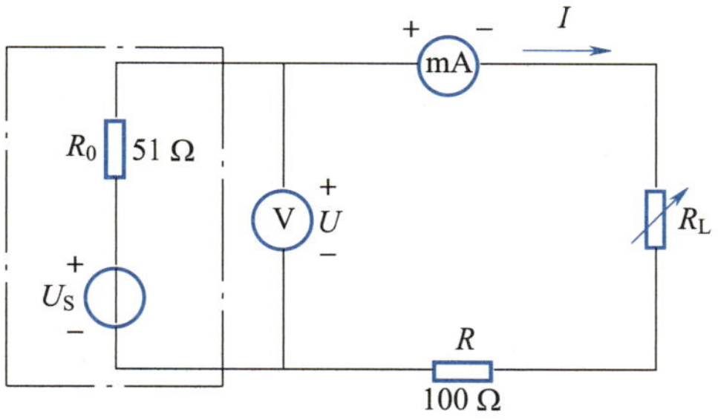

实验图 18　实际直流电压源

实验表 26　实际直流电压源的伏安特性记录表

R_L/Ω	0	200	400	600	800	1 000	∞
U/V							
I/mA							

第 3 步：测量直流电流源的伏安特性

按实验图 19 接线，R_L 为可变负载电阻。调节直流电流源的输出电流为 $I_S = 15$ mA，改变 R_L 的值，测量对应的电流 I 和电压 U，记入实验表 27 中。

第 4 步：测量实际直流电流源的伏安特性

（1）按实验图 20 所示接线，R_L 为负载电阻，取 $R_0 = 1\ \text{k}\Omega$，将 R_0 与电流源并联，来模拟实际电流源，如图中矩形框内所示。

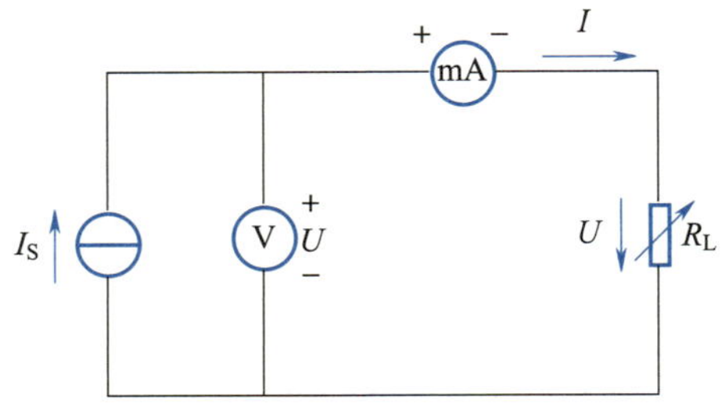

实验图 7-19 直流电流源

实验表 27 直流电流源的伏安特性记录表

R_L/Ω	0	200	400	600	800	1 000	∞
U/V							
I/mA							

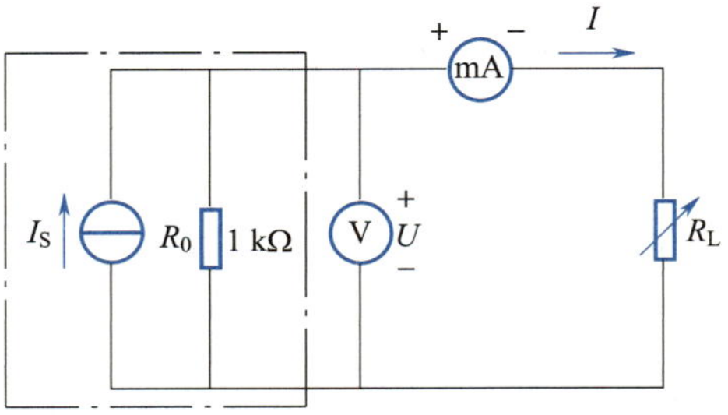

实验图 20 实际直流电流源

(2) 调节电流源输出电流 $I_S=15$ mA,改变 R_L 的值,测量对应的电流 I 和电压 U,记入实验表 28 中。

实验表 28 实际直流电流源的伏安特性记录表

R_L/Ω	0	200	400	600	800	1 000	∞
U/V							
I/mA							

注意事项

(1) 电流表应串接在被测电流支路中,电压表应并接在被测电压两端,注意直流仪表"+""−"端钮的接线,并选取适当的量程。

(2) 使用测量仪表前,应注意正确选择量程和功能。

(3) 直流稳压电源的输出端不能短路。

实验十一

正弦稳态交流电路相量的测量

实验目的

1. 理解正弦稳态交流电路中电压和电流相量之间的关系。
2. 掌握日光灯电路的接线。
3. 理解改善电路功率因数的意义并掌握其方法。

实验器材

实验所需器材见实验表 29。

实验表 29　实验所需器材

序号	名称	型号与规格	数量	备注
1	可调三相交流电源	0~450 V	1 个	—
2	智能功率、功率因数表	—	1 块	—
3	镇流器	—	1 个	—
4	启辉器	—	1 个	—
5	日光灯灯管	—	1 个	—
6	电容器	—	各 1 个	—
7	白炽灯	—	1~3 个	—

实验原理

（1）在单相正弦交流电路中，用交流电流表测得各支路的电流值，用交流电压表测得回路各元件两端的电压值，它们之间的关系满足相量形式的基尔霍夫定律，即 $\sum I=0$ 和 $\sum U=0$。

（2）实验图 21 所示的 RC 串联电路，在正弦稳态信号 $\dot{U}$ 的激励下，$\dot{U}_R$ 与 $\dot{U}_C$ 保持有 90° 的相位差，即当 R 阻值改变时，$\dot{U}_R$ 的相量轨迹是一个半圆。$\dot{U}$、$\dot{U}_C$ 与 $\dot{U}_R$ 三者形成一个直角形的电压三角形，如实验图 22 所示。R 值改变时，可改变 φ 角的大小，从而达到移相的目的。

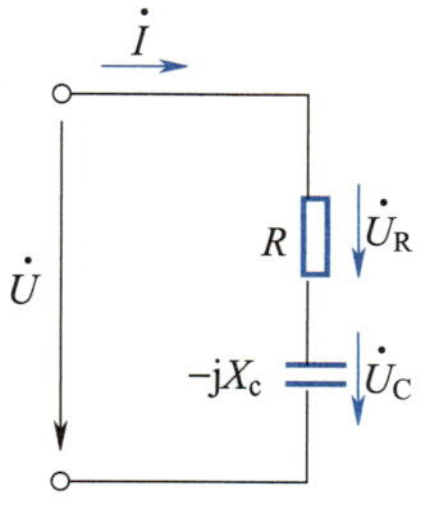

实验图 21　RC 串联电路图

(3) 日光灯电路图如实验图 23 所示,图中,A 是日光灯管,L 是镇流器,S 是启辉器,C 是补偿电容器,用以改善电路的功率因数(COS φ 值)。有关日光灯的工作原理请自行翻阅有关资料。

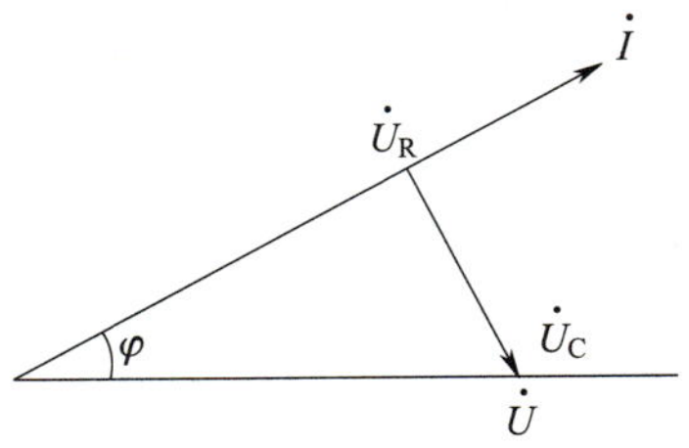

实验图 22 相量图

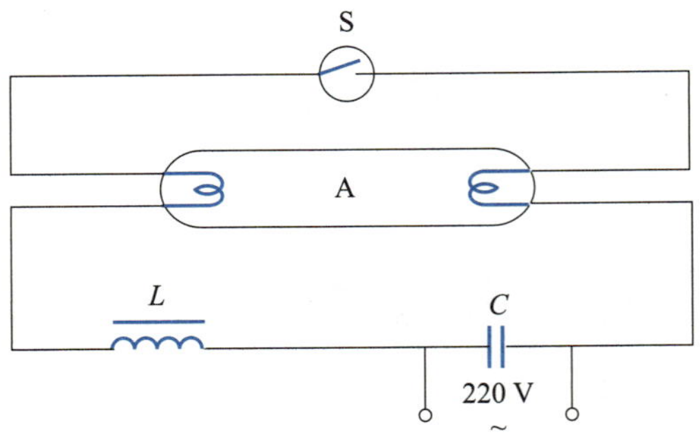

实验图 23 日光灯电路图

实验步骤

第 1 步:按实验图 23 所示接线。电阻为 220 V、15 W 规格的白炽灯泡,电容器规格为 4.7 μF/450 V。经检查后,接通实验台电源,将自耦调压器输出(即 U)调至 220 V。记录 U、U_R、U_C 值,验证电压三角形关系,将数据填入实验表 30 中。

实验表 30 测量数据

测量值			计算值	
U/V	U_R/V	U_C/V	U'/V	φ

第 2 步:日光灯电路接线与测量。

按实验图 24 所示接线。经检查后接通实验台电源,调节自耦调压器的输出,使其输出电压缓慢增大,直到日光灯刚启辉点亮为止,记下三表的指示值。然后将电压调至 220 V,测量功率 P,电流 I,电压 U、U_L、U_A 等值,验证电压、电流相量关系,将数据填入实验表 31 中。

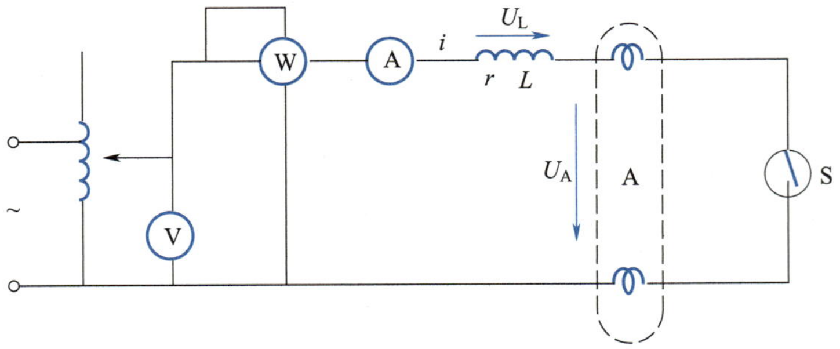

实验图 24 日光灯电路图

实验表 31　测量数据

工作状态	P/W	$\cos\varphi$	I/A	U/V	U_L/V	U_A/V
启辉值						
正常工作值						

实验报告

（1）完成数据表格中的计算，进行必要的误差分析。

（2）根据实验数据，分别绘出电压、电流相量图，验证相量形式的基尔霍夫定律。

注意事项

（1）本实验用交流市电 220 V，务必注意用电和人身安全。

（2）功率表要正确接入电路。

（3）电路接线正确，日光灯不能启辉时，应检查启辉器及其接触是否良好。

预习思考

（1）参阅课外资料，了解日光灯的启辉原理。

（2）在日常生活中，当日光灯上缺少了启辉器时，人们常用一根导线将启辉器的两端短接一下，然后迅速断开，使日光灯点亮（实验挂箱上有短接按钮，可用它代替启辉器做试验）；或用一只启辉器点亮多只同类型的日光灯，这是为什么？

实验十二

三相交流电路电压、电流的测量

实验目的

1. 掌握三相负载进行星形联结、三角形联结的方法，验证这两种接法下线、相电压及线、相电流之间的关系。

2. 充分理解三相四线供电系统中中性线的作用。

实验器材

实验所需器材见实验表 32。

实验表 32　实验所需器材

序号	名称	型号与规格	数量	备注
1	可调三相交流电源	0~450 V	1 个	—
2	三相灯组负载	—	6 盏	—

实验原理

(1) 三相负载可接成星形(又称为“Y”联结)或三角形(又称为“△”联结)。当三相对称负载进行星形联结时，线电压 U_1 是相电压 U_P 的 $\sqrt{3}$ 倍。线电流 I_1 等于相电流 I_P，即 $U_1=\sqrt{3}U_P$，$I_1=I_P$。

在这种情况下，流过中线的电流 $I_0=0$，所以可以省去中性线。

当对称三相负载进行三角形联结时，有 $I_1=\sqrt{3}I_P$，$U_1=U_P$。

(2) 不对称三相负载进行星形联结时，必须采用三相四线制接法，即星形联结。而且中性线必须牢固连接，以保证三相不对称负载的每相电压维持对称不变。

倘若中线断开，会导致三相负载电压不对称，致使负载轻的那一相的相电压过高，使负载遭受损坏；负载重的一相相电压又过低，使负载不能正常工作。尤其是对于三相照明负载，无条件地一律采用星形联结。

(3) 当不对称负载进行三角形联结时，$I_1\neq\sqrt{3}I_P$，但只要电源的线电压 U_1 对称，加在三相负载上的电压仍是对称的，对各相负载工作没有影响。

实验步骤

第 1 步：三相负载星形联结（三相四线制供电）

按实验图 25 所示电路组接实验电路，即三相灯组负载经三相自耦调压器接通三相对称电源。将三相调压器的旋柄置于输出为 0 的位置（即逆时针旋到底）。经检查后，方可开启实验台三相电源开关，然后调节调压器的输出，使输出的三相线电压为 220 V，并按数据实验表 33 要求的内容完成各项实验，将所测得的数据记入表中，并观察各相灯组亮暗的变化程度，特别要注意观察中性线的作用。

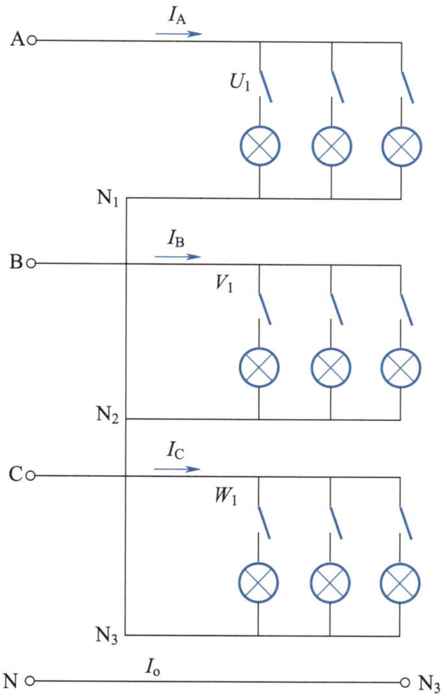

实验图 25　三相负载星形联结

实验表 33　测 量 数 据

负载情况		测量数据													
		开灯盏数			线电流＝相电流/mA			线电压/V			相电压/V			中线电流 I_0	中间点电压
		A 相	B 相	C 相	I_A	I_B	I_C	U_{AB}	U_{BC}	U_{CA}	U_{AN1}	U_{BN2}	U_{CN3}		
对称	有中线														
	无中线														
不对称	有中线														
	无中线														

第 2 步：负载三角形联结（三相三线制供电）

按实验图 26 改接电路，经检查合格后接通三相电源，并调节调压器，使其输出线电压为 220 V，并按数据实验表 34 的要求进行测试。

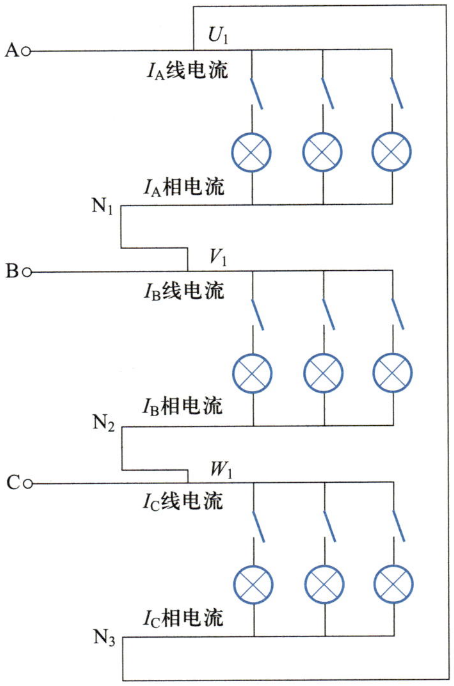

实验图 26　负载三角形联结

实验表 34　测量数据

负载情况	测量数据											
	开灯盏数			线电压＝相电压/V			线电流/mA			相电流/mA		
	A-B 相	B-C 相	C-A 相	U_{AB}	U_{BC}	U_{CA}	I_A	I_B	I_C	I_{AB}	I_{BC}	I_{CA}
三相对称												
三相不对称												

实验报告

（1）用实验测得的数据验证对称三相电路中的 $\sqrt{3}$ 关系。

（2）用实验数据和观察到的现象，总结三相四线供电系统中中性线的作用。

（3）不对称三角形联结的负载，能否正常工作？实验是否能证明这一点？

（4）根据不对称负载三角形联结时的相电流值作相量图，并求出线电流值，然后与实验测得的线电流做比较。

注意事项

（1）本实验采用三相交流市电，线电压为 380 V，应穿绝缘鞋进入实验室。实验时要注意人身安全，不可触及导电部件，防止意外事故发生。

（2）每次接线完毕，同组同学应自查一遍，然后由教师检查，方可接通电源，必须严格遵守先断电、再接线、后通电，先断电、后拆线的实验操作原则。

（3）星形负载进行短路实验时，必须首先断开中性线，以免发生短路事故。

预习思考

（1）三相负载根据什么条件进行星形或三角形联结？

（2）复习三相交流电路有关内容，试分析三相星形联结不对称负载在无中性线情况下，当某相负载开路或短路时会出现什么情况？如果接上中性线，情况又如何？

（3）本次实验中为什么要通过三相调压器将 380 V 的市电线电压降为 220 V 的线电压使用？

实验十三

汽车起动电压及电缆电压降测量

实验目的

学习测量汽车起动瞬间蓄电池最低电压及电缆电压降的方法。

实验器材

实验所需器材见实验表 35。

实验表 35　实验所需器材

序号	名称	型号	数量	备注
1	实训车辆	不限型号	1 辆	
2	蓄电池检测仪	不限型号	1 台	
3	万用表	不限型号	1 块	
4	跨接线	不限型号	若干	各种型号

实验原理

起动瞬间造成蓄电池电压低的原因有以下两点。

1. 起动回路蓄电池内阻分压造成整车电压低

在汽车起动时，蓄电池要带动起动机旋转。在电磁开关接通的瞬间，因起动机电枢没有旋转，没有建立起反电动势，相当于起动机短路，起动主回路总电阻仅为十多毫欧，起动电流很大，极端的情况瞬间起动电流达 1 000 A。不考虑其他因素，根据欧姆定律，理论计算，起动主回路中蓄电池内阻电压降即达到 8 V，蓄电池输出电压仅有 4~4.5 V。在如此低的电压下，整车电器难以正常工作。

2. 蓄电池大电流放电造成蓄电池输出电压低

电解质离子数决定着电极反应的速度，而电极反应的速度决定着放电电流的大小。放电电流大，蓄电池内阻的压降大，蓄电池输出电压低。当蓄电池大电流放电的时候，一方面，电解液中的离子数被消耗迅速减少，电离和化学反应速度相对于电是缓慢的，活性物质总自由能变小，蓄电池容量变小。另一方面，大电流放电，电解质与活性物质之间的电化学反应更多的是在蓄电池极板表面进行，生成的 $PbSO_4$ 形成结晶，在活性物质表面产生阻塞，使反应无法深入活性物质内部，蓄电池内阻升高，造成蓄电池输出电压变低。

实验步骤

第 1 步：用测试夹分别夹住待测蓄电池的正负极。

第 2 步：根据待测蓄电池的电压按“▲/▼”键选择 12 V 或 24 V 测试项（以下为 12 V 为例），选择后按“OK”键。

第 3 步：在“选择测试项目”界面，按“▲/▼”键选择“启动系统负荷”，选择后按“OK”键，仪器进入“操作提示”界面。

第 4 步：按照提示进行操作后，按“TEST”键进入“启动负荷测试”界面。

第 5 步：起动发动机，仪器自动记录发动机起动过程中蓄电池输出的最低起动电压。

第 6 步：此时按“ESC”键，仪器可返回“选择测试项目”界面。

第 7 步：测试结果分析，起动电压大于 9.6 V（24 V 系统，电压大于 16.0 V）时，代表起动系统良好。起动电压小于 9.6 V（24 V 系统，电压小于 16.0 V）时，代表起动系统有问题。

注意事项

（1）在进行实验前检查相关部位（如连接点、电线或起动机）有无锈蚀。

（2）12 V 系统标准电压为 9.6 V，24 V 系统标准电压为 16.0 V。

实验十四

桥式整流和滤波电路的搭建与测量

实验目的

1. 掌握单相半波整流滤波电路和单相桥式整流滤波电路的组成和工作原理。
2. 学会使用万用表和示波器，测量整流和滤波电路的数据。
3. 培养团队协作能力。

实验器材

电子示波器一台，万用表一块，变压器一台，实验电路装置一套。

实验电路

实验电路图如实验图 27 所示。

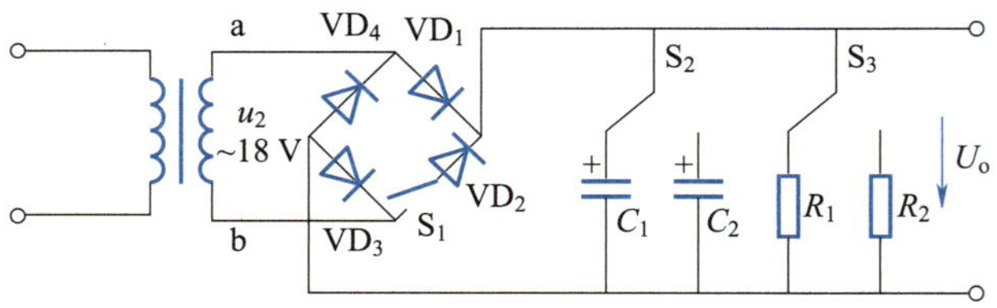

实验图 27　实验电路图

电路参数：VD_1 ~ VD_4 为 2CZ 二极管，C_1 = 3.3 μF/25 V、C_2 = 100 μF/25 V、R_1 = 2 kΩ、R_2 = 10 kΩ，变压器为 220 V/18 V。

实验原理

整流电路是利用二极管的单向导电性把交流电变为单向脉动直流电。整流后，直流电压的平均值 U_o 与变压器次级电压 U_2 的关系：半波整流为 $U_o=0.45U_2$，桥式整流为 $U_o=0.9U_2$。为了减小输出电压的脉动程度，获得比较平稳的直流电，需在负载和整流电路之间加入滤波电路。经电容滤波后，不仅输出电压的脉动程度大大减少，而且输出电压的平均值 U_o 也会提高，半波可以提高到 $U_o \approx U_2$，全波可以提高到 $U_o \approx 1.2U_2$。

实验步骤

按照实验图 27 所示连接电路，检查无误后按下列步骤操作：

第 1 步：验证单相桥式整流电路的工作原理

（1）用万用表交流电压挡测量 u_2 的有效值 U_2。闭合 S_1，断开 S_2、S_3，再用万用表直流电压挡测量输出电压 U_o，结果记入实验表 36 中。

实验表 36　实验记录表

项目 / 内容	滤波电容/μF	负载电阻/kΩ	输入电压 U_2/V	输出电压 U_o/V	输出电压 U_o 波形
桥式整流	无	无			
	3.3	无			
		2			
		10			
	100	无			
		2			
		10			
半波整流	无	无			
	3.3	无			
		2			
		10			
	100	无			
		2			
		10			

(2) 用示波器分别观察 u_2 和 U_o 的波形(不能同时观察,否则易造成整流电路短路),将 U_o 的波形绘入实验表 36 中。

第 2 步:验证电容滤波电路的工作原理

(1) 闭合 S_2,分别将电解电容器 $C_1=3.3\ \mu F$ 和 $C_2=100\ \mu F$ 接入电路,用示波器观察输出电压 U_o 的波形,用万用表直流电压挡测量输出电压 U_o 的大小,记录数据。

(2) 接电容 $C_1=3.3\ \mu F$ 时,分别将 R_1 和 R_2 接入电路,用示波器观察输出电压 U_o 波形,用万用表直流电压挡测量输出电压 U_o 的大小,记录数据。

(3) 接电容 $C_2=100\ \mu F$ 时,再闭合 S_3,分别将 R_1 和 R_2 接入电路,重复上述步骤,观察和测量输出的波形和大小有无变化,记录数据。

第 3 步:验证单相半波整流及滤波电路的工作原理

断开电路中的开关 S_1,电路变成 VD_1 和 VD_3 两个二极管起作用的单相半波整流电路,然后重复上述各步骤,记录数据,并对两种整流电路进行比较。

注意事项

(1) 接入电容时,不可把电解电容的极性接错。

(2) 接整流电桥时要注意二极管的极性。

(3) 不能用双踪示波器同时观察 u_2 和 U_o 的波形。

实验十五

LED闪光器的组装与调试

实验目的

1. 进一步理解门电路在实际中的应用。
2. 初步学会 LED 闪光器的组装与调试。
3. 培养团队协作能力。

实验器材

实验所需器材见实验表 37。

实验表 37　实验所需器材

序号	名称	型号	数量	备注
1	直流稳压电源	不限型号	1 个	—
2	六反相器	4069	1 只	—
3	电阻	1 MΩ	1 个	—
4	电阻	2 kΩ	1 个	—
5	电容	1 μF	1 个	—
6	LED 灯	不限型号	1 盏	—

实验电路

实验电路图如实验图 28 所示。

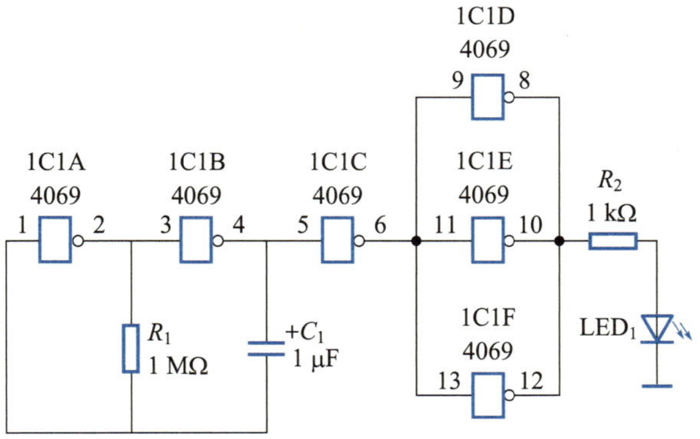

实验图 28　实验电路图

实验原理

这是一款用门电路组成的低频多谐振荡器，它将输出的脉冲加以放大，用来驱动一只发光二极管，可以组成一个 LED 式闪光灯电路，电路原理图如实验图 28 所示。该电路由一只六反相器 4069 组成，用其中的两只反相器 IC1A 、IC1B 和 C_1、R_1 等组成一个多谐振荡器。其振荡频率为$f=1/(2.2R_1C_1)$，按电路图中的数值，其振荡频率约为 0.45 Hz。

由多谐振荡器输出的振荡脉冲经 IC1C 缓冲，加至由 IC1D、IC1E、IC1F 并联组成的门电路放大器后，驱动发光二极管 LED_1 发光。

由于本闪光器的发光时间约占整个脉冲周期的 1/2，所以耗电很小，闪光时耗电电流仅为 6 mA 左右，所以此闪光电路可安装在某些需要注意的电气设备或仪器上，起警示作用。

注意事项

IC1D、IC1E、IC1F 等三个门并联的目的是为了增加门电路的驱动功率，实际上 4069 的单个门也能驱动单只 LED，并联后将可以同时驱动更多的 LED 点亮，或者带动更大一些的负载。本实验只是起到一个演示作用。

预习思考

（1）分析讨论门电路的功能及应用。

（2）从门电路各部分之间的连线关系，简述整个闪光器电路的工作过程。

实验十六

TTL集成逻辑门功能与参数测试

实验目的

1. 掌握 TTL 集成**与非**门的逻辑功能和主要参数的测试方法。
2. 掌握 TTL 器件的使用规则。
3. 进一步熟悉数字电路实验装置的结构、基本功能和使用方法。

实验器材

实验所需器材见实验表 38。

实验表 38　实验所需器材

序号	名称	数量	备注
1	+5 V 直流电源	1 台	—
2	逻辑电平开关	1 个	—
3	逻辑电平显示器	1 个	—
4	直流数字电压表	1 个	—
5	直流毫安表	1 个	—
6	直流微安表	1 个	—
7	74LS20	2 个	—
8	电阻器	若干	—

实验原理

本实验采用四输入双**与非**门 74LS20，即在一块集成块内含有两个互相独立的**与非**门，每个**与非**门有四个输入端。其逻辑框图、逻辑符号及端子排列如实验图 29(a)、(b)、(c)所示。

1. **与非**门的逻辑功能

与非门的逻辑功能：当输入端中有一个或一个以上是低电平时，输出端为高电平；只有当输入端全部为高电平时，输出端才是低电平(即有“0”得“1”，全“1”得“0”)。

其逻辑表达式为

$$Y=\overline{AB\cdots}$$

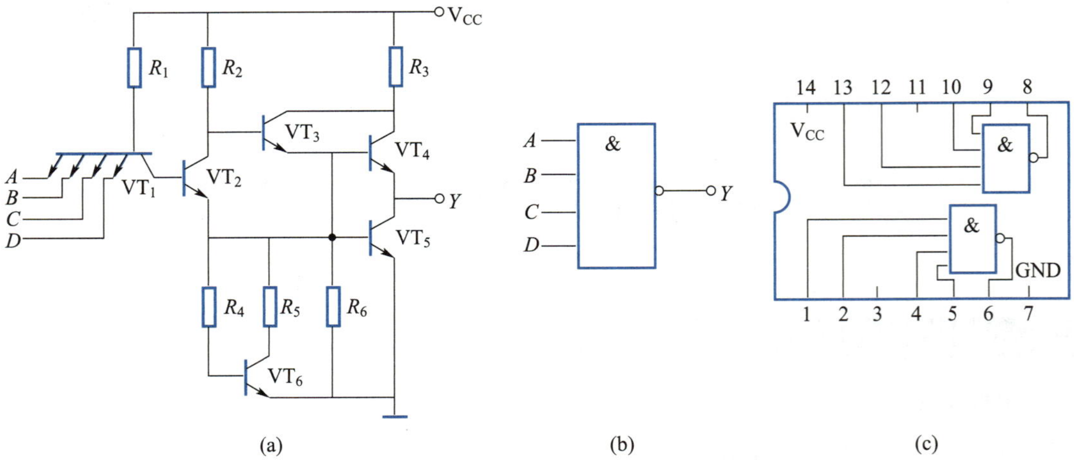

实验图 29　74LS20 逻辑框图、逻辑符号及端子排列

2. TTL 与非门的主要参数

(1) 低电平输出电源电流 I_{CCL} 和高电平输出电源电流 I_{CCH}

与非门处于不同的工作状态，电源提供的电流是不同的。I_{CCL} 是指所有输入端悬空，输出端空载时，电源提供器件的电流。I_{CCH} 是指输出端空载，每个门各有一个以上的输入端搭铁，其余输入端悬空，电源提供给器件的电流。通常，$I_{CCL}>I_{CCH}$，它们的大小标志着器件静态功耗的大小。器件的最大功耗为 $P_{CCL}=V_{CC}I_{CCL}$。手册中提供的电源电流和功耗值是指整个器件总的电源电流和总的功耗。I_{CCL} 和 I_{CCH} 测试电路图如实验图 30(a)、(b)所示。

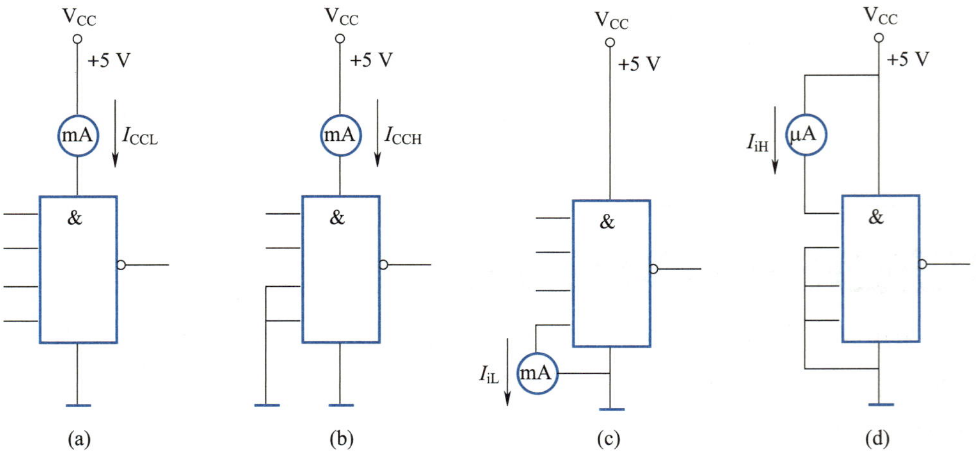

实验图 30　TTL 与非门静态参数测试电路图

注意：TTL 电路对电源电压要求较严，电源电压 V_{CC} 只允许在+5×(1±10%) V 的范围内工作，超过 5.5 V 将损坏器件；低于 4.5 V 器件的逻辑功能将不正常。

(2) 低电平输入电流 I_{iL} 和高电平输入电流 I_{iH}。I_{iL} 是指被测输入端搭铁，其余输入端悬空，输出端空载时，由被测输入端流出的电流值。在多级门电路中，I_{iL} 相当于前级门输出低电平时，后级向前级门灌入的电流，因此它关系到前级门的灌电流负载能力，即直接影响前级门电路带负载的个数，因此希望 I_{iL} 小些。

I_{iH} 是指被测输入端接高电平，其余输入端搭铁，输出端空载时，流入被测输入端的电流值。在多级门电路中，它相当于前级门输出高电平时，前级门的拉电流负载，其大小关系到前级门的拉电流负载能力，希望 I_{iH} 小些。由于 I_{iH} 较小，难以测量，一般免于测试。

I_{iL} 与 I_{iH} 的测试电路图如实验图 30(c)、(d)所示。

(3) 扇出系数 N_O

扇出系数 N_O 是指门电路能驱动同类门的个数，它是衡量门电路负载能力的一个参数，TTL 与非门有两种不同性质的负载，即灌电流负载和拉电流负载，因此有两种扇出系数，即低电平扇出系数 N_{OL} 和高电平扇出系数 N_{OH}。通常，$I_{iH}<I_{iL}$，则 $N_{OH}>N_{OL}$，所以常以 N_{OL} 作为门的扇出系数。

扇出系数的测试电路图如实验图 31 所示，门的输入端全部悬空，输出端接灌电流负载 R_L，调节 R_L 使 I_{OL} 增大，N_{OL} 随之升高，当 V_{OL} 达到 V_{OLm}(手册中规定低电平规范值 0.4 V)时的 I_{OL} 就是允许灌入的最大负载电流，则 $N_{OL}=\dfrac{I_{OL}}{I_{iL}}$，通常，$N_{OL}\geqslant 8$。

(4) 电压传输特性

门的输出电压 V_O 随输入电压 V_i 而变化的曲线 $V_O=f(V_i)$ 称为门的电压传输特性，通过它可读得门电路的一些重要参数，如输出高电平 V_{OH}、输出低电平 V_{OL}、关门电平 V_{Off}、开门电平 V_{ON}、阈值电平 V_T 及抗干扰容限 V_{NL}、V_{NH} 等值。测试电路图如实验图 32 所示，采用逐点测试法，即调节 R_W，逐点测得 V_i 及 V_O，然后绘成曲线。

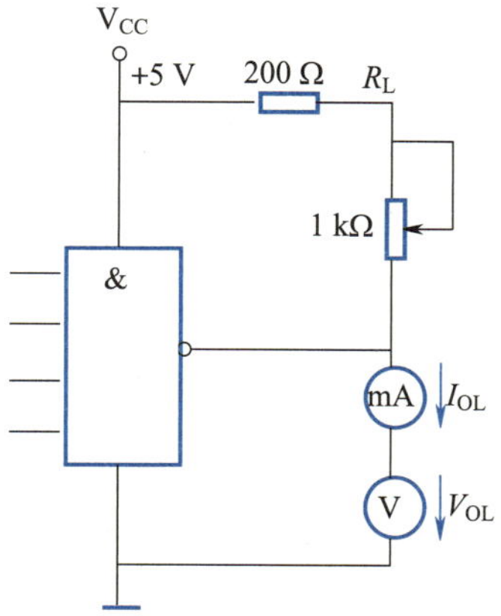

实验图 31 扇出系数的测试电路图

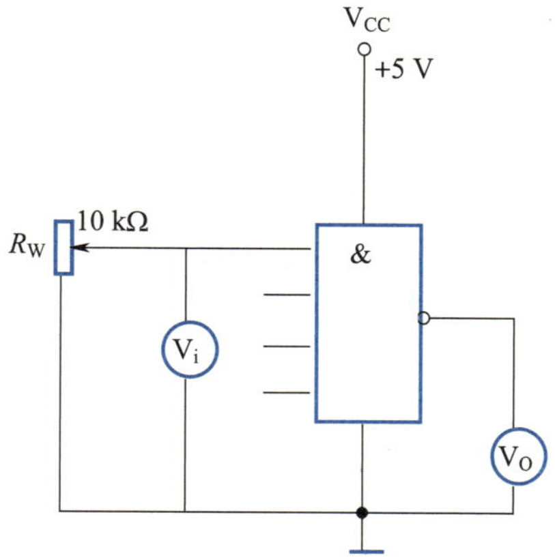

实验图 32 传输特性的测试电路图

(5) 平均传输延迟时间 t_{pd}

t_{pd} 是衡量门电路开关速度的参数，它是指输出波形边沿的 $0.5V_m$ 至输入波形对应边沿

$0.5V_m$ 点的时间间隔，如实验图 33 所示。

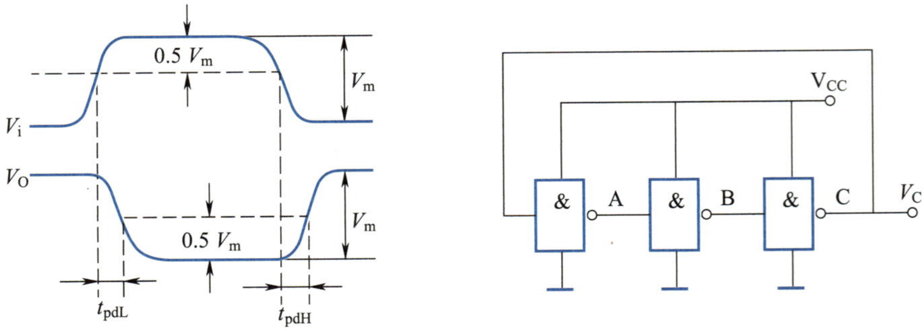

(a) 传输延迟特性　　(b) t_{pd}的测试电路图

实验图 33　传输延迟特性与测试电路

实验图 33(a)中的 t_{pdL} 为导通延迟时间，t_{pdH} 为截止延迟时间，平均传输延迟时间为

$$t_{pd}=\frac{1}{2}(t_{pdL}+t_{pdH})$$

t_{pd} 的测试电路图如实验图 33(b)所示，由于 TTL 门电路的延迟时间较小，直接测量时对信号发生器和示波器的性能要求较高，所以实验采用测量由奇数个**与非**门组成的环形振荡器的振荡周期 T 来求得。其工作原理：假设电路在接通电源后某一瞬间，电路中的点 A 为逻辑“1”，经过三级门的延迟后，使点 A 由原来的逻辑“1”变为逻辑“0”；再经过三级门的延迟后，点 A 电平又重新回到逻辑“1”。电路中其他各点电平也随着变化。说明使点 A 发生一个周期的振荡，需要经过 6 级门的延迟时间。因此，平均传输延迟时间为 $t_{pd}=\frac{T}{6}$，TTL 电路的 t_{pd} 一般在 10～40 ns 范围内。

74LS20 主要电参数规范见实验表 39。

实验表 39　参数规范

			规范值	单位	测试条件
直流参数	通导电源电流	I_{CCL}	<14	mA	$V_{CC}=5$ V，输入端悬空，输出端空载
	截止电源电流	I_{CCH}	<7	mA	$V_{CC}=5$ V，输入端搭铁，输出端空载
	低电平输入电流	I_{iL}	≤1.4	mA	$V_{CC}=5$ V，被测输入端搭铁，其他输入端悬空，输出端空载
	高电平输入电流	I_{iH}	<50	μA	$V_{CC}=5$ V，被测输入端 $V_{in}=2.4$ V，其他输入端搭铁，输出端空载
			<1	mA	$V_{CC}=5$ V，被测输入端 $V_{in}=5$ V，其他输入端搭铁，输出端空载

续表

			规范值	单位	测试条件
直流参数	输出高电平	N_{oH}	≥3.4	V	V_{CC} = 5 V，被测输入端 V_{in} = 0.8 V，其他输入端悬空，I_{oH} = 400 μA
	输出低电平	N_{oL}	<0.3	V	V_{CC} = 5 V，输入端 V_{in} = 2 V，I_{oL} = 18 mA
	扇出系数	N_O	4～8	V	同 V_{OH} 和 V_{OL}
交流参数	平均传输延迟时间	t_{pd}	≤20	ns	V_{CC} = 5 V，被测输入端输入信号：V_{in} = 3 V，f = 2 MHz

实验步骤

该实验使用的实验板为数电子板(一)，U2 与 U5 都为 74LS20 芯片。电路图中电位器由 U25-U30 组成合适的阻值来代替，U25 为 100 Ω、U26 为 510Ω、U27 为 1 kΩ、U30 为 2 kΩ、U29 为 4.7 kΩ、U28 为 4.7 kΩ。

第 1 步：验证 TTL 集成**与非**门 74LS20 的逻辑功能

按实验图 34 所示接线，门的四个输入端接逻辑开关输出插口，以提供“0”与“1”电平信号，开关向上，输出逻辑“1”，向下为逻辑“0”。门的输出端接由 LED 发光二极管组成的逻辑电平显示器(又称为 0-1 指示器)的显示插口，LED 亮为逻辑“1”，不亮为逻辑“0”。按实验表 40 的真值表逐个测试集成块中两个**与非**门的逻辑功能。74LS20 有 4 个输入端，有 16 个最小项，在实际测试时，只要通过对输入 1111、0111、1011、1101、1110 五项进行检测就可判断其逻辑功能是否正常。

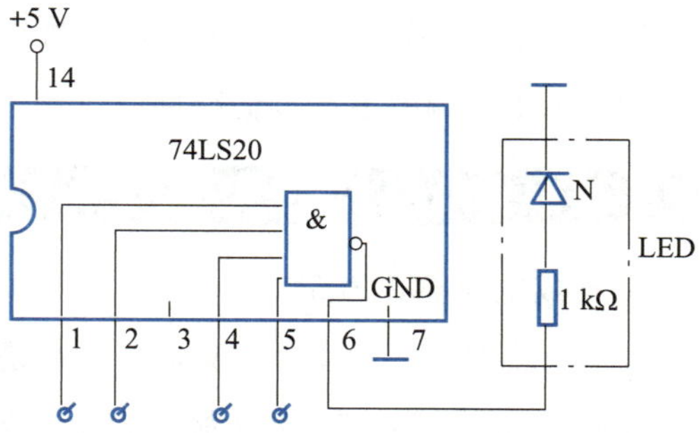

实验图 34　与非门逻辑功能测试电路

实验表 40　数据记录表

输入				输出	
A_n	B_n	C_n	D_n	Y_1	Y_2
1	1	1	1		
0	1	1	1		
1	0	1	1		
1	1	0	1		
1	1	1	0		

第 2 步：74LS20 主要参数的测试

（1）分别按实验图 33 和实验图 34 所示接线并进行测试，将测试结果记入实验表 41 中。

实验表 41　测量数据

I_{CCL}/mA	I_{CCH}/mA	I_{iL}/mA	I_{oL}/mA	$N_o=\frac{I_{oL}}{I_{iL}}$	$t_{pd}=T/6$(ns)

（2）按实验图 32 所示接线，调节电位器 R_W，使 V_i 从 0 向高电平变化，逐点测量 V_i 和 V_O 的对应值，记入实验表 42 中。

实验表 42　测量数据

V_i/V	0				
V_o/V					

实验报告

（1）记录、整理实验结果，并对结果进行分析。

（2）画出实测的电压传输特性曲线，并从中读出各有关参数值。

注意事项

1. 集成电路芯片简介

数字电路实验中所用到的集成芯片都是双列直插式的，其端子排列规则如实验图 32 所示。识别方法：正对集成电路型号（如 74LS20）或看标记（左边的缺口或小圆点标记），从左下角开始按逆时针方向以 1，2，3…依次排列到最后一脚（在左上角）。在标准形 TTL 集成电路中，电源端 V_{CC} 一般排在左上端，搭铁端 GND 一般排在右下端。如 74LS20 为 14 脚芯片，14 脚为 V_{CC}，7 脚为 GND。若集成芯片端子上的功能标号为 NC，则表示该端子为空脚，与内部电路不连接。

2. TTL 集成电路使用规则

（1）插接集成块时，要认清定位标记，不得插反。

（2）电源电压使用范围为+4.5～+5.5 V，实验中要求使用 V_{CC}=+5 V。电源极性绝对不允许接错。

（3）闲置输入端处理方法

① 悬空，相当于正逻辑“**1**”，对于一般小规模集成电路的数据输入端，实验时允许悬空处理。但易受外界干扰，导致电路的逻辑功能不正常。因此，对于接有长线的输入端，中规模以上的集成电路和使用集成电路较多的复杂电路，所有控制输入端应按逻辑要求接入电路，不允许悬空。

② 直接接电源电压 V_{CC}（也可以串入一只 1~10 kΩ 的固定电阻）或接至某一固定电压（$+2.4 \leq U \leq 4.5$ V）的电源上，或与输入端为搭铁的多余与非门的输出端相接。

③ 若前级驱动能力允许，可以与使用的输入端并联。

（4）输入端通过电阻搭铁，电阻值的大小将直接影响电路所处的状态。当 $R \leq 680$ Ω 时，输入端相当于逻辑“**0**”；当 $R \geq 4.7$ kΩ 时，输入端相当于逻辑“**1**”。对于不同系列的器件，要求的阻值不同。

（5）输出端不允许并联使用[集电极开路门（OC）和三态输出门电路（3S）除外]。否则不仅会使电路逻辑功能混乱，并会导致器件损坏。

（6）输出端不允许直接搭铁或直接接+5 V 电源，否则将损坏器件，有时为了使后级电路获得较高的输出电平，允许输出端通过电阻 R 接至 V_{CC}，一般取 $R = 3 \sim 5.1$ kΩ。

实验十七

计数器、译码器和显示器

实验目的

1. 进一步理解计数译码显示电路的工作原理。
2. 初步学会计数器的连接、组装和检测方法。
3. 培养团队协作能力。

实验器材

实验所需器材见实验表 43。

实验表 43　实验所需器材

序号	名称	型号	数量	备注
1	数字电路实验装置	不限型号	1 套	—
2	直流稳压电源	不限型号	1 台	—
3	十进制集成计数器	74LS290	2 个	—
4	七段数码管集成译码器	74LS48	2 个	—
5	共阴极七段数码显示器	LDD680R	2 个	—

实验电路

实验电路图如实验图 35 所示。

实验原理

实验图 35 所示是由集成计数器 74LS290、集成译码器 74LS48 和数码显示器 LDD680R 等组件构成的两位十进制计数、译码和显示电路。其中，两个 74LS290 芯片组成两位十进制计数电路，电路的计数脉冲由低位时钟脉冲端加入，高位计数器的时钟脉冲来自低位计数器的 Q_3 进位负脉冲。两个 74LS48 芯片的输入分别与相应计数器的输出端相连，其输出与对应的数码显示器相接，由此显示出对应于输入计数脉冲个数的十进制数码（最大为十进制数的 99）。

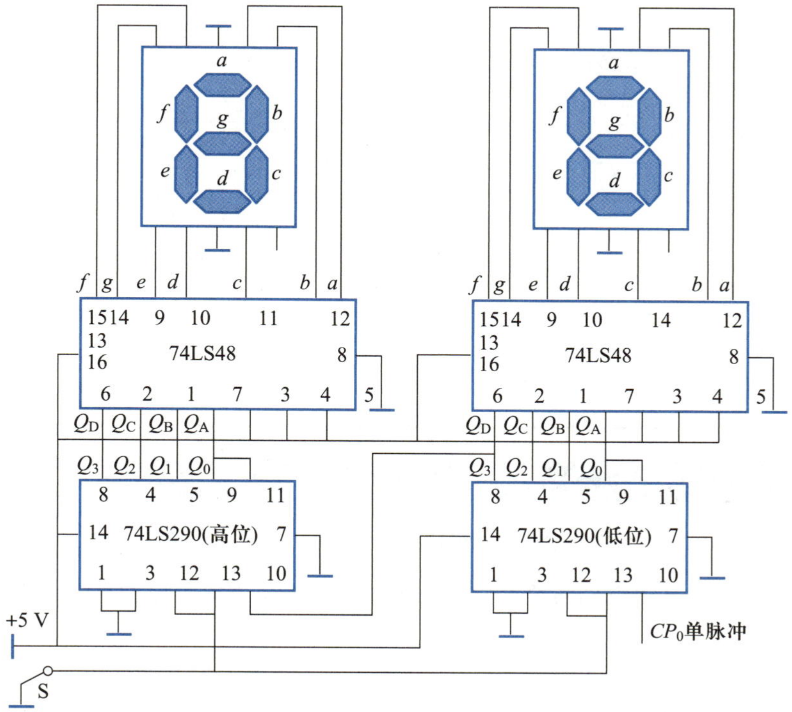

实验图 35　实验电路图

实验步骤

第 1 步：译码、显示部分电路的组装。参照实验图 35 所示电路原理图，接插、组装、连接 74LS48 和 LDD680R 部分电路。接线完毕后并经检查无误后接通电源。在每个译码器的输入端（Q_A、Q_B、Q_C、Q_D）接上电平开关，输入几个 8421 码数值，检查电路是否正常，如果有故障，排除故障。

第 2 步：计数部分电路的组装。先不接电源，参照实验图 35 所示电路原理图将插接 74LS290，并与相对应的译码器输入端直接相连。接线完毕后，经检查无误后接通电源，进行下列实验内容。

第 3 步：计数功能的观察。从低位 CP_0 端连续输入单脉冲（计数脉冲），由数码显示器观察电路的计数功能。

第 4 步：根据以上显示结果，将十进制数与七段数码显示器发光笔画的对应关系填入实验表 44 中。

按照实验图 35 连接好电路，检查无误后按上述步骤操作。

实验表 44　实验记录表

十进制数码	数码显示器发光笔画的显示情况（√表示亮）							BCD 码
	a	*b*	*c*	*d*	*e*	*f*	*g*	
0								0000
1								0001

续表

十进制数码	数码显示器发光笔画的显示情况(√表示亮)							BCD 码
	a	*b*	*c*	*d*	*e*	*f*	*g*	
2								0010
3								0011
4								0100
5								0101
6								0110
7								0111
8								1000
9								1001

预习思考

(1) 分析讨论计数、译码和显示电路的功能和特点。

(2) 从计数、译码、显示电路各部分之间的连线关系,简述整个电路的工作过程。

实验十八

汽车伴我回家电路组装与调试

实验目的

1. 熟悉 555 型集成时基电路的结构、工作原理及其特点。
2. 掌握 555 型集成时基电路的基本应用。
3. 培养团队协作能力。

实验器材

实验所需器材见实验表 45。

实验表 45　实验所需器材

序号	名称	型号	数量	备注
1	数字电路实验装置	不限型号	1 套	—
2	直流稳压电源	不限型号	1 台	—
3	555 定时	IC1	1 个	—
4	电阻	1 kΩ	2 个	—
5	电阻	10 kΩ	2 个	—
6	可变电阻器	1000 kΩ	1 个	—
7	电容器	200 μF	1 个	—
8	电容器	0.01 μF	1 个	—
9	LED	红色	1 个	—
10	LED	绿色	1 个	—
11	按钮	不限型号	2 个	—

实验电路

实验电路图如实验图 36 所示。

实验原理

如实验图 36 所示，整个电路采用 7805 稳压器（U_2）由 9 V 供电。最初，当没有按下按钮时，

555IC(U_1)的输出保持低电平,电路保持在此状态,直到按下 SW_1 按钮并且电容器 C_2 保持放电状态。

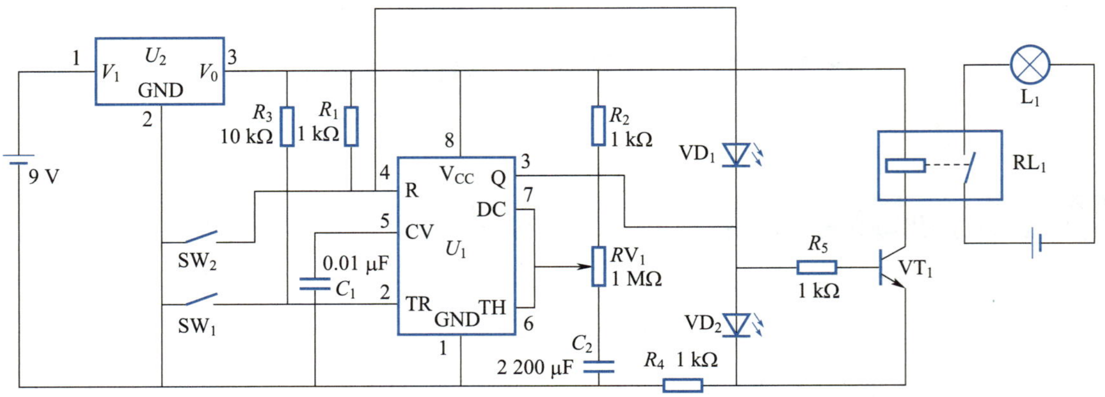

实验图 36　汽车伴我回家实验电路图

实验步骤

第 1 步:准稳定状态(不稳定)的时间延迟取决于定时电容和电阻的值。当改变这些值时,准稳定状态的时间延迟也会改变。在这里,VD_1 在特定时间内以准稳定状态发光,而 VD_2 在稳定状态下发光。所以这里把这个定时电阻换成了可变电阻,这样就可以通过旋转板上本身的电位器旋钮来调整延时。在这里,还连接了一个继电器,用于在时间延迟后触发 AC 设备。

第 2 步:当按下开始按钮时,倒数计时器启动,VD_1 亮起,在特定时间后(由公式 $T=1.1R_1C_1$ 定义),555 计时器进入稳定状态,VD_2 亮起,VD_1 亮起关掉。当然,可以使用电位器来增加和减少时间延迟。

第 3 步:按照实验图 36 连接好电路,检查无误后进行操作。

预习思考

(1) 分析讨论 555 定时器延时电路的功能和特点。

(2) 从 555 定时器延时电路各部分之间的连线关系,简述整个电路的工作过程。

实验十九

使用总线解锁车门

实验目的

1. 进一步理解高速网络电路的工作原理。
2. 深入学习后利用高速 GMLAN 对车辆进行车门解锁。
3. 培养团队协作能力。

实验器材

实验所需器材见实验表 46。

实验表 46　实验所需器材

序号	名称	型号	数量	备注
1	实验车辆	别克君越	1 台	—
2	汽车故障诊断仪	X431	1 台	—
3	接线盒	不限型号	1 盒	—
4	线束适配器	变速器模块插头	1 个	—

实验电路

实验电路图如实验图 37 所示。

实验原理

在进行别克君越修理的实践过程中,使用诊断仪进入车身系统时可以不使用车钥匙。说明车身模块在关闭点火开关时仍处于工作状态 这也是大多车型的一个共通点,然而数据诊断接口和车身模块处于中控台下方无法直接进行连接,但是车身控制模块、燃油泵控制模块、电子制动控制模块、动力转向控制模块、变速器控制模块、发动机控制模块之间都有通信,可从其他的模块上通过数据通信连接车身控制模块。查看别克君越全车维修手册第 11 章 11.1.2 数据通信示意图(实验图 37)进行分析,X84 数据链路插接器第 14 针和第 6 针通过数据线连接至车身模块 X2 的 23 针和 24 针,然后从车身模块 X6 的 24 针和 25 针连接至自动变速器控制模块 X1 的 7 针和 8 针,在自动变速器控制模块 X1 的 7 针和 8 针打背插针通过测试线连接诊断仪,也就达到了诊断仪通过数据线连到车身控制模块的目的。

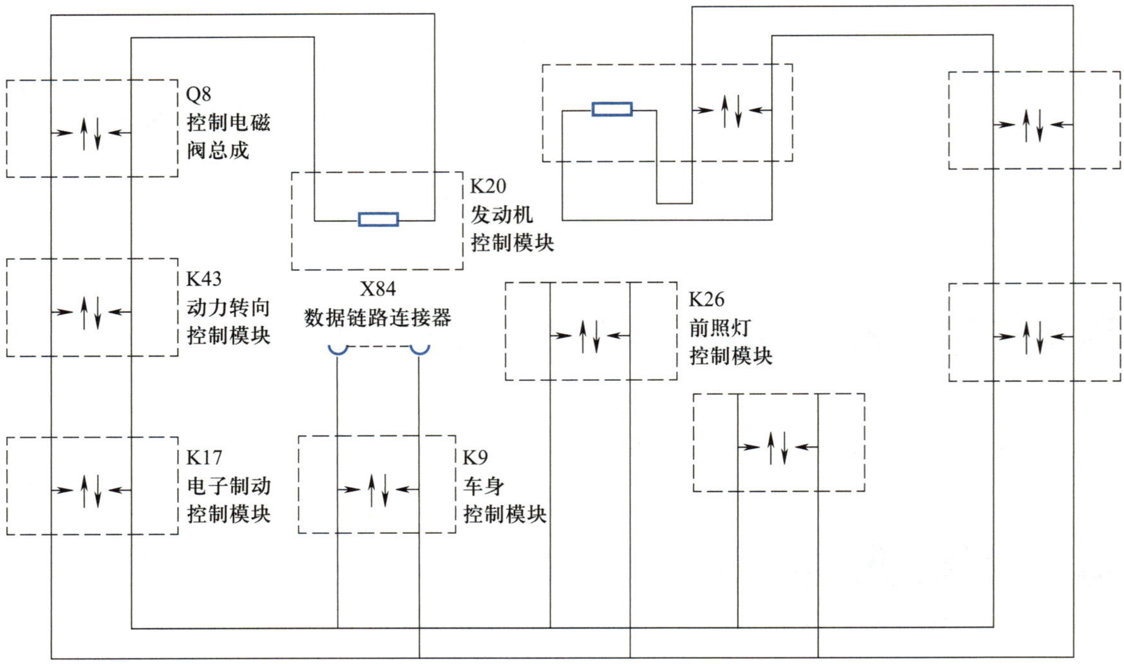

实验图 37　别克君越高速 GMLAN 电路图

实验步骤

第 1 步：查阅维修手册，通过变速器控制模块能够连接至高速网络。

第 2 步：断开变速器控制模块线束插接器插头，使用专用连接线插入变速器控制模块 X1 的 7 针和 8 针。

第 3 步：使用故障诊断仪连接车辆，进入车身控制模块，单击控制功能，操作车辆解锁，解锁完成。

预习思考

（1）分析讨论通用汽车高速 GMLAN 网络的功能和特点。

（2）从高速 GMLAN 网络各部分之间的连线关系，简述整个电路的工作过程。

参考文献

[1] 王广海,曾小山,孙绍晟.汽车电工电子技术[M].长春:吉林大学出版社,2016.
[2] 郑军武,丁丽娟,雷小平.汽车电工电子技术基础[M].上海:同济大学出版社,2020.
[3] 林俊标,盛国超.汽车电工电子基础[M].2版.北京:机械工业出版社,2023.
[4] 侯丽春,郝俊.汽车电工电子技术[M].2版.北京:机械工业出版社,2020.
[5] 张军.汽车电工电子技术基础[M].2版.北京:高等教育出版社,2019.
[6] 吴峰,巩建辉.电工电子技术[M].长春:吉林大学出版社,2017.
[7] 刘映霞,王强.汽车电工电子技术[M].北京:人民交通出版社股份有限公司,2019.
[8] 侯立芬.汽车电工电子技术[M].北京:机械工业出版社,2019.

读者意见反馈

为收集对教材的意见建议，进一步完善教材编写并做好服务工作，读者可将对本教材的意见建议通过如下渠道反馈至我社。

咨询电话　400-810-0598

反馈邮箱　gjdzfwb@pub.hep.cn

通信地址　北京市朝阳区惠新东街4号富盛大厦1座

　　　　　高等教育出版社总编辑办公室

邮政编码　100029

授课教师如需获得本书配套教辅资源，请登录“高等教育出版社产品信息检索系统”(https://xuanshu.hep.com.cn/)搜索下载，首次使用本系统的用户，请先进行注册并完成教师资格认证。

高教社高职工科分社机械板块(含汽车)教材服务中心:gzjx@pub.hep.cn。